Chefs-d'œuvre de la peinture française des musées néerlandais, XVIIe-XVIIIe siècles
French paintings from Dutch collections, 1600-1800

Pierre Rosenberg   Guido Jansen   Jeroen Giltaij

Dijon, Musée des Beaux-Arts
5/9 - 25/10/92

Paris, Institut Néerlandais
30/10 - 20/12/92

Rotterdam, Museum Boymans-van Beuningen
15/1 - 7/3/93

Sommaire
Contents

Préface
Foreword

Emmanuel Starcky, conservateur/director Musée des Beaux-Arts, Dijon
Edward Craanen, directeur/director Institut Néerlandais, Paris
Wim Crouwel, directeur/director Museum Boymans-van Beuningen, Rotterdam

La peinture étrangère n'est certes pas la préoccupation majeure des amateurs d'art néerlandais et, de ce fait, on a parfois trop vite oublié que les musées des Pays-Bas possédaient dans leurs collections des tableaux français des XVIIe et XVIIIe siècles, ce que le public français d'ailleurs lui-même semble ignorer.
Pourtant, les musées des Pays-Bas s'intéressent chaque jour davantage aux œuvres étrangères des siècles passés ; cela vaut en particulier pour le Musée Boymans-van Beuningen de Rotterdam, comme en témoignent notamment ses récentes acquisitions ainsi que les expositions de ces dernières années.
Celle de 1989-1990, consacrée à la peinture italienne des XVIe-XVIIIe siècles dans les collections néerlandaises devait annoncer la manifestation d'aujourd'hui, qui conduit le musée de Rotterdam à présenter les tableaux français que recèlent les collections des Pays-Bas. L'initiative en revient à Guido Jansen, conservateur du département de peinture ancienne, qui a étudié à cette occasion l'intérêt que ses compatriotes ont jadis manifesté pour la peinture française.
Les relations artistiques furent et sont toujours étroites et fructueuses entre la France et la Hollande. Le Musée des Beaux-Arts de Dijon, dont l'amitié avec le Musée Boymans-van Beuningen remonte aux années 1949-1950, et l'Institut Néerlandais à Paris ont voulu le confirmer une fois de plus en ouvrant leurs portes à cette exposition. Les œuvres n'y sont pas si nombreuses, mais leur qualité surprendra plus d'un visiteur et leur intérêt a incité Pierre Rosenberg, conservateur en chef du département des peintures du Musée du Louvre, à bien vouloir rédiger une brève introduction dont nous lui sommes fort reconnaissants.
Nos remerciements s'adressent aussi à tous ceux qui ont accepté de nous prêter leurs œuvres ; aucun de ceux que nous avons sollicités ne s'est dérobé.

That there are French paintings from the seventeenth and eighteenth centuries in the museums of the Netherlands is a fact little known to the Dutch, who tend not to be particularly receptive to the work of foreign artists. The French are of course equally unsuspecting, as this part of the collections is generally given little publicity. For some time, however, the Boymans-van Beuningen Museum has been taking an increasing interest in work produced by artists from other countries in the past, a trend reflected not only in its acquisitions of recent years, but also in the exhibitions the museum has organised.
The current exhibition follows a presentation of Italian painting from the sixteenth to the eighteenth centuries, which was held in Rotterdam in 1989-1990. This time, we decided to explore what the Netherlands had to offer in the way of French painting. The idea was originally put forward by Guido Jansen, conservator of Old Masters, who has also written an essay for the catalogue on Holland's response to foreign art over the past few centuries.
France and the Netherlands have always maintained close ties in the world of art, and it is gratifying to see them now strengthened even further by the willingness of the Musée des Beaux-Arts in Dijon and the Institut Néerlandais in Paris to present the exhibition in those cities. Modest though the exhibition may be in scale, the standard of much of the work has far surpassed our expectations. Mr Pierre Rosenberg, head conservator of the Louvre, has in fact given the seal of approval by consenting unequivocally to write a brief introduction to the catalogue. We are profoundly grateful for his contribution.
We are also indebted to the lenders who have so generously risen to the occasion. We would further like to thank the following people for their assistance in organising the project: Carlos van Hasselt, Mària Gerbaud-van Berge and Hans Buijs of the Fondation Custodia in Paris, Annelies Meijer

Enfin, nous remercions pour leur concours à l'organisation de l'exposition Carlos van Hasselt, Mària Gerbaud-van Berge et Hans Buijs de la Fondation Custodia à Paris, Annelies Meijer de l'Institut Néerlandais à Paris, Hélène Meyer du Musée des Beaux-Arts à Dijon, ainsi que Jeroen Giltaij, conservateur en chef du département de peinture ancienne du Musée Boymans-van Beuningen.
Nous ne saurions également trop remercier le professeur Peter Hecht ainsi que les collaborateurs du département étranger du Rijksbureau voor Kunsthistorische Documentatie à La Haye pour leur aide précieuse à la rédaction du catalogue.
Nous tenons aussi à exprimer notre gratitude à l'Alliance Française pour sa généreuse contribution financière à la réalisation du projet de Rotterdam ; DAF France, les Laboratoires Organon et Pechiney Nederland qui ont participé au financement de l'exposition à Paris, ainsi que la Société Docks de Bourgogne Nederland B.V. pour son soutien à la manifestation dijonnaise.
Si les auteurs du catalogue, Guido Jansen et Jeroen Giltaij, ont peut-être hésité un instant à faire cette incursion dans la peinture étrangère, le résultat de leur remarquable initiative mérite aujourd'hui tous les éloges.

of the Institut Néerlandais, Hélène Meyer of the Musée des Beaux-Arts in Dijon, and Jeroen Giltaij, head conservator of Old Masters, who organised the exhibition in Rotterdam.
The catalogue has been greatly enhanced by the suggestions and advice given by Peter Hecht and the staff of the International Department of the Netherlands Institute for Art History (RKD) in The Hague, whom we thank wholeheartedly. We are also deeply grateful to the Alliance Française, who have contributed most generously towards the exhibition in Rotterdam ; to DAF France, Les Laboratoires Organon and Pechiney Nederland for their contribution to the exhibition in Paris, and to the Société Docks de Bourgogne Nederland B.V. for their contribution to the exhibition in Dijon.
Finally, a word of thanks to the authors of the catalogue, Guido Jansen and Jeroen Giltaij. Though they initially embarked on this foreign excursion with some trepidation, they have certainly acquitted themselves most admirably.

'Saluez également pour moi M. Rembrandt'
'Please also give my regards to Mr Rembrandt'

Pierre Rosenberg

On le sait bien, les échanges, quelles que soient leurs natures, ne sont jamais à sens unique et leur solde est toujours positif. L'influence de la peinture hollandaise du Siècle d'Or sur l'art français a été considérable et les voies de sa pénétration variées, imprévues, multiformes, complexes...

Il y eut les artistes hollandais venus faire carrière en France qui, parfois, ne restèrent que quelques années et, parfois, adoptèrent la France comme nouvelle patrie – l'exemple de la dynastie des Vanloo vient tout de suite à l'esprit. Il y eut ceux qui ne firent que passer sur le chemin de l'Italie et ne s'arrêtèrent que quelques mois mais dont la courte halte ne fut pas sans laisser sa marque... Il y eut enfin les tableaux hollandais dont les collectionneurs français furent si friands. L'on reste stupéfait devant le nombre et la qualité des œuvres hollandaises qui, au XVIIIe siècle, passèrent par le marché parisien, non sans un petit pincement de cœur en songeant à leur dispersion actuelle dans le monde entier.

Cette conquête culturelle de la France par la Hollande – en dépit des conflits politiques, de la lutte religieuse, des incompréhensions et des différends de toutes natures entre deux civilisations en pleine expansion et parfois concurrentes – est bien connue. Elle a fait l'objet de nombreux travaux. De Horst Gerson (1942; réédité en 1983, regrettons l'absence d'une édition française)[1] à l'exposition de Lille de 1985 due à H. Oursel, A. Schnapper et J. Foucart (citons son sous-titre: *Les Pays-Bas et les peintres français du XVIIIe siècle*)[2], les synthèses de qualité abondent. Et l'on pourrait citer bien des recherches qui éclairent tel aspect de la question: les peintres hollandais à Lyon[3], l'influence de la scène de genre hollandaise sur Chardin[4], la conquête du marché parisien par la peinture hollandaise[5], et la liste des exemples pourrait être considérablement allongée. L'on rappellera pour mémoire que le jeune Watteau, à son arrivée à Paris, copiait pour vivre, et recopiait à l'infini, chez un marchand du Pont Notre-Dame une "vieille, d'après Gérard Douw, qui consulte ses registres" (sans doute le tableau aujourd'hui à l'Ermitage). Il avait acquis une telle pratique de l'œuvre qu'à la stupéfaction générale, il pouvait la recopier "de mémoire".[6]

We all know that exchanges, whatever their nature, are never unilateral and always fruitful. Seventeenth-century Dutch painting's influence on French art was considerable. The paths by which it penetrated the country were diverse, unexpected, multiform and complex. There were Dutch artists, for instance, who went to France to seek their fortune; they might stay only a few years or settle there permanently – the Van Loo dynasty being the most obvious example. Other artists simply passed through France on their way to Italy; even when they paused for only a few months, they made an impression on French art nonetheless. And finally, there were Dutch pictures, of which French collectors were very fond; the quantity and quality of those that passed through the Parisian market in the eighteenth century is astonishing. One cannot help but feel somewhat wistful about their present dispersal over the entire world.

Holland's artistic conquest of France – despite political conflicts, religious struggles, misunderstandings and quarrels of every kind between two rapidly expanding and occasionally competitive cultures – has been studied thoroughly. From the seminal book by Horst Gerson (first published in 1942 and then again in 1983, but regrettably never translated into French)[1] to the exhibition organised in Lille a few years ago by H. Oursel, A. Schnapper and J. Foucart (subtitled *Les Pays-Bas et les peintres français du XVIIIe siècle*),[2] excellent synthetic studies abound, not to mention more specialised treatments of specific aspects, such as Dutch painters at Lyon,[3] the influence of Dutch genre scenes on Chardin,[4] and the conquest of the Parisian market by Dutch painting,[5] to mention only a few. The young Watteau, for example, on arriving in Paris, supported himself by endlessly copying and recopying an "old woman consulting her account-books, after Gerard Douw" (no doubt the picture now in the Hermitage) at a dealer's on the Pont Notre-Dame. He became so thoroughly familiar with Dou's painting that, to everyone's astonishment, he was able to reproduce it "from memory."[6] As for Rigaud, his passion for Rembrandt was such that on his deathbed he bequeathed to the King his lovely *Presentation in the Temple* (now in the Louvre), which he had "painted in the style of Rembrandt."[7]

Quant à Rigaud, sa passion pour Rembrandt était telle qu'il "laiss[a] au roi en mourant" sa belle *Présentation au temple* (aujourd'hui au Louvre) qu'il avait "peinte dans le goût de Rembrandt".[7]

A-t-on, en contrepartie, suffisamment pris en compte la présence française en Hollande au XVIIe et au XVIIIe siècles ? Disons-le d'entrée de jeu, ce catalogue apporte sa pierre – elle est de taille – à l'édifice : on y découvrira, dépouillé par les soins de Guido Jansen, l'inventaire des tableaux français passés dans les ventes publiques hollandaises du XVIIIe siècle. Liste impressionnante qui confirme un intérêt marqué pour la peinture française, mais plus encore peut-être l'importance des Pays-Bas comme plaque tournante du commerce d'art international. Certains noms surprendront (La Tour – mais est-ce Georges ? – Le Nain) ou intrigueront (Bourdon, La Hyre, Stella...) et l'on regrettera pour la Hollande que rien ne soit resté de la longue liste des Poussin du "cabinet de Mr. Meyers". On nous permettra de rappeler ici l'exemplaire recherche complémentaire menée il y a quelques années (1974)[8] par J.W. Niemeijer sur les dessins français des ventes hollandaises entre 1730 et 1850. Est-il faux de penser qu'hier comme aujourd'hui les Hollandais les ont préférés aux tableaux du Grand Siècle comme à ceux de nos Premiers peintres, fussent-ils originaires des Pays-Bas (Carle Vanloo) ?

Sur "l'expansion de l'art français", il existe bien une synthèse dont on néglige souvent les mérites, mais elle date de 1928. Louis Réau[9] n'oublie bien sûr ni Descartes ni les huguenots et leurs plus illustres représentants dans le domaine des arts, l'architecte Daniel Marot et le graveur Bernard Picart. Il signale aussi sans s'y attarder le voyage de Callot à Breda en 1627 et son (hypothétique) rencontre avec Honthorst et Poelenburgh. Rappelons à notre tour la fameuse lettre de Vignon au marchand de tableaux et de curiosités François Langlois (surnommé "Ciartres" du nom de sa ville natale Chartres) :

> **"Vous vous souviendrez, en Hollande, de saluer à La Haye de ma part Moïse van Wttenbrouck, peintre excellent, et de ramener de ses petits tableaux de paysages (...) A Utrecht, saluez en mon nom Gerard Honthorst et à Amsterdam saluez également pour moi M. Rembrandt et ramenez quelque chose de lui. Dites-lui bien que j'ai estimé hier son tableau de l'ânesse du prophète Balaam que M. Lopez lui avait acheté...".[10]**

Les liens de Vignon avec la Hollande semblent avoir été avant tout d'ordre commercial mais ils furent aussi artistiques. Est-il exclu que son *Pasce oves meas* (1624) aujourd'hui au Rijksmuseum (cat. n° 45), qui provient de l'église détruite de Saint-Willibrordus-hors-les-Murs d'Amsterdam, ait

On the other hand, are we fully aware of the French presence in Holland during the seventeenth and eighteenth centuries ? The present catalogue is a splendid testimony to it. We are indebted to Guido Jansen for his inventory of French pictures that passed through Dutch sale rooms during the eighteenth century, an impressive list that evinces the intensity of Dutch interest in French painting, but perhaps even more so the Dutch Republic's importance as an entrepôt of international art. Some names will surprise (La Tour – but is it Georges ? – and Le Nain, for instance) and others intrigue (Bourdon, La Hyre, Stella). One can only sympathise with Holland's loss of the many Poussins that once belonged to the 'cabinet de Mr Meyers'. In this context, it is worth recalling the admirable complementary study published some time ago (1974)[8] by J.W. Niemeijer, of French drawings in Dutch sales between 1730 and 1850. Would we be mistaken to think that in the past, just as today, the Dutch preferred drawings to paintings of the *Grand Siècle* and of our *Premiers Peintres*, even when – as in the case of Carle van Loo – the artist in question was a fellow Dutchman ?

There is a book about the 'expansion of French art' ; written in 1928, its merits are often ignored. The author, Louis Réau,[9] forgets neither Descartes nor such illustrious Huguenots as the architect Daniel Marot or the engraver Bernard Picart ; he also mentions Callot's journey to Breda in 1627 as well as the etcher's (hypothetical) encounter with Honthorst and Poelenburgh. To this list could be added Vignon's famous letter to the dealer of pictures and curiosities, François Langlois (called 'Ciartres', after the town of Chartres, where he was born) :

> "In Holland you will not neglect to greet the excellent painter Moses van Wttenbrock in The Hague on my behalf, and to bring some of his small landscapes back with you [...]. Give my regards to Gerard Honthorst in Utrecht and also to Mr. Rembrandt in Amsterdam, and bring back some of his work as well. Tell him, too, that I appraised his picture of the prophet Balaam yesterday, which Mr Lopez purchased from him [...]."[10]

Vignon's ties with Holland seem to have been of a primarily commercial nature, but they were also artistic. Is it impossible that his *Christ's Charge to St Peter* (1624), now in the Rijksmuseum (cat. no. 45), which comes from the no longer extant church of St Willibrord in Amsterdam, was already in Holland in the seventeenth century ? It was engraved during that period by Cornelis Danckerts, in any case.

French artists visited Holland with growing frequency in the course of the eighteenth century. They can be roughly divided into three categories. First of all, there were the 'tourists', such as

gagné la Hollande dès le XVIIe siècle ? En tout cas, il est gravé à cette époque par Cornelis Danckerts.

Au XVIIIe siècle, les voyages des artistes français en Hollande se multiplient. On pourrait sommairement les classer en trois catégories. Il y a les "touristes". Pour eux – Boucher en 1766 (la date semble confirmée par un document d'archives du Ministère des Affaires étrangères), Fragonard (les dates de ses ou de son voyages sont très discutées) [11] – qui accompagnaient souvent de grands collectionneurs (ou des marchands), il s'agissait de découvrir, pour parfois les copier, les chefs-d'œuvre de la peinture hollandaise (une liste selon les prédilections des amateurs du XVIIIe siècle serait passionnante à établir : y figureraient Rembrandt et Ruysdael, Gerard Dou et Mieris mais, bien entendu, ni Vermeer ni Saenredam ni Frans Hals ni Koninck).

Il y a ensuite les artistes qui se rendaient en Hollande afin d'acheter des œuvres d'art et l'on songe à Desfriches (un "Ruysdael" ne coûte "pas moins [de] cent florins") [12] ou à l'illustre Mme Vigée-Le Brun qui, en 1782, accompagnait son mari, le plus grand marchand de tableaux de son siècle. [13]

Il y a enfin les portraitistes, que toute l'Europe nous enviait, appelés plus ou moins officiellement en Hollande, sur lesquels A. Staring [14] a porté son attention. Nattier (1685-1766) en 1717 pour peindre la cour moscovite [15], Aved (1702-1766) en 1751 pour faire le portrait du stathouder [16] (mais bien avant cette date l'ami de Chardin était surnommé le "batave", sans doute à cause de son amour pour l'art hollandais), Maurice-Quentin de La Tour (1704-1788) en 1766 ; les nombreuses lettres, en français bien entendu, de Belle de Zuylen concernant ses séances de pose sont délicieuses. Citons ce passage :

> **"Mon portrait de La Tour a été admirable ; nous pensions toucher à une ressemblance parfaite, tous les jours nous pensions que ce serait la dernière séance, il n'y avait qu'un rien à ajouter aux yeux. Mais ce rien ne voulant pas venir, on cherchait, on retouchait, ma physionomie changeait sans cesse. Je ne m'impatientais pas, mais le peintre se désolait, et à la fin il a fallu effacer la plus belle peinture du monde, car il n'y avait plus de ressemblance, ni espoir d'en donner. Cependant, il recommence tous les matins et ne me quitte de tout le jour non plus que mon ombre. Heureusement il est fort aimable et raconte mille choses curieuses". [17]**

Et enfin, et surtout, l'admirable Perronneau (1715-1783) qui se rendit à de nombreuses reprises en Hollande [18], y créa quelques-uns des chefs-d'œuvre du portrait européen du XVIIIe siècle et y mourut obscurément (on nous permettra d'écarter de cette liste Jean-Etienne Liotard (1702-1789), en Hollande en 1755-56 ; l'art de ce

Boucher and Fragonard, [11] who often accompanied important collectors (or dealers) in search of great Dutch paintings, sometimes to copy them. It would be fascinating to draw up a list of those painters who were most admired by French eighteenth-century amateurs : the list would include Rembrandt, Ruysdael, Gerard Dou and Mieris, but certainly not Vermeer, Saenredam, Frans Hals or Koninck.

The next category of artists who went to Holland did so to purchase works of art. These included Desfriches, who marvelled that a "Ruysdael" cost "no less [than] one hundred florins," [12] and the illustrious Madame Vigée-Le Brun who, in 1782, accompanied her husband, the century's greatest art dealer. [13]

Finally there were the French portraitists, whom all of Europe envied. A. Staring devoted a book to these artists, [14] called to Holland more or less officially : Jean-Marc Nattier (1685-1766) in 1717 to paint the Muscovite court, [15] Jacques Aved (1702-1766) in 1751 to paint the Stadholder, [16] and Maurice-Quentin de La Tour (1704-1788) in 1766. Belle van Zuylen's letters about the hours she spent posing for La Tour are so charming that I cannot resist quoting one of them :

> "My portrait by La Tour was admirable. We thought a perfect resemblance was within reach and that every session would be the last – he only needed to add a little something to the eyes. But that little something refused to come, so he kept searching, retouching and changing my physiognomy. I never lost patience, but the painter himself became disconsolate, until at length he had to obliterate the world's loveliest painting, since it no longer bore the slightest resemblance, nor promised to have any. Still, he starts over every morning and stays with me like a shadow the entire day. Fortunately he is delightful company and tells the most curious things." [17]

Last, but by no means least, the admirable Perronneau (1715-1783) visited Holland many times, [18] where he painted several masterpieces of eighteenth-century European portraiture, and where he died in obscurity. [19]

Were they always appreciated, and by everyone ? Did they leave any mark in their turn on Dutch art ? [20] This is hardly the place to tackle such questions. Merely mentioning such names as Spaendonck, Ary Scheffer, Van Gogh, Van Dongen, Mondrian and Domela is enough to recall how close the artistic ties between France and Holland have been. Their mark on French art ? The mark French art has left on them ? Does it really matter ? The wind of creativity blows wherever it can, whenever it likes. It would be sad indeed if it had exhaled its last breath.

Translated from the French by Andrew McCormick.

grand voyageur, "citoyen de Genève" et "peintre turc", s'inscrit entre Holbein et Vallotton dans ce qu'il faut bien appeler l'école suisse).[19]

Furent-ils toujours et par tous appréciés? Marquèrent-ils à leur tour l'art de la Hollande?[20] **Ce n'est pas le lieu d'en décider. On mentionnera simplement quelques noms, Spaendonck, Ary Scheffer, Van Gogh, Van Dongen, Mondrian, Domela pour rappeler l'étroitesse des liens entre la France et la Hollande. Leur marque sur l'art français? La marque de l'art français? Que nous importe? Le vent de la création souffle où il peut, quand il veut. Il serait désolant qu'il ait exhalé son dernier souffle.**

1 Horst Gerson, *Ausbreitung und Nachwirkung der holländischen Malerei des 17. Jahrhunderts*, Amsterdam 1942 (rééd. 1983).
2 *Au temps de Watteau, Fragonard et Chardin. Les Pays-Bas et les peintres français du XVIIIe siècle*, Lille 1985.
3 Daniel Ternois, "Peintres et dessinateurs néerlandais à Lyon du XVIe au XVIIIe siècle, rapport de mission aux Pays-Bas", *Cahiers de l'Institut d'Histoire et de l'Art de l'Université de Lyon II* (cahier n° 2) 1976, pp. 25-68. L'ensemble de ce cahier est à consulter. Voir aussi Gilles Chomer, "Les passages des artistes hollandais et flamands en Rhône-Alpes", pp. 32-38 du catalogue de l'exposition *Flandre et Hollande au Siècle d'Or. Chefs-d'œuvre des Musées de Rhône-Alpes*, Lyon-Bourg-en-Bresse-Roanne 1992.
4 E. Snoep-Reitsma, "Chardin and the Bourgeois Ideals of His Time", *Nederlands Kunsthistorisch Jaarboek* 24 (1973), pp. 147-243.
5 K. Pomian, "Marchands, connaisseurs, curieux à Paris au XVIIIe siècle", *Revue de l'Art* n° 43, 1979, pp. 23-36.
6 Comte de Caylus, *La vie d'Antoine Watteau...*, conférence lue à l'Académie de peinture et de sculpture le 3 février 1748 (voir Pierre Rosenberg, *Vies anciennes de Watteau*, Paris 1984, p. 57 et 58).
7 Antoine-Nicolas Dezallier d'Argenville, *Abrégé de la vie des plus fameux peintres*, Paris éd. 1762, IV, p. 318.
8 J.W. Niemeijer, "French Drawings and Dutch Collectors", pp. 121-126 du catalogue de l'exposition *French Drawings of the 18th Century from Dutch Collections*, Amsterdam 1974.
9 Louis Réau, *Histoire de l'expansion de l'art français. Belgique et Hollande. Suisse. Allemagne et Autriche. Bohême et Paris 1928.*
10 *G. Bottari, Raccolta di lettere...*, Milan éd. 1822, IV, pp. 445-446: "Claudio Vignon pittore, al sig. Francesco Langlois, detto il Ciartres. (...) V.S. si ricorderà, passando in Olanda, di salutate all'Aia da mia parte il sig. Moisè Van W'tenbrouck, pittore eccellente, e portar qua de' suoi quadri di piccoli paesi (...) In quest'ultima città [Utrecht] saluterà a mio nome il sig. Gherardo Honthorst; e in Asterdammo mi saluti anche il sig. Rembrant e porti seco qualcosa del suo. Gli dica pure che io feci ieri la stima del suo quadro del profeta Balam, che comprò da lui il sig. Lopez (...)".
11 Catalogue de l'exposition *Fragonard*, Paris-New York 1987-1988, pp. 178-180.
12 P. Ratouis de Limay, *Un amateur orléanais au XVIIIe siècle. Aignan-Thomas Desfriches 1715-1800*, Paris 1907, p. 30.
13 *Souvenirs de Madame Vigée-Le Brun...*, Paris éd. 1869, pp. 55-56.
14 A. Staring, *Fransche kunstenaars en hun hollandsche modellen in de 18de en in den aanvang der 19de eeuw*, La Haye 1947.
15 Pierre de Nolhac, *Nattier peintre de la cour de Louis XV*, Paris 1925, pp. 42-43.
16 Georges Wildenstein, *Le peintre Aved, sa vie et son œuvre. 1702-1766*, Paris 1922, pp. 185-186.
17 Alain Besnard et Georges Wildenstein, *La Tour. La vie et l'œuvre de l'artiste*, Paris 1928. Sur Belle de Zuylen, voir Christine Debrie, *Maurice-Quentin de La Tour "Peintre de portraits au pastel" 1704-1788 au Musée Antoine Lécuyer de Saint-Quentin*, 1991, pp. 95-98 et le catalogue de l'exposition *Belle de Zuylen et son époque*, Paris-Amsterdam 1961.
18 Maurice Tourneux, *J.-B. Perronneau*, Paris 1903. Voir aussi Léandre Vaillat et Paul Ratouis de Limay, *J.-B. Perronneau (1715-1783). Sa vie et son œuvre*, Paris 1923.
19 Frans Grijzenhout, catalogue de l'exposition *Liotard in Nederland,* Utrecht 1985.
20 Ils influencèrent à coup sûr Cornelis Troost. Voir sur ce point les travaux de J.W. Niemeijer.

1 Horst Gerson, *Ausbreitung und Nachwirkung der holländischen Malerei des 17. Jahrhunderts*, Haarlem 1942; repr. Amsterdam 1983.
2 *Au temps de Watteau, Fragonard et Chardin. Les Pays-Bas et les peintres français du XVIIIe siècle*, Lille 1985.
3 Daniel Ternois, "Peintres et dessinateurs néerlandais à Lyon du XVIe au XVIIIe siècle, rapport de mission aux Pays-Bas," *Cahiers de l'Institut d'Histoire de l'Art de l'Université de Lyon II* (cahier no. 2), 1976, pp. 25-68. The entire *cahier* is relevant. See also Gilles Chomer, "Les passages des artistes hollandais et flamands en Rhône-Alpes," pp. 32-38 of the exh. cat. *Flandre et Hollande au Siècle d'Or. Chefs-d'œuvre des Musées de Rhône-Alpes*, Lyon / Bourg-en-Bresse / Roanne 1992.
4 E. Snoep-Reitsma, "Chardin and the Bourgeois Ideals of His Time," *Nederlands Kunsthistorisch Jaarboek*, XXIV, 1973, pp. 147-243.
5 K. Pomian, "Marchands, connaisseurs, curieux à Paris au XVIIIe siècle," *Revue de l'Art*, no. 43, 1979, pp. 23-36.
6 Comte de Caylus, *La vie d'Antoine Watteau...*, lecture delivered at the Académie de peinture et de sculpture on 3 Feb. 1748 (see Pierre Rosenberg, *Vies anciennes de Watteau*, Paris 1984, pp. 57-58).
7 Antoine-Nicolas Dezallier d'Argenville, *Abrégé de la vie des plus fameux peintres*, Paris, 1762 ed., IV, p. 318.
8 J. W. Niemeijer, "French Drawings and Dutch Collectors," in exh. cat. *French Drawings of the 18th Century from Dutch Collections*, Amsterdam 1974, pp. 121-126.
9 Louis Réau, *Histoire de l'expansion de l'art français. Belgique et Hollande. Suisse. Allemagne et Autriche. Bohême et Hongrie*, Paris 1928.
10 G. Bottari, *Raccolta di lettere...*, Milan, 1822, IV, pp. 445-446: "Claudio Vignon pittore, al sig. Francesco Langlois, detto il Ciartres. [...] V.S. si ricorderà, passando in Olanda, di salutare all'Aia da mia parte il sig. Moisè Van W'tenbrouck, pittore eccellente, e portar qua de' suoi quadri di piccoli paesi [...]. In quest'ultima città [Utrecht] saluterà a mio nome il sig. Gherardo Honthorst; e in Asterdammo [*sic*] mi saluti anche il sig. Rembrant e porti seco qualcosa del suo. Gli dica pure che io feci ieri la stima del suo quadro del profeta Balam, che comprò da lui il sig. Lopez [...]."
11 That Boucher visited Holland in 1766 seems to be confirmed by a document in the archives of the French Ministry of Foreign Affairs. The date of Fragonard's visit (or visits) is much less certain: exh. cat. *Fragonard*, Paris-New York 1987-88, pp. 178-180.
12 P. Ratouis de Limay, *Un amateur orléanais au XVIIIe siècle. Aignan-Thomas Desfriches 1715-1800*, Paris 1907, p. 30.
13 *Souvenirs de Madame Vigée-Le Brun...*, Paris 1869, pp. 55-56.
14 A. Staring, *Fransche kunstenaars en hun hollandsche modellen in de 18de en in den aanvang der 19de eeuw*, The Hague 1947.
15 Pierre de Nolhac, *Nattier peintre de la cour de Louis XV*, Paris 1925, pp. 42-43.
16 Well before that date Aved, who was a friend of Chardin, was known as the 'Batavian', undoubtedly because of his affection for Dutch art. Georges Wildenstein, *Le peintre Aved, sa vie et son œuvre. 1702-1766*, Paris 1922, pp. 185-186.
17 "Mon portrait de La Tour a été admirable; nous pensions toucher à une ressemblance parfaite, tous les jours nous pensions que ce"serait la dernière séance, il n'y avait qu'un rien à ajouter aux yeux. Mais ce rien ne voulant pas venir, on cherchait, on retouchait, ma physionomie changeait sans cesse. Je ne m'impatientais pas, mais le peintre se désolait, et à la fin il a fallu effacer la plus belle peinture du monde, car il n'y avait plus de ressemblance, ni espoir d'en donner. Cependant, il recommence tous les matins et ne me quitte de tout le jour non plus que mon ombre. Heureusement il est fort aimable et raconte mille choses curieuses." Quoted by Albert Besnard and Georges Wildenstein, *La Tour. La vie et l'œuvre de l'artiste*, Paris 1928. On Belle van Zuylen, see Christine Debrie, *Maurice-Quentin de La Tour "Peintre de portraits au pastel" 1704-1788 au Musée Antoine Lécuyer de Saint-Quentin*, Saint-Quentin 1991, pp. 95-98 and the exh. cat. *Belle de Zuylen et son époque*, Paris-Amsterdam 1961.
18 Maurice Tourneux, *J.-B. Perronneau*, Paris 1903. See also Léandre Vaillat and Paul Ratouis de Limay, *J.-B. Perronneau (1715-1783). Sa vie et son œuvre*, Paris 1923.
19 We have taken the liberty of leave aside Jean-Etienne Liotard (1702-1789), who was in Holland in 1755-56, from this list; the art of this great traveller, "citizen of Geneva" and "Turkish painter," finds its place between Holbein and Vallotton in what needs to be called the Swiss school. Frans Grijzenhout, exh. cat. *Liotard in Nederland*, Utrecht 1985.
20 One artist most certainly influenced by French painters was Cornelis Troost, as J.W. Niemeijer has shown in his studies on the Dutch artist.

La peinture française dans les collections hollandaises
French painting in Dutch collections

Guido Jansen

Le musée Boymans-van Beuningen à Rotterdam présenta à la fin de l'année 1989 l'exposition *Van Titiaan tot Tiepolo : Italiaanse schilderkunst in Nederlands bezit* (Du Titien à Tiepolo ; La peinture italienne dans les collections hollandaises). Aujourd'hui, trois ans plus tard, l'heure nous semble venue de présenter la peinture française dans les collections de notre pays. Mais cette fois-ci l'exposition ne se cantonne pas à Rotterdam, elle vient aussi au Musée des Beaux-Arts à Dijon et à l'Institut Néerlandais à Paris. Contrairement à l'exposition consacrée à la peinture italienne, celle-ci se limite aux œuvres du XVIIe et du XVIIIe siècles ; nous avons peu de tableaux du XVIe, et au demeurant ils sont peints sur panneau, donc fragiles et peu aptes à voyager ; quant à la peinture française du XIXe, elle mérite pleinement une présentation distincte, car elle fut toujours fort appréciée aux Pays-Bas et est donc bien représentée dans nos musées.[1]
Le choix que nous présentons – choix au demeurant modeste – montre quels tableaux français séduisaient nos collectionneurs, en particulier ceux de notre siècle. Si certaines pièces – par exemple les deux peintures de Bertin (cat. n° 1 et 2) – sont attestées dans notre pays dès le début du XVIIIe siècle, la plupart n'y vinrent qu'au XXe. C'est donc le goût des collectionneurs de la première moitié de notre siècle qui a le plus fortement marqué les collections actuelles de nos musées, ce qui explique d'ailleurs l'abondance des natures mortes dans l'exposition – comme ce fut aussi le cas lors de la présentation de la peinture italienne dans les collections hollandaises. Pourquoi ce genre eut-il chez nous tant de succès ? Est-ce parce que, entre les deux guerres et immédiatement après la seconde, notre pays connut plusieurs grandes expositions consacrées à la nature morte ? Galeries et musées attirèrent de concert l'attention sur ce type d'art d'un modernisme involontaire, l'accent anti-littéraire mis sur les qualités formelles le rendant presque abstrait. Cet intérêt émancipateur était d'ailleurs plus pertinent pour le passé artistique néerlandais que pour l'art français, où la nature morte ne commença à jouer un rôle significatif – et d'ailleurs contesté – qu'au cours du XVIIIe siècle. Les collectionneurs hollandais y furent peut-être particulièrement sensibles parce que les grands maîtres de la nature morte française s'étaient si

At the end of 1989, the Boymans-van Beuningen Museum mounted an exhibition entitled *From Titian to Tiepolo. Italian painting in Dutch collections*. Three years on, the time has come to present French paintings in the Netherlands. This time, however, the exhibition will be shown not only in Rotterdam, but also at the Musée des Beaux-Arts in Dijon and the Institut Néerlandais in Paris. Unlike the exhibition of Italian painting, this show presents work exclusively from the seventeenth and eighteenth centuries. The few sixteenth-century French paintings in the Netherlands are mainly on panel and are therefore too fragile to be transported, while work from the nineteenth century, which has always been popular and well represented in Dutch museums, merits an exhibition of its own.[1]
The rather modest selection of work presented here gives a good impression of the French paintings to be seen in the Netherlands. Though a few have been here since the beginning of the eighteenth century – the two panels by Bertin, for example, (cat. nos. 1 and 2) – the majority have only come to this country in the course of the twentieth century. As a result, Holland's public collections primarily reflect the taste of the generation of collectors from the first half of this century. To some extent this explains why the present exhibition, like the earlier one of Italian painting, includes such a large number of still lifes. The success of this particular genre is due in part to the major exhibitions of still lifes that were held in the Netherlands between about 1930 and 1960, when art galleries and museums displayed an interest in this inadvertently modern type of art, which is almost abstract in its anti-literary emphasis on formal qualities. This liberating interest in fact had a greater relevance to Holland's artistic past than to French art, in which the *nature morte* only became significantly controversial in the eighteenth century. Dutch collectors, however, were perhaps all the more sensitive in this respect, as the great masters of the French still life had been so strongly inspired by the Dutch example: indeed there could be no greater compliment to Chardin than that his diligence in copying nature exceeded that of the Dutch.[2]
But a painting was not guaranteed its place in a Dutch collection merely because it conformed to the prevailing aesthetic values. Considering their

Fig. 1
Pierre-Paul Prud'hon, Portrait de la famille Schimmelpenninck, 1801-02, 263,5 x 200 cm. Rijksmuseum, Amsterdam.
Pierre-Paul Prud'hon, Portrait of the Schimmelpenninck family, 1801-02, 263,5 x 200 cm. Rijksmuseum, Amsterdam.

Fig. 2
Jean Restout, L'offrande par Melchisédech, 1754, 215 x 120 cm. Fondation Schatkamer Sint Servaas, Maastricht.
Jean Restout, The sacrifice of Melchisedek, 1754, 215 x 120 cm. Stichting Schatkamer Sint Servaas, Maastricht.

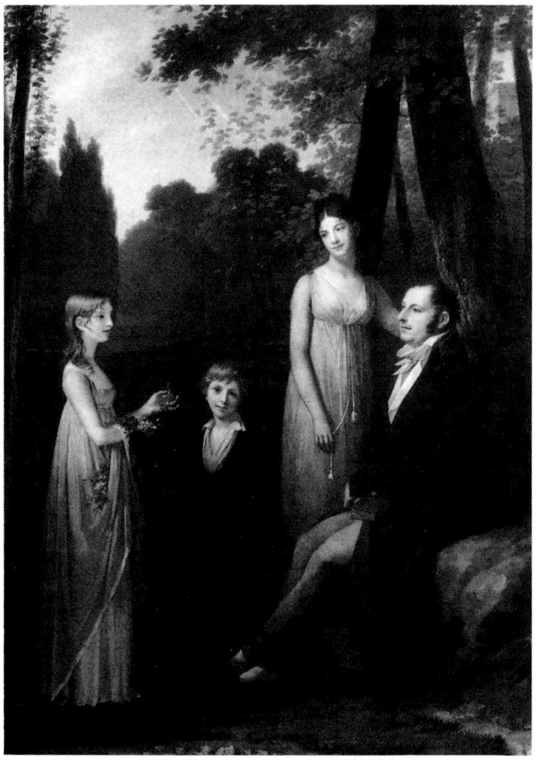

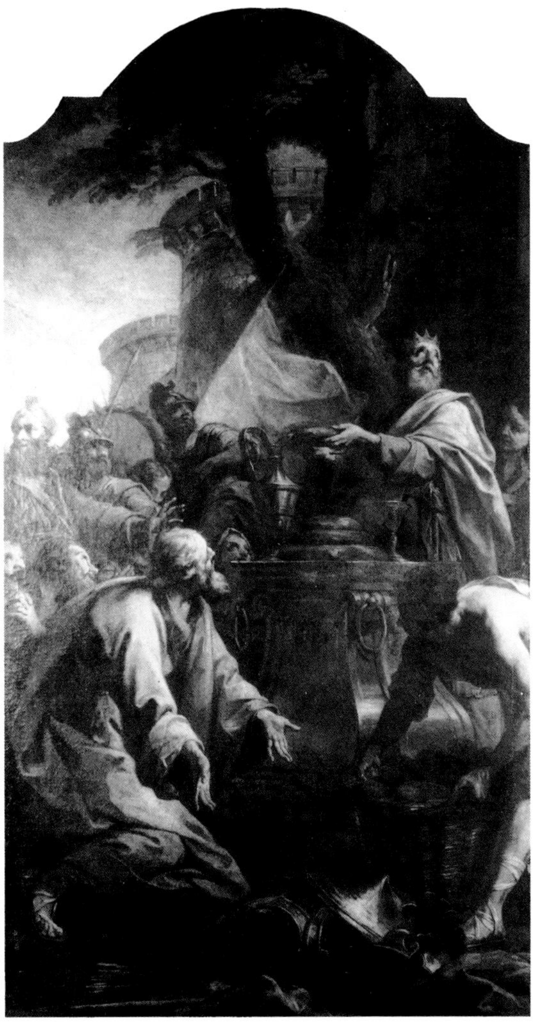

nettement inspirés des exemples hollandais : peut-on imaginer plus grand compliment que de dire de Chardin qu'en rendant la nature il a su dépasser la patience des Hollandais ?[2]
Mais se situer dans la mouvance de l'esthétique nationale ne suffisait pas toujours pour qu'une œuvre française soit acquise pour enrichir une collection hollandaise. Par exemple, point de tableau des frères Le Nain, pourtant si proches de la peinture de genre hollandaise, dans nos collections publiques ; mais cette surprenante lacune s'explique peut-être davantage par des achats malheureux que par un manque d'intérêt. Aussi bien les *Deux fillettes* (cat. n° 27) que *Les joueurs de dés* (cat. n° 28) furent d'abord attribués à un des frères Le Nain, mais, pour charmants qu'ils soient, ces deux tableaux ne résistèrent pas à une critique attentive. Il en va de même de la seule peinture d'un autre réaliste français dans une collection néerlandaise, le *Christ aux outrages* acquis en 1948 par le Rijksmuseum d'Amsterdam et autrefois attribué à Georges de La Tour ; depuis longtemps déjà on doute – à juste titre – de son authenticité.[3]
Un style peu prisé des collectionneurs néerlandais de notre siècle, c'est le classicisme français du XVIIe siècle, qui depuis quelques années pourtant retient à nouveau l'attention dans d'autres pays. Donc ici point de peinture d'histoire d'un Nicolas Poussin, d'un Sébastien Bourdon, ni de Charles Le Brun, Philippe de Champaigne ou Eustache Le Sueur, pour ne citer que les principaux peintres d'histoire. Nous pouvons heureusement présenter des œuvres de Jacques Blanchard (cat. n° 3), Laurent de La Hyre (cat. n° 20) et Simon Vouet ; mais ce dernier n'est représenté que par un tableau acquis tout récemment (1988), au surplus une œuvre caravagesque peinte en Italie et qui n'a rien de classique (cat. n° 47).
La peinture française du XVIIIe siècle fut un peu mieux accueillie par les collectionneurs hollandais que celle du XVIIe. L'exposition présente d'excellentes œuvres de Chardin, Watteau, Vernet et Boilly (cat. n° 4, 9, 43, 44 et 48). Le Rijksmuseum possède aussi une œuvre majeure de Pierre-Paul Prud'hon, *Le portrait de la famille Schimmelpenninck* (fig. 1). Nous y voyons Rutger Jan Schimmelpenninck (1761-1825), ambassadeur de la République batave à Paris, qui en 1801-02 s'y fit peindre en pied en compagnie de sa femme et de ses enfants.[4] Cette toile de grand format pose malheureusement des problèmes de conservation, et c'est pourquoi elle ne peut participer à l'exposition. Il en va de même d'une œuvre que presque personne n'a remarquée jusqu'à aujourd'hui, un retable peint en 1754 par Jean Restout et qui se trouve aujourd'hui dans l'église Saint-Servais à Maastricht (fig. 2).[5]
On ne trouve pas aux Pays-Bas de peinture de Fragonard, ni de Jouvenet, Vien, Le Moyne ou Coypel.[6] Relevons toutefois que le cabinet du stathouder Guillaume V comptait dans sa collection un tableau important d'Antoine Coypel, mais en 1794 ce *Sacrifice de la fille de Jephté* fut

similarity to Dutch genre painting, it is surprising not to find any works by the Le Nain brothers, for example, although the omission may in fact be the result of unfortunate acquisition rather than lack of interest in their work. Both the *Portrait of two girls* (cat. no. 27) and the piece entitled *The dice throwers* (cat. no. 28) were formerly attributed to one of the Le Nains. Yet, excellent as these paintings may be, they ultimately succumbed to closer scrutiny. The same applies to the *Man of sorrows*, the only painting in the Netherlands attributed to that other French realist, Georges de La Tour. The Rijksmuseum purchased the work in 1948, but its authorship has now rightly been called into question.[3]
Another area largely neglected by Dutch collectors in the twentieth century is the genre of seventeenth-century French classicism, a style which has in fact enjoyed a revival in other countries during the past few years. Yet not a single history piece by Poussin, Bourdon, Le Brun, De Champaigne or Le Sueur, to mention only the most distinguished of these figure painters, is to be found anywhere in the Netherlands. Fortunately, Jacques Blanchard (cat. no. 3), Laurent de La Hyre (cat. no. 20) and Simon Vouet are, indeed, represented, although Vouet's work, which has only been here since 1988, is in fact a Caravaggesque rather than a classicist piece, and was in any event made in Italy (cat. no. 47).
French painting from the eighteenth century has been more successful in the Netherlands than work from a century earlier. The exhibition includes superb pieces by Chardin, Watteau, Vernet and Boilly (see cat. nos. 4, 9, 43, 44 and 48), while the Rijksmuseum also has Pierre-Paul Prud'hon's *Portrait of the Schimmelpenninck family* (fig. 1). This masterwork is a portrayal of Rutger Jan Schimmelpenninck (1761-1825), the envoy of the Batavian Republic to Paris, who in 1801-02 commissioned a full-length portrait of himself together with his wife Catharina Nahuys and their children Catharina and Gerrit.[4] Unfortunatly, however, for reasons of conservation, the large canvas could not be shown in the exhibition. The same applies to Jean Restout's hitherto neglected altarpiece from 1754 at the church of St Servaas in Maastricht (fig. 2).[5]
Nowhere in the Netherlands is there a painting by Fragonard, or indeed any work by Jouvenet, Vien, Le Moyne or Coypel.[6] An important painting by Antoine Coypel, *The sacrifice of Jephta's daughter*, was once in the cabinet of the Stadholder William V in The Hague, but it was taken to France by Revolutionary troops in 1794, never to be returned (fig. 3); the piece has been at the Musée des Beaux-Arts in Dijon since 1803.[7]

Many more beautiful pieces from the French school must have left the country one way or another. Anyone who cares to examine the hundreds of catalogues documenting art auctions in the Netherlands before 1800 will discover that a surprising number of well-known masterworks

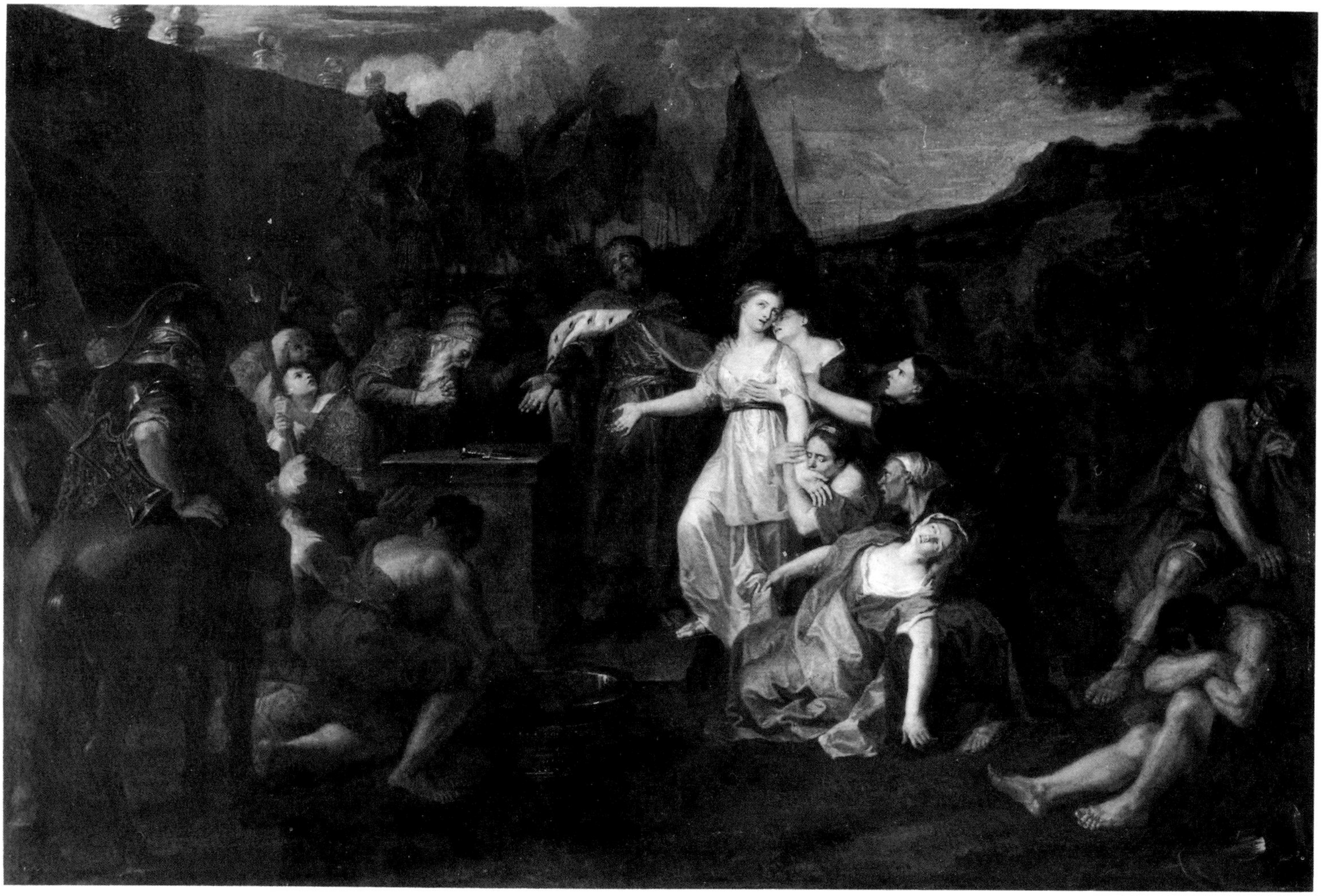

Fig. 3
Antoine Coypel, Le sacrifice de la fille de Jephté, 147 x 216 cm. Musée des Beaux-Arts, Dijon.
Antoine Coypel, The sacrifice of Jephta's daughter, 147 x 216 cm. Musée des Beaux-Arts, Dijon.

emporté en France par les armées de la Révolution et il ne revint jamais (fig. 3) ; il se trouve depuis 1803 au Musée des Beaux-Arts à Dijon.[7]

Cet exemple nous incline à penser que les collections hollandaises possédaient autrefois nombre de belles peintures de l'école française. Qui veut bien dépouiller les centaines de catalogues des ventes publiques hollandaises avant 1800 constate avec surprise que bien des chefs-d'œuvre encore connus aujourd'hui ont appartenu à tel ou tel cabinet hollandais (voir Appendice).

Le dépouillement du matériel présenté dans l'Appendice – qui d'ailleurs ne saurait prétendre à l'exhaustivité – a permis de constater que l'offre de tableaux français demeure relativement modeste.[8] Les catalogues des ventes publiques du XVIIIe siècle mentionnent surtout des œuvres hollandaises et flamandes, ce qui est évident, mais l'offre de peintures françaises est même assez mince si on la compare à celle de tableaux italiens. Il semble, grosso modo, que les ventes voient passer un tableau français pour cinq à six peintures italiennes. Fait remarquable, les maîtres français les plus représentés dans les vieux catalogues et inventaires ont tous travaillé plus ou moins longtemps en Italie. Cela vaut évidemment pour Nicolas Poussin, Gaspard Dughet et Claude Lorrain, mais aussi pour Jacques Courtois, Sébastien Bourdon, Simon Vouet, Valentin de Boulogne et Francisque Millet.[9] Ces artistes fréquentaient souvent à Rome les cercles des *pittori fiamminghi*, et leurs amis hollandais les ont certainement aidés à se faire connaître dans notre pays. C'est ainsi que le marchand d'art Johannes de Renialme offrait dès les années cinquante du XVIIe siècle sur le marché d'Amsterdam des œuvres de Valentin, Bourdon, Poussin et Claude Lorrain, peintures probablement apportées en Hollande par des peintres hollandais de retour d'Italie.

Des contacts ont pu se nouer peu après avec des marchands français, ou des marchands hollandais actifs à Paris, mais ce commerce est encore peu connu ; nous savons bien que dans les années 1680 le graveur Joan van der Bruggen, originaire de Bruxelles, fit venir à Paris quelques tableaux de Godfried Schalcken, mais rien n'atteste qu'il exporta aussi des peintures françaises en Hollande.[10] Il était certainement facile pour des artistes comme le Haguenois Theodoor van der Schuur (1628-1707), qui fut à Paris l'élève de Bourdon, ou Theodoor Netscher (1661-1732), fils obscur de Caspar Netscher et qui vingt ans durant travailla à Paris, de jouer les intermédiaires entre les marchés de France et de Hollande, mais malheureusement rien n'atteste de telles activités.[11] Il demeure également difficile de retracer le cheminement exact des œuvres de Poussin, de Claude Lorrain, de Vouet, de Le Brun et d'autres peintres français importées en Hollande par des huguenots émigrés, tels un Abraham Peronneau (inventaire de 1692) ou un

were once in Dutch cabinets (see the Appendix). The material presented in the Appendix – though by no means comprehensive – shows that the French paintings offered for sale amounted to no more than a handful.[8] Needless to say, most of the work listed in eighteenth-century auction catalogues was Dutch or Flemish, but the French seem to have fared even worse than the Italians. At a rough estimate, there must have been one French painting to every five or six Italian pieces. What is more, the French masters whose names appear most frequently in these old catalogues and inventories all spent at least some time working in Italy. This applies not only to Nicolas Poussin, Gaspard Dughet and Claude Lorrain, but also to Jacques Courtois, Sébastien Bourdon, Simon Vouet, Valentin de Boulogne and Francisque Millet.[9] Many of them were acquainted with the *pittori fiamminghi* in Rome, and their association with painters from the Low Countries would only have gained them wider recognition in the North. By the 1650s, for instance, the Amsterdam art dealer Johannes de Renialme was selling work by Valentin, Bourdon, Poussin and Claude, whose paintings were presumably brought to the country by Dutch artists returning from Italy.

Soon afterwards, Dutch art dealers must have been forging links with galleries in France or with Dutch dealers working in Paris, but little is known of any such initiatives. We only know that the Brussels-born engraver Joan van der Bruggen took a number of Godfried Schalcken's paintings to Paris in the 1680s, but there is no evidence that he also imported French paintings into the Netherlands.[10] It would have been quite simple for an artist like Theodoor van der Schuur (1628-1707), who came from The Hague and studied with Bourdon in Paris, or Theodoor Netscher (1661-1732), son of the better-known Caspar Netscher, who spent almost twenty years working in Paris, to act as go-betweens for dealers in France and Holland, although there are no records to prove that they in fact did so.[11] It is also difficult to trace how Huguenots in exile in the Netherlands, such as Abraham Peroneau (inventory from 1692) or David Renouard (inventory from 1702), managed to acquire work by Poussin, Claude, Vouet, Le Brun and others, although they, of course, would probably have had contacts of their own in France.

A little more is known about the art trade in the Northern Netherlands after about 1700, which is around the time that the prominent Rotterdam merchant, shipowner, art dealer and collector Jaques Meyers first went into business.[12] A Catholic from Ghent, Meyers exported wine, tea and other beverages to Nantes, Bordeaux, Bayonne, Lisbon and the Canary Islands. He also bought and sold paintings, and at his death in 1721, was found to have a large debt outstanding from Pierre Crozat, the most important Parisian collector of the day. Thanks to the catalogue of Meyers's collection from 1714, which has the distinction of being the oldest printed collection

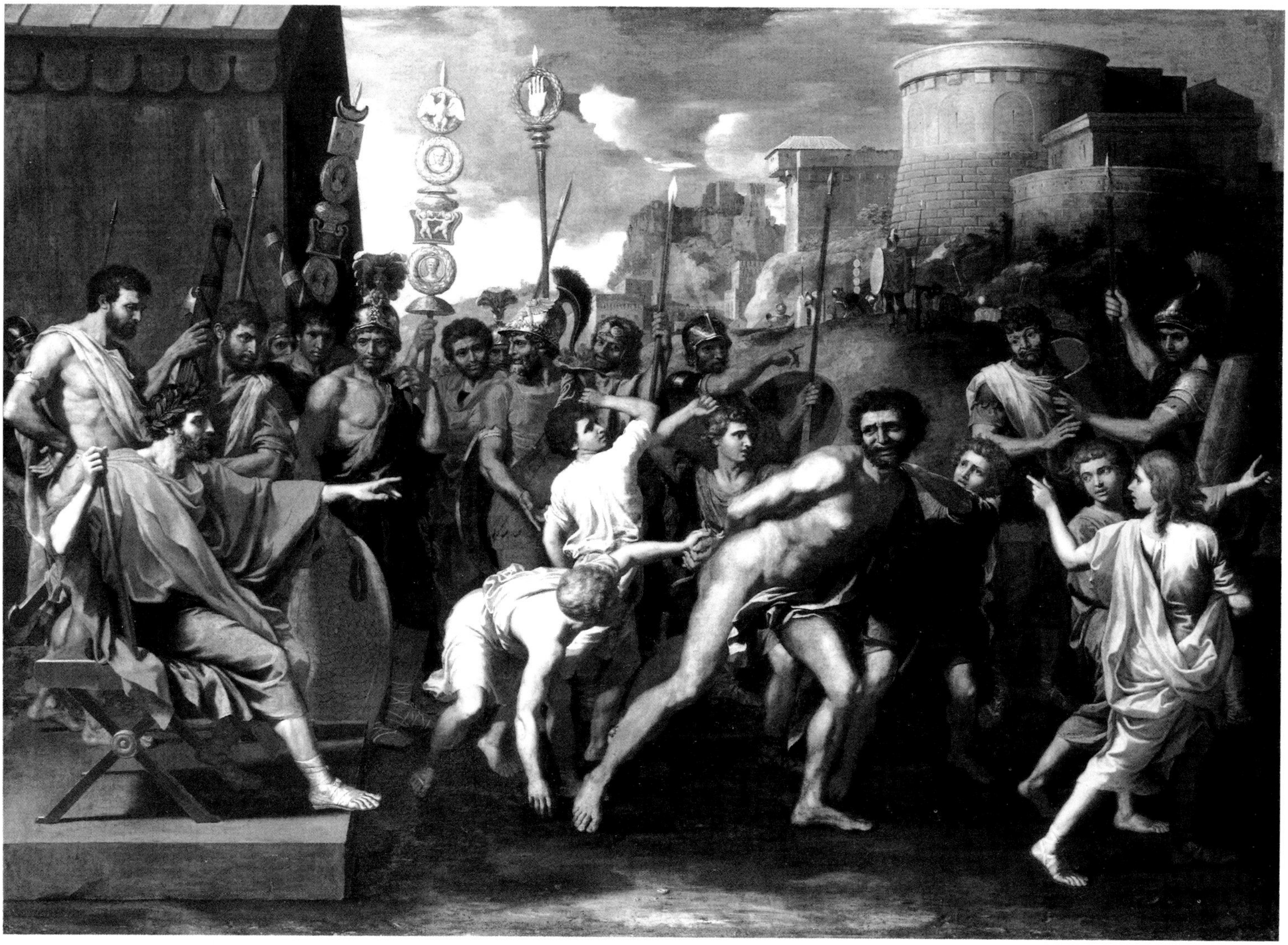

Fig. 4
Nicolas Poussin, Furius Camillus et le maître d'école de Falériess, 81 x 133 cm. Norton Simon Museum, Pasadena.
Nicolas Poussin, Furius Camillus and the schoolmaster of Falerii, 81 x 133 cm. Norton Simon Museum, Pasadena.

David Renouard (inventaire de 1702) ; sans doute firent-ils souvent appel aux amis et relations qu'ils avaient laissés en France.
Le commerce d'art dans les Pays-Bas du Nord est un peu mieux connu à partir du début du XVIIIe siècle, et c'est probablement à cette époque que le négociant et armateur Jaques Meyers, qui était aussi marchand d'art et collectionneur, commença ses activités sur le marché de l'art.[12] Meyers, un catholique originaire de Gand, livrait du vin, du thé et d'autres boissons à Nantes, Bordeaux, Bayonne, Lisbonne et aux îles Canaries, mais il était également actif sur le marché de l'art ; à sa mort en 1721, il avait encore une créance importante sur Pierre Crozat, le premier collectionneur de la place de Paris. Le catalogue dressé en 1714 de sa collection – le plus ancien catalogue de collection imprimé en Hollande – et celui établi en 1722 de sa succession nous donnent un inventaire très détaillé des tableaux en sa possession ; son cabinet réunissait apparemment des œuvres d'une qualité tout à fait exceptionnelle.
La *Description du Cabinet de Tableaux de Mr. Meyers à Rotterdam*, publiée en 1714, ne mentionne pas moins de vingt tableaux de Nicolas Poussin, dont *Furius Camillus et le maître d'école de Falėries*, aujourd'hui au Norton Simon Museum à Pasadena (fig. 4), *L'enlèvement des Sabines*, aujourd'hui au Metropolitan Museum à New York (fig. 5) et *L'École des Sciences*, depuis 1746 au Prado à Madrid (fig. 6). Mieux encore, la liste des œuvres de Poussin s'ouvre par la série célèbre des *Sept Sacrements*, qu'il peignit de 1644 à 1648 pour son ami Paul Fréart de Chantelou (fig. 7). Ces sept tableaux que le duc de Sutherland a aujourd'hui confiés à la National Gallery of Scotland à Edimbourg ne sont plus mentionnés par le catalogue de la vente de 1722, car Meyers les vendit vers 1716 à Philippe d'Orléans, régent de France. Le peintre de fleurs Jacob Campo Weyerman, pamphlétaire redoutable, assure toutefois avoir encore vu la série chez Meyers en 1718, et il précise que le Régent avait dû payer la somme exorbitante de cent mille livres françaises.[13]

En 1714, le cabinet Meyers ne possédait pas seulement un ensemble impressionnant de tableaux de Poussin, il rassemblait aussi nombre d'œuvres majeures de la peinture française, notamment le chef-d'œuvre de Claude Lorrain *Le sermon sur la montagne*, qui se trouve aujourd'hui dans la Frick Collection à New York (fig. 8). Ce tableau ne fut vendu qu'après la mort de Meyers, lors de la vente de 1722 ; inscrit sous le n° 30, il rapporta 500 florins. Le catalogue de la vente de la succession Meyers mentionne aussi d'autres œuvres françaises, en particulier les deux scènes bibliques de Nicolas Bertin que le Rijksmuseum d'Amsterdam acquit avec l'ensemble de la collection Adriaan Leonard van Heteren (cat. n° 1 et 2). Ces deux toiles constituent avec un troisième tableau, également acquis par le Rijksmuseum

catalogue in the Netherlands, and from the catalogue of his estate from 1722, we have some idea of the paintings in his possession. One can only conclude that it must indeed have been a breathtaking collection.
The *Description du Cabinet de Tableaux de Mr. Meyers à Rotterdam*, published in 1714, reveals that Meyers owned no fewer than twenty paintings by Nicolas Poussin, including *Furius Camillus and the schoolmaster of Falerii*, now at the Norton Simon Museum in Passadena (fig. 4), the *Rape of the Sabine Women*, at present at the Metropolitan Museum in New York (fig. 5), and *Apollo and the Muses on Parnassus*, which has been at the Prado in Madrid since 1746 (fig. 6). The list further includes the famous series of the *Seven Sacraments*, which Poussin painted for his friend Paul Fréart de Chantelou between 1644 and 1648 (fig. 7). The seven paintings, which are currently on loan from the Duke of Sutherland to the National Gallery of Scotland in Edinburgh, no longer appeared in the auction catalogue of 1722, as Meyers had sold them to Duke Philippe d'Orleans, the Regent of France, in about 1716. The notorious flower painter and pamphleteer Jacob Campo Weyerman actually saw the series at Meyers's home – in 1718 according to his own account – reporting that the duke had bought it for the hitherto unprecedented sum of "hondert duyzent Fransche guldens" [100,000 *livres*].[13]

In addition to this impressive series of works by Poussin, Meyers's collection in 1714 included a great many more important French paintings, among them Claude Lorrain's superb *Landscape with Christ preaching on Mount Tabor*, which is now in the Frick Collection in New York (fig. 8). The painting was sold only after Meyers's death in 1722, when it was auctioned as lot number 30, fetching 500 guilders. The sale catalogue of Meyers's estate lists several more French paintings, including Bertin's two Old Testament scenes, which the Rijksmuseum acquired with the collection of Adriaan Leonard van Heteren (cat. nos. 1 and 2). Together with one other painting, they now form the paltry remains of Meyers's collection in the Netherlands, for a third painting listed in Meyers's catalogue of 1714, Sébastien Bourdon's "Une Sainte Famille, & le petit Jésus donnant un Anneau à Ste. Catherine, dans un Païsage très beau" (fig. 9), also came to the Rijksmuseum with Van Heteren's cabinet. The piece fetched 225 guilders at the auction in 1722, which only a masterwork could command at the time. *The mystic marriage of St Catherine*, as the painting is now known, was in fact not worth the money, as it was recently discovered to be no more than a replica from Bourdon's studio.[14]
Meyers was not the only collector in Rotterdam with a taste for French painting, as several important paintings are also known to have been in the possession of his fellow townsmen. The baker Quiryn van Biesum, for example, bought and sold paintings ; his own collection, moreover, included

Fig. 5
Nicolas Poussin, L'enlèvement des Sabines, 154,5 x 210 cm. The Metropolitan Museum of Art, New York.
Nicolas Poussin, The rape of the Sabine women, 154.5 x 210 cm. The Metropolitan Museum of Art, New York.

Fig. 6
Nicolas Poussin, L'Ecole des Sciences, 145 x 197 cm. Museo del Prado, Madrid.
Nicolas Poussin, Apollo and the Muses on Mount Parnassus, 145 x 197 cm. Museo del Prado, Madrid.

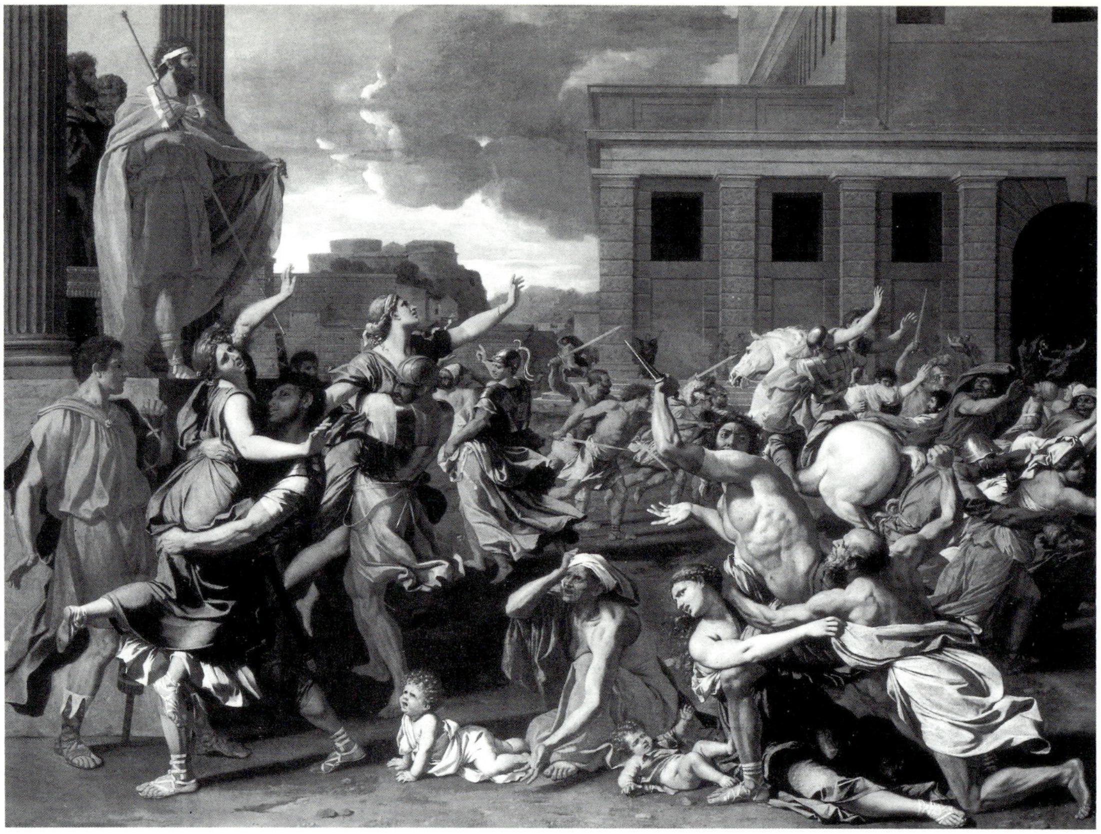

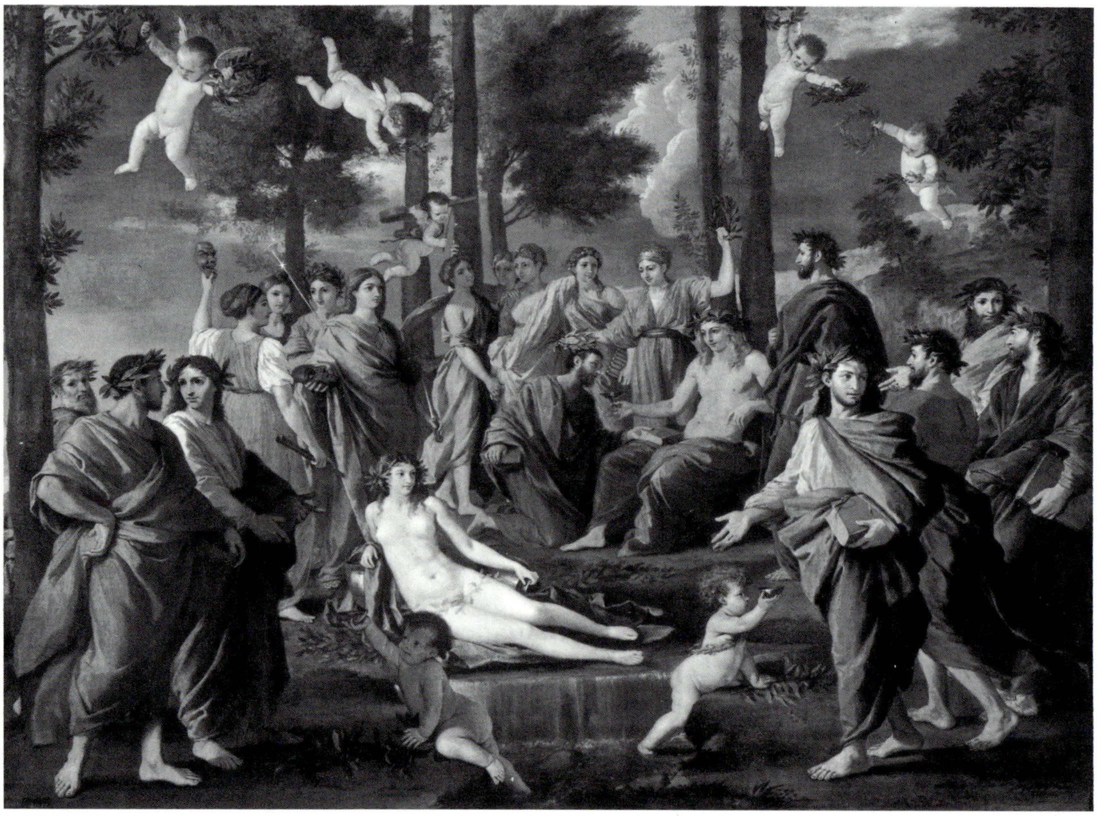

Fig. 7
Nicolas Poussin, L'ordination (un des sept sacrements), 117 x 178 cm. National Gallery of Scotland, Edimbourg (prêt).
Nicolas Poussin, Ordination (one of the Seven Sacraments), 117 x 178 cm. National Gallery of Scotland, Edinburgh (on loan).

Fig. 8
Claude Lorrain, Le sermon sur la montagne, 1656, 171,5 x 160 cm. The Frick Collection, New York.
Claude Lorrain, The sermon on Mount Tabor, 1656, 171.5 x 160 cm. The Frick Collection, New York.

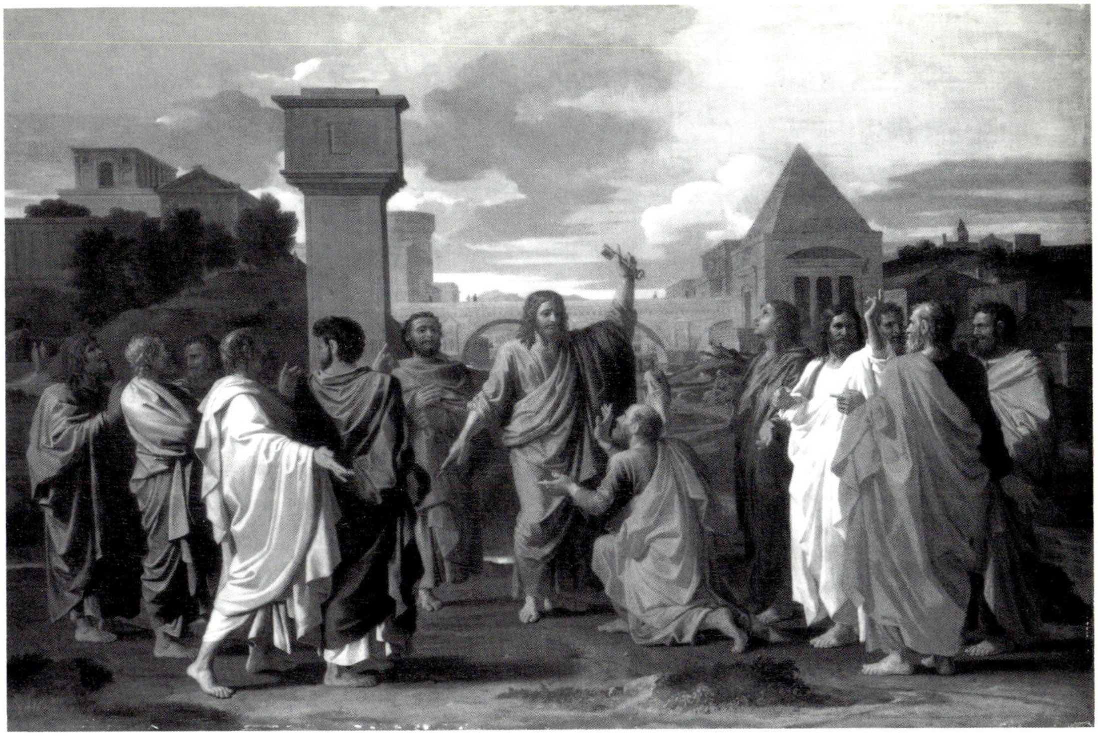

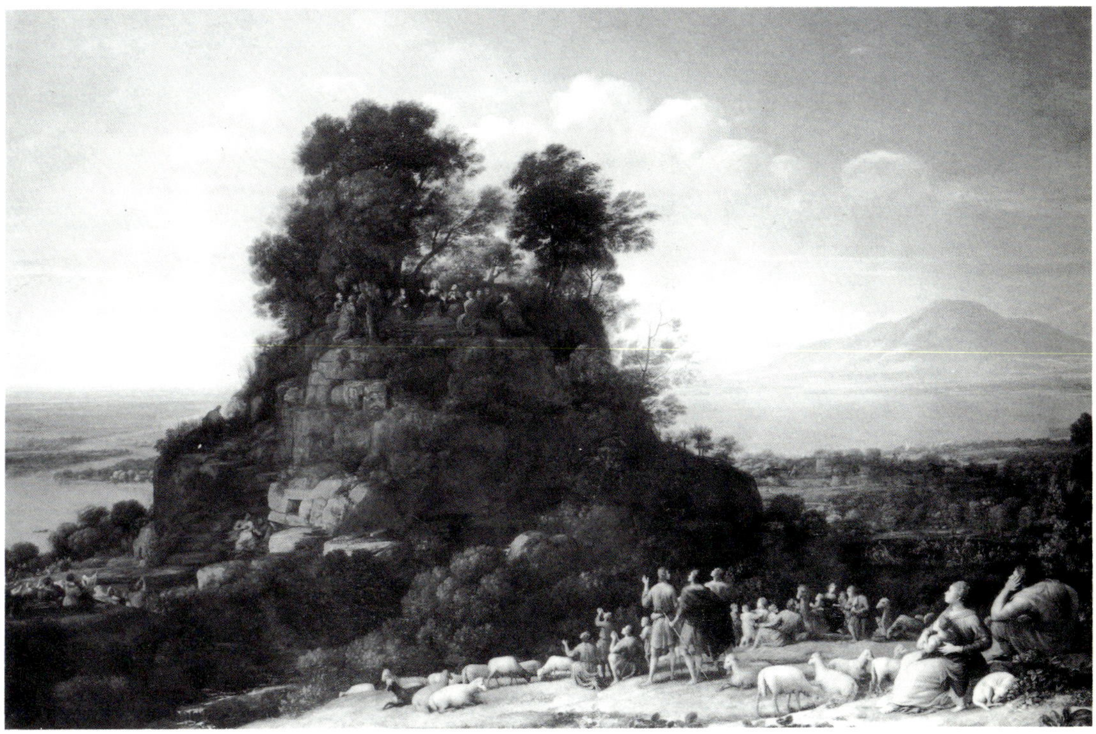

Fig. 9
Atelier de Sébastien Bourdon, Le mariage mystique de sainte Catherine, 86,5 x 103,5 cm. Rijksmuseum, Amsterdam.
Studio of Sébastien Bourdon, The mystic marriage of St Catherine, 86.5 x 103.5 cm. Rijksmuseum, Amsterdam.

Fig. 10
Sébastien Bourdon, Moïse sauvé des eaux, 119,5 x 173 cm. National Gallery of Art, Washington.
Sébastien Bourdon, The finding of Moses, 119.5 x 173 cm. National Gallery of Art, Washington.

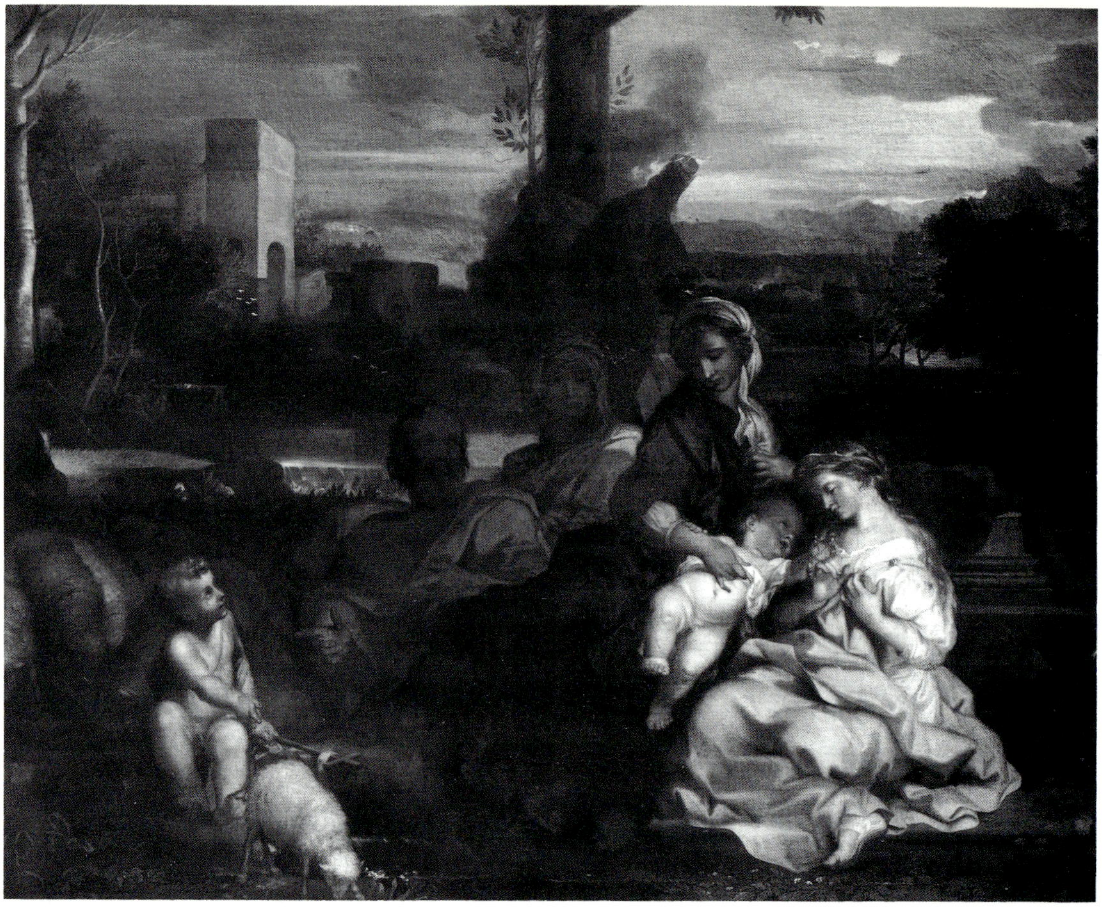

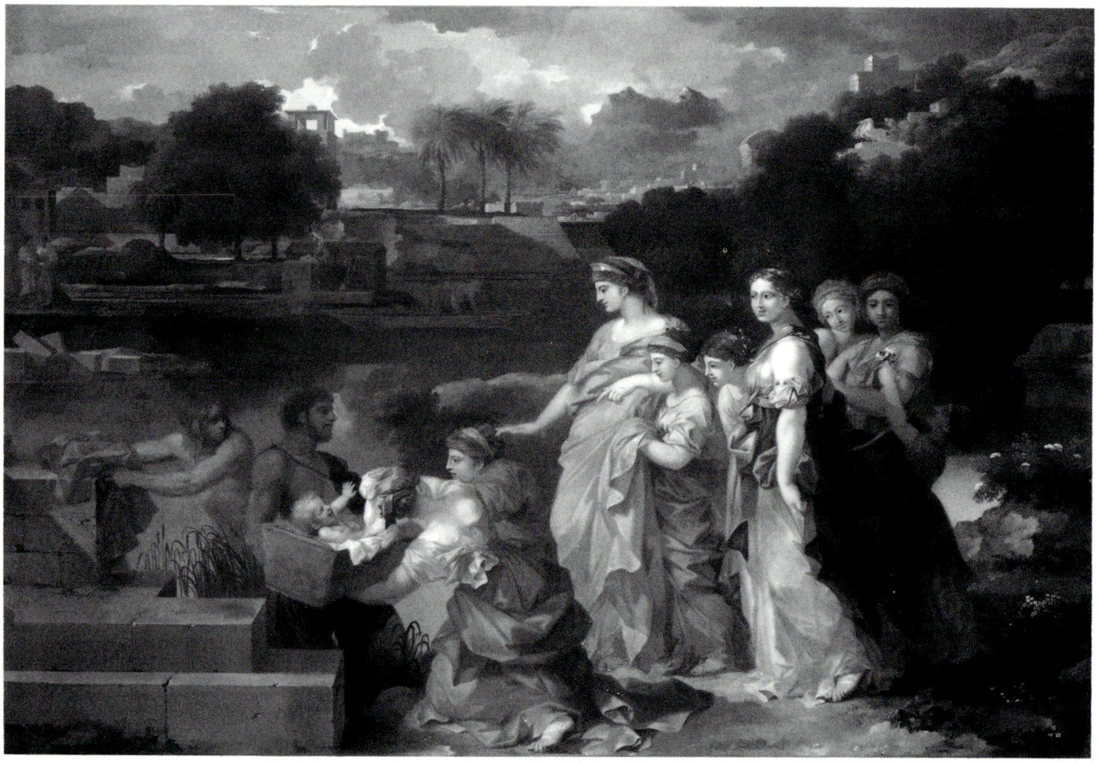

avec la collection Van Heteren, tout ce qui reste aux Pays-Bas du splendide cabinet Meyers. Ce troisième tableau est le n° 68 du catalogue Meyers de 1714, "Une Sainte Famille, & le petit Jésus donnant un Anneau à Ste. Catherine, dans un Païsage très beau", de Sébastien Bourdon (fig. 9). Vendue 225 florins – somme importante pour l'époque (1722) et qui permettait d'acheter un vrai chef-d'œuvre – cette peinture que l'on appelle aujourd'hui *Le mariage mystique de sainte Catherine* ne valait pas ce prix, car il a été établi récemment qu'il ne s'agit en fait que d'une réplique exécutée dans l'atelier de Bourdon.[14]
Meyers n'était pas le seul dans sa ville à s'intéresser à la peinture française, car plusieurs collectionneurs de Rotterdam possédaient également des chefs-d'œuvre français. Le boulanger Quiryn van Biesum, par exemple, faisait aussi le commerce d'art et il possédait dans sa collection, outre cinq paysages de Claude Lorrain, *L'adoration du Veau d'Or* de Poussin, aujourd'hui au M.H. de Young Memorial Museum à San Francisco. Ce tableau fut acquis en 1719 à la vente Van Biesum pour 220 florins par Nicolaas Flinck, fils de Govaert Flinck – l'élève de Rembrandt – et qui avait fait un riche mariage ; Jonathan Richardson a dû le voir chez Flinck avant 1722 (voir la vente Flinck en 1754).[15]
Adriaen Paets, receveur de l'Amirauté, homme influent et fort lié avec les collectionneurs de Rotterdam, possédait non seulement deux œuvres précieuses de Claude Lorrain, mais aussi "une Pièce, par Sébastien Bourdon, très excellente, représentant Moïse sauvé des eaux du Nil, haute de 3 pieds, 9 pouces ; large de 5 pieds, 4 pouces" (voir sa vente en 1713). Ces dimensions en pieds et pouces rhénans correspondent approximativement à 118 x 168 cm, et cette indication nous permet d'identifier la toile avec le chef-d'œuvre de Bourdon aujourd'hui à Washington (fig. 10), peinture dont on ignorait jusqu'à présent où elle se trouvait au XVIIIe siècle.[16] Cela prouve en tout cas que lorsque Clara Bille constata en 1961 que les collectionneurs néerlandais du XVIIIe siècle ne s'intéressaient guère à Poussin ni à Claude Lorrain, elle n'avait pas raison, du moins pour le premier quart du siècle.[17]

La richesse exceptionnelle en chefs-d'œuvre français des collections de Rotterdam vers 1700 marqua l'évolution des peintres locaux. Le maître le plus classicisant de la Hollande, Adriaen van der Werff, travaillait alors à Rotterdam, et le professeur Van Gelder a souligné que la présence de tant d'œuvres françaises explique peut-être certains traits stylistiques de l'œuvre d'Adriaen van der Werff.[18] Barbara Gaehtgens releva ensuite que le peintre a probablement emprunté au *Furius Camillus* (fig. 4) de Poussin pour son *Portement de Croix* de 1712, aujourd'hui à Schleissheim, le petit groupe de deux enfants bras dessus bras dessous ; et que son *Ascension du Christ* de 1710, également à Schleissheim, semble s'inspirer de *L'Ordination* (fig. 7) du même

not only five landscapes by Claude Lorraine but also Poussin's *Worship of the golden calf*, now at the M.H. De Young Memorial Museum in San Francisco. The Poussin was bought by Nicolaas Flinck, the prosperously-married son of Rembrandt's pupil, who paid 220 guilders for it at Van Biesum's auction in 1719. The art theoretician Jonathan Richardson saw it at Flinck's home before 1722 (see Flinck's auction in 1754).[15]
A friend of all these Rotterdam gentlemen was the influential receiver of the admiralty, Adriaen Paets, who owned two costly works by Claude Lorrain as well as "a piece by Sebastien Bourdon, very excellent, illustrating the Finding of Moses in the Nile, measuring 3 feet, 9 inches high and 5 feet 4 inches wide" (see his sale of 1713). On the basis of these measurements (which are cited on the Rhineland scale and are equivalent to approximately 118 x 168 cm), the work can be identified as Bourdon's masterwork in Washington (fig. 10), a painting whose eighteenth-century provenance was previously unknown.[16]
Considering the above, Clara Bille's conclusion in 1961 that eighteenth-century Dutch collectors were generally disinterested in Poussin and Claude was in fact incorrect, if only with respect to the first quarter of the century.[17]

The great abundance of important French paintings in Rotterdam collections around 1700 inevitably had an impact on the work of local artists. Adriaen van der Werff, Holland's most classicist master, was active in Rotterdam at the time and, as Van Gelder has observed, his exposure to this wealth of French paintings may help to explain certain features of his style.[18]
Barbara Gaehtgens subsequently pointed out that the pair of children arm in arm in Van der Werff's *Crucifixion* (1712) in Schleissheim were probably copied from Poussin's *Furius Camillus* (fig. 4), and that his *Ascension* from 1710, also in Schleissheim, was inspired by Poussin's *Ordination* (fig. 7).[19]
Furthermore, Van der Werff clearly based his *Finding of Moses* in Rennes, from 1722, on Bourdon's version of this subject, which was then in the cabinet of his patron Paets (fig. 10).[20]
A source of inspiration in general and a reference point for the classicists, the French masters were held up as the examples to which artists should aspire. Landscapes by Herman van Swanevelt, for example, were extolled as "not inferior to Claude's", while a *Cavalry battle* by Pieter Wouwerman was described as "quite as good as (...) Bourgonjon". Later in the century, a "jocund modern company in a pleasant landscape", by the otherwise unknown H. Bron, was commended as "excellently painted in the manner of Watteau".[21]
In 1974, in fact, Niemeijer remarked on the paucity of drawings by Watteau in eighteenth-century Dutch collections, implying that Dutch connoisseurs had failed to appreciate the master's true worth.[22]
The above quotation, however, and the presence of several of his paintings in Dutch collections, bear witness to the fact that Watteau was indeed an

Fig. 11
Antoine Watteau, L'embarquement pour Cythère, 129 x 194 cm. Charlottenburg, Berlin.
Antoine Watteau, Embarkation for Cythère, 129 x 194 cm. Charlottenburg, Berlin.

Fig. 12
Jean-Honoré Fragonard, L'adoration des bergers, 75 x 92 cm. Musée du Louvre, Paris.
Jean-Honoré Fragonard, The adoration of the shepherds, 75 x 92 cm. Musée du Louvre, Paris.

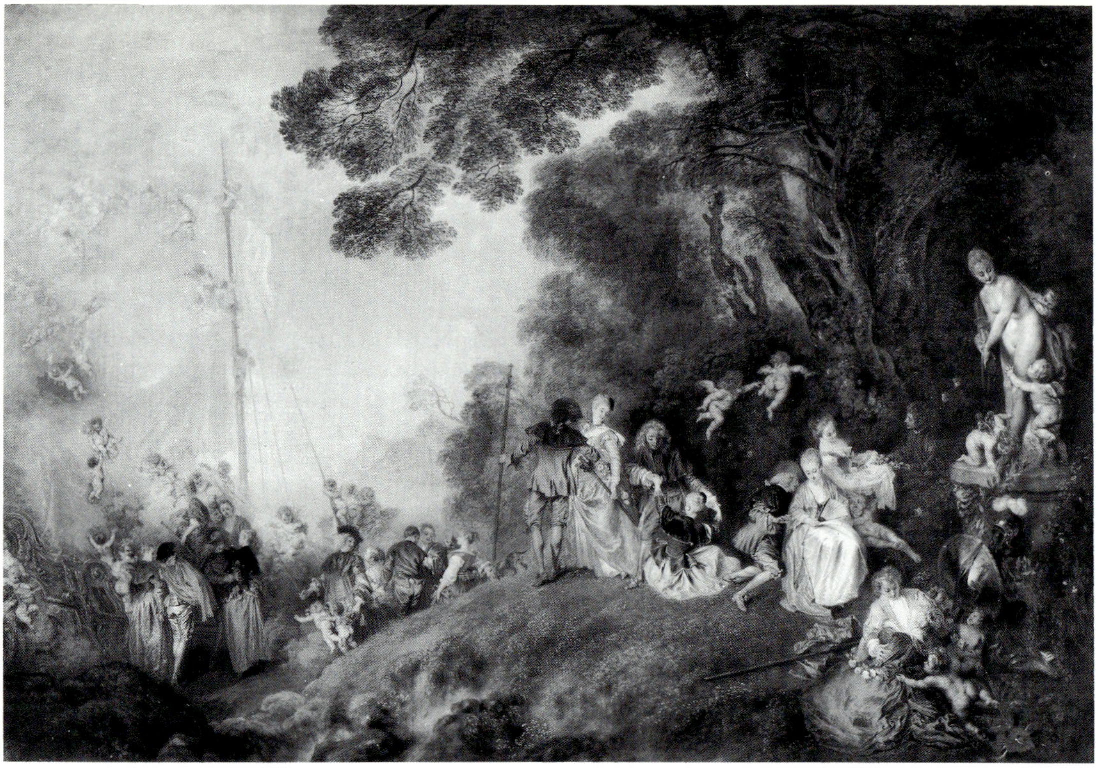

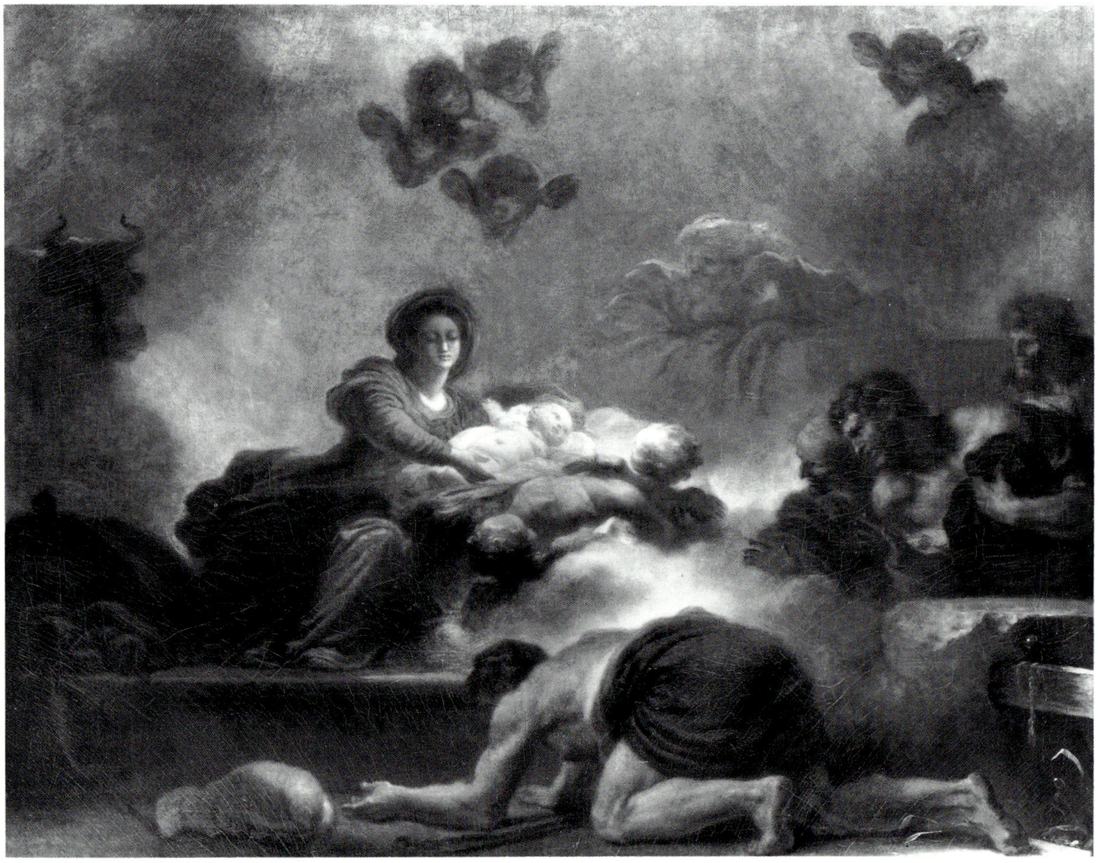

Poussin.[19] Il est en tout cas évident que lorsque Van der Werff peignit en 1722 son *Moïse sauvé des eaux*, aujourd'hui à Rennes, il utilisa la version que Bourdon exécuta du même thème pour le cabinet de son mécène Paets (fig. 10).[20]
Source d'inspiration et thésaurus des peintres classicisants, la peinture française se révélait également exemplaire d'une autre manière. Les catalogues de vente de l'époque jugeaient utile d'affirmer que les paysages d'un Herman van Swanevelt, par exemple, "ne sont pas inférieurs à ceux de Claude Lorrain", ou décrivaient une *Bataille* de Pieter Wouwerman comme "aussi bonne que si elle était de Bourgonjon". Plus tard dans ce siècle, une "joyeuse société moderne dans un paysage agréable" de H. Bron, peintre au demeurant parfaitement inconnu, est vantée comme "fort bien peinte dans la manière de Watteau".[21] Niemeijer constata pourtant en 1974 à propos de Watteau que ses dessins sont étonnamment rares dans les portefeuilles hollandais du XVIIIe siècle, suggérant ainsi qu'à l'époque les connaisseurs hollandais n'appréciaient pas à leur juste valeur les mérites de Watteau.[22] Il n'en demeure pas moins que la citation du catalogue, de même que la présence dans notre pays de plusieurs œuvres de Watteau, montre que ce peintre était aussi fort apprécié en Hollande. Par exemple, Gerard Hoet relève en 1752 la présence de tableaux de l'artiste dans plusieurs grandes collections de La Haye, notamment celles de Fagel et Verschuring. Willem Lormier – homme de qualité, marchand d'art et au demeurant oncle d'Adriaan Leonard van Heteren, cité plus haut – possédait même un chef-d'œuvre de Watteau, *L'embarquement pour Cythère*, une grande toile qu'il vendit peu après à un autre marchand de tableaux, Pierre Boetens, qui le revendit à Frédéric le Grand pour sa collection de Berlin (fig. 11).[23]
Lormier avait acquis le légendaire chef-d'œuvre de Watteau en 1743 à La Haye, lors de la vente Jacob (Francesco) Lopez de Liz, personnage pittoresque et richissime négociant juif d'une famille d'origine portugaise, mais que des difficultés financières avaient rendu insolvable.[24] Cette vente vit passer sous le marteau, outre *L'embarquement pour Cythère*, trois autres œuvres de Watteau, ainsi que trois tableaux de Nicolas Lancret. Lopez les avait certainement acquis à Paris, où il habita en 1726 et de 1729 à 1731 ; il vécut dans la capitale française sur un grand pied, goûtant tous les divertissements chers à un amateur du rococo et multipliant les aventures galantes avec des chanteuses de l'Opéra. Une de ses amantes fut Marguerite Pélissier, vedette illustre de la scène française, mais l'affaire tourna mal, car Lopez trama un attentat contre un rival amoureux de la belle Marguerite ; lorsque le complot fut éventé, Lopez fut condamné à mort, mais le bouillant négociant ne fut pas exécuté, car il s'enfuit à La Haye – en compagnie d'une nouvelle maîtresse ! – avant que la justice du roi pût mettre la main sur lui.

esteemed and sought-after artist. In 1752, for example, Gerard Hoet recorded a number of his works in some of the most outstanding collections in The Hague, including those belonging to Fagel and Verschuring. The "gentleman dealer" Willem Lormier, an uncle of the previously-mentioned Adriaan Leonard van Heteren, even owned one of Watteau's masterpieces. The *Embarkation for Cythère*, a large canvas which Lormier sold to the dealer Pieter Boetens shortly afterwards, and which subsequently found its way into the collection of Frederick the Great in Berlin (fig. 11).[23]
Lormier purchased his fabulous Watteau in The Hague in 1743, at the auction of the insolvent estate of the colourful Jacob (Francesco) Lopez de Liz, a prodigiously wealthy Portuguese-Jewish merchant who had fallen on hard times.[24] Three more paintings by Watteau were sold in the auction, as well as three by Nicolas Lancret. Lopez must have brought these works of art with him from Paris, where he spent part of 1726 and the years between 1729 and 1731. This was a period of great opulence in his life. Living up to his reputation as an admirer of rococo, he engaged in cavalier escapades with a series of opera stars, one of his *amantes* being the celebrated Marguérite Pélissier, a prima donna of the Parisian stage. But the affair came to a sorry end when, in an unsuccessful bid to dispose of a rival, Lopez was himself condemned to death. The sentence was never executed, however, as the fugitive Lopez had long since returned to the safety of The Hague – with a new companion at his side.
Like Lopez de Liz, Coenraet Droste (1642-1734) probably also acquired his French paintings in Paris, where he spent some time as a young military officer at the court of Louis XIV.[25] Though the highlights of his collection were mainly Dutch and Flemish paintings, he also had a few French pieces, including a *Sacrifice of Iphigeneia* by Le Brun. Droste evidently counted the painting among his most important, for in later life he committed pen to paper to compose a series of poems in praise of the best pieces in his cabinet, and in 1717 dedicated the following lines to Le Brun's mythological scene.

"Le Bruin, who Louis' feats portrayed,
A painting of an altar made,
Made Pallas with a hind descend
To save Iphigeneia, by her father's hand
condemn'd."[26]

But the painting in question, a canvas of about 117.5 x 76 cm, fetched a mere forty-one guilders at the sale of Droste's estate in 1734.[27]

By the second half of the seventeenth century, Amsterdam had emerged as the centre of the European art trade, a position she was to hold well into the eighteenth century, when Paris and London gradually started to gain the ascendancy. The years of success, however, had left their mark ; between 1760 and 1770 in particular, several

Il est probable que Coenraet Droste (1642-1734) acquit également ses tableaux à Paris, car il vécut quelque temps à la cour de Louis XIV alors qu'il était jeune militaire.[25] Sa collection comptait essentiellement de belles peintures hollandaises et flamandes, mais elle comprenait aussi quelques toiles françaises, notamment un *Sacrifice d'Iphigénie* de Le Brun. Parvenu à la vieillesse, Droste écrivit une série de courts poèmes célébrant les plus belles pièces de son cabinet; c'est ainsi qu'en 1717 il consacra quelques vers au tableau mythologique de Le Brun, manifestement un de ses préférés:

"Le Bruin, die van Louis de daden placht te malen,
Deet Pallas met een Kint dus op het Autaer dalen,
Om Iphigenia te redden uit de nood,
Die van haer Vader hier verwesen schynt ter dood."[26]
"Le Brun, peintre des hauts faits de Louis,
Fit descendre Pallas et sa biche sur l'Autel,
Pour sauver Iphigénie de la mortelle extrémité,
A laquelle semblait la condamner son père."

Cette toile de Le Brun, qui mesure approximativement 117,5 sur 76 cm, n'atteignit que 41 florins à la vente de la succession Droste en 1734.[27]

Amsterdam était devenu dès la seconde moitié du XVIIe siècle le centre du commerce européen de l'art et le resta jusque bien avant dans le XVIIIe, lorsque Paris et Londres supplantèrent peu à peu la Venise du Nord. Ce rôle d'Amsterdam eut des conséquences importantes, et notamment entre 1760 et 1770 les ventes publiques de la cité virent passer quelques collections étrangères de tout premier plan comprenant des peintures françaises et italiennes de très grande qualité. Je citerai les collections du cardinal Valenti Gonzaga en 1763, de l'électeur de Saxe en 1765 et de François Ignace de Dufresne en 1770; un certain nombre des tableaux alors dispersés se trouvent toujours aux Pays-Bas. C'est ainsi que deux œuvres magistrales de Joseph Vernet, "pièces belles et capitales" de la collection Valenti Gonzaga, adjugées en 1763 ensemble pour 1520 florins au grand marchand d'art Yver, puis revendues au prince d'Orange pour le cabinet du stathouder, se trouvent aujourd'hui encore à La Haye (cat. n° 43 et 44). En revanche, une belle acquisition du stathouder Guillaume V lors de la vente en 1765 de la collection de l'électeur de Saxe – *Le sacrifice de la fille de Jephté* d'Antoine Coypel – a malheureusement quitté notre pays; volée par les armées de la Révolution, elle se trouve depuis lors au musée de Dijon (fig. 3).
L'importance du marché hollandais attirait de nombreux acheteurs étrangers et beaucoup de marchands hollandais leur servaient d'agent. C'est ainsi qu'en 1770 Pieter Fouquet acheta les meilleures œuvres présentées à la vente Dufresne, certainement pour le compte de Catherine la

extremely important foreign collections were auctioned, incorporating a wealth of French and Italian paintings. Among them were the collections of Cardinal Valenti Gonzaga in 1763, the elector of Saxony in 1765, and François Ignace de Dufresne in 1770. A number of paintings sold on that occasion have remained in the Netherlands to this day. In 1763, for instance, two "beautiful and excellent pieces" by Joseph Vernet, which had arrived with Valenti Gonzaga's collection, were bought by the prominent art dealer Yver for a total of 1,520 guilders. He in turn sold them to the Prince of Orange for the stadholder's picture gallery in The Hague, where these two important pieces can still be seen (cat. nos. 43 and 44). A different fate, however, befell the painting that William V acquired at the auction for the elector of Saxony in 1765. The *Sacrifice of Jephta's daughter* by Antoine Coypel was one of the art treasures plundered by the armies of Napoleon. It ended up in Dijon, where it has remained ever since (fig. 3).
Holland's prominence in the art world also attracted buyers from abroad who would frequently engage Dutch agents to represent them. The most outstanding pieces at Dufresne's sale, for example, in 1770, were purchased by the Amsterdam dealer Pieter Fouquet, apparently on behalf of Catherine the Great of Russia, since they were to emerge in her collection shortly afterwards. Among them were two of Poussin's best early works, *Joshua's vitory over the Amalekites* and *Joshua's victory over the Amorites*, which are now in St Petersburg and Moscow.[28]
Amsterdam's importance as an art centre started to decline after 1770 as Paris rose to the forefront. After 1792, however, when France was in turmoil, a few foreign collections nevertheless came to auction in the Netherlands. Judging by their contents, they were presumably brought into the country by exiles from France, forced by circumstance to liquidate whatever possessions they had managed to rescue.
The collections sold in Amsterdam on 21 June 1797 and in Rotterdam on 7 August 1798 must have belonged to such *emigrés*. An interesting point is that they comprised work by artists hitherto unrepresented in the Netherlands. Among them were paintings by Jean-Honoré Fragonard, for instance, and though they were relatively unspectacular, to judge by their sizes, one was the lovely sketch for *The visit to the foster mother*, which is now in the collection of Baron Edmond de Rothschild.[29]
Only a handful of Dutch collectors bought foreign art in the eighteenth century, and from the 1750s on the trend was towards exclusively Dutch and Flemish collections. Contemporary French painting, branded as "insincere trumpery", had completely fallen from grace. In 1806, for example, the Dutch theoretician Pieter Kikkert applauded the demise of "the endless frippery, the artificial, theatrical and *galanterie* of Watteau and Boucher", welcoming its replacement in France by the "refinement" of David and Guerin.[30] This

Grande, car ces peintures se retrouvent peu après dans la collection de la tsarine. Il s'agit notamment de deux œuvres des débuts de Poussin, *La victoire de Josué sur les Amalécites* et *La victoire de Josué sur les Amorites*, qui se trouvent aujourd'hui à Saint-Pétersbourg et Moscou.[28]
A partir de 1770 Amsterdam vit Paris l'évincer peu à peu du marché de l'art, mais les troubles que connut la capitale française sous la Révolution ramenèrent sur le marché d'Amsterdam quelques collections étrangères. Leur composition me font supposer qu'elles appartenaient à des Français émigrés qui pour subsister devaient monnayer ce qu'ils avaient pu emporter.
La collection vendue le 21 juin 1797 à Amsterdam de même que celle dispersée le 17 août 1798 à Rotterdam appartenaient certainement à des émigrés. Ces deux collections comprenaient des œuvres d'artistes jusqu'alors inédits en Hollande, notamment Jean-Honoré Fragonard; cette première vente en Hollande semble avoir fait peu de bruit, sans doute à cause du petit format de ces toiles de Fragonard. On relève toutefois parmi elles la charmante esquisse à l'huile préparant *La visite à la nourrice*, esquisse qui se trouve aujourd'hui dans la collection du baron Edmond de Rothschild.[29]
Au demeurant, la Hollande du XVIIIe siècle ne collectionnait guère les peintures étrangères. A partir de la seconde moitié du siècle un nombre croissant de collectionneurs se limitèrent à l'art hollandais et flamand. Bien plus, les peintres français du XVIIIe étaient dédaignés en Hollande, car ici comme ailleurs on condamnait de plus en plus ce que l'on appelait leur goût de la "pompe creuse". Le théoricien néerlandais Pieter Kikkert, par exemple, se félicitait en 1806 de voir en France "le papillonnage constant, l'artifice, les gracieusetés galantes et théâtrales des Watteaus et des Bouchers" céder la place à la peinture "noble" d'un David et d'un Guérin.[30] Ce néo-classicisme fut aussi propagé en Hollande, et c'est pourquoi le roi Louis Napoléon envoya en 1808 quelques peintres hollandais de talent travailler dans l'atelier de David à Paris pour y apprendre la peinture d'histoire; ces tentatives n'eurent guère de succès et elles tournèrent court dès la chute de l'Empereur.[31] Le nationalisme hollandais se détourna même ostensiblement du néo-classicisme, considéré comme un style imposé par l'occupant français. Le discours prononcé le 29 décembre 1813 à Amsterdam par Johan Melchior Kemper, un des fondateurs du nouveau royaume des Pays-Bas placé sous l'autorité du roi Guillaume Ier, donne un bel exemple de la critique anti-française qui était dans l'air du temps: "... les pauvres compositions de quelques œuvres académiques sans âme à la manière de David nous font plaindre l'artiste, qui, s'il avait suivi la voie de *Wouwerman*, *Teniers*, *Van de Velde*, *Mieris* et *Ostade*, aurait partagé leurs lauriers". D'autres évoquèrent bientôt "le souffle fétide de l'oppresseur étranger" accusé d'avoir voulu éteindre "le feu sacré de nos artistes".[32]

neo-classical painting was propagated in Holland as well, and in 1808 Louis Napoleon dispatched a group of promising Dutch artists to David's studio in Paris to be trained as history painters. These efforts, however, bore little fruit and were abandoned immediately after the fall of Napoleon.[31]
Dutch nationalistic pride was vigorously antipathetic to neo-classical art, which had come to be seen as the style imposed by the French oppressers. Johan Melchior Kemper, one of the founding fathers of the new Kingdom of the Netherlands under William I, voiced this anti-French sentiment in a speech he delivered in Amsterdam on 29 December 1813: "The meagre compositions of some of these soulless, academic representations rendered in the manner of *David* arouse sympathy for that same artist who, had he but followed in the footsteps of *Wouwerman, Teniers, Van de Velde, Mieris* and *Ostade*, might have shared their laurels". Others, too, deplored "the noxious breath of foreign oppressors" who had sought to extinguish "the divine flame of our artists".[32]
The tide of nationalism that swept through the Netherlands in the nineteenth century prevented not only neo-classical art from gaining a foothold in the Netherlands, but also ensured that only in the rarest of cases was foreign art purchased at all. One of these exceptional collectors was Samuel Mayer Oppenheim, an Amsterdam jeweller with connections in Paris. While it is true that most of the paintings in his inventory from 1819 are Dutch, the list nevertheless includes several Italian and French pieces by Stella, Le Brun, Coypel, Largilliere and various other painters.[33] In terms of both quality and quantity, however, the collection pales into insignificance when compared with the one truly ambitious collection of the first half of the nineteenth century, that of William II.
The royal collection owed its fame to a wealth of early Flemish panels, Italian Renaissance masterpieces, Spanish paintings and a truly magnificent selection from the Dutch and Flemish school.[34] French painting, however, was conspicuously under-represented. The only examples listed in the auction catalogue of William's estate in 1850 were a biblical scene by Charles Armand, an *Equestrian portrait of Henry II* by Clouet, a landscape by Dughet and four paintings by Claude Lorrain. Not one of the works then attributed to Claude is still accepted as autograph, while the so-called Armand was later found to be a signed Camerarius.[35] The only good French painting, moreover, was thought at the time to be Dutch: the double portrait of Jean-Baptiste de Champaigne and Nicolas de Plattemontage in the king's collection was attributed to Bartholomeus van der Helst (cat. no. 7). William seems to have had little taste for French art and his advisers were no connoisseurs in this field. Nor did other Dutch collectors at the time display much interest in French art from the seventeenth and eighteenth centuries and the situation was in fact to

Si ce nationalisme s'exacerbant au cours du siècle a empêché le néo-classicisme de prendre pied dans notre pays, il a aussi dissuadé nos collectionneurs de regarder au-delà de nos frontières, et très rares furent les collections hollandaises ayant un caractère international. Il y eut pourtant celle de Samuel Mayer Oppenheim, bijoutier d'Amsterdam ayant des relations à Paris. Des difficultés financières amenèrent Oppenheim à faire dresser en 1819 un inventaire de sa collection ; si elle comportait surtout des œuvres hollandaises, elle comptait aussi quelques tableaux italiens et français, notamment de Stella, Le Brun, Coypel et Largillierre.[33] Mais cet ensemble ne saurait se comparer ni par son ampleur ni par sa qualité à la seule collection hollandaise vraiment ambitieuse de la première moitié du XIXe siècle, celle du roi Guillaume II. Cette collection devait sa réputation à un bel ensemble de panneaux des primitifs flamands, de chefs-d'œuvre de la Renaissance italienne, de tableaux espagnols et à un choix vraiment exceptionnel de peintures de l'école hollandaise et flamande.[34] La peinture française, en revanche, était bien mal représentée dans la collection de Guillaume II ; le catalogue de la vente de cette collection en 1850, après la mort du roi, ne mentionne qu'une scène biblique de Charles Armand, un *Portrait équestre de Henri II* de Clouet, un paysage de Dughet et quatre tableaux de Claude Lorrain. Plus aucun de ces quatre tableaux n'est encore reconnu comme de la main du maître, et la peinture attribuée à Armand apparut plus tard porter la signature de Camerarius.[35] La collection ne comportait en fait qu'une belle œuvre française, au demeurant considérée à l'époque comme hollandaise ; en effet, la collection royale attribuait à Bartholomeus van der Helst le double portrait de Jean-Baptiste de Champaigne et Nicolas de Plattemontagne (cat. n° 7). A l'évidence, le roi ne s'intéressait pas à l'art français et de plus ses conseillers ne le connaissaient pas bien. De même, les autres collectionneurs hollandais de l'époque ne prisèrent guère l'art français des XVIIe et XVIIIe siècles, un désintérêt qui devait persister jusque dans notre siècle.

Je voudrais, avant d'aborder notre époque, évoquer encore une collection particulière, celle de mademoiselle Hoofman à Haarlem. Collection peu connue, parce qu'à la mort de mademoiselle Hoofman en 1844, les meilleures pièces furent vendues sans passer en vente publique. Adriaan van der Willigen, historien de l'art réputé de Haarlem, en établit en 1828 un catalogue demeuré inédit, qui mentionne un tableau français intéressant : "J.H. Fragonard (1752-1807). L'Enfant Jésus couché dans la crèche, sa mère à ses côtés. Dans les nuages, des séraphins. Au premier plan et sur le côté, des bergers à genoux, courbés vers le sol. Hauteur 29, largeur 35½ pouces. Toile."[36] Le commentaire dédaigneux de Van der Willigen – "œuvre qui trahit tout l'artifice de l'école française" – marque bien le jugement qu'en son temps on portait sur l'art du XVIIIe. La description

remain unchanged until the 1900s.

Before turning to the modern period, I would like to mention the collection belonging to Miss Hoofman of Haarlem. It gained little recognition, as the best pieces were furtively disposed of after Hoofman's death in 1844, but one painting in particular is of relevance here. The unpublished catalogue of the collection, compiled in 1828 by her adviser Adriaan van der Willigen, the prominent Haarlem art expert, records the following work: "J.H. Fragonard (1752-1807). The infant Jesus lying in the crib with his mother beside him. Seraphim can be seen in the clouds. In the foreground and on the side are shepherds on bended knee and bowing to the ground. Vertical 29, horizontal 35½ inches. Canvas".[36] Van der Willigen's repudiation of this eighteenth-century work whose "contrived manner", he felt, "betrayed the French school", succinctly expresses the prevailing attitude after 1800. Both the description of the painting, however, and its measurements correspond with a work recently acquired by the Louvre, Fragonard's *Adoration of the shepherds* (fig. 12). This painting is known to have fetched 9,501 *livres* at the Marquis de Véri's sale in Paris in 1785, which was an unprecedented price for a Fragonard at the time.[37] It was bought by the art dealer Paillet, who may subsequently have sold it to Miss Hoofman's father, Hoofman van Diepenbroek. Van Diepenbroek was in the process of building the family collection in those years and consequently attended all the important auctions held in Paris. Rendered "dans la manière de Rembrandt", the painting would presumably have been especially desirable to a collector of the Dutch school.[38]

Around 1920, following the enthusiasm of the nineteenth and early twentieth centuries for masters of the Barbizon and Fontainebleau schools, Holland regained its interest in older French painting. Abraham Bredius's acquisition of a superb *Still life* by Chardin (cat. no. 9) in 1901 was in fact quite unusual for a Dutch collector at the time. After the First World War, the Rotterdam industrialist Daniël George van Beuningen, with the encouragement of the Amsterdam dealer Jacques Goudstikker, abandoned the insularity of most other collectors in his circle and, in addition to Dutch and Flemish art from the Golden Age, started to buy early Flemish, Italian and French art. Like Bredius, Van Beuningen's first purchase was a *Still life* by Chardin, which he immediately presented to the Boymans Museum, where it was later attributed to Roland Delaporte (cat. no. 11). In 1922, Van Beuningen bought another Chardin (cat. no. 8), from Goudstikker for 15,000 guilders, and in 1932 Frédou's *Portrait of the Dauphine* from 1760 (cat. no. 15), which had previously been in the Von Auspitz Collection in Vienna. Three years later, he acquired Boucher's *Chinoiserie* (cat. no. 5) at Sotheby's in London, and in 1936 a Lancret from the collection of Frederick the Great. 1937 was an auspicious year for Van Beuningen and his collection of French paintings. He paid

de la toile et ses dimensions correspondent parfaitement à celles de la belle *Adoration des bergers* acquise récemment par le Louvre (fig. 12).

Nous savons qu'à la vente en 1785 à Paris de la collection du marquis de Véri [37], ce Fragonard fut adjugé pour 9501 livres, à l'époque un record pour une toile de ce peintre. L'acheteur était le marchand d'art Paillet, et c'est peut-être lui qui le vendit au père de mademoiselle Hoofman, monsieur Hoofman van Diepenbroek, qui à cette époque jetait les bases de sa collection et venait à Paris assister aux principales ventes publiques. Le fait que la toile était peinte "dans la manière de Rembrandt" séduisit peut-être le collectionneur, grand amateur de l'école hollandaise. [38]
Les collectionneurs hollandais du XIXe siècle et des débuts du XXe s'enthousiasmaient surtout pour les maîtres de l'école de Barbizon et de Fontainebleau, et il fallut attendre les années 1920 pour voir nos compatriotes s'intéresser à nouveau à la peinture française des siècles précédents. Exception notable, toutefois, Abraham Bredius acheta en 1901 une magnifique *Nature morte* de Chardin (cat. n° 9). Daniël George van Beuningen, un grand industriel de Rotterdam, encouragé par Jacques Goudstikker, marchand de tableaux à Amsterdam, rompit après la Première Guerre mondiale avec la tradition assez provinciale de la plupart des collectionneurs hollandais en achetant non seulement des œuvres hollandaises et flamandes du Siècle d'Or, mais aussi des primitifs flamands, italiens et français. Comme Bredius, Van Beuningen acquit comme première toile française ancienne une *Nature morte* de Chardin, œuvre qu'il donna d'ailleurs immédiatement au musée Boymans et qui fut ultérieurement reconnue comme un Roland Delaporte (cat. n° 11). En 1922 Van Beuningen acheta à Goudstikker pour 15.000 florins un second Chardin (cat. n° 8), et en 1932 il acquit avec la collection viennoise Von Auspitz le *Portrait de la Dauphine* de Frédou (cat. n° 15). Trois ans plus tard, il acquit chez Sotheby's à Londres la *Chinoiserie* de Boucher (cat. n° 5), suivie en 1936 par un Lancret de la collection de Frédéric le Grand. L'année 1937 fit date pour la collection française de Van Beuningen, car il acheta chez Goudstikker non seulement son Watteau inspiré de Rembrandt (cat. n° 48), pour la somme considérable de 200.000 florins, mais aussi *Le bénédicité* de Chardin (cat. n° 10), *L'atelier du peintre* d'Hubert Robert (cat. n° 38) et deux *Fêtes rustiques* de Pater. [39] Van Beuningen ne semble pas avoir considéré ces tableaux comme les plus importants de sa collection, car dans sa maison de Vierhouten il les accrocha dans la chambre à coucher de sa femme (figs. 13 et 14).

Le collectionneur se faisait conseiller par Dirk Hannema, directeur du musée Boymans de 1921 à 1945, et qui durant toute sa carrière acheta aussi des tableaux pour son propre compte, tableaux qu'il confia à une fondation qu'il avait créée à cet effet, la Hannema-De Stuers Fundatie à Heino,

Goudstikker the immense sum of 200,000 guilders for his Rembrandt-inspired Watteau (cat. no. 48), and bought Chardin's *La Bénédicité* (cat. no. 10), Hubert Robert's *Studio of the artist* (cat. no. 38) and two *Rustic fêtes* by Pater. [39] Van Beuningen himself, incidentally, did not count them among the pride of his collection: all were hung in his wife's bedroom at the couple's home in Vierhouten (figs. 13 and 14).
Van Beuningen's adviser was Dirk Hannema, the director of the Boymans Museum between 1921 and 1945. Hannema too bought a number of paintings and founded the Hannema-De Stuers Foundation in Heino to house his collection. Two of the works that owe their presence in the exhibition to his eye for quality and his skill at overcoming the constraints of a limited budget are Nicolas de Largilliere's *Flower still life* (cat. no. 24) and Laurent de la Hyre's intriguing *Arithmetic* (cat. no. 20). [40]
Some time earlier, in 1918, the exiled kaiser Wilhelm II had taken up residence at Huis Doorn, decorating his new quarters with works from his Prussian palaces. They included a number of paintings from the collection of his admired Francophile forefather Frederick the Great, who had commissioned work from Pesne (cat. no. 36) and other artists. Huis Doorn was confiscated by the State of the Netherlands after the Second World War as enemy property and because of outstanding tax debts. It was then opened as a museum, greatly enhancing Holland's public art collections (see cat. nos. 21, 22, 23, 34 and 36). [41] At the same time, the collection of the Jewish art dealer Goudstikker was recovered from Germany and was found to comprise a number of outstanding French paintings, including Claude Lorrain's *Rape of Europa* (cat. no. 32). [42]
Since the war, the Boymans Museum – or the Boymans-van Beuningen Museum as it has been known since its acquisition of the Van Beuningen Collection in 1958 – has come to occupy a leading position in the Netherlands for its unabated interest in French painting. In 1969, for example, the museum bought an early landscape by Claude Lorrain (cat. no. 31) from Vitale Bloch, who later bequeathed his entire collection to the museum in 1975. In 1988 the museum bought Simon Vouet's *Madonna adoring the Christ child* (cat. no. 47), and in 1990 Pierre-Henri de Valencienne's *Italian landscape* (cat. no. 42).

As far as drawings are concerned, Dutch collections comprise a reasonable representation of the most important French masters of the seventeenth and eighteenth centuries. The fairly modest selection of French paintings on display in this exhibition is rather less gratifying. Poussin, for one, is not represented and the astronomical prices that his work commands today makes it unlikely that any work of significance will ever enhance our public collections. The acquisition of Holland's first Fragonard would be plausible, however, as well as examples of seventeenth-century French classicism.

Fig. 13
Chambre à coucher de la maison de Van Beuningen à Vierhouten ; de gauche à droite, Chardin (cat. n° 8), Pater, Watteau (cat. n° 48) et Pater. Photo des années 1955.
Bedroom at the Van Beuningen residence in Vierhouten ; from left to right, Chardin (cat. no. 8), Pater, Watteau (cat. no. 48) and Pater. Photographed around 1955.

Fig. 14
Chambre à coucher de la maison de Van Beuningen à Vierhouten ; de gauche à droite, Robert (cat. n° 38), Chardin (cat. n° 10), Lancret et Boucher (cat. n° 5). Photo des années 1955.
Bedroom at the Van Beuningen residence in Vierhouten ; from left to right, Robert (cat. no. 38), Chardin (cat no. 10), Lancret and Boucher (cat. no. 5). Photographed around 1955.

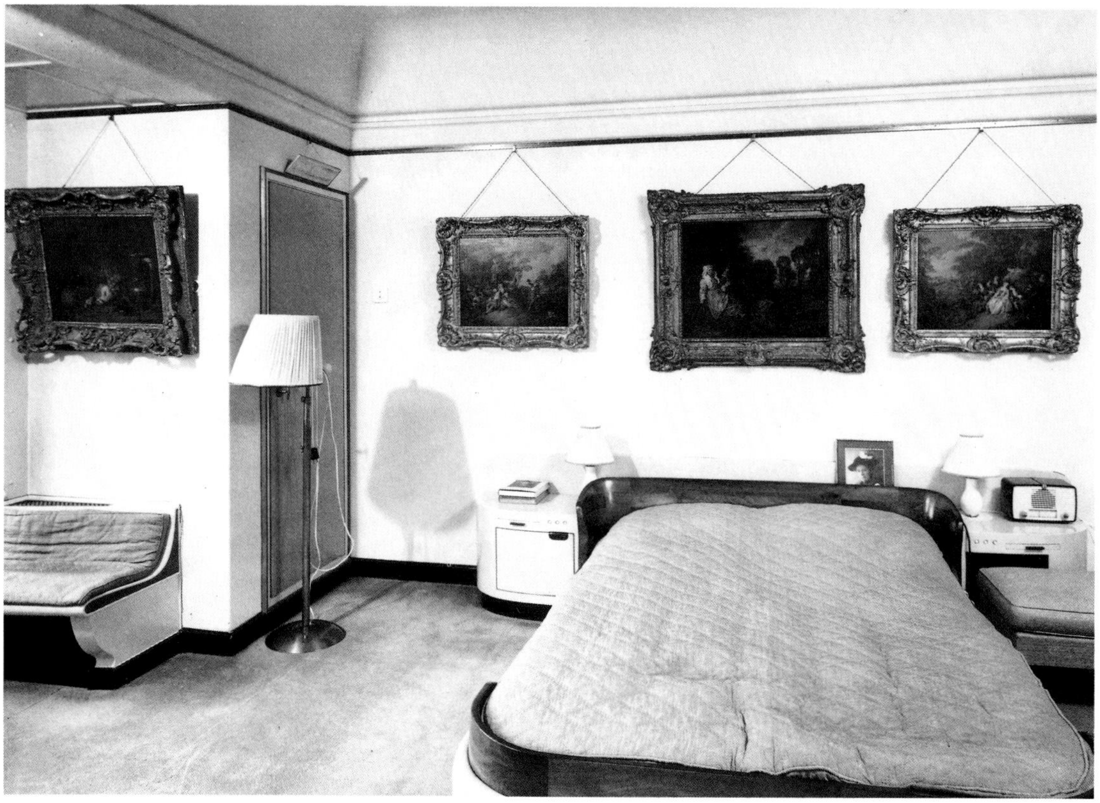

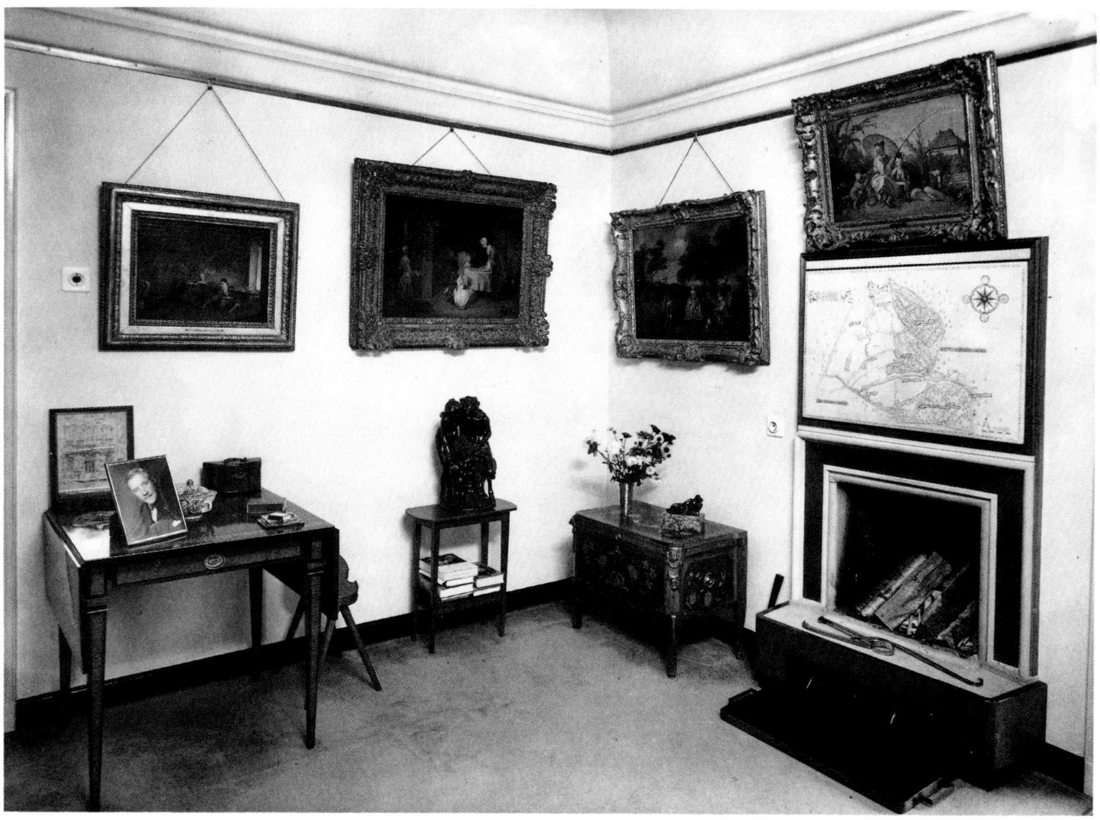

dans la province d'Overijssel, dans l'est du pays. Notre exposition doit au flair de Hannema et à sa gestion intelligente d'un budget limité de pouvoir présenter la *Vanité* de Nicolas de Largillierre (cat. n° 24) et l'intéressante *Allégorie de l'Arithmétique* de Laurent de La Hyre (cat. n° 20).[40] A la fin de 1918, l'empereur Guillaume II d'Allemagne se réfugia aux Pays-Bas ; il se fixa dans une résidence à Doorn, qu'il orna d'œuvres qu'il fit venir de ses palais de Prusse. On comptait parmi elles des tableaux de la collection de son ancêtre préféré Frédéric le Grand, le roi francophile qui avait fait travailler Antoine Pesne (cat. n° 36). A l'issue de la Seconde Guerre mondiale, l'État néerlandais saisit Huis Doorn, à la fois comme bien ennemi et pour dette fiscale. La résidence fut transformée en musée, ce qui fut tout à l'avantage des collections publiques néerlandaises (voir cat. n° 21, 22, 23, 34 et 36).[41] A la même époque, on put ramener d'Allemagne les réserves du marchand de tableaux juif Goudstikker, qui comprenaient quelques belles œuvres françaises, notamment *L'Enlèvement d'Europe* de Claude Lorrain (cat. n° 32).[42] Depuis la guerre, c'est essentiellement le musée Boymans – qui devint le musée Boymans-Van Beuningen après l'achat en 1958 de la collection Van Beuningen – qui s'intéressa régulièrement à la peinture française. C'est ainsi qu'il acheta en 1969 un paysage des débuts de Claude Lorrain (cat. n° 31) acquis de Vitale Bloch, qui d'ailleurs légua en 1975 toute sa collection au musée. En 1988 fut acheté *La Madone en adoration devant l'Enfant Jésus* de Simon Vouet (cat. n° 47) et en 1990 le *Paysage italien* de Pierre-Henri de Valenciennes (cat. n° 42).

Si les collections néerlandaises donnent un tableau relativement complet des grands maîtres français du dessin aux XVIIe et XVIIIe siècles, il n'en va malheureusement pas de même dans le domaine de la peinture, comme le montre le choix assez modeste que présente notre exposition. Nos collections publiques ne possèdent pas, par exemple, d'œuvre de Poussin, mais les prix en sont aujourd'hui tellement exorbitants que notre souhait d'acquérir un tableau important de sa main ne sera sans doute jamais qu'un vœu pieu. Peut-être sera-t-il possible d'acquérir une peinture de Fragonard, dont aucune œuvre ne se trouve aux Pays-Bas, ou telle ou telle peinture du classicisme du XVIIe siècle. Si les musées néerlandais continuent à s'intéresser à la peinture française de ces deux siècles, si des crédits demeurent disponibles, notamment à terme, une présentation future de la peinture française dans les collections publiques néerlandaises serait bien plus riche que celle d'aujourd'hui. Un amateur éclairé pourrait d'ailleurs apporter sa pierre à cet enrichissement des collections néerlandaises. Espérons, pour conclure, que notre exposition sera davantage un instantané porteur d'espoir que le constat mélancolique d'un statu quo sans appel.

If Dutch museums continue to attach importance to French painting and are enabled to pursue this interest, our public collections might one day be greatly enriched. Patrons of the arts, too, could play a welcome role in this respect. Hopefully, therefore, the present exhibition may be seen as an optimistic presentation of our collections today, with an eye to an even better future.

* I am grateful to Professor Peter Hecht, whose comments and advice have proved immensely valuable.

1 The anonymous *Portrait of the Châtillon-Coligny brothers* from around 1570, which is now at the Mauritshuis (inv. no. 432), is probably the oldest documented French painting still in the Netherlands. It was one of the family portraits belonging to the House of Orange in The Hague; J.G. van Gelder, "The Stadholder-King William III as collector and 'man of taste'", exhib. cat. *William & Mary and their house*, New York (The Pierpont Morgan Library) 1979, p. 30. On collections of the Barbizon School, see *inter alia* Hans Kraan, "Barbizon en het verzamelen in Nederland", exhib. cat. *De School van Barbizon*, Ghent (Museum voor Schone Kunsten) etc. 1985/86, pp. 70-88 and J.F. Heijbroek, "De collectie Van Randwijk en het Rijksmuseum", *Bulletin van het Rijksmuseum* 39 (1991), pp. 485-504.

2 On commercial and museum activities centring on the still life, see for example *Het stilleven* exhibition held at the Goudstikker Gallery in Amsterdam in 1933, and *Vier eeuwen stilleven in Frankrijk* at the Boymans Museum in Rotterdam in 1954. On contemporary appreciation of Chardin, see the review in the *Mercure de France* of October 1761 as cited in P. Rosenberg, exhib. cat. *Chardin*, Paris (Grand Palais) 1979, p. 82.

3 P.J.J. van Thiel *et al*, *All the paintings of the Rijksmuseum in Amsterdam*, Amsterdam-Maarssen 1976, p. 339, no. A 3569, ill. See also Benedict Nicolson & Christopher Wright, *Georges de La Tour*, London 1974, pp. 205-06, at no. 25.

4 Van Thiel (see note 3), p. 457, no. A 3097.

5 The painting has only been described in *De monumenten van geschiedenis en kunst in de provincie Limburg, eerste stuk : de monumenten in de gemeente Maastricht*, The Hague 1935, p. 395.

6 In 1988, Eric Turquin verbally attributed to Noël Hallé the painting of a *Reclining nude*, described as a Fragonard, at the Boymans-van Beuningen Museum (inv. no. 2576; canvas, 21 x 35 cm). The *Head of an old man with a beard* at the Netherlands Office for Fine Arts in The Hague (inv. no. NK 1443; canvas, 53.5 x 43.5 cm), which is also attributed to Fragonard, is not autograph. Alastair Laing suggests that it may have been the work of Gabriël François Doyen or François-André Vincent, or an artist from their circle. I am grateful to Alastair Laing, who conveyed this information in a letter of 15 December 1991.

7 Nicole Garnier, *Antoine Coypel (1661-1722)*, Paris 1989, no. 57.

8 A number of sales announced in the *Amsterdamsche Courant* from before about 1710 are not mentioned in the Appendix. In February 1696, for instance, the collection of Everhard Jabach was sold, which included paintings by Le Brun, Bourdon, "a large number by Francisco Mille" and various others. The cabinet of the merchant Jan Thesingh, which was sold in 1702, also comprised a substantial number of French paintings, including two by Nicolas Poussin. However, no catalogues of these auctions are known. See S.A.C. Dudok-van Heel, "Honderdvijftig advertenties van kunstverkopingen uit veertig jaargangen van de Amsterdamsche Courant 1672-1711", *Jaarboek Amstelodamum* 67 (1975), pp. 149-73 and *idem*, "Ruim honderd advertenties van kunstverkopingen uit de Amsterdamsche Courant 1711-1725", *Jaarboek Amstelodamum* 69 (1977), pp. 107-22.

9 Compare the index to the Appendix.

10 Van der Bruggen published prints of Raymond Lafage's work in Paris in 1689. Around that time, he also acquired directly from the artist a number of paintings by Godfried Schalcken, which he subsequently sold. He himself, however, never paid for them. On the problems concerning this transaction between 1688 and 1694, which also centred on Lafage's original copper plates, see Peter Hecht, exhib. cat. *De Hollandse fijnschilders*, Amsterdam (Rijksmuseum) 1989, p. 193, note 5. In addition to the literature cited in that catalogue, see Dudok-van Heel 1975 (see note 8), p. 157, no. 26 (auction of 10 November 1691).

11 On Netscher, see F. Simons, *Theodoor Netscher een vergeten schilder (1661-1728)*, (Voorburg) 1990 and *idem*, *Theodoor Netscher (1661-1728) een aanvulling*, (Voorburg) 1990 (private publications).

12 The following is based on J.G. van Gelder, "Het kabinet van de heer Jaques Meyers", *Rotterdams Jaarboekje* 1974, pp. 167-83. Also see notes 7-18 and 23-30 to the Appendix. The most important documents about Meyers in the Rotterdam Archives are in the Protocols of the notary G. van Bortel, no. 1527: fol. 59-493. In this connection, it is also interesting to note that Theodoor Netscher painted the portrait of Jaques Meyers and his wife, and that the two men were friends. On this subject, see Jakob Campo Weyerman, *De levensbeschryvingen der Nederlandsche konst-schilders en konst-schilderessen*, part 4, Dordrecht 1769, pp. 152-53.

* Le professeur Peter Hecht a bien voulu relire d'un œil critique mon texte et je le remercie de ses précieuses observations.

[1] Le *Portrait des frères Châtillon-Coligny* du Mauritshuis (n° d'inv. 432), tableau anonyme peint vers 1570, est probablement le plus ancien tableau français attesté se trouvant toujours aux Pays-Bas. Ce portrait de famille fit partie de la collection des princes d'Orange à La Haye; J.G. van Gelder, "The Stadholder-King William III as Collector and 'Man of Taste'", cat. exp. *William & Mary and their House*, New York (The Pierpont Morgan Library) 1979, p. 30.
Pour la collection de l'école de Barbizon, voir notamment: Hans Kraan, "Barbizon et la critique néerlandaise", cat. exp. *L'Ecole de Barbizon*, Gand (Museum voor Schone Kunsten), etc. 1985/86, pp. 70-88, et J.F. Heijbroek, "De collectie van Randwijk en het Rijksmuseum", *Bulletin van het Rijksmuseum* 39 (1991), pp. 485-504.
[2] Pour les activités des galeries et des musées ayant trait à la nature morte, voir par exemple les expositions *Het Stilleven*, en 1933 dans la Galerie Goudstikker à Amsterdam, et *Vier eeuwen stilleven in Frankrijk*, en 1954 au Museum Boymans à Rotterdam. Pour l'éloge de Chardin en son temps, cf. la critique dans le *Mercure de France* d'octobre 1761 comme citée par P. Rosenberg, cat. exp. *Chardin*, Paris (Grand Palais) 1979, p. 82.
[3] P.J.J. van Thiel e.a., *All the paintings of the Rijksmuseum in Amsterdam*, Amsterdam-Maarssen 1976, p. 339, n° A 3569, fig. Voir aussi: Benedict Nicolson & Christopher Wright, *Georges de La Tour*, Londres 1974, pp. 205-206, au n° 25.
[4] Van Thiel (voir note 3), p. 457, n° A 3097.
[5] Jusqu'à ce jour, le tableau n'est décrit que dans *De monumenten van geschiedenis en kunst in de provincie Limburg, eerste stuk: de monumenten in de gemeente Maastricht*, La Haye 1935, p. 395.
[6] Le tableautin *Nu couché* au Museum Boymans-van Beuningen, au nom de Fragonard, a été attribué verbalement dès 1988 par Eric Turquin à Noël Hallé (n° d'inv 2576; toile; 21 x 35 cm). Le tableau *Tête de vieillard avec barbe* dans la collection du Rijksdienst Beeldende Kunst à La Haye (n° d'inv. NK 1443; toile; 53,5 x 43, 5 cm), attribué à l'origine à Fragonard, n'a également rien à voir avec le maître. Alastair Laing estime qu'il est possible que ce tableau ait été peint par Gabriel François Doyen ou par François-André Vincent, ou encore un peintre de leur entourage (je remercie Alastair Laing pour sa lettre du 15-12-1991).
[7] Nicole Garnier, *Antoine Coypel (1661-1722)*, Paris 1989, n° 57.
[8] Nous constatons que l'Appendice présente bien des lacunes pour les ventes d'avant les années 1710 si nous le comparons avec les ventes de cette époque qui étaient annoncées dans le *Amsterdamsche Courant*. Ainsi en février 1696 on vendit la collection d'Everhard Jabach, avec entre autres des tableaux de Le Brun et Bourdon ainsi que "un nombre important de Francisco Mille". Le cabinet du marchand Jan Thesingh, qui fut vendu en mai 1702, comprenait aussi bon nombre de tableaux français, dont deux de Nicolas Poussin. Toutefois nous ne connaissons pas de catalogues de ces ventes. Voir: S.A.C. Dudok van Heel, "Honderdvijftig advertenties van kunstverkopingen uit veertig jaargangen van de Amsterdamsche Courant 1672-1711", *Jaarboek Amstelodamum* 67 (1975), pp. 149-173, et *idem*, "Ruim honderd advertenties van kunstverkopingen uit de Amsterdamsche Courant 1711-1725", *Jaarboek Amstelodamum* 69 (1977), pp. 107-122.
[9] Cf. l'index de l'Appendice.
[10] Van der Bruggen a édité en 1689 à Paris les gravures de Raymond Lafage. A cette époque, il acheta aussi directement au peintre Godfried Schalcken quelques tableaux de sa main pour la vente, mais il ne les a jamais payés. Pour les péripéties de cette affaire, qui dura de 1688 à 1694 et dans laquelle les plaques de cuivre originales de Lafage ont aussi joué un rôle, voir: Peter Hecht, cat. exp. *De Hollandse fijnschilders*, Amsterdam (Rijksmuseum) 1989, p. 193, note 5. Il convient de compléter sa bibliographie par: Dudok van Heel 1975 (voir note 8), p. 157, n° 26 (vente 10-11-1691).
[11] Pour Netscher, voir: F. Simons, *Theodoor Netscher, een vergeten schilder (1661-1728)*, (Voorburg) 1990 et *idem*, *Theodoor Netscher (1661-1728), een aanvulling*, (Voorburg) 1990 (publications éditées à compte d'auteur).
[12] Ce qui suit est basé sur: J.G. van Gelder, "Het kabinet van de heer Jaques Meyers", *Rotterdams Jaarboekje* 1974, pp. 167-183. Voir aussi les notes 7-18 et 23-30 de l'Appendice. Les principaux documents relatifs à Meyers dans le *Gemeentearchief* de la ville de Rotterdam se trouvent dans les *Protokollen* du notaire G. van Bortel, n° 1527: fol. 59-493. Il est intéressant de relever que Theodoor Netscher peignit le portrait de Jaques Meyers et de sa femme et qu'il était fort lié avec le marchand. Voir: Jakob Campo Weyerman, *De levensbeschryvingen der Nederlandsche konst-schilders en konst-schilderessen*, tome 4, Dordrecht 1769, pp. 152-153.
[13] J.C. Weyerman (voir note 12), tome 3, La Haye 1739, pp. 323-327.
[14] Van Thiel 1976 (voir note 3), p. 139, n° A 53; l'attribution à l'atelier de Bourdon est de Pierre Rosenberg (verbalement).
[15] Voir note 20 de l'Appendice; pour Richardson, voir l'ouvrage y cité de Rosenberg & Stewart, p. 91.
[16] Voir note 6 de l'Appendice.
[17] C. Bille, *De tempel der kunst of het kabinet van den heer Braamcamp*, Amsterdam 1961, tome 1, p. 139.
[18] Van Gelder (voir note 12), p. 170.
[19] B. Gaehtgens, *Adriaen van der Werff 1659-1722*, Munich 1987, n° 80 et 77 avec fig.; aussi Hecht 1989 (voir note 10), p. 265.

[13] Weyerman (see note 12), part 3, The Hague 1739, pp. 323-27.
[14] Van Thiel 1976 (see note 3), p. 139, no. A 53; the attribution to Bourdon's studio is by Pierre Rosenberg (verbal).
[15] See note 20 to the Appendix; on Richardson, see the work by Rosenberg & Stewart as referred to in the Appendix, p. 91.
[16] See note 6 to the Appendix.
[17] C. Bille, *De tempel der kunst of het kabinet van den heer Braamcamp*, Amsterdam 1961, vol. 1, p. 139.
[18] Van Gelder (see note 12), p. 170.
[19] B. Gaehtgens, *Adriaen van der Werff (1659-1722)*, Munich 1987, nos. 80 and 77 with ill.; also see Hecht 1989 (see note 10), p. 265.
[20] Gaehtgens (see note 19), no. 57 with ill.
[21] Jan Smees auction, Amsterdam, 6 April 1729, no. 21 (Van Swanevelt); Amsterdam auction, 25 September 1743, no. 38 (Wouwerman); The Hague auction, 31 March 1770, no. 75 (Bron).
[22] J.W. Niemeijer, "French drawings and Dutch collectors", exhib. cat. *French drawings of the 18th century from Dutch collections*, Amsterdam (Rijksmuseum) 1974, p. 123. Various comments made by Jan van Gool in his *De nieuwe schouburg der Nederlantsche kunstschilders en schilderessen*, vol. 2, The Hague 1751, pp. 139, 271 and 327, also attest to Watteau's popularity in the Netherlands.
[23] Bille 1961 (see note 17), p. 114. Lormier's annotated catalogue of his collection, which was published around December 1754, contains a list of all his purchases and sales, together with the names of the buyers. The catalogue, which is at the Netherlands Institute for Art History (RKD), reveals that he sold his large Watteau to Pieter Boetens on 12 April 1756 for the sum of 1,120 guilders. As he himself had bought it for only 485 guilders, the art trade even then appears to have been extremely lucrative.
[24] The following is based on E. van Biema, "Episoden uit het leven van Francesco Lopez de Liz, naar bescheiden uit de archieven", *Jaarboek van Die Haghe* 1914/15, pp. 163-225.
[25] On Droste, see *Nieuw Nederlands biografisch woordenboek*, vol. 6, Leiden 1924, coll. 454-56. An annotated version of his autobiography, *Overblyfsels van geheugchenis* (The Hague 1723, 2nd ed., 1728), was published by Robert Fruin in 1879.
[26] K. Droste, *De harderskouten en andere dichten*, Rotterdam 1717, p. 61, no. XXXI, "Op de schilderyen van myn kabinet".
[27] It was probably bought by the painter and art dealer Philip van Dyck (1680-1753). In any event, the sale of his estate includes as lot no. 86 a *Sacrifice of Iphigenia* by Le Brun, which was subsequently sold to the dealer Polhoorn. The measurements of the painting are in fact slightly different.
[28] See notes 69 and 70 to the Appendix.
[29] See note 93 to the Appendix.
[30] Pieter Kikkert in *Verhandelingen uitgegeven door Teyler's Tweede Genootschap* no. 17, (Haarlem) 1809, p. 149. Also see Eveline Koolhaas-Grosfeld, "Nationale smaak versus goede smaak", *Tijdschrift voor geschiedenis* 95 (1982), p. 617.
[31] Ellinoor Bergvelt, "Gli élèves-pensionnaires di Re Luigi Napoleone", exhib. cat. *Paesaggisti ed altri artisti Olandesi a Roma intorno al 1800*, Haarlem (Teylers Museum) - Rome (Istituto Olandese) 1984, pp. 56-63.
[32] The sources of the anti-French sentiment expressed by Kemper and others are mentioned in Guido Jansen, "De vergankelijke glorie van Matthijs van Bree (1773-1839)", *Oud Holland* 95 (1981), pp. 233-34.
[33] E. van Biema, "Eene Amsterdamsche kunstverzameling uit de eerste jaren van de 19e eeuw", *Oud Holland* 24 (1906), pp. 9-16.
[34] Erik Hinterding & Femy Horsch, "A small but choice collection: the art gallery of King Willem II of the Netherlands (1792-1849)", *Simiolus* 19 (1989), pp. 4-122.
[35] On the French paintings in the collection of William II, see Hinterding & Horsch (see note 34), pp. 91-92, nos. 109-15; Fennelies Kiers identified the so-called Armand as the painting of *Christ and the centurion*, signed in full by "A. Camerarius", now at the Rijksmuseum in Amsterdam, cf. Van Thiel (see note 3), p. 61, no. A 733.
[36] The author of the present article is intending to publish a comprehensive study of Hoofman's collection, a manuscript catalogue of which is at the Netherlands Institute for Art History (RKD) in The Hague.
[37] On the De Véri Collection, see Colin Bailey, "Le marquis de Véri collectionneur", *Bulletin de la Société de l'Histoire de l'Art français* 1983, pp. 67-83.
[38] In 1784, Hoofman van Diepenbroek bought two still lifes by Jan van Huysum for 16,000 *livres* and a Teniers for 11,000 at the De Vaudreuil auction in Paris. The following year, he bought a landscape by Frederick de Moucheron at the Dubois sale in Paris. He also seems to have been interested in French painting, as he purchased a *Self portrait* by Robert Tournières at Desmarets in Paris in 1785, and owned two canvases – a *Seascape* and a *Waterfall* – by Joseph Vernet.
[39] Van Beuningen paid Fl. 160,000 for Chardin's *Bénédicité*, Fl. 20,000 for Hubert Roberts's *Studio of the artist*, and Fl. 90,000 for both his Paters. These are the prices noted in his acquisitions book, which is among his documents at the Second Division of the National Archives in The Hague.
[40] On Hannema as a collector and as the director of the Boymans Museum, see D. Hannema, *Flitsen uit mijn leven als verzamelaar en museumdirecteur*, Rotterdam 1973.

20 Gaehtgens (voir note 19), n° 57 avec fig.
21 Vente Jan Smees, Amsterdam, 6-4-1729, n° 21 (Van Swanevelt); vente Amsterdam, 25-9-1743, n° 38 (Wouwerman); vente La Haye, 31-3-1770, n° 75 (Bron).
22 J.W. Niemeijer, "Franse tekeningen en Hollandse verzamelaars", cat. exp. *Franse tekenkunst van de 18de eeuw uit de Nederlandse verzamelingen*, Amsterdam (Rijksmuseum) 1974, p. 10. Quelques observations de Jan van Gool dans son *De nieuwe Schouburg der Nederlantsche kunstschilders en schilderessen*, tome 2, La Haye 1751, pp. 139, 271 et 327, par exemple, montrent bien que Watteau jouissait d'une grande réputation en Hollande.
23 Bille 1961 (voir note 17), p. 114. Lormier notait dans l'exemplaire d'auteur du catalogue de sa collection, publié vers décembre 1754, tout ce qu'il achetait et vendait, en précisant à qui. Cet exemplaire, qui se trouve aujourd'hui à La Haye au Rijksbureau voor Kunsthistorische Documentatie, nous apprend que Lormier vendit son Watteau le 12-4-1756 à Pieter Boetens; celui-ci paya 1120 florins une toile que Lormier avait achetée 485 florins; on voit que le commerce de l'art pouvait déjà à cette époque se révéler fort lucratif.
24 Ce qui suit est basé sur: E. van Biema, "Episoden uit het leven van Francesco Lopez de Liz, naar bescheiden uit de archieven", *Jaarboek van Die Haghe* 1914/15, pp. 163-225.
25 Pour Droste, voir: *Nieuw Nederlands biografisch woordenboek*, tome 6, Leyde 1924, coll. 454-456. Robert Fruin réédita et commenta en 1879 son autobiographie *Overblyfsels van geheugchenis* (La Haye 1723, 2e éd. 1728).
26 K. Droste, *De harderskouten en andere dichten*, Rotterdam 1717, p. 61, n° XXXI "Op de schilderyen van myn kabinet".
27 A probablement été acheté à cette époque par le peintre et marchand Philip van Dyck (1680-1753). En tout cas, la vente de sa succession comportait sous le n° 86 un *Sacrifice d'Iphigénie* de Le Brun qui fut adjugé pour 21 florins au marchand Polhoorn. Cependant le format de ce tableau est quelque peu différent.
28 Voir notes 69 et 70 de l'Appendice.
29 Voir note 93 de l'Appendice.
30 Pieter Kikkert, dans: *Verhandelingen uitgegeven door Teyler's Tweede Genootschap* n° 17, (Haarlem) 1809, p. 149. Voir aussi: Eveline Koolhaas-Grosfeld, "Nationale smaak versus goede smaak", *Tijdschrift voor geschiedenis* 95 (1982), p. 617.
31 Ellinoor Bergvelt, "De élèves-pensionnaires van Koning Lodewijk Napoleon", cat. exp. *Reizen naar Rome*, Haarlem (Teylers Museum) - Rome (Istituto Olandese) 1984, pp. 56-63.
32 Pour les références des réactions anti-françaises de Kemper et d'autres, voir: Guido Jansen, "De vergankelijke glorie van Matthijs van Bree (1773-1839)", *Oud Holland* 95 (1981), pp. 233-234.
33 E. van Biema, "Eene Amsterdamsche kunstverzameling uit de eerste jaren van de 19e eeuw", *Oud Holland* 24 (1906), pp. 9-16.
34 Erik Hinterding & Femy Horsch, "A small but choice collection: the art gallery of King William II of the Netherlands (1792-1849)", *Simiolus* 19 (1989), pp. 4-122.
35 Pour les peintures françaises dans la collection de Guillaume II, voir Hinterding & Horsch (voir note 34), pp. 91-92, n° 109-115; Fennelies Kiers reconnut dans le soi-disant Armand le tableau *Le Christ et le centurion*, signé en toutes lettres "A. Camerarius" et qui se trouve aujourd'hui au Rijksmuseum à Amsterdam, cf. Van Thiel (voir note 3), p. 61, n° A 733.
36 J'espère consacrer à brève échéance un article détaillé à la collection Hoofman, dont le manuscrit du catalogue se trouve au Rijksbureau voor Kunsthistorische Documentatie (RKD) à La Haye.
37 Pour la collection de Véri: Colin Bailey, "Le marquis de Véri collectionneur", *Bulletin de la Société de l'Histoire de l'Art français* 1983, pp. 67-83.
38 Hoofman van Diepenbroek acheta par exemple à la vente de Vaudreuil en 1784 à Paris deux natures mortes de Jan van Huysum pour la somme de 16.000 livres et un Teniers pour 11.000 livres. Et en 1785, à la vente Dubois à Paris, il acquit un paysage de Frédéric de Moucheron. Il s'intéressait probablement aussi à la peinture française, car il acheta en 1785, chez Desmarets à Paris, un petit *Autoportrait* de Robert Tournières; il possédait également deux toiles de Joseph Vernet, une *Marine* et une *Cascade*.
39 Van Beuningen paya 160.000 florins pour le *Bénédicité* de Chardin, 20.000 pour *L'Atelier du peintre* de Hubert Robert et 90.000 pour ses deux Paters. Ces prix sont indiqués dans le livret d'achat de Van Beuningen, qui se trouve dans la Tweede Afdeling de l'Algemeen Rijksarchief à La Haye.
40 Pour Hannema comme collectionneur et directeur du musée Boymans, voir: D. Hannema, *Flitsen uit mijn leven als verzamelaar en museumdirecteur*, Rotterdam 1973.
41 "Kaiserlicher Kunstbesitz in Doorn", cat. exp. *Kaiserlicher Kunstbesitz aus dem holländischen Exil Haus Doorn*, Berlin (Charlottenburg) 1991, pp. 11-19.
42 Pour Goudstikker comme marchand d'art, voir: Charlotte Wiethoff, "De kunsthandelaar Jacques Goudstikker (1897-1940) en zijn betekenis voor het verzamelen van vroege Italiaanse kunst in Nederland", *Nederlands kunsthistorisch jaarboek* 32 (1981), pp. 249-276. Pour les péripéties de la Galerie Goudstikker pendant la guerre et la récupération de ses collections après la guerre, voir: Adriaan Venema, *Kunsthandel in Nederland, 1940-1945*, Amsterdam 1986.

41 "Kaiserlicher Kunstbesitz in Doorn", exhib. cat. *Kaiserlicher Kunstbesitz aus dem holländischen Exil Haus Doorn*, Berlin (Charlottenburg) 1991, pp. 11-19.
42 On Goudstikker as an art dealer, see Charlotte Wiethoff, "De kunsthandelaar Jacques Goudstikker (1897-1940) en zijn betekenis voor het verzamelen van vroege Italiaanse kunst in Nederland", *Nederlands kunsthistorisch jaarboek* 32 (1981), pp. 249-76. On the fate of Goudstikker's gallery during the war and the recovery of his property thereafter, see Adriaan Venema, *Kunsthandel in Nederland 1940-1945*, Amsterdam, 1986.

Appendice
Appendix

L'appendice recense tous les tableaux français dont j'ai retrouvé la trace et qui jusqu'en 1800 se trouvaient dans des collections néerlandaises ou dans des collections passées en vente publique aux Pays-Bas. Il va de soi que cette liste ne saurait prétendre à l'exhaustivité.
Amsterdam utilisait autrefois comme mesures le *duim* (pouce) de 2,57 cm et le *voet* (pied) d'environ 28,28 cm. Dans les autres villes et régions de Hollande on utilisait ordinairement le *Rijnlandse duim* (pouce rhénan) de 2,61 cm et le *Rijnlandse voet* (pied rhénan) d'environ 31,39 cm.
Les catalogues originaux ont été consultés pour tous les numéros L marqués d'un *; dans tous les autres cas j'ai consulté le *Catalogus of Naamlyst van schilderyen* (3 vols., La Haye 1752-70) de Gerard Hoet. La hauteur (*h.*) précède la largeur (*br.*).

Abréviations:
L = Frits Lugt, *Répertoire des catalogues de ventes publiques*, La Haye 1938;
Bredius 1915-22 = A. Bredius, *Künstler-Inventare*, La Haye 1915-22 (7 vols);
Bredius OHK = "Oud Hollandsche Kunstinventarissen", annotations inédites d'Abraham Bredius, conservées au Rijksbureau voor Kunsthistorische Documentatie (RKD), La Haye;
GPI = The Getty Provenance Index (je remercie M. Burton Fredericksen des informations communiquées par sa lettre du 13-12-1991)

The Appendix contains every reference found by the author to French paintings either in Dutch collections or in collections auctioned in the Netherlands up to the year 1800. Needless to say, the list is by no means comprehensive.
The scale used in Amsterdam at the time was the *duim*, equal to 2.57 cm, and *voet*, which was about 28.28 cm. The system employed in other parts of the Netherlands was the *Rijnlandse duim* of 2.61 cm and the *Rijnlandse voet* of approximately 31.39 cm.
An asterisk next to an L number means that the original catalogues were examined; all other numbers refer to Gerard Hoet's *Catalogus of Naamlyst van schilderyen* (3 vols., The Hague 1752-70). Vertical measurements (*h*) are cited before horizontal measurements (*br*).

Abbreviations:
L = Frits Lugt, *Repertoire des catalogues de ventes publiques*, The Hague 1938;
Bredius 1915-22 = A. Bredius, *Künstler-Inventare*, The Hague 1915-22 (7 vols.);
Bredius OHK = "Oud Hollandsche Kunstinventarissen", Abraham Bredius's unpublished notes, at the Netherlands Institute for Art History (RKD), The Hague;
GPI = The Getty Provenance Index (with thanks to Dr Burton Fredericksen for his letter of 13 December 1991).

GPI
6-1-1637, Jan Basse & Cornelia Kieft, Amsterdam
(16) De belegeringe van Rochel, van Calot

Bredius 1915-22, p. 235-239
27-6-1657, Johannes de Renialme, Amsterdam
Maria Magdalena van Valentyn. 300-0
Een met Soldaten van Bastiaen Bourdon. 48-0
Een lantschap van Glaude Lorrain. 500-0
Een Heydens Coninck van Poersijn. 200-0

Bredius 1915-22, p. 1553
10-10-1659, Judith de la Vigne, Den Haag
(20) Een copie nae Pousin van een grot met drie harders ende een harderinne daerin.

Bredius 1915-22, p. 1119
10-10-1661, Willem van Campen, Amsterdam
(100) Een schets van Poussijn.
(106) Een lantschap van Poussin.

Bredius, OHK
25-9-1665, Gerbrandt Warnaertsz, Amsterdam,
Een morgenstont, Claude Lorrain. 150-0
Een avondstont, Claude Lorrain. 130-0

10-1-1673, Jeremias Michel, Den Haag[1]
(3) Een Lucretia, wat geschonden, geoordeelt van Symon Vouet. 10-0
(5) Een copie naer Poussijn, Lot met sijn dochters. 5-0

GPI
16-10-1675, Gerrit Uylenburg, Amsterdam
(4) De St Peters Kerck tot Roma van De la Maire. 160-0

L 5
15-5-1676, Reynier van der Wolf, Rotterdam
39 Een heerlyk Landschap, zynde het gesigte van Vigne Madano, buyten Roma, door Glaude Loranois. 600-0

GPI
19-10-1678, Herman Becker, Amsterdam
(129) Een capitael lantschap van Glaude Loranoijs.
(142) Een batalie van Bourgonjon.

Bredius 1915-22, p. 2075
31-3-1679, Johan van Haensbergen, Den Haag
(5) Twee stucken naer Poessyn. 200-0

Bredius, OHK
4-8-1683, testament Balthasar van Wevelinckhoven, Gorinchem
Twee batailles, Jacomo Cortese. 1000-0
Een lantschap van Caspar Pousyn.
Een dito van dito.

L 7
26-9-1684 Earl of Arundel, Amsterdam
11 Glaude Lorenois, een Zeehaven, curieus en konstig gedaan. 155-0

GPI
1-3-1689, Elias Bouman, Amsterdam
(37) Een landtschapje van Pousijn.

Bredius 1915-22, p. 849-851
6-1-1692, Abraham Peronneau, Amsterdam
(4) De Offerhande van Poussin. 225-0
(6) Een Slangebeeldt van Nicolaes Poussain. 160-0
(13) Een schildery synde de tijt van Vouet. 250-0
(21) Een cleene Batailje van Don Curtiss. 5-0
(23) Een lantschapje van Gaspar Poussin. 100-0
(28) Een heydensche Offerhande van een rivier Godt, de methode van Poussain. 40-0
(29) een weerga van deselve. 40-0
(33/36) Vier lantschappen van Glaude Laurenois à *f* 200. 800-0
(37) Een darmwinder [H. Erasmus] van Poussain. 180-0[2]

L 137*
24-3-1692, Johan van Tongeren, Den Haag
1 Een groote schoone Turckse Bataille van Pater Jacomo Borgongnon. 405-0
2 Een groot ovael Lantschap van de beste manier, van Gaspar Poussin. 270-0
3 Een schoone Storm van Gaspar Poussin. 179-0
4 Nog een dito, zynde een schoon Landschap. 175-0
8 Een opgangh van de Son, geschildert door Glaude Lauranois. 310-0
9 Een dito, zynde een Strant. 112-0

GPI
2-4-1694, Abraham Cosson, Amsterdam
(13) Een landschap van Paussin. 24-0
(17) Een patrijsie met gevogelte van Vignon. 24-0

L 156
13-4-1695, Amsterdam
3 Een History van Symon Vouët. 82-0

L 162
16-5-1696, [Abraham Dissius], Amsterdam
22 Een Triumfwagen van de vier getyden van 't Jaar in een Landschap, den aart van Pousin. 82-0
53 Twee Italiaensche Landschappen van Gaspar Poussin. 46-0

L 169
22-4-1699, Herman van Swoll, Amsterdam
60 Een Uyttocht, van Bourgonjon. 48-0

L 173
16-4-1700, Jan Doedyns, Amsterdam
5 Een Slapende Vrou, Levens groote, van F. du Frenoy. 20-0
25 Een Doode Christus, van S. Vouët. 10-0
27 Een Waterval, van Pousin. 6-6
28 Mars en Venus van dito. 50-0

L 174*
20-4-1700, Philips de Flines, Amsterdam
11 Een Battailje, van Bourgognon. 440-0
12 Een dito van den selven. 430-0
13 Een Landschap met Beeltjens, van Glaude Lorainois. 200-0
16 Een ruine van la Maire met Beeldjens van Nicolas Poussin. 170-0
28 Een Landschapje van Caspar Poussin. 25-0
40 Een Landschapje, van Gaspar Poussin. 28-0
41 Een dito van den selven. 26-0
42 Een Oud Ruine met Beeltjes, daar Christus den Duyvel uytdryft, van den selven. 43-0
51 Een kleyn Stukje, zynde een Bataille, van den Bourgognon.
52 Een dito van deselve. [51 & 52] 160-0
59 Een donker Landschap in 't Gebergte, daar Moses en Aaron voor Pharao staen, van Poussin. 9-0

L 175
8-10-1700, Amsterdam
15 Een Vlugtend Vrouwtje, met een Sater, van Vouët. 28-10
34 Twee stuks van Vingonje en Petiet, Venus en Adonis. 55-10

Bredius, OHK
17-2-1702, David Renouard, Amsterdam
Une Galatée du Poussin.
La surprise de Moyse voyant sa verge changée en serpente de Le Brun.
Le temps qui decouvra la vérité, une copie de Poussin.
Les 4 saisons de l'année, une copie de Poussin.
Un tableau de Poussin en pastel.
Un paysage, copie de Poussin.
Un Venus et Adonis apres Poussin.
Un peintre par lui même, Monsieur d'Agard.

L 183*
6-4-1702, Jan Six, Amsterdam
14 Paris en Enone, in een Landschap, van Nicolas Poussin; een kapitaal en konstig Stuk.
15 Enone in een Landschap, kleen, van dito.
28 Prima Vera, of Lente van Francisco Perrier. 70-0

L 184
16-8-1702, Jan Agges, Amsterdam
8 Laban en Jacob, in een Landschap, van Nicolaes Poussin. 145-0[3]
9 David en Abigael, van dezelve. 150-0

L 188*
19-2-1704, Tomas Argus, Haarlem
159 Nog een History na Pousin.

L 190
2-9-1704, Pieter Six, Amsterdam
23 Jacob en Rachel, van Poussin. 44-0
29 Een Italiaensch Lantschap, van G. Poussin.
30 Een weerga van dezelve. [29 & 30] 130-0
31 Nog een dito.
32 Een weerga tot dezelve, alle 4 heel goet. [31 & 32] 116-0
47 Een Landschap, van Poussin. 37-0

L 211
28-3-1708, Amsterdam
82 De Hemelvaart Christi, van Monsr. Corneilje. 30-0

L 212*
17-4-1708, Amsterdam
11 Een voortroep en battalje van den Bourgonjon.
12 Nog een battalje van dito, beyde heel goet.
69 Piramis en Thisbe, van Pousin.
70 Een vlugtende Dafne, in een lantschap, van Mile.
71 Een lantschap van dezelve.
79 Een lantschap, van Gasper Pousin.
129 Een Roomse History, van den Bourgonjon.
179 Een lantschap, van Gasper Pousin.
291 Een Tombe, met Velt-overste, na Pousin.

L 217*
21-8-1708, Cornelis Dusart, Haarlem
125 Een Landschapje, van Glaude Lorainois, ovaal.
130 Paris oordeel, door Glaude Lorainois.
131 Een Europa, zynde een weergatje, door deselve.
201 De Liefde, bykans levens groote, van Vouët.
202 Daar de Tyd de Waarheyd ontdekt, half levens groot.
211 Een stervende Cato, van Vingjoni, levens groot.

L 218*
12-9-1708, (Jan Agges), Amsterdam
5 Een Bachus-triomf, van Pousyn, zijnde een kapitaal Stuk, vol gewoel van Beelden, in een Landschap, konstig geschildert.

L 222*
7-5-1709, Jacob Cromhout, Amsterdam
55 Laurentius op de Rooster, braaf geschildert van Vouët.

L 223
17-7-1709, Amsterdam
5 Een Bachus-Triomf van Poussin, (zynde een kapitaal Stuk) vol gewoel van Beelden, in een Landschap, braaf geschildert. 110-0

GPI
17-2-1711, Isaac Rooleeuw, Amsterdam
(14) Een dito [landschapje] van Poussin. 30-0

Bredius, OHK
11-5-1711, Jacob Graafland, Amsterdam
Twee landschappen van Poussin. [40-0]

Bredius 1915-22, p. 869-870
11-10-1711, Johan Baptist Closterman, Amsterdam[4]
(3) Evangelische historie van de vrouwe met het hontje, copie na Poussin. 15-0
(17) Nog een aantal copieën, ook na een batalje van Bourguignon.

1712, Willem III, Het Loo
77 Landschapje van Glode Lorrainois. [275/300][5]

L 239
26-4-1713, Adriaen Paets, Rotterdam
16 Een Stuk van Claude Loirainois, zynde een Landschap met een Gebouw met Colommen, zeer fraei, hoog 3 voet 4 duim, breed 4 1/2 voet. 750-0
17 Een dito, Landschap, hoog 3 voet breed 4 voet 2 duim. 450-0
19 Een Stuk, door Sebastiaen Bourdon, zeer excellent, verbeeldende de Vindinge van Moises in den Nyl, hoog 3 voet 9 duim, breed 5 voet 4 duim. 566-0[6]
20 Een dito, verbeeldende de Opweckinge van Lazarus, hoog 1 voet 9 duim, breed 2 voet. 445-0
22 Een schoon Landschap, door Gaspar Poussin, hoog 2 voet 5 duim, breed 3 voet 9 duim. 185-0
35 Een schoon stuk, door Francisco Milé, verbeeldende een Landschap met eenige Zwemmers, &c. hoog 2 voet 7 duim, breed 3 voet 3 duim. 430-0
36 Een dito, curieus Landschapje met fraye Figieurties, wat kleinder. 466-0
appendix 2 Een Bataille, door Bourguinjon. 130-0

L 241
10-5-1713, Cornelis van Dijck, Den Haag
64 De optogt van Jacob uyt het Huysgezin van Laban, met zyn Wyven, Kinderen en Vee, zeer konstig ende aerdig gedaen, van of na Nicolaes Poussin. 26-0

1714, *Description du cabinet de tableaux de Mr. Meyers à Rotterdam*, Rotterdam 1714
NICOLAS POUSSIN.
(1/7) LES SEPT SACREMENS, en sept pieces. Il seroit inutile de faire l'Eloge de ces Tableaux, puis que plusieurs habiles Gens en ont écrit, & que pendant plus d'un demi Siecle ils ont fait, non seulement l'Admiration de la France, mais encore celle de tous les Connoisseurs Etrangers. Mais, pour satisfaire les Curieux de ces fortes de Particularitez, il ne sera pas inutile de faire en peu de Mots leur Histoire, & de dire comment ils sont venus dans ce Cabinet. Mr. *de Chantelou*, Maitre d'Hôtel du Roi, Ami & Bienfaiteur du *Poussin*, lui demanda les Copies des *Sept Sacremens* qu'il avoit peints pour le Chevalier *del Pozzo*, & qui avoient fait beaucoup de Bruit à Rome; mais, *le Poussin*, rempli d'Amitié & de Reconnoissance pour Mr. *de Chantelou*, lui fit à loisir ceux dont nous parlons. Il n'est pas possible de confronter ces Tableaux ensemble, pour en connoitre la Différence, les uns se trouvant présentement à Rome, & les autres à Rotterdam: mais, si l'on prend la peine d'éxaminer les *Etampes* qu'on a gravées des uns & des autres, on verra facilement combien ceux-ci l'empotent fur les prémiers. Cela n'est pas étonnant, puis que la Main du Peintre n'a été conduite en les peignant. que par son Amour & sa Reconnoissance pour son Beinfaiteur, & nullement par Intérêt.

Ces Tableaux, aiant été apportez en France, firent tout l'Effet que *le Poussin* en pouvoit espérer. Le Bruit qu'ils firent vint jusqu'au Roi: & ce Prince, Connaisseur & Amateur des Beaux-Arts, voulut avoir la Satisfaction de les voir. Il en connut toutes les Beautez, & n'aiant point dédaigné de les honorer hautement de son Aprobation, il fut bientot imité en cela par tous les Connoisseurs qui se trouvérent à sa Cour. Mr. *de Chantelou* jouït long tems du Plaisir de posséder un Trésor d'un si grand Prix: &, aussi reconnoissant pour *le Poussin*, que *le Poussin* l'avoit été pour lui, il se faisoit un Devoir d'augmenter autant qu'il pouvoit la Reputation de ce grand Homme, en faisant voir son Chef-d'Oeuvre à tous ceux qui étoient capables d'en juger. Mr. *de Chantelou* étant mort vers le milieu de la derniere Guerre, ses Héritiers, obligés de partager entre eux le Bien de sa Succession, résolurent de vendre ces Tableaux. Mr. *Meyers* en aiant eu avis," chargea des Gens assidez de les acheter à quelque Prix que ce fut. Les Héritiers ne se doutant nullement que ces Tableaux devoient être envoiés en Hollande, écoutérent leur Proposition, & ils convinrent de Prix avec eux. C'est ainsi, que Mr. *Meyers* est devenu le Maitre du Chef-d'Oeuvre du *Raphaël François*.

Ces Tableaux ont été gravez en petit par *Benoit Audran*, & en grand par *Jean Pesne*.

Ils sont hauts de 3 Pieds, 9 Pouces; & larges de cinq Pieds, 9 Pouces.[7]

(8) L'ENLEVEMENT DES SABINES. Ce Tableau est d'un autre Gout que les *Sept Sacremens*, & n'est pas si empâté de couleur; mais, il est fini jusques aux Extrémitez d'une maniere extraordinaire, & ordonné aussi magnifiquement que le Sujet le demande. *Le Poussin* le peignit, dans le tems de sa plus grande Force, pour Madame la *Duchesse d'Aiguillon*. Ensuite, il a été au *Marquis de la Ravoir*, d'où il a passé à l'Hôtel de *Bretonvillers*, d'où il vient présentement. Avant qu'on le fit partir de Paris pour Rotterdam, le Sr. *Audran*, fameux Graveur à Paris, l'a dessiné, pour le graver. Ainsi, le Public est à la veille d'en voir une belle Estampe. Messieurs *Félibien & le Comte* en font mention dans leurs Ouvrages.

Il est haut de 5 Pieds, 1 Pouce; & large de 6 Pieds, 10 Pouces & demi.[8]

(9) FURIUS CAMILLUS, qui renvoie les Enfans des Falériens, en fouetant leur Maitre, qui les avoit livrez. L'Ordonnance, le Dessein, & les Expressions, sont admirables dans ce Tableau. Il a été autrefois entre les mains de Monsieur *Passart*, Maitre des Comptes. Il a été gravé par *Gérard Audran*. Mrs. *Félibien & le Comte* en parlant aussi.

Il est haut de 3 Pieds, 4 Pouces; & large de 4 Pieds, 6 Pouces.[9]

(10) L'ECOLE DES SCIENCES. Ce Tableau est connu sous ce Nom par les Curieux. Il représente le Mont Parnasse, Apollon, les neuf Muses, & autant de Poëtes. On y voit le Prince des Poëtes Grecs sur un Genou devant Apollon, qui lui présente la Coupe, pendant qu'une Muse le couronne de Lauriers. Les autres Poëtes reçoivent des Mains des Amours la Liqueur Poëtique, qu'ils puisent dans la Divine Source. Ce Tableau n'étoit pas encore en France, lors que les Auteurs François ont fait le Catalogue des Tableaux du *Poussin*. La Grace des Muses, la Majesté des Poëtes, & l'Ordonnance du Sujet, en sont admirables. Il vient du Cabinet du *Duc de Gramont*. Il a été gravé par *Guillaume Valet*.

Il est haut de 4 Pieds, 9 Pouces; & large de 6 Pieds, 10 Pouces.[10]

(11) DAVID, triomphant de Goliath, & couronné par la Victoire, avec quelques Amours. Ce Tableau est, pour le Dessein, le Coloris, & le Pinceau, un des plus beaux que *le Poussin* ait jamais faits. Il vient du Cabinet du *Duc de Gramont*.
Il est haut de 2 Pieds, 3 Pouces & demi; & large de 4 Pieds, 3 Pouces & demi.[11]
(12) MERCURE, VENUS, ET DES AMOURS.
Il est haut de 3 Pieds, 4 Pouces; & large de 4 Pieds, 6 Pouces.[12]
(13) UN PAISAGE AVEC FIGURES.
Il est haut de 4 Pieds; & large de 6 Pieds, 4 Pouces.[13]
(14) CHRIST MORT, ST. JEAN, ET LA VIERGE.
Il est haut d'1 Pied, 9 Pouces; & large d'1 Pied, 5 Pouces.[14]
(15) UNE BACCHANALE DANS LE GOUT DU POUSSIN. Elle est très belle, & passé en beaucoup de Cabinets pour être de lui, quoi qu'elle n'en soit pas. Elle n'est pas Copie, comme on le peut aisément connoitre aux airs des Têtes, & aux Draperies. Le Pinceau en est fort moeleux, & les Chairs arondies. Le Nom du véritable Maître en est inconnu.
Elle est haute de 3 Pieds, 5 Pouces; & large de 2 Pieds, 7 Pouces.
(16) NOTRE SEIGNEUR EN JARDINIER, ET LA MAGDELEINE A SES PIEDS. *Le Poussin* a peint ce Tableau pour Mr. *Pointel*; & il est gravé par *Guillaume Valet*.
Il est haut d'1 Pied, 5 Pouces; & large d'1 Pied, 2 Pouces & demi.[15]
(17) ST. PIERRE EN PRISON. C'est une Figure seule, tellement dans le Gout du *Carache*, qu'il faut être bon Connoisseur, pour ne s'y pas méprendre.
Ce Tableau est haut de 10 Pouces, & large de 8.
(18) UN SATYRE, UNE FEMME, ET UN AMOUR, DANS UN PAISAGE. Ce Tableau est de sa prémiere Maniere, & peint d'un Pinceau libre & agréable.
Il est haut de 2 Pieds, 5 Pouces; & large d'1 Pied, 8 Pouces.[16]
(19/20) DEUX PETITS PAISAGES. Ils sont de son prémier tems.
Ils sont hauts d'1 Pied, 6 Pouces; & larges de 2 Pieds.
CLAUDE LE LORAIN.
(65) NOTRE SEIGNEUR PRÉCHANT AU DÉSERT. Cette Composition est très singuliere, & la plus belle qu'il ait jamais faite. On y voit une Montagne affreuse, garnie de toutes sortes d'Arbres, & sur laquelle est le Sauveur, & les Apôtres. Cette Montagne occupe le milieu du Tableau, & laisse de deux Côtez une Vue très tendue par dessus une Ville & des Mers. Le Terrain, tant devant que derriere la Montagne, est rempli d'un nombre infini de Peuple, qui vient pour écouter: & ces Figures sont incomparablement mieux dessinées & peintes, qu'il n'avoit coutume de faire. Ce Tableau est aussi le plus grand qu'on voie de lui.
Il est haut de 5 Pieds, 9 Pouces; & large de 8 Pieds, 9 Pouces.[17]
SÉBASTIEN BOURDON.
(68) UNE SAINTE FAMILLE, & le petit Jésus donnant un Anneau à Ste. Catherine, dans un Païsage très beau.
Il est haut de 2 Pieds, 11 Pouces; & large de 3 Pieds, 11 Pouces.
(69) UNE HOTELLERIE DE CAMPAGNE, des Soldats jouant, & des Femmes buvant. Ce Tableau est admirable, & a quelque chose du Gout de *Michel Ange de la Bataille*.
Il est haut d'1 Pied, 2 Pouces; & large d'1 Pied, 7 Pouces.[18]
GASPAR POUSSIN.
(71/72) DEUX PAISAGES, très finis.
Ils sont hauts de 2 Pieds, 4 Pouces: & larges de 3 Pieds, 2 Pouces.
(73) UN TRES BEAU PAISAGE, *haut de 3 Pieds, 1 Pouce; & large de 4 Pieds, 4 Pouces.*
(74) *UN ORAGE*, avec des Eclairs, & des Bergers fuians & épouvantez. Ce Tableau est peint avec un extrême Soin. *Il est haut d'1 Pied, 7 Pouces; & large de 2 Pieds, 1 Pouce.*
(75) UN PAISAGE, avec de l'Architecture, & des Figures. *Il est haut d'1 Pied, 7 Pouces; & large de 2 Pieds, 2 Pouces.*

L 251
17-5-1715, Amsterdam
12 Een Landschap, van Glaude Lorenois. 140-0
13 Een dito met Gebouwe en Beelden, van denzelven. 151-0
14 Een Landbataille, van den Borgenjon. 118-0

L 254
24-4-1716, Amsterdam
8 Den Dood van Germanicus, met veele bystaende Krygsoversten, een ongemeen heerlyk en konstig stuk, door le Brun geschil-dert, h. 4¼ v. br. 6¼ v. 415-0[19]
10 Een kapitael konstig stuk, daer Moses het Water uyt de Steenrots slaet, ende de Kinderen Israëls het Water vergaderen, vol gewoel van Beelden, door den Fransen Bourdon geschildert, h. 5 v. br. 7¼ v. 170-0
11 Een groot kapitael stuk, daer den Vader Dedalus Icarus zynen Zoon de Vleugels aen doet, levens groote, met veel bywerk, door François Perrier, heerlyk gloeyend en kragtig geschildert, h. 8 v. br. 6 v. 470-0
12 Een extra konstig stuk van Nicolaes Poussin, verbeeldende het Oordeel van Midas over Apollo en Pan, met veel Beelden, en Landschap, h. 3½ v. br. 5½ v. 265-0
13 Een leggende Venus en Adonis, en Cupido, in een Landschap, braef geschildert, door den zelven, h. 3 v. br. 4½ v. 190-0
14 De Historie van Aretusa, 3 Beelden, van denzelven. h. 3 v. br. 4 v. 25-0
20 Een kapitael Landschap met Beelden en Gebouwen, van Francisco Millé, van zyn besten trand, h. 4½ v. br. 6½ v. 20-0
21 Een dito van denzelven, h. 5 v. br. 7 voet. 115-0
22 Een Landschap en Zeehaven van denzelven, h. 3½ v. br. 4½ v. 126-0
58/59 Twee Landschappen met Beelden, van Gaspar Poussin. 125-0
60/61 Twee kleynder dito van denzelven. 92-0
68 Kaertspeelders van Jacomo Calot hoog 1 3/4 v. br. 2½ v. 36-0

L 257
13-5-1716, Jan van Beuningen, Amsterdam
56 Door Poussin, een Landschap met Beeldjes. 125-0

L 266
21-4-1718, Cornelis van der Laan, Amsterdam
16 Een Landschap van Glaude de Loronoy. 82-0

L 273
25-7-1719, Vrouwe van Warmenhuysen, Den Haag
10 Een Paulus Bekeering van Chavony. 20-0
41 Een seer fraay Pourtrait in de hand hebbende het Pourtrait van den Hertog van Orleans door le Febre. 8-5
42 Een seer fraye Dame met fraye Bloemen gegarneert door le Febre. 30-0
43 Een dito. 11-0
57 Een stuk na Bourdon. 6-0

L 274
18-10-1719, Quiryn van Biesum, Rotterdam
12 De Kinderen Israëls, het gulde Kalf aenbiddende, door Nikolaes Poussyn. h. 3 v. 3 d., br. 4 v. 2 d. 220-0[20]
22 Een extra schoon Landschap van Gloude Lornois. h. 3 v., br. 4 v. 2 d. 400-0
23 Een dito van denzelven, wat kleinder. 400-0
24 Een Zeehaven van denzelven, h. 3 v., br. 4 v. 115-0
25 Een Morgenstont, waerin een drift met Beesjes van denzelven, h. 2 v. 4 d. 52-0
26 Nog een wat kleinder, waerin een Herder en Herderin, zynde deze 5 stukken van zyne allerbeste schildering. 36-0
27 Een heerlyke Bataille, door Pater Jacomo Borgonjon, h. 1½ v., br. 2½ v. 100-0
28 Een dito van denzelven, h. 1½ v., br. 4 v. 4 d. 50-0
29 Een dito van denzelven, zynde een weerga. 60-0
30 Een dito van denzelven, h. 1 v. 3 d., br. 1 v.7 duim. 90-0
43 't Gezicht van St. Clou, door Francisco Mylée, hoog 1½ v., br. 4 v. 4 d. 210-0
44 Een Waterval van denzelven, uitnemend plaizant, h. 2 v. 8 d., br. 3 v. 5 d. 110-0
45 Een Landschapje, waerin Tobias, enz. door Gaspar Poussyn. 70-0
46 Een Landschap van Genoels, niet minder dan van Gaspar Poussyn, h. 1 v. 8"d., br. 2 v. 1 d. 15-10
47 Een St. Jan door Le Brun, uitnemend kragtig geschildert. 51-0[21]
48 Een Gezeldschap van Kaertspeelders, door Perocelli. 50-0

L 275
20-3-1720, Jacob de Flines, Amsterdam
7 Een kapitael Landschap, van Gloude Lorenois, van zyn alderbeste Tyt. 200-0
9 Een dito Bataille van den Borgonjon, heel goet. 63-0

L 277
28-3-1720, Hendrik Sorgh, Amsterdam
40 Een Engele-Zang, van Vouet, extra fraei. 25-0

L 285
24-7-1721, Anna van Hornes, Den Haag
14 Een Baghanal na Pousyn. 2-0

L 298
23-6-1722, Des Amory, Amsterdam
7 Daer de drie Koningen haer gaven offeren, zynde vol beelden en een Anticq gebouw door Nicolaas Poussin in zyn beste tyd geschildert, h. 4 v. 6 duim, br. 5 v., zynde in Prent gebragt door Avice. 440-0[22]
34 De Bataille van Josua tegens de Amalekieten, door den Borgonjon konstig geschilderd, h. 1 v. 7 d., br. 2 v. 4 d. 107-0
48 Maria en Joseph in een Landschap van Francisco Mile, heel goet, hoog 7 d. br. 7 d.
49 Pan en Syringa zynde een weerga van dezelve. [48 & 49] 37-0
50 Venus en Adonis van Nicolaes Poussin. 10-10

L 302*
9-9-1722, Jaques Meijers, Rotterdam
1 Furius Kamillus, dewelke de Kinderen van Faleri te rugge zend, Geesselende hunne Meester die hen hadde overgelevert. De schikking, teekenkonst en uitvoering zyn in dit stuk alle even verwonderlyk, en van denzelven tydt waerin hy de zeve Sakrementen heeft volwrocht, door Nicolaes Poussin, h. 3 v. 4. d. br. 4 v. 6 d. 1300-0[23]
2 Merkuur, Venus en eenige Kindertjes, heerlyk door dezelve, h. 3 v. 4 d. br. 4 v. 6 d. 500-0[24]
3 Een Landschap met Beelden, zeer schoon, door dezelve, h. 4 v. br. 6 v. 4 d. 930-0
4 Een Bacchus-feest, uitnemend schoon, door dezelve, h. 3 v. 10 d. br. 5 v. 4 d. 150-0
5 Venus en Adonis, met eenige Kindertjes die zig vermaken, zynde een zeer voortreffelyk stuk, door dezelve, h. 4 v. 7 d. br. 5 v. 4 d. 175-0
6 Een Landschap met Pan en Syringa, mede zeer fraei, h. 1 v. 8 d. br. 2 v. 1 d. 75-0[25]
7 Een ander Landschap met een' Herder, Spelende op de Fluit, benevens eenige Koejen, ongemeen fraei, door dezelve, h. 1 v. 8 d. br. 2 v. 1 d. 85-0
8 d'Offerhande van Alexander op het Graf van Achilles, heerlyk, door dezelve, h. 2 v. 4 d. br. 3 v. 1 d. 73-0[26]
9 Een Bacchus-feest in de manier van Poussin, zynde een uitmuntend stuk, dat in vele Konstkamers voor zyn Werk heeft doorgegaen, schoon het van hem niet is, nog geen Copy naer hem, gelyk men ligtelyk kan onderscheiden aen de trekken van de Tronyen en Kleedye. 't Penceel is uitnemend zacht en"vleesachtig, dog de naem van den Meester onbekent, h. 3 v. 5 d. br. 2 v. 7 d. 130-0
30 Onze Heer, predikende in de Woestyne. Deze Ordinantie is zeer byzonder, en de beste die hy ooit gemaekt heeft. Men ziet 'er een zeer steilen Berg, en op denzelven onzen Zaligmaker met zyne Apostelen, zynde de Berg beplant met allerlei Geboomte. Dit alles vult het middelste van 't Stuk, latende ten wederzyde een zeer uitgestrekt gezichte over eene Stadt en Zee: de gront zoo voor als agter den Berg is vervult met eene groote menigte van Volk, gekomen om den Heilant te hooren; zynde alle deze Beelden vry beter geteekent en geschildert dan hy wel gewoon was te doen; en dit Stuk het grootste dat van hem gezien wordt, door Claude le Lorain. h. 5 v. 9 d., br. 8 v. 9 d. 500-0
31 Een schoon Landschap met grootsche Gebouwen en Beelden, door denzelve. h. 3 v. 1 d., br. 3 v. 11 d. 175-0
32 Een uitnemend Landschap met Beesten, zynde van zyn' allerbesten tydt, door denzelven, h. 2 v. 5 d., br. 3 v. 1 duim. 185-0
33 Een wonderlyk schoon Landschap, waerin men ziet Hagar, Ismaël en een Engel, zynde dit, niet jegenstaende zyne kleinte, het schoonste dat van hem gezien wort, ja volkomen een Pronkjuweel van een Kabinet, door denzelven, h. 11½ d. br. 1 v. 2½ d. 180-0[27]
34 Een Kersnagt en de Geboorte van den Heilant, niet minder schoon dan het voorgaende door denzelven. h. 1 v. 7½ d., br. 2 v. 2 d. 110-0
35 De heilige Familie met den kleinen Jesus, gevende een ring aen St. Katharina, alles in een schoon Landschap, door Sebastiaen Bourdon. h. 2 v. 11 d., br. 3 v. 11 d. 225-0
36 De Hemelvaert van Efigenie met veele Beelden, zynde een uitnemend deftig Stuk, door denzelven. in zyn diameter 3 v. 3 d. 145-0
37 Een Soetelaars Tent, waar in de Soldaten sitten te Spelen, en drinkende Vrouwties. h. 1 v. 2 d., br. 1 v. 7 d. 205-0[28]
44 Een Landschap met 3 Beelden, het allerbeste dat van C. Pousein bekent is. h. 3 v., br. 4 v. 3½ d. 405-0
45 Een Landschap met Maria Magdalena. Dit stuk is uitnemend schoon en uitvoerig, door denzelven. h. 2 v. 5 duim, br. 4 v. 2½ d. 205-0
46 Een zeer schoon Landschap met drie Beelden, door denzelven. h. 2 v. 3 d., br. 3 v. 1 d. 105-0
47 Een dito met twee Beelden, door denzelven. h. en br. als voren. 155-0
48 Een dito met drie Beelden, door denzelven. h. 1 v. 7½ d., br. 2 v. 1 d. 50-0
49 Een dito, met drie Visschers en een Waterval, door denzelven, h. 1 v. 7½ d. br. 2 v. 1 d. 62-0[29]
50 Een zeer kapitael Stuk met schoone Gebouwen, de Heilige Familie en andere Beelden, van den besten tyd en schildering, van F. Milée. h. 3 v. 1 d., br. 4 v. 1½ d. 170-0
51 Een zeer uitstekend Landschap met schoone Beelden. Dit Stuk is wonderlyk uitgewerkt, en heerlyk van Coloryt, door denzelven. h. 2 v. 11 d., br. 2 v. 4 d. 165-0
52 Een uitnemend Landschap, vertoonende den Doop van den Moorman door St. Filippus, door Boulonnese. h. 3 v. 9 d., br. 5 v. 10 d. 70-0
64 Een Campeerend Leger, vol gewoel en werk, door Parocel, h. 2 v. 7 d., br. 3 v. 7 d. 170-0
65 d'Optogt van een Leger, door dezelve, van dezelve groote als't voorgaende. 130-0
66 Het Slaen en Vlugten van een Leger, door dezelve, mede van een zelve groote. 170-0
67 Eenige Generaels te Paerde op eene hoogte, van waer zy den Marsch van eenig Volk tot d'Attacque van een Fort ontdekken, door dezelve, al mede van"een zelve groote. 110-0
86 Ganimedes, Jupiter en Juno, in de Lucht, en vele Watergoden in de Zee, zeer kapitael en uitvoerig, door Le Sueur, h. 4 v. 10 d. br. 3 v. 7 d. 300-0[30]
206 Een Suzanna met twee Boeven, zeer schoon en in Vrankryk geschildert, door Bertin, h. 1 v. 2½ d. br. 1 v. 101-0
207 Jozeph met de Vrouw van Potifar, door denzelven, egael met het vorige. 75-0
(223) De Roof van de Sabynsche Maegden, geschildert en wel uitgevoert door een bekwaem Meester naer Nicolaes Poussin, een aengenaem en malsch stuk, h. 1 v. 4 d. br. 1 v. 9 d. 50-0

L 308
19-5-1723, D. Potter, Den Haag
1 Een Graftlegging Christi door Nicolaes Poussyn, zeer heerlyk geschildert, van zyn alderbeste tyd. h. 3 v. 8 d., br. 4 v. 9 d. 925-0
2 De Gevankenisse Petri, zeer uitvoerig geschildert door Valentyn. h. 4 v. 8 d., br. 5 v. 7 d. 95-0
11 De Heilige Familie, door Bourdon met 10 Figuren, zynde zeer konstig geschildert van zyn alderbeste tyd. h. 3 v., br. 3 v. 9 d. 580-0[31]
18 Een Landschap, door Glaude Lorenne, met Figuren heerlyk geschildert. h. 3 v. 3 d., br. 4 v. 365-0
19 Een Weerga van denzelven. 270-0
20 Een dito. h. 2 v. 3 d., br. 4 v. 224-0
21 Een Kapitael Landschap met Figuren door Gasper Poussyn. h. 3 v. 4 d., br. 4 v. 5 d. 330-0
22 Een Weerga van denzelven. 150-0
23 Een dito. h. 1 v. 8 d., br. 2 v. 3 d. 52-0
24 Een dito, zeer fraei gestoffeert. h. 3 v. 2 d., br. 4 v. 3 d. 240-0
26 Een Landschap, door Francisco Millée. h. 2 v., br. 2 v. 5 d. 22-0
29 Een Bachanael, door Voüet, zeer fraei geschildert. h. 2 v. 5 d., br. 3 v. 3 d. 60-0
34 Een Broodbreeking, door Jouvenet, konstig geschildert. h. 2 v. 10 d., br. 2 v. 3 d. 56-0
35 Een Kruisiging, door denzelven. h. 3 v. 10 d., br. 2 v. 9 d. 60-0
57 De Heilige Familie, naer Poussin. h. 3 v. 5 d., br. 4 v. 8 d. 25-0
58 Een dito. 33-0
64 Een Rond Landschapje, door Francisco Millée. 7-10
appendix 3 Een Landschap en Zee, van Milé, de Beelden van een onbekend Meester. 105-0
appendix 5 Een schoon Landschap, door F. Milé. 70-0

L 315
4-4-1724, Pieter Pellicorne, Amsterdam
1 Een Dronke Bacchus, en een Flora, van Poussyn, zeer kragtig geschildert. 60-0

Bredius, OHK
15-2-1725, Jacob Vallensis, Delft
Een fray lantschap van Gaspar Pousijn, quick geschildert.
Een dito, fraay verkoosen.

L 355
30-7-1726, Marquis de Saint-Philippe, Den Haag
33 Twee schoone Landschappen, door François Milé. 55-0
34 Twee dito Landschappen, door denzelven. 36-0
35 Twee dito Landschappen, door denzelven. 26-0
36 Twee Stukken, zynde 't een, een Joannes Christus Doopende, en 't ander, St. Antonius in een Landschap, door Le Haman. 20-15
37 Twee dito's, zynde een, St. Rochus, en een St. Joris, ieder in een fraay Landschap, door denzelven. 18-5
38 Twee dito's, zynde 't een, de jonge Tobias in een Landschap, en 't ander, St. Hieronimus in de Woestynen, door denzelven. 16-0

GPI
22-10-1728, Anthony Grill, Amsterdam
(31) Twee bataljes, van den Bourgonjon.

L 382
6-4-1729, Jan Smees, Amsterdam
2 Venus en Adonis door N. Poussin, kunstig geschildert. 365-0[32]
3 Een uytnemend kunstig Landschap met Beelden door Fr. Milée, 't beste van hem bekent. 158-0
18 Een Italiaans Landschap door Glaude Lorranois. 34-0
19 Twee extra kunstige Landschappen door F. Millée. 71-0
20 Een dito door dezelve. 75-0
36 't Banket der Gooden, door Le Clerck. 32-0
49 Een Capitaal Landschap, door C. Poussin. 10-0

L 385
3-5-1729, Den Haag
1 Een schoon Stuk, verbeeldende de Gevangenisse Petri, zeer uitvoerig Geschilderd, door Valentyn. 80-0
19 Een kapitaal Stuk, verbeeldende den Optogt van Jacob naar Laban, met verscheide Figuuren en Beesten, zeer fraay, door Sebastiaan Bourdon. 75-0
20 Een fraay Landschap met Beelden, door denzelven. 100-0
21 Een dito Landschap, zeer kragtig en schoon, door denzelven. 160-0
22 Een Italiaans Landschap, zeer kragtig geschildert, door Glaude Loraine. 50-0
23 Een kapitaal Landschap met Figuuren, door Gaspar Poussin. 105-0
24 Een Bacchenaal, fraay en aangenaam geschildert, door Simon Vouet. 29-0
25 Pan en Seringa, met verder bywerk, door Nicolas Poussin. 29-0
26 Orpheus met de Bacchanten, door denzelven. 25-0
27 De berugte Markt te Florence, vol gewoel van Beelden, door Jaques Callot. 15-10

L 402
6-9-1730, Josua van Belle, Rotterdam
10 Een Bataille, door Bourgignon, h. 2 v. 3½ d., br. 3 v. 1 d. 162-0
19 Een Geseldschap daer een Italiaensche Dame met een Italiaen met de Kaert zit te speelen, staende daerby twee Gemaskerde, door Valentino, h. 5 v. 1 d. br. 7 v. 2 d. 160-0
33 Een Landschap, door Glaude Lorainois, h. 2 v., br. 3 v. 210-0
50 Een Landschap, door Nicolaes Poussin, h. 4 v. 2 d., br. 5 v. 4½ d. 105-0
54 Moses in den Braembos, door Francisco Melé, h. 2 v. 9 d., br. 3 v. 10 d. 130-0
56 Een Landschap met een Schip in Zee, door Glaude Lorainois, h. 29 v. 3½ d., br. 3 v. ½ d. 140-0

L 406* (cfr. L 428)
11-4-1731, Cornelis Wittert van Valkenburg, Rotterdam
4 De Historie van Furius Kamillus, door Nikolaes Poussin, h. 3 v. 4 d., br. 4 v. 6 d. 900-0[33]
5 Een fabel uit Ovidius, van denzelven, h. 3 v., br. 2 v. 4 d. 110-0[34]
6 Maria, Jozeph en 't Kindje Jezus, door den zelven, h. 3½ v., br. 2½ v. 290-0

L 428
7-10-1733, Cornelis Wittert van Valkenburg, Rotterdam
4 De Historie van Furius Kamillus, door Nikolaas Poussin, h. 3 v., 4 d., br. 4 v. 6 d. 725-0
5 Maria Jozeph en 't Kindje, van den zelven, h. 3½ v., br. 2½ v. 85-0

L 414
23-4-1732, Amsterdam
5 Twee Battailjes van de Borgonjon, konstig en vol vuur. 35-0

L 415
29-4-1732, Amsterdam
3 Een Batailje van Jacomo Bourgonjon, heerlyk en konstig geschildert, h. 2 v. 2 d. br. 4 v. 6 d. 215-0
12 Een Landschap, van Mielé zo goed als 'er een bekend is, h. 3 v. 2 d. br. 4 v. 2 d. 175-0

L 427
11-8-1733, Adriaan Bout, Den Haag
6 Een wonderbaar schoon stuk, door N. Poussin, verbeeldende de Graftlegginge Christi met verscheyde Beelden zeer uytvoerig geschildert, h. 38 d. br. 54 d. 260-0
12 Een schoon stuk, door Sebast. Bourdon, verbeeldende de H. Familie, h. 17 d. br. 21 d. 200-0 Snayenbringh
13 Een Battailje, door Bourgignon van zyn alderbeste tyd, h. 31 d. br. 50 d. 125-0 deselve
14 Een dito niet minder. 135-0
15 Een dito wat kleynder. 20-0 Grijse
16 Een weerga tot het zelve. 22-0 deselve
33 De Graftlegging, door Vouet, zeer uytvoerig geschildert, h. 21 d. br. 16 d. 330-0 De Jong
34 Een Hylige Famielie, door Bourdon, h. 21 d. br. 17 d. 80-0 De Roore
127 Een Battailje, door Jacomo de Bourgignon. 140-0 Van Haften

L 441
12-5-1734, Willem Six, Amsterdam
6 Een Land-Bataile, vol gewoel, door Bourgognon, zo schoon als van hem bekent. 205-0
7 Een dito niet minder, zynde een Plundering. 200-0
23 De Historie van Sophonisba, door Guarcin del Cento, kragtig en heerlyk in de manier van Guido geschildert. 55-0[35]
52 Het Vrouwtje in Overspel bevonden, door Sebastiaan Bourdon. 67-0
66 Een heerlyk Landschap, door Glaude Lorainois. 37-0
71 Twee Batailles, door Bourgognon. 50-0
82 Apollo en Dafne, door Nicolaas Poussin. 67-0
83 Twee Landschappen, door Gasper Poussin. 31-0
88 Maria met het Kindje, door Simon Vouët. 55-0
177 Een Landschap, waar in het Tempeltje van Trivoli [sic], in de manier van Poussin. 1-0
193 Een Bataille, na Bourgognon. 10-0
194 Twee stuks dito, van dezelve. 21-10

L 442
21-7-1734, Coenraad Droste, Den Haag
6 Een Bacchus, door Poussin, h. 16 d. br. 13 d. 2-0
11 Een uytvoerig Stuk verbeeldende Jupiter en Semele, door Le Clercq, h. 8 d. br. 6 d. 145-0
55 De Offerhande van Higenia, door Le Bruyn, h. 29 d. br. 25 d. 41-0
56 Een Bataille door Bourgoignon, h. 20 d. br. 29 d. 28-0

L 447
18-4-1735, Marinus de Jeude, Den Haag
2 Een Bataille vol werk en uytvoerig geschildert, door Jaques de Bourguignon, h. 3 v. 10 d. br. 4 v. 9 d. 80-0
68 Een Landschap, na Poussin. 5-10

L 453*
20-9-1735, Johan van Schuylenburg, Den Haag
11 Een weergaloos schoon stuk, door Nicolaas Poussin, verbeeldende de Historie van Mirrha en haer Vader, uyt het Metamorphosis van Ovidius. zynde een der beroemste soo van Ordonnantie als Schildering, hier te Lande bekent, h. 3 v. 1½ d. br. 4 v. 3½ d. 400-0
12 Een dito door dezelve, tot een weerga van het voorige, niet minder in Ordonnantie als Schildering, verbeeldende de dood van den grooten Pompejus, h. 3 v. 1½ d. br. 4 v. 3½ d. 410-0
16 Een schoone en heerlyke Bataille door Jacomo Bourguignon, kragtig en stout geschildert, h. 2 v. 3 d. br. 3 v. 4 d. 100-0 Benoits
17 Een weerga van dito Jacomo Bourguignon, tot het voorgaande, en niet minder heerlyk als het zelve, h. 2 v. 3 d. br. 3 v. 4 d. 120-0 Benoits
123 Een Lantschap door Kasper Poussyn, h. 3 v. 3 d., br. 4 v. 2 d. 20-0

L 460
15-3-1736, Robert de Neufville, Leiden
44 Een Heerlyk Landschap van Gasper Poussin kragtig en fraai Geschildert, br. 2 v. 1 d. h. 2 v. 11 d. 15-15

L 462
12-4-1736, Richard Pickfatt, Rotterdam
5 Een extra schoon Landschap, door Glaude Lornois, h. 2 v. 4 d. br. 3 v. 1 d. 250-0
6 Een dito van denzelven met een Schip in Zee, h. 2 v. 3 d. br. 3 v. ½ d. 100-0
11 Een heerlyke Bataille, door Pater Jacomo Bourgonjon, h. 1 v. 3 d. br. 1 v. 7 d. 41-0
12 Een heerlyk Landschap, door N. Poussin, h. 4 v 2 d. br. 5 v. 4½ d. 54-0
18 Een Landschapje, waar in Tobias &c. door Gaspar Poussin, h. 9½ d. br. 1 v. 2 d. 51-0

L 466
18-7-1736, Jan van Loon, Delft
23 Een Landschap, door Casper Poussin, h. 3 v. 2 d., br. 4 v. 3 d. 46-0

L 472
15-5-1737, Bernard Picart, Amsterdam
27 Een Alexander en Rozane, na Coypel. 12-4[36]
42 Een Contrefeitzel van le Sueuer. 1-15
44 Een Contrefeitzel van Louis den XIV, met Zinnebeelden, door la Fosse. 8-10
45 Maria Magdalena, de manier van le Sueur. 3-0

L 474
3-9-1737, Samuel van Huls, Den Haag
100 Een Italiaansch Landschap en Waterval, waar by twee Hengelaars, door Gaspar Poussin, h. 2 v. 4½ d. br. 2 v. 11½ d. 52-0
153 Een Landschap waar in een Onweer verbeelt wert, zeer krachtig en schoon geschildert, door Gasdar [Dughet?], h. 1 v. 6½ d. br. 2 v. 1 d. 15-0

L 479A*
19-12-1737, Harmanus Dreesing, Amsterdam
21 Een extra konstig en uytvoerig Landschap van Casper Poussyn. 50-0 Willems
30 Een Landschap met Beeltjes, van Milee. 12-10 Casper

L 480*
2-4-1738, Ferdinand van Plettenberg en Wittem, Amsterdam
17 Jupiter onder de gedaante van Diana, by Calisto; met veel Kindertjes, van Nicolaas Poussin, rykelyk geordonneert, h. 4 v. 10 d. br. 5 v. 10 d. 130-0
18 Een Rust, in de Vlugt naar Egypten, van denzelven, h. 3 v. br. 3 v. 9 d. 115-0
19 Een slaapende Venus, met een Satir; van denzelven, h. 2 v. 5 d. br. 1 v. 9 d. 72-0
33 Een Capitaale Battalje van Giacomo Bourgognon; Excellent konstig, en vol gewoel, h. 4 v. 2 d. br. 6 v. 5 d. 480-0
34 Een zeer natuurlyk Landschap, met Beelden en Beesten, van Claude Lorainois: het allerbeste van hem bekent., h. 4 v. 2 d. br. 5 v. 3 d. 715-0

L 578* (cfr. L 480)
11-4-1743, Ferdinand van Plettenberg en Wittem, Amsterdam
4 Een Rust, in de Vlugt na Egypten, door Nicolaas Poussin, h. 3 v. br. 3 v. 9 d. 54-0 Ietswaart
9 Een Capitaale Batalje, door Giacomo Bourgignon; Excellent konstig, en vol gewoel, h. 4 v. 2 d. br. 6 v. 5 d. 307-0 De Barry

L 482*
16-4-1738, Baron Schonborn, Amsterdam
2 Een Landschap door Claudio Lorainese; konstig en natuurlyk geschildert, A ½ 1650. h. 2 v. 7 d. br. 3 v. 10 d. 465-0[37]
3 Venus en Adonis, in een Landschap, door N. Poussin, h. 1 v. 10 d. br. 1 v. 6 d. 44-0
4 Speelende Kindertjes, in een Landschap, van denzelven; zynde een weerga tot het voorgaande, h. 1 v. 10 d. br. 1 v. 6 d. 80-0
122 Het Portret van Louis de XIV. in Parys geschildert, door Largilliere. 23-0

L 489
1-10-1738, Amsterdam
3 Twee Landschappen, door Gasper Poussin, h. 13 d. br. 16 d. 25-10

L 490*
13-10-1738, Joan de Vries, Den Haag
4 Paris op den Berg Ida, met veel beelden en bywerk excellent van Nic. Poussin, h. 5 v. 2½ d. br. 6 v. 10½ d. 505-0
6 Oenone den naam van Paris op den boom schryvende, in een Landschap, door Gasp. Poussin, h. 1 v. 3 d. br. 1 v. 7 d. 92-0
38 Een Bacchanael, door Sim. Vouet. 150-0

L 500*
31-3-1739, Ben Johan Furly, Rotterdam
1 Een heerlyk Landschap, door Pousyn. 51-0 Arij Kortpenning

L 501*
2-4-1739, Herman Schuurman, Rotterdam
5 Een Italiaansch Landschap, door Poussin, helder en stout geschildert, br. 2 v. 2 d. h. 1 v. 7½ d. 60-0 Ad. Kuyl

L 503
15-4-1739, Amsterdam
195 Een Landschap, door Poussin. 6-0
196 Een dito, door Poussin. 12-0

L 507
16-9-1739, Amsterdam
6 Een uitvoerig Landschap, door Poussin. 9-5
11 Een fraaje Land-Battaille, door Bourgingnon. 51-0
12 Een dito Battaille, van denzelven. 3-0

L 508*
21-10-1739, Amsterdam
12 De Dood van Argus, alwaar Juno haar Paauw met zyn oogen verziert, van N. Poussin, h. 2 v. 7 d. br. 3 v. 3 d. 160-0
13 De Fonteyn van Caprola, van den zelve, helder en playsant geschildert, h. 2 v. 9½ d. br. 3 v. 10½ d. 38-0
16 Een extra Capitale Landschap daar den Engel aan Hagar verschyndt, door Claude L'oronois, en van zyn fraayste bekent, h. 3 v. 6 d. br. 4 v. 8½ d. 201-0[38]
17 Een Gezigt binnen Romen by Zonnen Ondergang, van den zelve, mede puyk, h. 3 v. br. 4 v. 3 d. 205-0
18 Een overheerlyk Landschap, van Francis Mille, door Carlo Maratti gestoffeert, met verscheyde Beelden en Gebouwen, h. 3 v. 5 d., br. 4 v. 10 d. 355-0
19 Een weerga, van den zelve, zynde deze 2 stuks zeer playsant, van de beste die bekent zijn. 340-0
62 Een Baccanaal, van Bourdon, de manier van Poussin, h. 2 v. 9½ d. br. 3 v. 6 d. 89-0
63 Daar de Knegt van Abraham de Geschenken aan Rebecca geeft, van le Seur, h. 2 v. br. 1½ d. 8-5
64 Een Heylige Familje, door Le Brun, na Corregio, h. 2 v. 7 d., br. 1 v. 9 d. 7-10
81 Christus en St. Jan in de Woestyne, van Poussin, h. 3 v. 2 d. br. 2 v. 6½ d. 175-0
118 Pan en Seringe, van Claude L'orennois, h. 1 v., br. 1 v. 1½ d. 23-0
122 Een Landschap, van Gasper Poussin, h. 1 v. 4 d., br. 1 v. 9 d. 2-10
123 Een Landschap, van Francisco Millée, h. 2 v. 3 d., br. 2 v. 9 d. 36-0
127 Een konstig Landschap, van Francisco Millée, van zyn beste tyd, h. 1 v. 9 d., br. 2 v. 2 d. 39-0
128 Een Landschap met Struykrovers, van Claude L'Orennois, h. 1 v. 10 d., br. 1 v. 8 d. 11-10
129 Een dito als boven. 28-0
130 Een dito als boven. 22-15
140 Een Landschap met een St. Jan, van Gasper Poussin, h. 2 v., br. 2 v. 7 d. 3-0

L 523*
31-8-1740, Amsterdam
3 Een kapitaal Landschap, van Claude Lorenois, rykelyk gestoffeert en in zyn beste trant. 206-0 Burruns
4 Een dito, niet minder. 176-0 dito
5 Een dito, als boven. 161-0 dito
6 Een dito, als boven. 151-0 dito

L 525*
13-9-1740, Guérin etc., Den Haag
6 De Graflegging Christi, zeer fraay, door Simon Vouet, het uitmuntenste van die Meester bekendt. 240-0
7 Een konstig Bachenaal door den selven. 24-10
41 Een Battaille, door Bourgingnon. 20-0
42 Een dito zynde een weerga. 20-0

Bredius, OHK
27-2-1741, Wed. Geertruyd Heijn-Wijnands, Amsterdam
Kaertspeelders in een lantschap van Silvester Bouén. 18-0 [Bourdon?]

L 537* (Cfr. L 874)
12-4-1741, Gerard Bicker van Zwieten, Den Haag
13 Jupiter en Calisto, met zeve Kindertjes, eenige honden en meer bywerk, zeer kapitaal, door N. Poussin, h. 4 v. 4 d., br. 5 v. 8 d. 300-0 Van Olden
14 Een Venus en Adonis niet minder door den zelve, h. 3 v. 2 d., br. 3 v. 9 d. 150-0 Sijthoff
223 Een Landschap met Maria, Jesus, en Joseph, onder een Orange boom, en verscheyde figuuren, door Francisco Millé. h. 10½ d. br. 1 v. 3 d. 36-0 Van Dyck
224 Een Landschap door den selve. h. 1 v. 7 d. br. 2 v. 17-0

L 556
1-5-1742, Theodore Hartsoeker etc., Den Haag
19 Een Battaille vol Werk, en uitvoerig geschildert door Jaques de Bourguignon, h. 3 v. 10 d., br. 4 v. 9 d. 76-0
28 Een Battaille seer kragtig geschildert door Bourguignon, br. 4 v. 10 d., h. 3 v. 10 d. 63-0
69 Een Battaille door Bourguignon, seer schoon, h. 2 v. 6 d., br. 4 v. 4 d. 71-0
78 Een capitaale Zeehaven vol gewoel van Beelden en Scheepen, door Glaude Renoy, h. 3 v. 2 d., br. 4 v. 11 d. 8-0

L 572*
18-3-1743, Jakob Lopez de Liz, Den Haag
1 Een fraai Stukje door Nicolaas Pouzyn, verbeeldende een Bachanaal, h. 1 v. 9 d., br. 2 v. 1½ d. 64-0
5 Een fraai en Uytvoerig Stukje door Coipel, zynde de Offering van Jefta, bekent door de print, h. 1 v. 8¼ d., br. 2 v. 5½ d. 90-0
6 Een Stukje door denzelven zynde Suzanna met de Boeven, h. 1 v. 8¼ d., br. 2 v. 5 d. 22-0[39]
12 Een Heerlyk en Kapitaal Stuk door Wateauw, geen diergelyk hier te lant van hem bekent, zynde de Inscheeping van Chiteere, h. 4 v. 3½ d. br. 6 v. 3 d. 455-0[40]
13 Een dito door den zelven, zynde in deugt en Kapitaalheid niet minder als het voorige, h. 2 v. 1½ d. br. 2 v. 11½ d. 330-0
14 Nog een door den zelven, h. 1 v. br. 8½ d.
15 Een Schoon en ongemeen Stuk door van Bellee, beroemt Schilder van de Koning van Vrankryk, Representeerende de tegenwoordige Koningin van Vrankryk, met den Dauphin op haar schoot, in een zeer kostbaare Goude gesnede Lyst, h. 4 v. 8½ d. br. 3 v. 8 d. 300-0
16 Een zeer Vrolyke en Plaizante ordonantie met drie figuuren door Lancret, h. 1 v. 4½ d. br. 1 v. 10 d. 65-0[41]
17 Een dito door den zelven, zynde een Harlequin met drie andere figuren tot weerga, h. en br. als boven. 46-0[42]
18 Nog een door dito zynde een Dansent Vrouwtje met eenige Muzicanten, h. 1 v. 6 d. br. 1 v. 9½ d. 59-0
28 Een vriendelyk Stukje met twee figuurtjes door Wateauw, h. 1 v. 5 d., br. 1 v. 2 d. 16-16
38 Het Portret van Mr. L'epine, geweze Envoyée van Savojen, door Bellee, h. 2 v. 7 d., br. 2 v. 1¼ d. 11-11

L 582*
23-7-1743, Seger Tierens, Den Haag
27 David voyant Bethsabe aupres du Bain avec ses Servantes, par Nicolas Pousin, h. 3 v. 5 d., br. 5 v. 105-0
28 Une Offrande Payenne, par le même, h. 2 v. 7 d., br. 3 v. 2 d. 20-0
29 Offrande d'une Femme, par le même, h. 2 v. 3 d., br. 2 v. 10 d. 8-5
30 Un Païsage plein de figures, par Casper Pausin, h. 2 v. 2 d., br. 3 v. 1 d. 21-0
58 Une Battaille par Bourgonjon, h. 10 3/4 d., br. 1 v. 6 d.
59 Une dito, par le même. [58 & 59] 175-0
60 Une Battaille, par le même, h. 2 v. 3 d., br. 3 v. 7 d. 55-0
375 Des Bohemiens, par Jaques Calot, h. 1 v. 7 d., 2 v. 3½ d. 11-5

L 592
8-4-1744, Den Haag
15 Een Bachenaaltje, fraay en uitvoerig, door Dorangie. 32-0

L 595
22-4-1744, Pieter de Klok, Amsterdam
14 Een stuk, daar Adam en Eva uyt het Paradys gedreven word, door Gaspar Poussin, konstig, h. 1 v. 9 d., br. 1 v. 7 d.10-0
40 Een stuk daar de Koninginne Sémiranis bezig zynde haar Hair te Vlegten, de tydinge word gebragt dat Babelonie verovert is, door Juffrouw Stella, zeer net en teder op een Steen geschildert, h. 1 v. 3 d., br. 1 v. 10 d. 12-0
44 Daar aan Christus den Chyntz-Penning vertoont word, door Bertyn, buyten gemeen schoon en heerlyk getekent, zynde aan den vermaarden Coypel present gedaan 1710, gelyk op het zelve stuk staat aangetekent, h. 3 v. 7½ d., br. 4 v. 8 d. 225-0

L 608
24-11-1744, D.N.A.Z., Den Haag
2 Het Pourtrait van den Hertog van Orleans in het Harnas tot de Knien, in alles seer fraay en konstig geschildert door den vermaarden du Trois, Schilder van den Koning van Vrankryk, h. 18 d., br. 14 d. 20-5

L 618*
27-4-1745, Hendrik van der Vugt, Amsterdam
62 Een schoon Stuk, door Bertin, waar Laban Jacob vervolgt, en na de Huysgoden zoekt, br. 1 v. 10 d., h. 1 v. 4½ d. 19-10 J. de Roore[43]

L 620*
9-6-1745, Ewout van Dishoek, Den Haag
6 La Sainte Famille, par le Brun, vient tres beau en Estampe, h. 5 v. 4 d., br. 5 v. 100-0
25 Une Femme avec son Enfant sur le Giron, de Simon Vouet, h. 3 v. 8 d., br. 3 v. 3 d. 51-0
105 Deux Battailles de Borgonjon, h. 1 v. 4½ d., br. 2 v. 3½ d. 325-0

L 667
23-5-1747, Pook & Theodorus van Pee, Den Haag
3 De Slange-byting, uitmuntend geschildert, door Gaspar Poussyn. 51-0
4 Een schoon geschildert Landschap, door denzelven. 20-0
5 Een Bacchenaal, fraai geschildert, door Simon Vouet. 30-5

L 674*
4-9-1747, Jaques de Roore, Den Haag
11 Ulysses by Circe, door J. Stella, op steen geschilderd. 27-0 Van Spanje
21 Diogenes, door Poussin. 17-0 dezelfde
22 Een Bachanaal, door dito. 44-0 Monje
23 Een stuk, daar Rachel de Huysgoden van Laban verbergt, door A. Coypel. 40-0 Hoet
24 Danaë met de Goude Regen, door La Hey.
25 Een Herder en Herderin, tot een weerga, door dito. [24 & 25] 63-0 Van Bennekum
213 Een Landschap, door Milë. 12-0
appendix 6 Een Stukje, verbeeldende Maria met het Kindje, Johannes en St. Anna, in een Landschap, door Bourdon, h. 21 d., br. 17½ d. 52-0 De Wit

L 687
17-6-1748, Theodoro Wilkens, Amsterdam
27 Een stuk verbeeldende de Eenvoudigheid, door Spanjolet de Boulogne, h. 1 v. 8 d., br. 1 v. 4 d. 15-0

L 704
22-4-1749, David Ietswaart, Amsterdam
60 Een stuk de Graflegging Christi verwonderlyk konstig, door Simon Vouet, bekent by de Print, h. 2 v., br. 1 v. 5½ d. 65-0
61 Een stuk waar op Adam en Eva in 't Paradys, met Beelden, door denzelven, h. 4 v. br. 5 v. 8 d. 18-10
62 Een Italiaans Landschap met een Waterval, door Melé. 19-0
63 Twee dito Landschappen door denzelve. 12-0

L 707*
15-7-1749, Casper Netscher etc., Den Haag
86 Een Bybelsche Historie daar Abraham Hagar met haar Soon uitdryft, door Eustache Le Sueur. 10-10[44]
218 Twee Landschappen van Claude Lorenoys. 32-10

L 711*
6-11-1749, Amsterdam
51 Maria met het Kind op haar Schoot, van Simon Vouet, h. 3 v. 8 d., br. 3 v. 3 d. 20-0 C. van Noorde

L 722*
7-4-1750, Fredrik van Thoms, Leiden
6 De Graflegging van J. Christus met veele figuuren. zoo men meent door Bourdon, h. 20½ d., br. 16 d. 70-0 F. van Mieris
60 Een Cupido met druiven door S. Vouet. 2-0 Haasebroeck
61 Een Bachanaal van Kindertjes door Chapron. 22-0 Bach
62 Een Vrolyk Stukje met vyf Beeldjes van Wateau. h. 13½ d., br. 11½ d. 20-0 Verschuring
63 Twee stuks, een Man en eene Vrouw, zeer fraai geschilderd door Rigaut. 20-0 F. van Mieris
82 Een Jonge met een Wynroemer en Fles, door Mercie. 34-0 N. Fromeaux

L 781
19-4-1752, Anthony de Waart, Den Haag
228 Een Battaillie, door Bourginjon, h. 1 v. 3 d., br. 2 v.
229 Een dito door denzelve, h. 1 v. 3 d. br. 2 v. [228 & 229] 22-0
338 Een Stuk daar Christus zyn intreede doet in Jerusalem, door Poussin, h. 3 v. 4 d., br. 4 v. 1 d. 80-0

L 788
24-5-1752, Diederik Reus, Amsterdam
2 De Dood van Germanikus, door Carel le Bruin, h. 4 v. 3½ d., br. 6 v. 5½ d. 360-0[45]
4 Een stuk door Francois Periera, zynde Voorstelling, hoe Dedalus zynen Zoon Vleugels aanbind, en de Val van dien, extra fraay en meesteragtig geschildert, h. 7½ v., br. 6 v. 205-0
7 Een stuk, zynde een verbeelding daar Moses de Rots slaat, door Bourdon, h. 5 v. 3 d., br. 7 v. 2 d. 11-0
12 Een Offerhande, door Pousyn, h. 3 v. 3 d., br. 4 v. 5 d. 20-0
13 Een stuk door Antoni Coypel, daar Rachel de Huisgoden verborgen heeft, h. 1 v. 4¼ d. br. 1 v. 9 d. 46-0
28 Een daar Mars en Venus werden gevangen, door Sebastiaan le Clerq, 10-0

Bredius 1915-22, p. 1029, 1032
29-6-1752, Anthony de Waardt, Den Haag
(119) Een morgenstond door Poussyn. 7-0
(14) Een van Mellé. 20-0
(34) Twee van Bourdon. 40-0

Collectie Griffier Fagel, Den Haag
(Hoet 1752-70, II, p. 409)
Een Landschap, door *Mille*.
Een Landschap door *Mille*.
Een door *Lancret*.
Een door *Lancret*.
Een vrolyk gezeldschap door *Watteau*.
De opvoeding van Bachus, door *Poussin*.
Een Landschapje door dito.
Een Landschapje door *F. Millé*.
Een dito door dito tot een weerga.

Collectie Willem Lormier, Den Haag
(Hoet 1752-70, II, p. 415)
Borgognon.
Een Bataille, br. 1 v. 6 d., h. 10 3/4 duim. Doek.
Een Bataille op een Brugge, br. 1 v. 6 d., h. 10 3/4 d. Doek.
Lancret.
Een sittende Dame, een Heer en Dame staande, br. 1 v. 9½ d., h. 1 v. 5¼ d. Doek.[46]
Een dansende Juffer, en musiecq gezeldschap, br. en h. als voore. Doek.[47]
Glaude de Loraine.
Een sittende Herder in een Landschap, met Paarde en Koeyen. br. 1 v. 8 3/4 d., h. 1 v. 3¼ d. Paneel.
Watteau.
Een Landschap, en liefde Gezeldschap, dat in Pelgrimasie, en Scheep gaat na het Eyland van Citerne, met veel vliegende Cupidoos, br. 6 v. 3 d. h. 4 v. 2 d. Doek.[48]

Kabinet van Adriaan van Heteren, Den Haag
(Hoet 1752-70, II, p. 451)
De Heylige Familie met zeer veel beelden, door *Sebastiaan Bourdon*. h. 35 d., br. 41½ d. Doek.
Susanna met de boeven, in een Landschap, door *Nicolaas Bertin*. h. 15 d., br. 12½ d. Paneel.
Joseph, werdende tot ontugt versogt, door de Vrouw van Potifar. h. 15 d., br. 12½ d. Paneel.
De Offerhande van Iphisinie, zeer vol beelden, door *Noel Coypel*, h. 20½ d., br. 28¼ d. Doek.

Collectie Bicker van Zwieten, Den Haag
(Hoet 1752-70, II, p. 462; cfr. L 537 en L 874)
Jupiter en Calisto door *N. Pousin*.
Venus en Adonis door denzelven.

Collectie Jacob Halfwassenaar, Den Haag
(Hoet 1752-70, II. p. 467)
Een Land met stoffasie door Frans Mile. h. 10 1/2 d. br. 14 1/2 d.

Collectie Benjamin da Costa, Den Haag
(Hoet 1752-70, II, p. 469)
Een Landschap met stoffasie, door F. Mile. h. 2 v. 7 1/2 d. br. 3 v. 9 1/2 d.
Een Landschap, door Caspar Pousin. h. 2 v. 4 d., br. 3 v. 6 d.

Collectie Hendrik Verschuring, Den Haag
(Hoet 1752-70, II, p. 480)
Een moderne Conversatie in een Landschap door Wattau. h. 13 1/2 d., br. 11 1/2 d.

Collectie Joan van der Linden van Slingelandt, Dordrecht
(Hoet 1752-70, II, p. 497)
Een schoon bergagtig Landschap, met een Stad en een Graftombe in 't veld, met veel bywerk, door *Franciscus Millé*. h. 31 d., br. 39 d.

Collectie Gerard Braamkamp, Amsterdam
(Hoet 1752-70, II, p. 502)
Een Heilige Familie, door *Bourdon*, h. 1 v. 10 d. br. 1 v. 6 1/2 d. D.

Kabinet van Arnoud Leers, Rotterdam
(Hoet 1752-70, II, p. 524)
Een Jonge met een Wynroemer en Fles, door *Mercie*.

Kabinet van de gebroeders Bisschop, Rotterdam
(Hoet 1752-70, II, p. 530)
Een Landschap met stoffagie, door *Francis Mielée*, h. 3 v. 6 1/2 d., br. 4 v. 7 d.

Collectie Van Cauwerven, Middelburg
(Hoet 1752-70, II, p. 536)
Een stuk, verbeeldende de roof van de Sabynse Maagden, door *C. le Bruyn*.
Een dito weerga.
Een Vrouw in overspel voor Christus, door *Franc. Millé*.

L 794
26-9-1752, Den Haag
19 De bekeering van Paulus, door de la Finse, hoog 3 voet 7 1/2 duim, breet 4 voet 10 duim. 11-0
24 Twee Landschappen, door Francisco Milée, hoog 1 voet 2 duim, breet 1 voet 6 1/2 duim. 34-0
25 Een Landschapje, door Gaspar Poussin, hoog 1 voet 4 1/2 duim, breet 1 voet 9 duim.
26 Een dito Landschapje, door denzelven, hoog 1 voet 5 duim, breet 1 voet 8 duim. [25 & 26] 24-0
61 Een Rencontre te Paard, door Bourgonjon. 10-10

L 810*
25-4-1753, Dirk Dalens, Amsterdam
5 Een Italiaans Lantschap, door F. Milé. 510-0 Van Egmond

L 813*
13-6-1753, Philip van Dijk, Den Haag
31 Een Bataille, zeer Capitaal van Bourgonjon, hoog 2 voet 7 duim, breet 4 voet 1 duim. 50-10 Coks
34 Een extra Capitaal Stuk, verbeeldende Moses in het brandende Braambosch, zeer kunstig en schoon geschildert, door Francisco Milée, hoog 2 voet 10 duim, breet 3 voet 9 duim. 100-0 Van Dyck
35 Een weerga, waar in Herders die eenig Vee voort dryven, en eenige Vrouwen staan by een Fonteyn, in een aangenaam Landschap, door denzelven, zynde hoog en breet als voren. 80-0 Gaillard
36 Een Heylige Familie in een Landschap, zeer fraay, door denzelven, hoog 10 1/2 duim, breet 2 voet 2 1/2 duim. 21-0
37 Een kleyn Stukje, zynde mede een Heylige Familie in een Landschap, zeer uitvoerig, door denzelven, hoog 6 1/2, breet 7 duimen.
38 Een dito Stukje, zynde Pan en Seringa in een Landschap, door denzelven, en hoog en breet als 't vorige. [37 & 38] 26-0 Visscher
39 Een Heylige Familie in een Landschap, door den zelven, h. 10 1/2 d., br. 2 v. 2 d. 22-0 Franck
40 Een Bacchenaal, daar de Saters een Afgod met Bloemkransen vercieren, zeer fraay en kragtig geschildert, door G. Poussyn, hoog 2 voet 4 duim, breet 3 voet 2 duim. 41-0 Franck
41 Een fraay Landschap, waar in Visschers bezig zyn te Visschen, kunstig en kragtig, door denzelven, hoog 2 voet 2 duim, breet 2 voet 11 duim. 25-5 Gaillard
42 Pan en Seringa in een Landschap, door denzelven, hoog 1 voet 1 duim, breet 1 voet 6 1/2 duim. 22-5 Hazebroek
85 Een Venus met Cupido, zeer uitvoerig, door Perrier. 25-5 Gaillard
86 De Offerhande van Iphigenia, zeer kapitaal en fraay van Ordinantie, door Charles le Brun, hoog 1 voet 5 1/2 duim, breet 2 voet. 21-0 Polhoorn
34 De Offerhanden der Wyzen uyt het Oosten, door Seb. le Clercq, hoog 1 voet, breet 9 duim. 14-0

1754, *Catalogus van Schilderyen, van den Heer Agent Willem Lormier*, (Den Haag 1754)
Borgognon.
51 Een Bataille, h. 10 3/4 d., br. 1 v. 6 d. Doek.
52 Een Bataille op een Brugge, h. 10 3/4 d., br. 1 v. 6 d. Doek.
Lancret.
164 Een sittende Dame, een Heer en Dame staande, h. 1 v. 5 1/4 d., br. 1 v. 9 1/2 d. Doek.
165 Een dansende Juffer, en musiecq gezeldschap, h. en br. als voore. Doek.
Glaude de Loraine.
167 Een sittende Herder in een Landschap, met Paarde en Koeyen, h. 1 v. 3 1/2 d., br. 1 v. 8 3/4 d. Paneel.
Watteau.
369 Een Landschap, en liefde Gezeldschap, dat in Pelgrimasie, en Scheep gaat na het Eyland Citerne, met veel vliegende Cupidoos, h. 4 v. 2 d., br. 6 v. 3 d. Doek.

L 832
2-4-1754, Amsterdam
5 Maria, Joseph en 't Kindje Jezus, zeer fraay, door Nicolaas Poussin, hoog 3 1/2 voet, breet 2 1/2 voet. 79-0
52 Een Italiaans Landschap, door Francisco Milé. 21-15

L 847*
4-11-1754, Nicolaas Antoni Flinck, Rotterdam
2 Een Offerhande by een Altaar, zynde ongemeen kragtig en kunstig geschildert, door Nicolaas Poussyn, hoog 1 voet 11 1/2 duim, breet 4 voet 1 1/2 duim. 81-0[49]
30 Vier ronde Landschapjes, kunstig en natuurlyk geschildert, door Franciscus Milé, hoog en breet over 't kruys 8 1/2 duim. 33-0

L 874
4-4-1755, Gerard Bicker van Zwieten, Den Haag
3 Een Venus en Adonis, door N. Poussin, hoog 3 voet 2 duim, breet 3 voet 9 duim. 106-0
Nota. In eerstgem. Catalogus [=L 537*] staat dit Stuk Num. 14. en is toen gekomen en opgehoude tot 150-0
55 Een Battaille, door Bourgonjon, hoog 1 voet 4 duim, breet 1 voet 7 duim. 48-0
60 Een Herder en Herderin, door Coypel, hoog 1 voet 5 duim, breet 1 voet 1 1/2 duim. 48-0

L 883
19-6-1755, Willem van Haansbergen etc., Den Haag
49 Een Heilige Famielje, zynde Maria, Joseph en 't Kind Jezus, zeer schoon geschildert, door Nicolaas Poussin. 36-0
Nota. Het zelve Stuk en deszelfs groote kan men ook zien hier voor Pag. 83. Num. 5. alwaar blykt 't zelve toen gekomen is tot 79-0 [= L 832]
51 Twee extra plaisante Landschappen met Ruinen &c., zeer fraay, door Watteau. 85-0
87 Een fraay Landschap met Beelden en Beesten, door Franciscus Milée. 25-0
95 Een plaisant Landschap, door Gaspar. 17-0
96 Een dito weergaa, door denzelven. 15-0
109 Lot en zyn Dogters, zeer plaisant geschildert, door le Moïne. 17-0[50]
110 Een dito plaisant Stukje, zynde een Diana met Boog en Pyl, door L. de la Hire. 12-10[51]

L 923
18-5-1756, Amsterdam
12 Een zeer fraay Landschap, door, of in de manier van Claude Lorenois. 20-0
13 Twee zeer uitvoerige Landschapjes, door Franciscus Milée. 28-0

L 926
28-6-1756, Van Aalst, Rotterdam
7 Een schoon Landschap met Figuuren en Beesten, door Francisco Milée, hoog 2 voet 9 duim, breet 3 voet 10 duim. 75-0
8 Een dito Landschap, zeer fraay geschildert, door Gaspar Poussin, hoog 1 voet 2 duim, breet 1 voet 5 duim. 56-0

L 953
29-3-1757, Pieter Testas, Amsterdam
84 Een fraay Historie-Stuk, door A. Coypel, hoog 21, breet 37 duimen. 26-0

L 1109*
25-8-1760, Gerard Hoet, Den Haag
21 Un Portrait d'homme avec un main, par le Poussin. Porte 27 pouces de haut sur 23 de large. 33-0 Yver

L 1112
24-9-1760, Hendrik Bosch, Den Haag
29 Een Musiceerend Gezelschapje, in de manier van Watteau.
30 Een galant Gezelschapje, tot een weerga, door denzelven. [29 & 30] 12-0

Bredius, OHK
29-10-1761, Nicolaes van Deneken, Den Haag
Een landschap gestoffeert door Glaude Lorreyne.
Een capitaal stuk verbeeldende verscheide gemasquerde personen leevensgroote speelende met kaarten, door Valentiens synde door voorname schilders op 1200 guldens getauxeerd.

L 1212*
2-4-1762, Joan Willem Frank, Den Haag
7 Een heerlyk Stuck, door Bertyn, verbeeldende de History van de Cyspenning, hoog 3 v. br. 4 v. 3 d. 78-0
35 Twee fraye Landschapjes, door Mille, hoog 14½ d. br. 9 d. 7-15

L 1243
27-9-1762, Dirk Kindt etc., Den Haag
2 Een extra fraay Stukje, zynde een Gesprek van God met Adam in 't Paradys, vol gewoel van allerley Gediertens, zeer uitvoerig geschildert, zo gemeent word, door Francisco Milée, en de Beeldjes, door een ander groot Meester. 71-0

L 1261*
24-1-1763, Neufville etc., Amsterdam
M C. LE BRUN. Een fraay Stukje, verbeeldende Christus, biddende in den hof Getsemane, zynde het schoonste dat uyt zyn Penceel gevloeyt is; extra aangaande het Caracter, Coloriet en Tekening, op Taf geschildert, en op" koper geplakt, rond Formaat, omtrent 18 duym Diameter. 310-0 Muyske
N N. POUSSYN. Twee fraaye gestoffeerde Landschappen, zynde een Morgen- en een Avondstond, zeer krachtig en aangenaam van Coloriet, yder stukje is hoog 18 duym, breed 22 duym. 300-0 Oudon
O DEZELFDE. De Vinding van Moses, zynde groots van Ordinantie, hoog 33, breet 44 duym. 25-0 Fouquet
P J. STELLA. Een capitaal stuk, verbeeldende Europa, zynde verwonderlyk schoon van Ordinantie, hoog 44, breed 77 duym. 120-0 Muyske
Q S. VOUET. Een Heilige Familie, verbeeldende Maria, Josef en het kindje Jesus, Elisabeth met Johannes, zeer fray op een Paneel geschildert, hoog 15, breet 11 duym. 80-0 Muyske
R J. VERNET. Een Musicerend Boeren Gezelschap, zittende voor een Herberg, in 't verschiet ziet men door een Toog een playsant Landschap, hoog 5½, breed 7½ duym. 10-10 De Neufville
11 Een Bergachtig Landschap, zeer krachtig geschildert, en fraay gestoffeerd, verbeeldende een Storm, door Poussyn, hoog 31½, breed 42 duym. 30-0 Palthe
97 Twee Bataljes in 't grauw, door Bourgonjon. 4-5 Van den Berg

L 1296*
18-5-1763, Cardinaal Valenti, Amsterdam[52]
47 Een fraay Stuk, verbeeldende een zeer ruim Arkadisch Landschap met Beelden en een fraaije drift Beestjes gestoffeert, zynde schoon en kragtig geschildert, door CLAUDE LORRAINE; hoog 28, breet 37½ duimen. 230-0 Yver
48 Een dito als voren, zynde een weergaa, met zeer fraaije verschieten en Rivieren doorsneeden, door denzelven; zynde voor al niet minder als het vorige, en hoog en breet als 't zelve. *Deze twee Stukken zyn op doek en wel geconditioneert.* 230-0 Yver
49 Een schoon en kapitaal Stuk, vertonende een Italiaansche Zeehaven (*zo men meent, is het de Haaven van Livorno:*) of Strand-Gezigt met een Onstuimige Zee, daar in een Schip vergaat: op de Voorgrond vyf werkende Beelden, die een Boot op de Strand haalen: verder op een Vuurbaak met eenige Gebouwen, door J. VERNET; voorts zo kragtig van coloriet en zo schoon geteekent en geschilderd als van die beroemde Meester ooit gezien is; hoog 27½, breet 52 duimen. 1520-0 Yver
50 Een dito weergaa, verbeeldende een zeer ryk, hoog en Bergagtig Landschap, verçierd met Gebouwen, Geboomte en een fraaije Waterval. (*men meend dat 't een Gezigt is in het Buurschap van Narni, in de Staaten van Romen:*) Op de Voorgrond eenige rustende Beelden, en andere Beezig met Visschen, door denzelven, voorts, vooral niet minder als 't voorige, en hoog en breet als 't zelve. *Deze twee Stukken op doek geschildert, zyn wel geconditioneert.* 1520-0 Yver
79 Een kapitaal Stuk, zynde de Aanbidding der Koningen met een glorie van Engelen in een groots Gebouw, alles in een hoog bergagtig Landschap: van Ordinantie en Groeping zeer fraay; voorts meesteragtig geteekend en aangenaam geschildert, door SEBASTIAAN BOURDON, op doek, en wel geconditioneert; hoog 43, breet 53 duimen. 60-0 Yver[53]
89 Een fraaije Battailje of Nederlaag: op de voorgrond Generaals verzeld met Officieren en Trompetters, en naar de linker zyde vlugtend Krygsvolk: ter regter zyde een Battery van Kanon; zynde stout geschildert, door JAQUES BOURGONJON, op doek; hoog 40, breet 49½ duimen. 126-0 Winter
90 Een dito Kampgevegt van twee Kampioenen in een ruim Landschap: zynde een Ordinantie van ontallyke Beelden: voorts wel getekend en kloek geschildert, door denzelven, op doek; hoog 29, breet 38 duimen. 75-0
96 Een stil leeven, door NICOLAAS POUSSIN, hoog 19, breet 23 duimen. (19-0)
97 Een Stuk met speelende Kindertjes in een Landschap: op de voorgrond drie" danssende Kinderen: ter linker zyde op de grond een zittend Kind ten deele door een Boom bedekt, en verder op, ter regter zyde een leggende Kupido: voorts zeer uitvoerig geschildert door denzelven, op paneel, en wel geconditioneert; hoog 24, breet 29½ duimen. 200-0 Yver
105 Een wenende Maria, het hoofd bedekt met een sluijer en de handen te zamen op haar schoot houdende: zy beschouwd de doorne kroon en spykers op een tafel leggende, dewelke men maar ten deele ziet ter linker zyde. Haare droefheid is verwonderlyk uitgedrukt, en geschildert door LA FOSSE, op doek, wel geconditioneert; hoog 17, breet 13 duimen. 77-0 Rendorp
114 Een extra fraay en groots Bergagtig Landschap, waar in een groote ruimte, met een Binnewater of Rivier doorsneeden, en rykelyk gestoffeert met Beelden en Beesten, door CASPER POUSSIN; dit Stuk, waar van de deugd niet genoeg kan beschreven worden, is in alles volmaakt; hoog 59, breet 85 duimen. 260-0 Yver
115 Een dito weergaa, vertonende een Bosch met een Rivier op de voorgrond, en rykelyk gestoffeert met Beelden en Beesten: voorts van een groote schoonheid en niet minder als 't vorige, door denzelven; zynde hoog en breet als 't zelve, en beide op doek, en zeer wel geconditioneert. 260-0 Yver

L 1320 (Cfr. L 1296*)
28-9-1763, Cardinaal Valenti, Amsterdam
40 BOURGUIGNON. Een Kapitaal stuk, zynde een Land-batailje, ryk van Ordinantie, kragtig en stout geschildert op Doek, hoog 35 duim, breed 58 duim.
41 Een dito, zynde een weerga van de voorgaande.
42 Een dito, mede zeer ryk van Ordinantie, op Doek geschildert, hoog 43 duim, breed 67 d.
43 Een dito op Doek geschildert, hoog 19 duim, breed 29 duim.
44 Twee dito op een Spiegelglas geschildert, yder is hoog 4½ duim, breed 5 duim.
74 FRANCISCUS MILLÉ. Een Bergachtig Landschap, op de Voorgrond zeer fray gestoffeerd met eenige Visschers, zeer kragtig op Doek geschildert, hoog 19½ duim, breed 25 duim.
75 Een dito zynde een weerga.
79 LORAINE. Een Landschap waarin men ziet een Arend met een doode Haas, op Doek geschildert, hoog 38 duim, breed 53 duim.
80 Een Pot met diverse zoorten van Bloemen, op dezelve zit een Westind. Raaf, hoog en breed als de voorgaande.
95 Een Italiaanse Zee-haven, door Manglare.
134 Daar David een Leeuw verslaat, door Poussyn.
143 De Zondvloet, kragtig geschildert door N. Poussyn.
150 Een fraay bergagtig Landschap, door Poussyn.

L 1307*
4-7-1763, Willem Lormier, Den Haag
52 Een Battaille, door BOURGOGNON; Doek, hoog 10 3/4 d., breet 1 v. 6 d. 10-0 Versiloo
53 Een Battaille op een Brugge, door denzelven; Doek, hoog en breet als 't voorige. 16-10 Versiloo
164 Een sittende Dame, een Heer en Dame staande, door LANCRET; Doek, hoog 1 v. 5¼ d. breet 1 v. 9½ d. 100 Yver
165 Een dansende Juffer, en musiecq gezeldschap, door LANCRET; Doek, hoog en breet als voore. 100 Neufville[54]
169 Een Landschap, waar in een sittende Herder met Koeyen en Paerden, door GLAUDE LORAINE; Paneel, hoog 1 v. 3¼ d., breet 1 v. 8 3/4 d. 155-0 Muyscke

L 1310
11-7-1763, Jacob Snels etc., Den Haag
9 Een kapitaal Stuk, zynde levensgroote gemaskerde Personen, die met de Kaart speelen, extra schoon en kragtig geschildert, door Valentino. 125-0
10 Een fraay Landschap met differente Beesten, door Claude Lorenois. 48-0

L 1332
26-11-1763, Wed. Philip van Dijk, Den Haag
15 Twee fraaije Landschapjes, door Milée. 24-0
17 Een Pourtrait van een Generaal, door du Trois. 6-0

L 1351
27-2-1764, Allard Rudolph van Waay, Utrecht
158 Een Klip of Rotsagtig Landschapje, door Frans Milee.

L 1389*
29-5-1764, Willem van Wouw, Den Haag
14 Een dansent en Musiceerent Gezelschap, op Doek, door Lancret, hoog 1 v. 5½ d. breet 1 v. 9½ d. 137-0[55]
215 Een dito [fraay stuk] met Paarden, door Bourguignon, hoog 1 v. 4½ d. breet 1 v. 3 d. 33-5
233 Een Model tot een platfond, zeer fraay, door Coypel; hoog 2 v. 1 d., breet 1 v. 9 d.. 33-0

L 1394
15-6-1764, Van Haeften, Leiden
22 Een Landschap, door Glaude Loraine.
23 Een dito weergaa, door dezelven. [22 & 23] 16-0

L 1400*
13-8-1764, Benjamin da Costa, Den Haag
40 Een Landschap met Figuuren, door F. Milée; D. hoog 2 v. 7½ d., breet 3 v. 9½ d. 12-0
47 Een Landschap met Figuuren, door Gaspar Poussin; D. hoog 2 v. 4 d., breet 3 v. 6 d. 206-0

L 1405*
29-8-1764, Prins Trivulzio, Amsterdam
89 Een Bergagtig Landschap, zeer fraay, op de Voorgrond de Triumph van Bagchus, rydende op een Bok, ondersteund en verzeld door eenige Bacchanten en andere Beelden, zeer schoon van Coloriet en op doek geschildert, door Nicolaas POUSSIN; hoog 29, breet 57 duimen. 76-0 Yver
90 Het Pourtrait van den Kardinaal Antonio Trivulzi, zittende met een Brief in de Hand; zynde een Kniestuk, op doek geschildert, door BOURDON; hoog 43, breet 39 duimen. 28-0 Van der Linde

Bredius, OHK
21-1-1765, Hendrik Verheijden, Den Haag
Een schilderye met een swarte lijst verbeeldende Jephta etc. door Sebastiaen Bourdon.

L 1462*
22-5-1765, Electeur de Saxe, Amsterdam
62 De Dood van Adonis, door NICOLAAS POUSSIN; hoog 39, breet 52½ duimen. 500-0 Coks
Dit is een grootse en fraaije Ordinantie, waar in 't verlies van Adonis"door Venus en eenige Cupidoos beschreit wordt; agter dezelve ziet men eenige Goden en Godinnen op de Wolken, en nevens deeze, de ledige Wagen van Venus met Duiven bespannen: Alles in een extra fraai Bergagtig Landschap, op doek geschildert.
63 Een Bacchanaal, door denzelven; hoog en breet als het voorige. 205-0 Yver
Dit is mede een kapitaal Stuk, op wiens voorgrond men een Dronken Silenus ziet leggen, van vooren te zien en in verkorting: Ter zyden ziet men twee jonge Satirs, die een Wyn-zak opligtende, den Wyn daar uit perssen in den Mond van Bacchus, voor denzelven eenige dansende Kindertjes, en verder op eenige speelende Kindertjes in een aangenaam Landschap; zynde niet minder in Kunst en fraaiheid dan het vorige, en ook op doek geschildert.
64 Een St. Jeronimus, door PH. DE CHAMPAGNE, hoog 43½, breet 29½ duimen. 100-0 Fouquet
Hier is Jeronimus zittende in een Landschap, een weinig voor over bukkende, met zyn Hand onder 't Hoofd en de Beenen kruiselings over elkanderen, hebbende een Boek op zyn schoot; Ter zyde van hem leggen op een Tafel eenige Boeken en een Doods-Hoofd: zynde alles zeer fraai en fix, op doek geschildert.
65 De Dochter van Jephta, haar Vader te gemoet gaande, door PETRUS MIGNARD; h. 59, br. 84 duimen. 350-0 Fouquet
In dit Stuk, dat een kapitaale en ryke Ordinantie is, komt Jephta's Dogter haar Vader te gemoet; Zy is verzeld van een stoet van Maagden met allerhande Speeltuig en Instrumenten, ter rechter zyde van het Stuk, komende uit de Stad; in 't verschiet een Bergagtig Landschap. Alles zeer schoon en fraay op doek geschildert.[56]
66 Een Maria met het Kindje, door denzelven; hoog 29, breet 23½ duimen. 145-0 Fouquet
Deeze Maria is staande, ter halver Lyf van vooren te zien, gekleed in 't ligt rood, met een blaauwe Sluijer; Het Kind Jezus zit op haar slinker Arm, en rust met de rechterhand onder 't Hoofd op haaren Schouwder: zynde levensgroote en extra fraai op doek geschildert. (NB.) *Dit Stuk is bekend door de Prent, gegraveerd door F. de Poilly in 't Ovaal.*[57]
67 De Verschyning des Heeren aan Salomon in een Droom, door EUSTACHE LE SUEUR, hoog 50½, breet 71 duimen. 450-0 Coks
De Koning Salomon ziet men leggende op een Rustbedde te Gibion, daar hy des nachts den Heere in een Droom ziet: Aan 't voeten einde van 't Bedde leggen Kroon, Scepter en Wierooks-Vaten, en boven hem een Glorie. Zynde zeer fraai op doek geschildert. (NB.) *Dit Stuk is mede door de Prent; gegraveert door le Clercq, en ook door Picard, bekent.*[58]
68 Alexander de Groote op zyn Ziekbedde, door CHARLES LE BRUN, hoog 126, breet 170 duimen. 250-0 Yver
In dit kapitaale Stuk, groots van Ordinantie zynde, vertoont zich Alexander op zyn Ziek-Bedde, houdende in de rechter Hand de goude Schaal, daar hy den Drank, door zyn Medicyn-Meester Philips hem gegeeven, uitgedronken heeft; gemelde Medicyn-Meester staat aan 't voeten einde van 't Rust-Bedde, leezende den Brief, door Alexander hem gegeeven, en waar in Parmenio hem gewaarschouwt had van geen Drank van Philips te gebruiken, als omgekogt zynde door Darius om hem op die wyze het Leven te beneemen: verder ziet men eenige Krygs-Knegten, en andere zaaken, tot de Historie behorende; Rondsom het Stuk is een Lyst geschilderd, en van boven aan de slinker hoek zyde staat een Vrouw op een Pedestal, met een Toom of Teugel in de hand, verbeeldende het Bedwang, en rustende met haar Arm op de Lyst: Op de rechter hoek staat een andere Vrouw, verbeeldende de Voorzichtigheid; en op het midden der Lyst ziet men allerhande Krygs-Gereedschap, en op beide de"hoeken van onderen zit een Slaaf; zynde alles extra groots en ryk geordineerd, fraai van Teekening, kragtig en levensgroot, op doek geschildert.
69 Alexander op een Troon zittende voor de Tent van Darius, door denzelven; hoog 126, breet 181 duimen. 250-0 Yver
Schoon men niet zeeker is, of het eygentlyk deeze Historie zy, zoo is 't niet te min mede een extra schoon en kapitaal Stuk, waar in de Vrouw en Kinderen van Darius (zo men meent) uit de Tent voor Alexander gebragt worden, die op een soort van Troon zit: voorts ziet men Lyf-Wagten en Krygs-Knegten, en in 't verschied een Stad die door Alexander belegerd is geweest; Alles levensgroote op doek geschildert, en niet minder van Ordinantie en Kunst dan het voorgaande.
70 Een Maria Hemelvaart, door denzelven; hoog 24, breet 20 duimen. 150-0 Yver
Hier ziet men Maria, door een Glorie van Engelen ondersteunt, ten Hemel vaaren: zynde een extra fraaije Ordinantie van vyftien Beelden, uitvoerig en kragtig van coloriet, en op doek geschildert, dog op paneel geplakt.
71 De Gelukwenzing aan Perseus, na 't verslaan van het Zee-Monster, door VERDIER, hoog 75½, breet 96 duimen. 100-0 Yver
In 't midden van dit voortreffelyk Stuk ziet men Perseus, het Monster verslagen en Andromeda verlost hebbende, en word door de Ouders van Andromeda omhelst en met zyn Overwinning geluk gewenst; hem belovende hunne Dogter tot Bruid, en hun Koningryk ten Bruidschat: Voor zyne Voeten legt het Hoofd van Meduza in 't zand; achter hem op een Strand staat een Vliegend Paard, wordende door een vliegend Wichtje vast gehouden by den Toom; Ter slinker zyde van het Stuk ziet men een Vrouw, brengende een Kleed voor Andromeda, benevens eenige andere Beelden: zynde alles groots van Ordinantie, de caracters der Persoonen bizonder wel uitgedrukt, en zeer schoon van Teekening, op doek geschildert.
72 De Offerhande van Jephta's Dochter, door ANTOINE COYPEL, hoog 56, breet 79½ duimen. 890-0 Haag[59]
Dit is een kapitaale Ordinantie, zeer fraay van Teekening en coloriet, de Hartstogten extra wel uitgedrukt, en op doek geschildert: (NB.) *Men ziet van dit Stuk een schoone Prent, door Gasp. du Change gegraveert.*
73 De Zamenkomst van Maria en Elizabeth, door LA FOSSE, hoog 24¼, breet 29¼ duimen. 185-0 Coks
Men ziet hier Maria en Elizabeth, elkander ontmoetende, staan voor een Gebouw op een Trap: ter slinker zyde staat Joseph, en beneeden twee Persoonen, waar van de een den Ezel ontzadelt, en de ander een pak op den Rug heeft; ter regter zyde op den tweeden grond ziet men een Man te Paard en een Vrouw met een Kind; achter dezelve een Baluster, waar op eenige Beelden zyn, en boven in de Lucht drie Seraphynen; zynde een zeer schoone en ryke Ordinantie op doek geschildert.
74 De Vier Getyden des Jaars, door DE LA HIERE, als de Lente, hoog 24, breet 34 duimen.
Dit is verbeeld door een Jongeling met een Pot Kruiden in zyn Arm, ter zyde van hem ziet men nog twee Jongens, en in 't verschiet hoog Gebergte: zynde fraai en kragtig op doek geschildert.
75 De Zomer, hoog en breet als 't vorige.
Hier ziet men een slapend Jongeling, ter rechter zyde een Kindje met Koornaïren, en ter slinker zyde een ander Kindje dat een Gordyn opschuift, voorts in 't verschiet hoog Gebergte.
76 De Herfst; hoog en breet als 't voorgaande.
Dit is verbeeld door een Jongeling, die ter halver Lyf gekleedt zynde, een Tros Druiven uitdrukt in een Schaaltje, vast gehouden door een Kindje.
77 De Winter, hoog en breet als boven.
Hier ziet men een oud Man met een Baard, zyne handen warmende, naast hem staat een Kindje dat het Vuur aanblaast: En op de Voorgrond ziet men nog een Kindje met een wit Kapje op het hoofd; zynde fraai en als de vorige op doek geschildert. [74/77] 116-0 Pels[60]
148 Een Maria met het Kind Jesus op haar schoot; zynde zeer schoon en kragtig in de manier van Vouet, op doek geschildert. 10-10 Muyske

L 1467*
5-6-1765, Wed. Hoogeveen, Amsterdam
3 Een Apollo in een Landschap, staande voor de Sybille van Cames, verzeld van een vliegende Cupido, het Landschap ziet men ter regterzyde; het is bergachtig, door Cornelje de Gobelyns, op doek; hoog 20, breet 24 duimen. 35-0 Yver
57 Een Historie uit Ovidius, zynde een ryke Ordinantie in een Landschap, door Cornelje de Gobelyns, op doek; hoog 36, breet 49 duimen. 32-0
82 Een onstuimige Zee, waar in op den voorgrond 't stranden van een Schip tegens de Klippen, en op dezelve eenig Volk om 't leven te salveeren. Verder in 't verschiet hoog Gebergte, door Jozeph Vernet, op doek; hoog 11 , breet 14½ duimen. 20-0 Coks
87 Een Tafel, op dezelve staat een bord met Schapekoppen, Brood etc. Zeer natuurlyk op Doek geschilderd, door N. Poussin; hoog 19, breet 23 duimen. 6-10 Van der Linde
145 Een Model van een Platfond of Zolderstuk, op Doek geschildert, door La Fosse. 2-0 Fouquet
118 Een terug komst van de Jagt, zeer ryk gestoffeert, kragtig en fix geschildert, door De Troy; op doek, hoog 20½, breet 17 duimen. 11-10 Coks
appendix 22 Een Turkse Land-Battailje, zeer kragtig, door Bourgonjon, op doek; hoog 23½, breet 46 duimen, 23-10 Wierings

L 1472
31-7-1765, Jacob van Reygersberg, Leiden
11 De Sabynse Maagden-Roof vol gewoel en groots van Ordinantie, door Ch. LE BRUN, Doek, hoog 34½, breet 43 duimen.
12 Daar de Sabynen en Romeinen vrede maken, door 't tusschen komen der Vrouwen en Kinderen, door denzelven; Doek, zynde een weergaa tot, en hoog en breet als 't vorige. [11 & 12] 42-0
36 De Vrouw van Overspel beschuldigt, voor Jezus gebragt, die met zyn Vinger in de Aarde schryft, door Francois MILÉE; Doek, hoog 23, breet 29 duimen. 43-0

1766, M. De Bastide, *Le temple des arts ou le cabinet de M. Braamcamp*, Amsterdam 1766[61]

PIERRE MIGNARD.

La fille de Jephté. L'instant que représente ce Tableau est celui où Jephté apperçoit sa fille qui sort de Mitspa, pour venir à sa rencontre. Le voeu qu'il a fait, excite en lui, à cette vue, le chagrin le plus violent; & le Peintre l'a parfaitement exprimé. La surprise de la fille à l'accueil de son pere n'est pas moins bien représentée. Elle est accompagnée d'un grand nombre de ses Compagnes avec des instrumens de musique. Le fond de ce Tableau représente un Paysage avec fabriques, & un lointain montagneux. Ce Tableau est d'une composition fort riche & d'une couleur fort agréable. Peint sur toile; haut de 59 pouces, large de 84.

ANTOINE WATEAU.

Ce Tableau est connu par l'estampe qui est gravée par Mr. *Cochin*, sous le titre de *Plaisir du Bal*. La Composition est des plus gracieuses & des plus galantes. La touche est fort légere. C'est un des Tableaux capitaux de ce"maître. Peint sur toile; haut de 20 pouces & large de 25.[62]

JOUVENET.

Ce sujet, qui est d'une riche composition, représente la Résurrection du Lazare. Il est très-connu par l'Estampe gravée par *Jean Audran*. Il est vraisemblable que ce Tableau a servi de modele pour le grand que l'on connoit de lui. Peint sur toile; haut de 33 pouces, large de 61.

PIERRE MIGNARD.

Ce Tableau représente la Ste. Vierge qui tient l'Enfant Jésus sur son bras. Il à la tête couchée sur sa main droite qu'il appuie sur l'épaule droite de sa Mere. Ce Tableau est très-gracieux & correctement dessiné. Il est connu par l'Estampe gravée par *F. Poilli*. Peint sur toile; haut de 29 pouces, large de 23½.

ANTOINE COYPEL.

Ce Morceau trè-connu par l'estampe gravée par lui-même & terminée au burin par *G. Audran*, représente Bacchus & Ariane. C'est une grande & riche composition, d'un beau dessein, d'un coloris agréable; en un mot un admirable Tableau. Il vient du Cabinet de S.A.S. Monseigneur le Prince de Rubempré. Peint sur toile; 29 pouces de hauteur, sur 34 de largeur.

L 1618*
19-5-1767, Arnoud Leers, Amsterdam
8 Un Garçon tenant une Boutelle & une Verre dans une Cave, par Merci, h. 19½, l. 26½ pouces.[63]
12 Une Offrande, par Nicolas Poussyn, Tableau d'une grand force & beauté supérieure, h. 23½, l. 49½ pouces. 250-0

L 1630*
5-7-1767, Duc de Parme (?), Amsterdam
50 Bourguignon dit De La Bataille. Une Bataille. Sur le devant du Tableau on voit quelques Fuyards Turcs à cheval, & sur le second plan une Bataille. Dans le lointain de hautes montagnes. C'est un très-beau Morceau vigoureusement peint & clair de coloris. 160-0
118 Jacques Parroceo. Un Paysage. Peint sur toile, haut de 31, large de 72 pouces. On y voit donner une Bataille. 20-0
126 Louis Antoine David. Paysage orné d'oiseaux. Peint sur toile, haut de 28½, large de 38 pouces. On voit à gauche sur le devant, un Cocq qui chante & deux Lapins auprès d'un Pannier avec des Raisins. Vers les Lapins s'avance un Chat qui semble vouloir se jetter sur eux. Tableau vigoureusement peint & touché avec esprit. 40-0
144 C. Le Brun. Venus et Adonis dans un Paysage. Peint sur toile, haut de 51, large de 42 pouces. On voit la Mere des Graces à la droite du Tableau & de face, & Adonis à côté d'elle qui l'embrasse. Plus loin, un Cupidon qui badine avec un Chien. Très-beau Morceau vigoureusement peint. 60-0

L 1631*
5-8-1767, Gerard Sanders, Rotterdam
37 Een schoon Landschap, door F. Milée; hoog 14, breet 17½ duym. 21-0
72 Een Landschapje, in een rond, door Milee.
73 Een dito, door den zelven.

L 1633
26-8-1767, "Amateur italien", Amsterdam
8 Een extra fraaije Italiaansch Zeehaven, met fraaije stoffagie, zoo van gratieuse Beeltjes, zich met Visschen beezig houdende, als ook kloeke Vaartuigen, extra warm en aangenaam van coloriet, door D. de la Croix, zynde niet minder als van Vernet, op doek; hoog 19, breet 15 duimen.
9 Een dito weerga, zynde een hevige Storm, op welker voorgrond men ziet, een brokkelagtige Klip met een in nood zynde Vaartuig, waar uit de Menschen, wegens de groote branding, zich zoeken te redden: voorts een fraay verschiet, in alles niet minder als 't vorige, door denzelven; mede op doek, en hoog en breet als 't zelve. [8 & 9] 185-0
31 De Twaalf Apostelen, zynde alle fraay van omtrek, de Kleeding breet geplooit, en op een Meesterlyke wyze behandelt, door Natoire, in Italien geschildert, op doek; hoog 28, breet 23 duimen. 270-0
39 Twee extra fraaije Landschapjes, door Nicolai Poussyn, op doek; hoog 14, breet 21 duimen. 40-0
43 Een Stuk, verbeeldende het opkomen van een heevige Storm door de beweeging der Zee, in welker midden men ziet een groot Vaartuig, beezig zynde zyn Zeilen te bergen; als mede ter regter zyde het klipachtige Landt, op welker hoogte men een Vuurbaak ziet: voorts op de voorgrond eenige Bootsgezellen, bezig zynde een Vaartuig te bergen voor de woeden der Zee, als ook andere Personagien in vreeze zynde; al het welke een fraaije Ordinantie uitmaakt, daar by schoon geteekent, en zeer aangenaam van coloriet, door Joseph Vernet, op doek; hoog 29, breet 38 duimen. 285-0
44 Een dito Storm, aan welker linker zyde op de voorgrondt, men eenige Beelden in beweeging ziet met een Wrak te redden; en ter regter kant, een Boot met eenige Manschap, zoekende een behoude Haven te vinden: gelyk meede op de tweede grond, een kloek Italiaansch Vaartuig in volle Zee; voor 't overige ziet men in 't verschiet een schoone Zeehaven; zynde in alles even fraay als 't voorgaande, door denzelven, mede op doek; hoog 16½, breet 23 duimen.
45 Een dito weergaa, zynde een fraay Gezigt van een stille Zee met Scheepen, aan welker regter zyde men een aangenaam Landschap ziet, extra schoon en brokkelagtig en met fraaije stoffagie verçierdt; in alles niet minder dan 't voorige, door denzelven; en hoog en breet als 't zelve. [44 & 45] 565-0

L 1709
12-9-1768, Johan van Nispen, Den Haag
25 CHAMPAGNE. St. Franciscus in verrukking. Doek. hoog 40 d., breed 31 d. 20-0 Tiellings
129 WATTEAUX. Een Jongman die een Meisje ophelpt. Doek. 15 d. hoog, 13 d. breed. 31-0[64]

L 1714
12-10-1768, Amsterdam
47 Een fraay Landschap met een Watermolen, zeer uitvoerig, door Boucher, op doek; hoog 32, breet 42 duimen. 150-0
48 Twee fraaije Landschappen met dansende Nimphen en Bacchanten, door Nicolaas Poussyn, op doek; hoog 10, breet 8 duimen. 100-0
49 Twee dito's, zynde een stille Zee, en Middelandsche Zeehaven; en een dito Storm mede een Middelandsche Zeehaven verbeeldende: beide extra fraay, zo van verkiezing, ordinantie, als schildering, door Joseph Vernet, op doek; hoog 12½, breet 16 duimen. 305-0
50 Twee Landschapjes met Conversatien, zeer aangenaam, door Watteau, op doek; hoog 12½, breet 19 duimen. 100-0
51 Een dito Landschapje met een Conversatie, zeer plaisant, door denzelven, op doek; hoog 12½, breet 18½ duimen. 51-0

Hoet 1752-70, III, p. 694 etc.
1770, Collectie Prins Willem IV, Den Haag

Een schoon Stuk, verbeeldende: daar de Dogter van Jephta, door een stoet"van Maagden verzeld zynde, ten Offer gebragt wordt; zynde kapitaal en fraay van Ordinantie en de Hartstochten verwonderlyk uitgedrukt: door ANTOINE COYPEL; op doek. Hoogte 4 v. 8 d., Breete 6 v. 7½ d.

(NB.) *Van 't gem. Stuk is een schoone Prent gegraveerd, door Gasp. du Change.*

Een Stuk, vertoonende een slapende Nimph, by welke eenige Cupido's en een Satyr zig bevinden, zeer goed en Meesteragtig geschildert, in de manier van POUSSYN; op doek. Hoogte 3 v., Breete 2 v. 4 d.

Een schoon en kapitaal Stuk, verbeeldende een Italiaansche Zeehaven (a) of Strand Gezigt met een Onstuimige Zee, daar in een Schip vergaat: op de voorgrond ziet men vyf werkende Beelden die een Boot op 't Strandt halen, en verder op een Vuurbaak met eenige Gebouwen; zynde zoo kragtig van colorit en zoo schoon geteekent en natuurlyk geschildert, als ooit gezien kan worden, door JOSEPH VERNET; op doek. Hoogte 2 v. 3½ d., Breete 4 v. 4 d.

(a) *Zoo gedagt word, is het de Haven van Livorno.*

Een dito weergaa, vertoonende een zeer ryk, hoog en bergagtig Landschap verçierd met Gebouwen, Geboomte en een fraaije Waterval (b). Op de voorgrond zyn eenige rustende Beelden, terwyl anderen bezig zyn met Visschen: zynde extra schoon en, inzonderheit de Waterval, zeer natuurlyk, en voorts in 't generaal, voor al niet minder, dan 't vorige, door DENZELVEN; op doek. Hoogte 2 v. 3½ d., Breete 4 v. 4 d.

(b) *Zo gemeent word, is het een Gezigt in het Buurschap van Narni, in de Staate van Romen: of de beruchte Waater-val te Tivoli.*

L 1862*

22-8-1770, François Ignace de Dufresne, Amsterdam

47 PET. COURTOIS BOURGIGNON. Een Battailje. Hoog 51, breed 74 duim. Dit is een Capitaale en ryke Ordonnantie, op de voorgrond, een Gevecht tusschen de Cavallerie, en op de tweede grond, eenige vluchtende Ruiters; voorts ziet men een hoog Bergagtig Landschap. Overheerlyk schon van Tekening en krachtig op Doek geschildert. 400-0

48 Een dito anders. Hoog en breed als 't voorige en een weergade van 't zelve. In dit stuk werd een Gevecht voor een Stad verbeeld. In alles niet minder dan 't voorgaande. 300-0

49 Een dito anders. Hoog 21, breed 25 duim. Verbeeldende een Gevecht van de Cavallery voor een Stad of Kasteel. Zeer ryk van Ordinantie, fraay en krachtig op Doek geschildert, Ovaal Formaat.

50 Een dito anders. Hoog, breed en van het zelve Formaat als 't voorige, zynde een weergade van het zelve. Dit stuk, 't geen mede een Gevecht verbeeld, is niet minder dan het voorige. [49 & 50] 23-0

51 Een dito anders. Hoog 15, breed $25\frac{1}{2}$ duim. Dit stuk, 't geen een Land-Batailje verbeeld, is ryk van Ordinantie en krachtig op Doek geschildert. 24-0

52 Een dito anders. Hoog $7\frac{1}{4}$, breed 18 3/4 duim. Dit stuk, 't geen mede een Land-Batailje verbeeld, is fix op Doek geschildert. 3-5

53 CLAUDE LORRAINE. Een Bergagtig Landschap. Hoog $25\frac{1}{2}$, breed $28\frac{1}{2}$ duim. In het zelve ziet men, ter linker zyde op de voorgrond, een Herderin zittende op een Kluit Aarde, waar by een staande Herder, verzeld van eenige Bokjes en Schaapjes; ter rechter zyde van 't stuk ziet men hoog Geboomte, en voorts een ruim Verschiet. Zeer natuurlyk en fraay op Doek geschildert. 295-0

54 Een ander Bergagtig Landschap. Hoog $28\frac{1}{2}$, breed $38\frac{1}{2}$ duim. In het zelve ziet men op de voorgrond, een Man rydende te Paard, benevens twee rustende Herders en een Pelgrim; op de tweede grond een Kasteel op een Berg en voorts in 't verschiet hoog gebergte. Zeer natuurlyk en fraay op Doek"geschildert. 66-0

96 CHARLES LE BRUN. Een Afneeming van het Kruis. Hoog 32, breed 24 duim. Aan de rechter zyde van het stuk, ziet men de Heilige Vrouwen in groote droefheid en weemoedige houding op de Aarde nedergezeten; staande de H. Johannes by het Kruis, reikende met zyne handen om het Lighaam des gestorven Heilands te ontfangen. Ter linker zyde vertoond zich een Krygsknecht te Paard. Alles schoon getekend, fraay van Coloriet en uitvoerig op Doek geschildert. 240-0[65]

97 PIERRE MIGNARD. Tarquin en Lucretia. Hoog 47, breed 63 duim. In dit stuk is Tarquin van vooren te zien. --- Dezelve vertoond zich, als of hy Lucretia, by zyn Pook, bezweeren wilde om zynen wil te voldoen; waar en tegen dezelve in eene afwyzende actie verbeeld is. De Beelden zyn meer dan Levensgrootte, tot de knien te zien, zeer fraay van hertstogten, krachtig en schoon op Doek geschildert. 120-0

98 Apollo en Dafne. Hoog 37, breed 52 duim. Dafne is hier verbeeld, vluchtende voor Apollo, ter rechter zyde legt een Rivier God, en op de de tweede grond, twee Najaaden. Alles verbeeld in een aangenaam Landschap; zeer fraay van Tekening, helder en plaizant van Coloriet op Doek geschildert. 125-0

99 Cleopatra. Hoog 52, breed 39 duimen. Dezelve vertoond zich stervende, van vooren te zien, rustende op haar rechter Arm, die op een Kussen legt; kruipende op de linker een Slang. Zeer fraay van Tekening en krachtig van Coloriet op doek geschildert. 122-0[66]

100 NICOLAAS POUSSYN. Ahasueros en Esther. Hoog 45, breed 60 duim. In dit stuk ziet men Koning Ahazueros zittende op zyn Throon, vergezeld van de grooten des Ryks; en voor den Throon Esther, in een beswymende Houding; waar in dezelve door twee Dienstmaagden ondersteund werd. Zeer fraay en correct van Tekening, krachtig op Doek geschildert. *Dit stuk is bekend door de Prent, gegraveert door Pesne*. 1400-0 Fouquet[67]

101 Een Capitaale en ryke Ordinantie. Hoog 41, breed 68 duim. Men ziet in dit stuk verbeeld, de Eerbewyzende Dans der Kinderen Israëls, rondsom het Gulden Kalf. Zeer fraay van Tekening en de hartstogten wel afgebeeld, krachtig op Doek geschildert. 690-0[68]

102 Een Capitaale en ryke Ordinantie. Hoog 38, breed 52 duim. Dit stuk verbeeld eene Slaglevering van Josua als Veldoverste der Kinderen Israëls. Zeer fraay van Tekening, schoon van hartstogten en krachtig op Doek geschildert.[69]

103 Een dito, zynde een weergade van het voorige en van de zelve hoogte en breedte. Verbeeldende de Slag der Amalikiten tegen de Kinderen Israëls; zynde Mozis biddende op een Berg. In alles niet minder van Deugd dan 't voorgaande. [102 & 103] 2550-0 Fouquet[70]

104 Een Zinnebeeldige Ordinantie. Hoog 38, breed 50 duim. In 't midden van 't stuk, ziet men een zittende Krygsheld, welke door een Vrouw met een Laurier-krans bekrond werd; voorts eenig Krygs-tuig en Kindertjes. Fraay getekend en schoon op Doek geschildert.50-0[71]

105 CASPARUS DOUGHET bygenaamd POUSSIN. Een aangenaam Landschap. Hoog $39\frac{1}{2}$, breed 52 duim. Het zelve is zeer ryk gestofferd met Tempels en Antique Gebouwen; op de voorgrond ziet men een Vrouwtje wassende Linnen Doeken, en by dezelve een staande en een leggend Kindje. Zeer fraay van Architectuur, uitvoerig en aangenaam van Coloriet op Doek geschildert. 300-0

106 Een Arcadisch Landschap. Hoog 25, breed 32 duim. Dit stuk is op de voorgrond gestoffeerd met twee zittende en een staande Beeld; in 't verschiet ziet men hoog gebergte. Zeer fraay en natuurlyk op Doek geschildert. 20-0

107 NOëL COYPEL. Cupido en Psiche. Hoog 14, breed $17\frac{1}{4}$ duim. Dit stukje verbeeld een Nachtlicht; in het zelve ziet men Cupido, leggende op een Rustbed. ryk van Ordinantie, fraay en uitvoerig op Doek geschildert.

108 ANTOINE COYPEL. Een weergade van het voorgaande, en van dezelve hoogte en breedte. Dit stukje verbeeld dezelve voorwerpen, by Daglicht in een Landschap, niet minder dan 't voorige en bekend door de Prent, welke, door J. Audran, gegraveert is. [107 & 108] 600-0[72]

109 SIMON VOUET. Een Landschap. Hoog 60, breed 75 duim. In het zelve ziet men een Rivier, en op de voorgrond, ter regter zyde, de Schaaking van Helena, welke door de Afgezanten van Paris gebonden werd. Ter linker zyde, drie, met Pylen doorschooten, doode Lighaamen en verders het Schip leggende aan de Strand. Overheerlyk van Tekening en fraay op Doek geschildert; zynde het schoonste stuk, 't geen men van dezen Meester zien kan. 400-0

110 NICOLAAS BERTIN. Een fraaye en ryke Ordinantie. Hoog 41, breed 54 duim. Dezelve verbeeld Hercules, de Reus Antëus overwinnende; boven hem ziet men een Vrouw, die denzelve wegens deze Overwinning met Lauw'ren schynt te kroonen. Fraay van Tekening, krachtig en fix op Doek geschildert. 165-0

111 Een dito anders. Hoog en breed als vooren. Verbeeldende een geopende Hemel, in welke zich vertoond de Godinne Juno, Jaloers op Jö zynde; voorts ziet men nog vyf andere Godinnen. Niet min fraay dan het voorige. 145-0

112 Een dito anders. Hoog en breed als vooren. Verbeeldende de Schaking van Proserpina; men ziet Pluto, Proserpina by de Armen optillen, om dezelve op zyn Wagen te zetten, en voorts eenige andere Beelden. In de manier als vooren. 155-0

113 Een dito anders. Hoog en breed als vooren. Verbeeldende een Triumph van Venus met Cupido en Nepthunus op zyn Zeegewagen, verzeld van eenige Tritons en Zee-Goden. In dezelve manier als boven en niet minder dan de voorige. 155-0[73]

114 FRANCOIS VERDIER. Een Capitaale en ryke Ordinantie. Hoog 53, breed 70 duim. Dit stuk verbeeld de Doping van Christus door Johannes in de Jordaan; over de Jordaan ziet men een hoog Bergagtig Landschap. Zeer bevallig en fraay getekent en krachtig van Coloriet op Doek geschildert. 300-0

115 LAURENTIUS DE LA HIRE. Een aangenaam Landschap. Hoog 45, breed 55 duim. In het midden van 't zelve ziet men Maria zittende met het Kindje Jesus, en voor dezelve eenige speelende Kindertjes, agter welke de H. Joseph staat; voorts een fraay verschiet. Alles zeer plaisant en schoon van Coloriet op Doek geschildert. 395-0[74]

116 PHIL. DE CHAMPAGNE. Een St. Hieronimus. Hoog 45, breed 37 duim. Dezelve vertoond zich halver Lyf, rustende met zyn Hoofd op eene hand, en houdende in de andere een Doodshoofd. Fraay getekent en helder op Doek geschildert. 37-0

118 BOULOGNE. Een Land-Battailje. Hoog $17\frac{1}{2}$, breed $26\frac{1}{2}$ duim. Deeze werd vertoond op een hoogte; zynde het Stuk ryk van Ordinantie. Krachtig van Coloriet en zeer fraay van licht en bruin op Doek geschildert. 9-0

119 Een dito als boven. Zynde een weergade, en hoog en breed als vooren. Dit stuk is in allen deelen zo fraay als 't voorgaande. 9-0

120 BLANCHARD. Een Doode Christus. Hoog 25, breed 32 duim. Dit is een zeer fraay stuk. In het zelve is het gestorven Lighaam, leggende, van vooren, te zien; en agter denzelve een Engel, welke deszelfs hand kust. Zeer schoon van Tekening, helder en krachtig van Coloriet, op Doek geschildert. 17-10

121 LE NAIN. Een Familie stuk. Hoog $31\frac{1}{2}$, breed $42\frac{1}{2}$ duim. Dit is een fraaye Ordinantie van agt Beelden, zo zittende als staande om een Tafel, aan welke zy de Maaltyd houden. Zeer natuurlyk, krachtig en fraay op Doek geschildert. 350-0

127 A. WATTEAU. Een Bosch Gezicht. Hoog $14\frac{1}{2}$, breed $21\frac{1}{2}$ duim. Men ziet in het zelve verscheiden Dames en Heren welke zich met Danssen en Speelen vermaaken. Zeer fraay van Ordinantie en krachtig op Doek geschildert. 561-0 Fouquet

128 PATER. Twee stuks Landschapjes. Ieder is hoog 11, breed 14 duim. Deeze twee stukjes verbeelden Soldaaten Marschen; voorts ziet men eenige Vrouwen en anderen zittende voor Zoetelaars Tente. Zeer fraay op Paneel geschildert. 280-0[75]

129 NATTIER. Twee stuks Binnekamers. Ieder is hoog 25, breed 21 duim. Dezelve zyn gestoffeerd met een Galantizeerende Heer en Dame. Zeer uitvoerig en fraay op Doek geschildert. 100-0

130 J.B. SANTERRE. Een Mans Pourtret. Hoog $26\frac{1}{2}$, breed $21\frac{1}{2}$ duim. Het zelve is van vooren te zien, en in een Ovaal Formaat, fraay op Doek geschildert. 50-0

131 SEBASTIAAN BOURDON. Een Kersnagt. Hoog 16, breed 21 duim. Dit stuk verbeeld de Geboorte van 's Waerelds Heiland: ter rechter zyde ziet men op de voorgrond, de Herders zittende. Zeer natuurlyk op Paneel geschildert. 285-0

L 1811*

20-3-1770, Jan Palthe, Leiden

104 Johannes de Bruyne, door H. Rigaud, h. 12, br. $9\frac{1}{2}$ duim. 4-5

105 Portrait van een Man, schoon geschilderd, door Largillire, h. 36, br. $29\frac{1}{2}$ duim. 5-5

13-4-1771, Jan Bisschop, Rotterdam[76]

Francis Millé. Een bergachtig landschap, een van de besten die van dezen Meester voorkomen, en gestoffeerd door Poussijn, h. 3 v. $6\frac{1}{2}$ d. br. 4 v. 7 d.

L 1948*
25-7-1771, Oudermoole, Amsterdam
8 J. VERNET. Een Italiaansche Zeehaven, op doek; hoog 21, breed 31½ duim. De voorgrond van dezelve verbeeld een Strand, gestoffeerd met eenige Beeldtjes, Schuyten en Vissers, en op de tweede grond een Oorlogsschip en eenige Gebouwen en het verschiet, eindigende aan de Horisont met een Stille Zee; zynde zeer fraay, warm van Coloriet en in des meesters beste tyd. 392-0 Fouquet
9 Een andere dito, verbeeldende een Maneschyn, op doek, hoog en breed als het voorgaande. Ter Regter zyde verbeeld de Voorgrond een Strand, gestofferd met eenige Italiaanders, zig warmende by 't Vuur; en ter zyde dezelve staan en leggen eenig Vaatwerk: op de tweede grond ter linker zyde legt een Oorlogschip ten Anker, en in het verschiet ziet men hoog Gebergte; zynde alles zeer natuurlyk en niet minder van deugd als het voorgaande. 335-0 Fouquet
10 Een Aangenaame Morgenstond, op doek, hoog en breed als het voorgaande. Dit Stuk verbeeldt een Gezigt van de Italiaansche Kust, met Gebouwen langs een woelend Water; op de Voorgrond ziet men zoo staande als zittende Visschers, en ter linker zyde op de tweede grond eenige Gebouwen, ter regter zyde een zeilend Jagt, en aan de Horisont ziet men eenige Scheepen; zynde alles zeer zonachtig, natuurlyk en warm gepenceelt. 330-0 Fouquet
11 Een Storm by de Italiaansche Kust, op doek, hoog en breed als de voorgaande. In deze Storm ziet men op de Voorgrond een Schip het welke verbryzeld legt tegens de Rotsen, en ter linker zyde een verdronken Man dewelke door twee Matroosen tegens de Klippen werdt opgedragen; voorts een Vrouw, staande in de uiterste disperatie over het beschouwen van 't doode Lighaam: zy is verzeld met eenige andere Beelden, dewelke mede zeer aangedaan zyn van droefheid: verder ziet men een Kasteel staande op een hooge Rots; ter regter zyde op de tweede grond een groot Driemast-Schip, mede in groot gevaar om te vergaan, door een Orcaan verzeld van Donder en"Blixem; alles zeer natuurlyk en fraay verbeeld. *Deeze vier Stukken, zyn geschildert door J. VERNET, direct voor Rekening van die geene die 't Kabinet verzameld heeft.* 400-0 Fouquet
27 LOUTHERBURG. Twee stuks Bergagtige Landschappen, op Doek, yder is hoog 14½, breed 17½ duim. Deze twee Schilderijen zyn zeer fraay gestoffeerd, krachtig en fix geschilderd. 132-0 Fouquet

L 1958*
2-9-1771, Leonardus van Heemskerk, Leiden
95 Een Landschap met Beelden en Beesten, meesterlyk geschildert, door F. MILÉE, op Doek, hoog 29, breet 39 duim.
96 Een dito niet minder en weerga van de vorige.

L 1950*
31-7-1771, Gerrit Braamkamp, Amsterdam[77]
101 JOUVENET. Een stuk van eene zeer ryke Ordonnantie; verbeeldende de Opstandig van Lazarus. Hetzelve is zeer bekend door de Prent van Jean Audran gesneeden, en 't is waarschynlyk dat dit Stuk gediend hebbe tot Model van 't groote Schildery dat van hem bekend is. Hoog 33, en breed 61 duim. Doek. 155-0 W. Coole[78]
139 Pieter MIGNARD. Het Tydstip, in dit Schildery verbeeld, is, daar Jephta zyne Dochter uit Mitspa ziet komen om hem te ontmoeten. De gelofte door hem gedaan, verwekt in hem op dat gezicht het heevigst hartenleed, 't welk door den Schilder volmaakt is uitgedrukt. De verwondering der Dochter op het ontmoeten van haaren Vader is niet minder natuurlyk uitgebeeld; zy is verzeld van een aanzienlyk getal van haare medegezellinnen met speeltuigen in de hand; de achtergrond is een Landschap met woningen, en een bergagtig verschiet. Dit stuk is van eene ryke Ordonnantie en aangenaam Koloriet. Hoog 59, en breed 84 duim. Doek. 399-0 P. Yver[79]
140 Pieter MIGNARD. Verbeeldende de Heilige Maagd met het Kind Jezus op den arm; Hy rust met het Hoofd op zyn rechterhand, die op de rechter schouder van zyne Moeder steunt. Dit Schildery is zeer bevallig en zuiver geteekend. Het is bekend door de Prent welke F. Poilly in 't Koper gebragt heeft. Hoog 29, en breed 23½ duim. Doek. 160-0 Minucci[80]
185 RIGAUD. Een Mans-Pourtraitje. Zeer uitvoerig geschilderd. Hoog 3½, en breed 3 duim. Ovaal [Paneel]. 9-0 P. Yver

L 2022*
13-4-1772, Louis de Moni, Leiden
41 LARGIELLIERE. Een heerlyk Mans Pourtrait wyzende met de regte hand, en zeer fraai toegetakelt, ongemeen natuurlyk en kragtig geschildert, op Doek.

L 2087*
14-12-1772, W. van der Lely, Amsterdam
45 Antoine WATTEAU. Een vrolyk Gezelschap van jonge Lieden, voorwerpen uit het Theater Italien, in een aangenaam Landschap. Hoog 7½, breed 6½ duim. Paneel
46 Een dito, dito, zynde een weerga van de voorgaande, beide fraay behandelt.
92 POUSSIN en LAURI. Een fraay Landschap, door Poussin, waar in Christus zyn Lyden verkondigt; zynde de Beelden door Ph. Lauri. Hoog 18, breed 24 duim. Doek
93 Een dito, waarin Johannes den Dooper, wyzende op Christus, zynde een weerga.
97 C. POUSSIN. Een Italiaansch Bergagtig Landschap, in het midden een"Herder, met zyn Vee, in 't verschiet verscheide Gebouwen.
105 Joseph VIVIEN. Een Capitaal fraay Portrait, met een Hand, verbeeldende de Heer van Strickland, Bisschop van Namur. Hoog 30, breed 24 duim. Doek
129 Charles LA FOSSE. Een Gracieus oud Mans-hoofd, met een Baart. Hoog 11½, breed 9 duim. Doek

L 2189*
25-8-1773, Johan van der Marck, Amsterdam
27 Sebastien BOURDON. Een Uittogt, op Doek en Paneel, h. 20, b. 23½ duim. Hier vertoonen zich drie Herders en een Herderin, op Reis gaande; verzeld van een Paard met Huisraad beladen, en eenige Schapen; voorts een Bok en een Hond; alles verbeeld in een bergagtig Landschap, met antike Gebouwen en hoog Gebergte in 't verschiet; kragtig in een Italiaansche manier geschildert. 200-0 Fouquet[81]
195 Francisque MILE. een Arcadisch Landschap, op Doek, h. 24 3/4, b. 31 duim. In het zelve vertoond zich op de Voorgrond een Waterval; verders een Ruïnen, hoog Gebergte, en een ruim verschiet. In een grootsche manier gestoffeerd en fraay geschilderd. 20-0 Pothoven.

L 2305*
21-6-1774, Amsterdam
32 Bourgognon (Franciscus). Twee Italiaansche Landschappen; ieder h. 19, br. 23 duim. Deeze zijn gestoffeerd met Beelden en Beesten; kragtig geschilderd.

L 2433*
26-7-1775, Amsterdam
34 BOURGIGNON. Een Batailje; op Doek, h. 37 br. 49 duim. Dit vertoond een Romeinsch Gevegt op een Brug. Fraay en kragtig geschilderd.
178 MEIGNARD (PIERRE). Een kapitaale en ryke Ordinantie; op Doek, h. 51 br. 58 duim. Deeze vertoond een Triumph van Bachus - de Wyn-God is verbeeld zittende op een Wagen, die door twee Centauren voortgetrokken werd; zynde deeze verders verzeld van verscheiden Bachanten en Zatyrs; dragende eenige van dezelve, het Offergereedschap. Dit stuk is van een schoone en vaste Tekening, en kragtig geschilderd.

L 2446*
30-10-1775, Daniel Marsbag, Amsterdam
92 N. POUSSYN. Een schoone Ordinantie van vier Beelden; vertoonende de Fabel van Pan en Syringa. Kragtig van Koloriet en fraay geschilderd, op Doek, h. 49 br. 35 duim.

L 2548*
14-5-1776, Den Haag
35 Een magneficq levensgroot Portrait, zynde een Kniestuk, van Augustus de 2de, Koning van Poolen en Cheurvorst van Saxen, zeer schoon en kragtig geschildert door Nicola de Largilliere; op Doek, h. 51 br. 39 duim.
79 Een dito [klein] stukje, zynde Italiaansche Acteurs, met een Cither, na Watteau, op Panneel, h. 7½ br. 5 duim.
124 Een Franse Dame als een Nimph verbeeldt, zeer kragtig geschildert, door Nicola de Largilliere; op Doek, h. 44 br. 34 duim.

L 2552*
22-5-1776, Philips van der Land, Amsterdam
56 Francisque MILÉ. Een aangenaam Landschap; op Doek, hoog 35 breed 48½ duim. Op de voorgrond, die een graazige Heuvel vertoond, ziet men Mozis, de"Schaapen, van zynen Schoonvader Jetro hoedende; by het brandende Braambos, zyn Schoenriem ontbinden. Dit Stuk, dat in de behandeling van ligt en donker uitmunt, is zeer natuurlyk en konstig geschilderd. 100-0 Wubbels

L 2554*
29-5-1776, Lambert ten Kate, Amsterdam
22 PH. DE CHAMPAGNE. Een St. Jeronimus, rustende op zyn eene hand, en met de andere een doods hoofd vasthoudende, dat hy met veel aandacht beschouwd, zeer fix geschilderd, en Correct van omtrek. Op doek. H. 39 B. 35. duim. 81-0 Strubing
26 DE LA CROIX. Een hevige storm op Zee, in dit stuk ziet men een Schip in de branding, en op den voorgrond, eenige menschen, die het Schip en Volk zoeken te redden, schoon van Effect, en in de manier van Vernet geschilderd. Op doek. H. 19 B. 25 duim.
27 DE LA CROIX. Een weerga van het voorgaande, verbeeldende een Italiaansche Zeehaven; op den voorgrond zyn verscheide Vissers, aan de eene zyde vertoonen zig eenige hoge gebergtens door een Rots, en aan de andere zyde eenige Schepen op de Rivier, dit stuk is warm en zonagtig geschilderd. Op doek. H. 19 B. 25 duim [26 & 27] 127-0 Wubbels

L 2584*
11-9-1776, J.V.D.H., Zoeterwoude
48 BOURGINJON. Een batailje van Ruitery te Paard, in een bergagtig Landschap; vol gewoel, konstig en kragtig op doek, hoog 18½ breet 30 duim.

L 2673*
14-4-1777, Nicolaas Nieuhoff, Amsterdam
36 De la CROIX. Een Italiaansch landschap; ter linke zyde ziet men den berugten zwaaren waterval van Tivoli; ter regte zyde eenige visschers en andere beeldjes; 't verschiet is een bosch- en bergagtig landschap, met eenige kasteelen en antique gebouwen, zeer helder, aangenaam en meesterlyk geschilderd. Hoog 25 breed 32 duim, Doek.
37 Een wedergade van het voorgaande, zynde mede een waterval, waarby eenige visschers met hengelroeden; ter wederzyden 't water, eenige rotsagtige heuvels, waarop eene houten brug, en op dezelve eenige beeldjes; 't verschiet is een bergagtig landschap en een hoek van een stad, met ronde torens, poort en muuren, mede zonagtig en gelyk aan het voorgaande.

L 2808*
16-3-1778, Pieter van den Bogaerde, Amsterdam
14 C. LE BRUN. Een zeer ryke en potzige Ordonnantie, verbeeldende de Triomf van Esopus, zittende op een Staatszywagen, door Oliphanten voortgetrokken, en wordende naar den Tempel, die in 't verschiet is, gevoerd; begeleid door een stoet van Menschen en Kameelen. Alles wat zich in dit stuk vertoond is gebocheld, zo Menschen als Dieren, schoon gepenseeld. Op Doek, hoog 34 breed 44 duim.

L 2837*
15-4-1778, Lucas Merens, Amsterdam
17 BERTAIN. Adam en Eva in het Paradys; zy bied hem den verbooden Vrugt aan, wyzende op de Slang, welke in de Boom gezien word, terwyl Adam in overdenking staat. In dit Stuk is veel uitdrukking, en het zelve heeft, volgens een Italiaansche smaak, veel verdiensten.[82]

L 2871*
25-6-1778, Servad, Amsterdam
55 CLAUDE LORRAINE. Een Arkadisch Landschap, fraay gestoffeerd, met een Landman, dryvende zyn Ossen, van onder het somber Geboomte, aan eene Beek, om te drinken; terwyl men in het heldere Zonlicht een Jongeling ziet, zittende op een begraasde Heuvel, en speelende op een Fluit, waar voor een jong Meisje een Hond, dezelve by de Poot lydende, laat dansen; agter deeze Speeler staat eene bevallige Herderin, leunende op haare Staf, en voor haar een jonge Knaap, dewelke zyn verwondering over de dansende Hond scheind te betoonen. In het wyduitgestrekte verschiet vertoond men een grootsch bergagtig Landschap, en van verre een Antique Brug met zeer veele Boogen, van waar verscheiden Watervallen, trapswyze afvloeijen; maakende dus te zamen een grootsche Ordonnantie, welke aangenaam en warm van kleur, met de grootste nauwkeurigheid voltooit is. Op Koper, in 't Ovaal, hoog 15, br. 20 duim. 2800-0 Fouquet[83]
68 PATER. Een galant gezelschap van verscheiden Heeren en Dames, onder 't Geboomten by een Fontyn, in een aangenaam Landschap; dit Stukje is Meesteragtig op een dunne wyze geschildert, geestig van ligt en donker, en aangenaam van kleur; op Paneel, hoog 9½, br. 14 duim.
69 De weergade van het voorgaande, en gelyk zo in opzigt der gracieuze Ordonnantie, als in de kleur en schildering. 200-0 Fouquet

L 2961A*
1-3-1779, Rotterdam
15 Een schoon Landschap, door Francisco Milée, op Doek, hoog 14, breet 17½ duim.

L 3327*
3-12-1781, Jacob van der Velde, Amsterdam
87 Vier stuks, verbeeldende Vrye Konsten; fraai en krachtig op Doek geschilderd door een goed Meester, naar F. Boucher; alle in rond Formaat. 28-0 P. Yver

L 3456*
6-8-1782, Wijnand Coole, Rotterdam
E N. POUSOIN. Een zeer schoon Arcadisch Landschap, waar in zeer oude Gebouwen, de Heilige Familie, benevens meer andere Beelden en Beesten; zeer schoon en uitvoerig geschildert, hoog 47, breed 35 duim. Doek
H SEBASTIAAN BOURDON. Een kapitaal Stuk, verbeeldende de Historie van Iphigenie; zeer schoon getekent, 35 duim diameter. Doek
36 JOUVENET. Een overheerlyk Stuk, verbeeldende de opwekking van Lazarus, hoog 3 voet breed 5 voet. Doek. NB Naar dit Schildery is een Plaat gegraveert, door J. Audran, by de Liefhebbers bekent.
37 Een dito, verbeeldende de Afneeming van het Kruis, door denzelven, zynde een extra schoon stuk, hoog 4 v. 2 d. breed 2 v. 7 d. Doek[84]
38 C. DE LORRAINE. Een Bergagtig Landschap, met eenige Reizigers, hoog 23½ d. breed 18½ d. Doek op Paneel
39 Een dito, door denzelven tot een weerga. Doek op Panel
40 DE LATTEE. Een landschap met Beelden en Beesten, hoog 7 d. breed 9 d. Paneel
41 Een dito, tot een wederga. Paneel
42 F. MILEE. Een Italiaansch Landschap, waar in een Heilige Familie en verscheide andere Beelden, zeer kragtig geschildert, hoog 19 d. breed 28 d. Doek

L 3464*
28-9-1782, Jan Maul, Leiden
22 A. Coypel. Abrahams Knegt, de geschenken aan Rebecca gevende, ryk van"Ordonnantie, en fraai geschildert. Doek, hoog 20½ breed 16 duim. 110-0 Coclers[85]

L 3552*
9-4-1783, Amsterdam
5 Charles le BRUN. Deeze capitaalen Ordonantie verbeeld de Afneeming Christi van het Kruis; men ziet den Yver der Apostel Johannes en andere vroome Mannen, om dit waardig Lighaam te helpen onderschraagen, ten kragtigste verbeeld, aan de voet van het Kruis legt Maria in flaauwte, waar by verscheiden Godvrugtige Vrouwen, bitterlyk schreijende, en aan Maria bystand bieden; ter linkerzyde ziet men een Romynsche Krygsoverste te Paard, en achter dezelve een der Moordenaaren aan het Kruis, agter aan de voet der Berg komen drie beelden opwaarts. Dit fraaije Tafreel is uitmuntend van Hartstogten, schoon van Teekening, en de onderscheide aart der Kleeding en het plooijen derzelve zyn natuurlyk en konstig behandeld, en alles ongemeen kragtig gepenseelt. Hoog 29, breed 20 duim. Doek gedubbeleert.[86]
24 J.B. GREUSE. Dit verbeeld een Landschap, in het zelve zit een Jong Meisje schynende verschil te hebben tegens een Jongetje, over een Wafel die hy van dezelve heeft afgenoomen, zy grypt met de regterhand, om ze weder te krygen, dog breekende vallen er eenige in stukken, die door een springend Hondje gevat worden, alles is fix behandeld en aangenaam van Coloriet. Hoog 17, breed 14½ duim. Doek
64 Joseph VERNET. In een onstuimige Zee ziet men op de voorgrond, ter linker zyde, eenige Lieden, scheinende Schipbreuk geleeden te hebben, en ieverig bezig zynde eenige Goederen te bergen, ter zyde legt het Wrak van een Schip, waar van men de stompe van de Masten gewaar word; op de tweede grond staat een Kasteel, waar by eenige Scheepen, in 't verschiet een zeilend Driemast Schip. Alles is natuurlyk, kragtig en fraai geschildert. Hoog 17, breed 25 duim. Doek

L 3611*
22-9-1783, Pieter Locquet, Amsterdam
57 BOUCHER (...) Deeze Historieele Ordonnantie verbeeld, de Dood van Adonis in een aangenaam Landschap tegen een Heuveltje, nevens dezelve staan schreijende Minne-Wichten, eenig dood Wilt ligt op de grond, waar by twee Jagthonden, hooger ziet men Venus op de Wolken nederdaalen, met aandacht het Lyk beschouwende, achter dezelve is haare Wagen met Zwaanen bespannen en Cupido; dit Stuk is ryk van vinding, krachtig en Meesterlyk gepenseelt. Hoog 25½, breed 32 duim. Doek.
58 DENZELVEN. Een dito Ordonnantie, verbeeldende in een aangenaam Land-Gezicht, de Geboorte van Adonis, men ziet hem op de Armen leggende van een knielende Vrouw: waar nevens een in deftige Kleeding hem met verwondering beschouwd; ter zyde zyn eenige staande en rustende Nimphen, verder by een Heuvel is de Waagen van Juno; alles is als de vorige behandelt, en fix geschildert en een wederga van dezelve. Dito Hoogte, en breedte. [57 & 58] 400-0 J. Yver[87]
59 BOULLONGNE. (Louis de) In deeze Ordonnantie ziet men in een Heuvelachtig Landschap, op de voorgrond de Historie alwaar Latone de Boeren in Kikvorschen doet veranderen, zy is gezeeten met haare Kinderen aan de Oever van een Water, alwaar een Boer zyn Hoofd in dat van een Kikvorsch reeds verandert is, en een Kikvorsch zwemmende naar de Wal; zynde fraai van Tekening, smeltend en mals van Penseel. Hoog 20, breed 28 duim. op een Kopere Plaat. 61-0 Coolen.
71 COYPEL. (Charle) Deeze zinnebeeldige Ordonnantie vol gewoel, vertoond op de Wolken, ter rechterzyde een Nimph, het Zwaard en Helm, aan den God Mars aanbiedende, waar nevens verscheide vliegende Kindertjes, met het Borst-Harnas, hooger ziet men Minerva en de Faam, en ter linkerzyde eenige Ondeugden als ter nedergevelt; alles is krachtig en Meesterlyk gepenseelt. Hoog 27, breed 35 duim. Doek. 29-0
120 GRIMOUD. Een Staand Gratieus Dametje in Losse Kleding, haare regterhand rust in haare zyde, het Hoofd is byna van vooren te zien, en gedekt met een Galant Hoedje, verder is het smeltend en aangenaam van Coloriet. Hoog 38, breed 29 duim. Op Doek. 199-0 Wubbels.
289 POUSSYN. (Gasp.) Een Arcadisch Landschap, zeer Poëtisch en volgens de Landgezigten van Virgilius verbeeld; het Licht en Donker heeft een sombre en deftige uitwerking, de stoffagie is grootsch; in 't kort, dit Tafreel behoort onder de Schilderyen, welke men onder verheven Werken der Schilderkunst teld. Hoog 37, breed 52 duim. Doek.
290 Door DENZELVEN. De weêrga van het voorgaande; is in alles gelyk aan de bovenstaande, in Ordonnantie en Kunst. Hoog, en breed als de voorgaande. [289 & 290] 90-0 Fouquet
291 Door DENZELVEN. Een diergelyk Arkadisch Landschap, gestoffeerd met een drift Schaapen langs een beek nevens eenige Vrouwen; alles met veel smaak en verheeven gedachten ter uitvoer gebragt. Dito hoogte en breedte.
292 POUSSYN. (Gasp.) De weêrgade van het voorgaande, en van dezelven verdiensten en kunst, zynde deeze vier Schilderyen, Meesterstukken van den grooten Poussyn. [291 & 292] 230-0 Fouquet.
356 SERVANDONIE en BOUCHER. Eenige vervalle Ruïnen, waar by eenige zittende en staande Soldaaten, door Boucher; verder is het Landschap fix en kragtig geschilderd. Hoog 36, breed 29 duim. Doek. 52-0 Wubbels[88]
364 TREMOLIERE. In dat bevallig Schildery ziet men Venus en Cupido levensgroote, zy is gezeeten met een Pylkooker in
de linkerhand, terwyl Cupido zyn Moeder met een vriendelyk gelaat aanziet; zynde in alle deelen aangenaam van Coloriet en meesterachtig behandeld. Hoog 37, breed 31 duim. Doek. 350-0 Fouquet.
406 VIEN. De Kuische Zusanna, dewelke door de Oude Grysaarts werd bespiet, zy is gezeten by een Fontein; zynde fix en kragtig behandeld. Hoog 25, breed 32 duim. Doek. 80-0 Fouquet[89]

L 3919*
13-7-1785, J.G. Teegeler, Amsterdam
3 Een Schermutseling tusschen de Ruytery en het Voetvolk, dit stuk is vol leeven en beweeging, van een stoute behandeling, en een der uitvoerigste van deeze Meester Bourguignon, hoog 27, breed 39½ duim. 201-0

L 3932*
10-8-1785, Amsterdam
197 Claude LOURRAINE. Een Landschap, alwaar men ter linkerzyde ziet een afstromende Waterbeek, waarby eenige Mannen en Vrouwen, die een Os ten offer lyden na een ronden alouden Tempel, verders eenige antique Gebouwen, en Bergagtig verschiet helder en plaisant. Hoog 19 breed 22 duim. Doek op Paneel
198 Claude LOURRAINE. Een sterk woelend Water, waarin een groot zeilend Schip is, dat in gevaar is van te vergaan, ter regter zyde een klipagtig Gebergte met geboomte, meesterlyk en natuurlyk behandeld. Hoog 19 breed 26 duim. Doek op Paneel
253 PARROCCEL. Twee Landschappen, alwaar hevig gevogten word, tusschen Ruiters en Voetvolk; vol vuur, kragitg en meesterlyk, en niet minder als Bourginjon geschildert. Hoog 22 breed 17 duim. Doek, ovaal
254 PESNE. Twee stuks, 't eene verbeeld Pluto die Proserpina schaakt, en op een Wagen met snellopende Paarden wegvoert; 't ander verbeeld Amphitrite"die op de Zee ryd, en van de Dolphynen getrokken word, waar by eenige Mereminnen; beiden aangenaam en plaisant. Hoog 11 breed 9½ duim.
255 PESNE. Een extra fraay en wel gelykend Portret van Stanislaus Augustus, Koning van Polen, geharnast, en met een blaauw Lind omhangen, waar over een Koninglyke Mantel, met harmolyn gevoert en met Wapens verciert; kragtig en meesterlyk vertoont. Hoog 32 breed 26 duim. Doek[90]
269 RIGAUD. Lodewyk de XIVde staat in een deftige houding met een groote zwarte Paruik, zyn linke hand in de zyde, waar over hangt een Koninglyke Mantel met Harmelyn, en is met eenen Ridderorde omhangen; zeer wel gelykende, en trots en stout gepenseelt. Hoog 35, breed 28 duim. Doek

L 4063*
19-6-1786, Michiel van den Berg, Rotterdam
5 F. MILEE. Een Bergagtig Landschap, op de voorgrond twee rustende Beelden, op doek, hoog 13 duim, breed 17 duim. 28-0 Beckman.

L 4328*
9-6-1788, Jan Willem Heybroek, Rotterdam
34 Franciscus Milée. Een Arkadisch Landschap, met Gebouwen en Gebergtens, en gestoffeerd met Beelden, krachtig op doek geschilderd; hoog 14 breed 17½ duim. 23-0 Heybroek

L 4334*
1-7-1788, Hendrik Bredeman, Amsterdam
78 J. la Croix. Twee stuks, fraaye Gezichten van Levantsche Zee-Havens, gestoffeert met verscheide Kooplieden, Werkers, Vissers, Oorlog en andere Scheepen; zonachtig natuurlyk en bevallig geschilderd; op Doek, hoog 10 breed 24 duim. 32-0 Fouquet
227 Het Afbeeldsel van den Vorstelyke Prinses, Maria Adelaide van Savoyen, konstig en uitvoerig gepenceeld, door F. du Troy, op Doek, zynde een Kniestuk. 1-1

L 4469*
11-8-1789, Hendrik Twent, Leiden
86 Franciscus Milée. Een Arkadisch Landschap, met Geboomten en Gebertens, en gestoffeerd met Beelden; krachtig op Doek geschilderd, hoog 14 breed 17½ duim. 20-0

L 4476*
9-9-1789, Nicolaas Doekscheer, Rotterdam
6 Charles LE BRUN. Dit Schildery vertoont het sterfbed van een jeugdig Grieksch Veldheer of Vorst. Men ziet denzelven in een Legertent op een rustbed leggende, en als op het oogenblik den geest gegeven habbende. Zyn bovenlyf is genoegzaam naakt, en is wyders gedekt door een zyden overkleed. Zyn hairen zyn met den Koninglyken hoofdband versiert, waar mede zyn Vorstelyke waardigheid schynt aangeduid te willen worden. Achter tegen het hoofdeinde van het rustbed vertoont zich een grys Koning, mede door het zelfde Vorstelyk teken te kennen, in wiens gelaat de diepste droefheid doorstraalt; een aantal Krygshelden en Priesters, omringen het sterfbed, die allen hunne aandoening over deze gebeurtenis, tot zelfs met tekenen van wanhoop by zommigen, op 't sterkst doen blyken. De verschillende werking van dezelfde hartstocht op verscheidene karakters straalt in dit Tafereel op 't heerlykst door, en toont aan, dat deeze groote Meester den roem, die hem, zo wel in 't natuurlyk uitdrukken der menschelyke hartstochten, als grootschheid van denkbeelden in de zamenstelling zyner verhevene onderwerpen, in 't algemeen geschonken word, met alle recht verdient. Doek, hoog 45 breed 79 duim. 420-0 Van Winter[91]

L 4619*
13-7-1790, Amsterdam
91 POUSSIN. In een Boomryk Bergachtig Landschap, ziet men de schaaking van Proserpina door Pluto, beneevens verscheiden Nimphen die haar beweenen; op de voorgrond een Steene Groep, verbeeldende Pan en Syrinx; alles is fraay en meesterlyk behandeld en kragtig van coloriet. Doek, hoog 16½ breed 16 duim.
92 In een dito Hof-gezicht, op de voorgrond by een springende Fontein, ziet men de vinding van Moses; dit Stukje is niet minder als de voorgaande en een weerga van dezelve.

L 4620*
16-8-1790, Jonas Witsen, Amsterdam
67 (DE LA) TOUR In deeze capitaale ryke Ordonnantie van verscheide Beelden, vertoont zig Christus aan den ingang des Tempel, omringt van een meenigte Schriftgeleerden en Discipelen, die hem den Cynspenning vertoonen, schynende den Heiland hun te antwoorden: *Geeft den kyzer dat des Kyzers is*. De Caracters zyn in dit Stuk natuurlyk verbeeld, de Kleedingen breed geplooid; alles is kragtig behandeld en van een bevallig Coloriet. Hoog 41 breed 52 duim. Doek.

L 4688*
14-3-1791, Jan van Dyk, Amsterdam
36 N. POUSSIN. In een Arcadisch ryk gestoffeert Landschap, ziet men verbeeld een plechtige Gedagtenishouding by het Graf eener Verstorvene, ter linkerzyde by dicht Geboomte vertoont zig een Eerzuil, verder in een bergachtig verschiet eenige Lieden en Gebouwen, zonachtig en fraai gepenceelt. Op Doek, hoog 15 breed 17 duim. 70-0 Coclers

L 4706*
11-4-1791, Pieter Lyonet, Amsterdam
162 Het afbeeldsel van eene bevallige Dame, in ryke kleeding, zynde een kniestuk met twee handen, leevens grootte; dit stuk is meesterlyk fraay, uitvoerig en bevallig gepenceeld op doek, door den beroemden L'ARGILLERE, hoog 51 breed 39 duim. 3-5 P. Bout
259 Een Pourtrait leevensgroote, zynde een kniestuk met twee handen, verbeeldende Maria Adelaïde de Savoye, in Vorstelyke kleedingen; zeer fraay en uitvoerig op doek geschilderd, door F. DE TROY in 1697, hoog 39 breed 31 duim. 3-0 Nijman

L 4938*
16-7-1792, Jan Wubbels, Amsterdam
58 J. BOURGIGNON. Een heevige Land-Batailje, vol van vuur, fix en meesterlyk geschildert; hoog 38 breed 52 duim, Doek. 40-0
270 N. POUSSIN. Eenige Vrouwen in een Landschap doende Offerhanden aan een Bosch God; kragtig geschildert; hoog 18 breed 21½ duim, Doek op Paneel. 10-0

L 4951*
17-10-1792, Aart Schouman, Den Haag
43 Een Arcadisch Landschap, door F. Milée, op paneel, hoog 8½ breet 15 duim. 9-15 Fouquet
66 Daphnis en Apollo in een Landschap, door N. Poussin, op doek, hoog 7 3/4"breet 14½ duim. 5-0 Valette
156 Een Landschap met drie Figure, door of in de manier van Poussin, op doek, hoog 22 breet 27 duim. 3-0 Valette

L 5100*
14-8-1793, Amsterdam
81 P. MIGNARD. De Maagd Maria zittende, houdende het kind Jesus op de schoot; zy heeft het oog gevestigt op de jongeling St. Jan, die voor haar staat; dit stuk is van een goede ordonantie, schoon van teekening en meesterlyk gepenceeld.

L 5110*
2-10-1793, Pieter Bolongaro Gravenna, Amsterdam
10 S. BOURDON. Deeze Ordonantie in een bergagtig Landschap met Geboomten, vertoont de Triomph van Bachus, by de Term van een Priaap, verzelt van Bachanten, Dansende Zaters en speelende Minnewigten, met Tygers en Bokken, meesterlyk van Penceel-behandeling. Hoog 22, breed 35 duim, Doek. 52-0 Versteeg
11 DENZELVEN. Deeze schoone Ordonantie verbeeld de Offerhande van Iphigenie, werdende door de Godin Diana beschermt; verzelt van een meenigte Aanschouwers; bevallig van Coloriet en meesterlyk fraai gepenceelt. Hoog en breed over zyn Diameter 40½ duim. 28-0 Thompson
13 L. BRUANDET. Een bevallig Bosch- en Landgezigt by Fontainebleau, gestoffeert op de Voorgrond met een Waterbeekje, waarby Huislieden en andere Reizigers; zonagtig behandeld. Hoog 20, breed 23 duim, Doek. 62-0 Engelberts
28 LE CLAIR. Twee stuks bevallige Landschappen, met Rivieren en Ruwiene van Gebouwen, ryk gestoffeert met badende Nimphen, en andere door Zaters geliefkoost; zonagtig behandeld en uitvoerig geschilderd. Yder hoog 13, breed 16 duim, Paneel. 9-10 Yver
53 L. DE LA HIRE. Een Rotz en Berghagtig Landschap, met een Watervalletje, op de Voorgrond gestoffeert met twee rustende Reizigers, verder een Schaaphoeder langs een Wegh; zonagtig en meesterlyk gepenceelt. Hoog 17, breed 21 duim, Doek. 17-10 Thompson

54 DENZELVEN. In een Landschap ziet men twee leggende Minnewigten; konstig en teffens uitvoerig van Penceel-behandeling. Hoog 20, breed 24 duim, Doek. 20-0 Engelberts
63 C. VAN LOO. Deeze ryke Ordonantie, vol gewoel, verbeeldende een meenigte gewapende Kinderen, door een gevleugelde Bevelhebber gecommandeert, verzelt van verscheide Minnewigten; alles vertoont zig in een aangenaam Landschap, en is fraai en uitvoerig gepenceelt. Hoog 36, breed 46 duim, Doek. 26-0 Thompson
71 LEGILLON. Een berghagtig Landschap aan een Rivier, op de Voorgrond een Jongeling en Meisje met Schaapen en Bokjes; natuurlyk geschilderd. Hoog 12, breed 16 duim, Doek. 3-10 Versteeg
75 N. MUSCEROUDE. Een heuvelagtig Landschap met hoog Geboomte: op de Voorgrond gestoffeert met Heere en Dames te Paard, ter Jaght gaande, verder een berghagtig verschiet, meesterlyk en kragtig gepenceelt. Hoog 32, breed 45 duim, Doek. 20-0 Thompson
78 J. LE MOINE. Het Afbeeldsel van St. Hieronimus, in mediteerende gestalten, halverlyf, houdende in de linkerhand een kruis, en de regter op de Borst; de verheeven gedagten is natuurlyk; en meesterlyk fraai geschilderd. Hoog 23, breed 20 duim, Doek.
79 DENZELVEN. Het dito van een Apostel in een peinzende gestalten, halverlyf; konstig en meesterlyk fraai van penceel behandeling. Hoog 22, breed 19½ duim, Doek. [78 & 79] 36-0 Alewijn
94 J. PERELLE. In een Italiaansch heuvelagtig Landschap met Geboomten, ziet men eenige Veehoeders met Schaapen en Bokjes, by een Waterval, verder Gebouwen en Gebergten; zonagtig en meesterlyk behandeld. Hoog 22, breed 28 duim, Doek. 3-5 Van Giesen

L 5113*
16-10-1793, Joachim Rendorp, Amsterdam
60 J. VERNET. Deeze ordonnantie verbeeld een yzelyke storm by onweder; aan een rotsagtig strand, ziet men een schip verbryselt, waar by verscheide lieden, het gevaar ontkomen, alles aanwenden om menschen en goederen te bergen: ter regterzyde boven een hogen rots vertoonen zig schitterende Blixemstraalen, by een dik bewolkte lucht, ter linkerzyde ziet men een dryvende sloep met menschen, in 't verschiet eenige scheepen en gebergten; het golvend water is natuurlyk, en alles is kragtig en meesterlyk fiks gepenseeld. Hoog 30 breed 61 duim, Doek.
61 DOOR DENZELVEN. Dit voorwerp verbeeld een Levantsche Zeehaven, by een stille kalmte; op de voorgrond, en ter linkerzyde by hooge rotzen, vertoonen zig verscheide staande en rustende lieden, waar by eenige vissers die hun netten ophaalen, verder ziet men een Oorlogsschip ten anker, en andere zylende scheepen, beneevens een Haven, met een Wagttooren: en andere vaartuigen, ter regterzyde een kasteel en bergagtig verschiet, alles is helder, zonagtig en als de voorgaande meesterlyk gepenseeld, zynde de wederga. Dito hoogte en Breedte, Doek. [60 & 61] 60-0 Waillet
62 In de manier als J. VERNET. In dit capitaale stuk vertoont zig een schrikkelyke storm op zee; waar door een schip, teegen een rots, aan stukken slaat, op de voorgrond ter regterzyde ziet men veele lieden, elkander de behulpzaame hand bieden, om die ongelukkige te bergen: verder verscheide scheepen, die door de woedende golven geslingerd worden: het water door de wind sterk bewoogen, is doorschynend en natuurlyk van kleur, de lucht onstuimig, het licht en donker is treffend, en alles meesterlyk fiks geschilderd. Hoog 37 breed 56 duim, Doek. 20-0 Coclers

L 5181*
2-4-1794, Jan van Vollenhoven, Amsterdam
12 (Seb.) BOURDON. De Opwekking van Lazarus uit het Graf; op de Voorgrond ziet men zyne Zusters en verscheiden Persoonen, alle met verwondering en aandagt dit Wonderwerk beschouwen, terwyl den Heiland in eene biddende houding meer agterwaards gezien word; verders vertoonen zig eenige Graftombes en Ruïnen. Dit Schildery is zeer kundig zoo van ordonnantie als hartstogten, en voorts meesterlyk behandeld. Hoog 21, breed 25 duim, op Doek. 142-0[92]
13 (F.) BOURGIGNON. In een bergagtig Landschap ziet men een heevige Bataille van Cavallery, waar van een gedeelte op de Voorgrond in een sterke Actie gezien worden; zeer kragtig en fix gepenseeld. Hoog 19, breed 27½ duim, Doek op Paneel. 46-0

L 5236*
20-8-1794, Joan Frederik Motte, Amsterdam
15 J. BOURGIGNON. Deeze twee stuks Ordonantien vol gewoel, verbeelden in Landschappen heevige schermutselingen tussen Ruitery; alles schynt in woede, de hartstogten zyn Natuurlyk, en alles kragtig en meesterlyk fiks gepenceeld. Ieder hoog 19, breed 38 duim, Doek. 50-0
22 DE LA CROIX, Rom. 1763. Een Italiaansch Bergagtig Landschap, met Geboomte en Watervallen, op den voorgrond gestoffeerd met een Hengelaar die een Vis ophaald; aan de linker zyde een zittend en staand Meisje, verders een Man met het Visnet op de Schouder, en verscheidene Figuuren in 't"verschiet, alles natuurlyk van Zonnelicht, vet in de Verf en stout gepenceeld. Hoog 26 breed 32 duim, Doek.
23 DENZELVEN. Een dito Gezigt in Italiën aan de linkerzyde, op den voorgrond een stuivende Waterval, waar by een Man die in een sterke Actie trekt, om het Visnet op te haalen; aan de andere zyde een Gezelschap van jonge Vrouwen, voorts een Jongeling met het Net op de Schouder, en een Paling in de hand; in 't verschiet hooge Bergen, in alles niet minder als de voorige. [22 & 23] 41-0

L 5438*
20-4-1796, Wittebol etc., Den Haag
63 Een Arcadisch - Landschap, gestoffeerd met figuuren door F. Milee, in de manier van Poussin, doek op paneel, hoog 27 breet 33½ duim.
64 Een dito zynde een weerga, door den zelven. [63 & 64] 12-10 Heijmans

L 5624*
21-6-1797, Amsterdam
9 S. BOURDON. In een Italiaansch Landschap beschouwt men op de voorgrond, by de Ruinen van een groot gebouw; eenige Landlieden, Mannen, Vrouwen en Kinderen, dewelken hunnen maaltyd houden onder een opgeslagen Tent, en de schaduwe van een oude Boom; dit Schildery is helder van Coloriet, Breed, en Meesterlyk gepenseeld, en van een goede soort van deze Meester. Hoog 16 breed 23½ duim in 't Ovaal, Paneel. 34-0 Le Dantu
10 DENZELVEN. In een Landschap, ziet men de Ruinen van een groots Paleis of Tempel, met zwaare Colommen, en gestoffeerd met vyf diverse figuren. Meesterlyk, en breed behandeld. Hoog 29 breed 34 duim, Doek. 9-15 Van Giesen
42 CH. COYPEL, of in de manier. Vier stuks bevallige Ordonantie, met verscheide Beelden en Minnewigten gestoffeerd, vertoonende, Bachus by Ariadne, Rainaud en Armida; Galathé en Polyphémus, en Diana, met deszelfs Nimphen, alle aangenaam van Coloriet en uitvoerig van penceel behandeling. Ieder hoog 23 breed 28 duim, Doek. 39-0 Hentsen
50 Madame LE DOUX. Een lief jong Meisje in een bevallige Kleeding met een gaaze Doek om haar hals, en een wit Lind door het Hair gebonden, ten halverlyf byna van vooren te zien; schoon van Coloriet, breed en kragtig behandeld, in de manier van Greuze; van wien deeze konstenares dicipel is. Hoog 16 breed 13 duim, Doek.
51 DENZELVEN. Een ander jong Meisje, met een losse geplooide Muts op haar Hoofd, en een gaas doekje om haar hals geknoopt; meede bevallig van Couleur en als de voorgaande behandeld, waar van het eene weerga is. [50 & 51] 51-0 Yver
71 FRAGONARD. In een Binnenhuis, ziet men een Kindje leggende in de Wieg, waarby een zittend Meisje, beneevens een bevallig Vrouwtje, een Man en twee Kinderen: dit stukje is helder en zonagtig van Coloriet, en voorts breed en meesterlyk behandeld. Hoog 13 breed 16 duim, Doek. 24-0 C. Roos[93]
78 J.B. GREUZE. Een bevallig jong Meisje, zynde een Borststuk, in een galante Kleeding met een Gaaze Doek om haar hals, en een paers Zyde Lint om haar hooft; dit fraai Schildery is zeer schoon, en bevallig van couleur, extra kragtig en smeltend gepenseeld, en een der fraaije Werken, van deeze beroemde Meester. Hoog 18 breed 15 duim, Doek.
79 DENZELVEN. Een jong Meisje, ter halver lyve; en het hooft byna van vooren te zien, zy houd haar handen te samen en rustende op een Boek dat voor haar op een Tafel is leggende; het Coloriet is helder en bevallig; en voorts kragtig fix en breed gepenceeld, zynde een weerga van de voorgaande. [78 & 79] 78-0 Le Dantu
80 DENZELVEN. Het afbeeldsel van een jong Meisje, ten halver lyve, en byna"van vooren te zien, met een ongedekt Hooft, en een Doek om de Hals; zynde kragtig, fix en meesterlyk behandeld. Hoog 15½ breed 12½ duim, Doek. 35-10 C. Roos
81 J.F. GENILLION. Een Arcadisch Landschap, met diversche Beelden en Beesten gestoffeerd; op de Voorgrond Rotzen en Watervallen, verder diversche Ruïnen, Boomen en hoog Gebergten; helder en aangenaam van Coloriet, uitvoerig en fraai geschilderd. Hoog 13, breed 19 duim, Doek. 17-0 Yver
112 LAUTHERBOURG. Een dito, verbeeldende een Zeestorm met een Zeilend Schip ter regter zyden, en ter linker een Vaartuig met Volk, welken tragten een haven te bereiken, verders een groot Casteel, en hoog bergachtig Strand gezigt; dit stuk is niet minder fraai dan het voorgaande en van een kragtige uitwerking. Doek.
113 DENZELVEN. In een Italiaansch Landschap, ziet men op de voorgrond een zittende Herderin, en twee Herders verzeld van drie Schaapen, Een Ezel, en een Hond, verder een vervallen Colom, en hoog Gebergten in 't verschiet; helder en bevallig van Couleur, fiks en krachtig geschilderd. Hoog 20 breed 24 duim, Doek. 90-0 Roos
117 C. LORRAINE. Een Gestoffeerd Land en Water gezigt met hoog Geboomte, verbeeldende een Morgenstond; natuurlyk en fix behandeld. Hoog 15 breed 18 duim, Doek. 33-10 Van Giesen.
118 DENZELVEN. Een andere dito, verbeeldende een Manenschyn; meede natuurlyk en fraai gepenceeld. Hoog 13½ breed 16½ duim, Doek. 5-10 dito
121 MIGNARD. Een Mans Portrait, in deftige Kleeding, natuurlyk en fiks geschilderd. Hoog 7 breed 6 duim, Paneel ovaal formaat. 5-0 Le Dantu
122 F. LE MOINE. In een Landschap ziet men op de voorgrond ter regter zyde, eenige Dames en Heeren welken zich met Visschen bezig houden, en ter linker zyde twee Lieden in een Schuit by een stene Brug; verder hoog Geboomte en Gebouwen, dit stuk is krachtig van Coloriet, fix en Meesterlyk gepenceeld. Hoog 23 breed 37 duim, Doek. 17-0 dito[94]
180 ROBERT. Dit fraaije Schildery, verbeeld een Gezigt, in de Alphische of Appeninsche Gebergtens, ryk gestoffeerd, met diversche Figuuren; op de Voorgrond ziet men een Brug over een stroomend Water, verder hooge Watervallen, die uit het Gebergten nederstorten; en op de Kruyn van een dier Bergen, doet zig een grooten Ruïnen zien van een Grieksche of Romeinsche Tempel; alles is helder, aangenaam van Coloriet, en voortz uitvoerig, dog kragtig behandeld. Hoog 16 breed 21 duim, Doek. 59-10 Roos
181 ROBERT. Twee stuks Romeinsche Tempels of Palyzen van binnen te zien, met verscheiden Beelden, en andere Ornamenten, zeer schoon van Architectuur; kragtig en meesterlyk gepenceeld. Ieder hoog 18 breed 15 duim, Doek. 27-0 Le Dantu

182 DENZELVEN. Een Rotsachtig Landschap, met Geboomte en een Waterval: op de voorgrond gestoffeerd met een zittende Herderin, verzeld van eenige Schaapen, en een Hond; uitvoerig en fraai behandeld. Hoog 10 breed 9 duim, Paneel in 't Ovaal. 22-0 Roos
183 RAOUX. Een bevallige jonge Dame, rustende met haar linker arm op een Tafel, zy is bezig een brief te leezen, het Reflectie-Ligt doet in dit Schildery een zeer schoone uitwerking; zynde alles uitvoerig en kragtig gepenceeld. Hoog 51 breed 37 duim, Doek. 24-0 Roos
184 LA RUE. Een Bataile, of zwaare Rencontre van Turksche, en anderen Ruyters, op de voorgrond scheint de Actie allerhevigst te zyn by een der bevelhebbers die van zyn Paard gevallen en gesneuveld is; alles is fix, kragtig en meesterlyk geschilderd. Hoog 19½ breed 23½ duim, Doek.
188 STELLA. Dit fraai Tafreel, verbeeld de vlugt naar Egypten, op de voorgrond ter linker zyde rust Joseph met het Kindeken op de schoot, verzelt van een Engel, daar neevens staat Maria, door een Engel geleid, hooger een glorie van Zeraphynen, verder twee Engelen die een Ezel, door een beekje Lyden; meesterlyk zonagtig, kragtig, en uitvoerig behandeld. Hoog 23 breed 28 duim, Doek. 16-0 Le Dantu
189 DENZELVEN. Twee stuks, bevallige Landschappen, met Rivieren en Gebouwen, gestoffeerd met verscheide dansende en musicerende Lieden; kragtig geschilderd. Ieder hoog 15 breed 17 duim, Doek. 19-10 Brentano
210 J. VERNET. Een zwaare storm op de Zee by Rotsachtig strand, op de voorgrond ziet men verscheide Lieden bezig een Boot, op 't Land te werken: verder een Dryvend Oorlogschip, en andere Vaartuigen; alles is zeer natuurlyk en meesterlyk fraai gepenceeld. Hoog 19 breed 24 duim, Doek. 36-10 Smit
211 J. VERNET. Dit fraai Tafereel het welk eene aangenaame Morgenstond aanduid, verbeeld eene Zeehaven in de Middelandsche Zee; op de voorgrond ziet men eene bevallige Vrouw en Kind verzeld van twee Manspersoonen staande op eene steenen Kaay, en ter linker eene Vuur Toren; benevens verscheide Vaartuigen, Turksche Kooplieden en andere figuren; het Water is stil, en de Lugt met eenige ligte Wolken bedekt, het Coloriet is warm en aangenaam; en is uitvoerig, en tevens krachtig behandeld. Hoog 23 breed 30 duim, Doek. 300-0 Yver
213 VLEUGHELS. Twee stuks het eene verbeeld; eene rustende Diana aan 't Bad; en het ander eene Venus, zy zyn verzeld van verscheide Nimphen, en Minnewigten; ryk van Ordonnantie en meesterlyk behandeld. Ieder hoog 10 breed 13 duim, paneel. 38-0 Brentano

L 5640*
16-8-1797, Jan Danser Nijman, Amsterdam
210 Nicolaas POUSSIN. Dit zeldzaam en konstig Schildery, vertoond den Dooden Christus, rustende op de schoot van Maria, die door droefheid schynt te bezwyken; daar nevens een andere Vrouw die haar tragt te ondersteunen; ter regter zyde schreiënde Engelen, en ter linker zyde Johannes weenende met gevouwe handen; alles verbeeld in een Landschap met bywerk; meesterlyk fraai gepenceeld. Hoog 38 breed 55 duim, Doek. 275-0 J. Yver.[95]

L 5646*
30-8-1797, J.E. Fisau, Amsterdam
11 S. BOURDON. In een Prachtig Palys, op het Eiland Paphos, ziet men den Romeinsche Bevelhebber Sergius Paulus, op zyne Throon Gezeeten, voor hem staat de blinde Elimas, welke door den Apostel Paulus Gestraft is: verscheide Krygsknegten, en Hovelingen, verzellen dit voorval; alles is kragtig van Coloriet, en Meesterlyk behandeld. Hoog 23 breed 29 duim. Doek. 58-10 Blaak
129 N. LANCRET. Een Italiaansch Landschap, waarin eenige Huislieden, zich met Dansen en Musiek vermaaken; breed en fix geschilderd. Hoog 16 breed 12½ duim. Doek. 12-0 Berdier
173 N. POUSSIN. Aan den opgang van een pragtig Paleis, ziet men de Maagd Maria zitten, en houdende het Kind Jesus op haar schoot, aan wien door de jonge St. Jan een Appel word aangeboden; terwyl Elisabeth de Maagd met veel aandacht beschouwt; ten andere zyde ziet men Joseph in de schaduwe gezeten, en bezig zynde met een Passer iets op een Teekenbord af te meeten; alles is grootsch geordonneerd, schoon geteekend, kragtig en meesterlyk gepenceeld. Hoog 27 breed 37 duim. Doek. 150-0 Yver[96]

L 5672*
28-11-1797, Pieter Hasselaar, Amsterdam
12 Charles Le BRUN. Deeze aandoenelyke Ordonantie, vertoond de afneeming van het Kruis, men ziet den yver der Apostel Johannes en andere vroome Mannen, om dit waardig Lichaam te helpen onderschragen, ten kragtigste verbeeld: aan de voet van het Kruis legt Maria in flaauwte, waar by verschyde godvrugtige Vrouwen bitterlyk schryende en dezelve bystand bieden; ter linker zyde ziet men een Krygsoverste te Paard, en agter dezelve vertond zig een der gekruisten Moordenaaren; dit heerlyk Tafreel is uitmuntend van Hartstogten, schoon van Teekening, de onderscheide aart der Kleeding en het plooijen derzelve, zyn natuurlyk en konstig behandeld, en alles ongemeen kragtig gepenceeld. Hoog 29½ breed 24 duim, Doek gedubbeleert. 205-0 Achtienhoven[97]
13 Pierre MIGNARD. Dit fraay Tafreel verbeeld Maria zittende, houdende op de schoot het Kind Jézu, als zyne Moeder liefkoozende, ter zyde staat St. Jan, houdende een Kruisvaantje in de hand; dit stuk is kragtig en meesterlyk en teffens uitvoerig gepenceeld. Hoog 42 breed 34 duim, Doek.[98]

L 5797*
7-8-1798, Rotterdam
7 BOUCHER. Een fabelsche Historie, verbeeldende Cyla, door Clorus aan den oever van een Rivier agterhaald, terwyl zy haar mandje met Bloemen ter zyde werpt. Dit stuk is zeer schoon en bevallig geschilderd en kan voor een der besten van dien Meester gehouden worden. Hoog 15¼ breed 17¼ duim (doek). 4-11
28 Charle de la FOSSE. Een fabelsche Historie, verbeeldende de schaaking van Proserpina door Pluton, het zelve bestaat in agt Beelden, welke alle schoon uitgevoerd zyn, verder ziet men eene Fontein in een Waterval en agter de Boomen het uitvloeisel van den Berg Etna, naar deze schets heeft den Meester in 1673 eene schildery gemaakt, welke hy aan de koninglyke Academie gepresenteerd heeft en ontvangen is, zoo als men volgens het schrift, agter op het zelve zien kan, alles is meesterlyk geschilderd en van een aangenaam Coloriet. Hoog 18½ en breed 22½ duim (doek). 13-0
29 FRAGONARD. Verbeeldende een Berceau met Boomen beplant, en in dezelve eene jonge juffrouw, zeer galant in 't wit gekleed, houdende een Lint in haare hand, waar aan twee colomben in de lucht vliegen, ter zyden een stuk marmer waar op twee Potten met Bloemen en daar naast een Tuinbank, 't zelve is meesterlyk en lugtig gepenseeld en van een aangenaam Coloriet. Hoog 9 en breed 7 duim (paneel). 5-1
30 FRAGONARD. Dit stukje, zynde de Pendant, verbeeld eene jonge juffrouw zeer galant in 't wit, en rooze kleur gekleed, houdende een Kroon van Roozen in de hand en voor haar een steene bank, waar op een antique Vaas met Bloemen en rondsom haar is alles met Rozen beplant, niet minder dan het voorgaande.
31 La GRENÉ. Verbeeld de Liefde-God door Venus zyne Moeder ter opvoeding aan Mercurius aanbevolen. Deze schets is gecomposeerd van zeven Beelden. Men ziet Venus uit het bad komende en agter haar vier Nymphen, welke alle op den Liefde-God zien, die op het scheiden van zyne Moeder weend, terwyl Mercurius hem ontvangt. Het zelve is fiks gepenseeld en uitgevoerd. Hoog 16¼ en breed 21 duim (paneel). 4-11
32 L. de la HIRE. De heilige Maagd, houdende het Kind Jesus op haar schoot, zy bied het Kind eene Roos aan en is op een steen gezeten; agter haar ziet men een Ruine en 't overige is een Landschap. Dit stuk is wel uitgevoerd en van schoon ligt en bruin voorzien. Hoog 23 en breed 19 3/4 duim (doek). 1-14
38 CLAUDE LE LAURAIN. Een schoon Landschap, op den voorgrond ziet men onder 't Lommer der Boomen eene Vrouw slaapende; verder eene Italiaansche Machine en het water dat uit het zelve komt, vormd onderscheiden vallen. Dit zeldzame stuk is verwonderlyk uitgevoerd, en schoon van Coloriet en"Meesterlyke Penseelbehandeling. Hoog 17¼ en breed 21 duim (doek). 38-0
43 PIETER MIGNARD. Verbeeldende Porcia, in de eene hand heeft zy een doek en in de andere hand een Tangje, waarmede zy het vuur vat, dat in een Koper Bekken voor haar staat, om zig van kant te helpen, zy heeft een bruin met goud doorwerkt Hoofdkleed en is gedrapeerd met een wit onder een blauw Bovenkleed. Dit stuk is zeer fyn uitgevoerd en van een aangenaam Coloriet. Hoog 37½ en breed 30½ duim (doek). 6-15
91 Sebastiaan BOURDON. Verbeeld Adam en Eva in den staat der rechtheid. Dit stuk is wel uitgevoerd en van 's Meesters beste tyd. Hoog 17¼ en breed 13½ duim (paneel). 1-10
94 QUOYPEL. Eene Fabelsche Historie zynde de Geboorte van Venus, zeer ryk met Beelden gestoffeert, schoon van ordonnantie en wel uitgevoerd. Hoog 18 en breed 21 3/4 duim (doek). 3-6
97 E. le SUEUR. Verbeeldende het Toilet van Flora, men ziet Flora op een Canapé gezeten, voor haar zit een Zephir, houdende een Spiegel een ander die haar knielend bloemen aanbied en eene Nimph die haar Parfum op het hoofd giet, terwyl een Zephir een krans met Roozen boven het hoofd houd, wat verder agter haar eene Tafel overdekt met een groen kleed, waar op een Vaas en andere zaaken. Dit oude en zeldzame stuk is van eenen schoonen omtrek en van een aangenaam Coloriet. Hoog 39½ breed 30 duim (paneel). 32-14

L 5805*
17-9-1798, Barchman Wuytiers, Utrecht
2 Een Fabel uit Ovidius, verbeeldende de Hermaphrodit, door Nicolas Poussin. 18-10
11 Fabel van Hyppolitus, met Diana, door Nicolas Poussin. 16-10
18 Een Landschap, door Casper Poussin. 40-18
19 Een dito - dito. 35-18

L 5923*
21-4-1799, Wassenaar van Ruyven, Den Haag
151 Een heevige Battaillie van Cavallerie, fix gepenceelt door J. Bourgonion, op doek, hoog 23, breet 33½ duim. 9-5 Van Giesen

L 5994*
16-12-1799, Louis Metayer, Amsterdam
2 Twee stuks Fransche Zeehavens; ryk gestoffeerd, met verscheidene schepen en verdere vaartuigen, visschers en andere stoffagie; zynde het eene een daglicht en het andere een maneschyn; bevallig van ordonnantie, coloriet en penseelbehandeling, op doek; door LA CROIX, discipel van J. Vernet. Ieder is hoog 19 en breed 28 duim. 23-0 Yver

Notes de l'appendice

1 A. Bredius, "De schildersfamilie Moninckx", *Oud Holland* 7 (1889), p. 279.
2 Probablement une copie ou une réplique d'après l'esquisse de la Galerie nationale du Canada à Ottawa ; J. Thuillier, *L'opera completa di Poussin*, Milan 1974, n° 53.
3 Cf. A. Blunt, *The Paintings of Nicolas Poussin. A Critical Catalogue*, Londres 1966, n° R 11.
4 Voir aussi : M. Rogers, "John and John Baptist Closterman : A Catalogue of their Works", *The Walpole Society* 49 (1983), pp. 235, 271.
5 Ce tableau se trouve aujourd'hui au Mauritshuis à La Haye, n° d'inv. 291 comme Herman van Swanevelt ; B. Brenninkmeijer-de Rooy etc., *Paintings from England; William III and the Royal Collection*, La Haye 1988, pp. 70-72.
6 Vu ses dimensions – environ 118 x 168 cm –, ce tableau peut être identifié avec le chef-d'œuvre de Bourdon à la National Gallery of Art à Washington (toile ; 119,5 x 173 cm) ; voir P. Rosenberg, cat. exp. *La peinture française du XVII*[e] *siècle dans les collections américaines*, Paris (Grand Palais) 1982, n° 11.
7 Cette série des Sept Sacrements se trouve aujourd'hui en dépôt du duc de Sutherland à la National Gallery of Scotland à Edimbourg ; Thuillier, voir note 2, n° 140-146.
8 Metropolitan Museum of Art, New York ; Thuillier, voir note 2, n° 88.
9 Norton Simon Museum, Pasadena ; Thuillier, voir note 2, n° 89.
10 Museo del Prado, Madrid ; Thuillier, voir note 2, n° 69.
11 Probablement une copie ou une réplique d'après l'œuvre du Museo del Prado à Madrid ; Thuillier, voir note 2, n° 66. Pour une autre copie ou réplique : vente Dufresne, 22-8-1770, n° 104.
12 Dulwich Picture Gallery, Londres, et Musée du Louvre, Paris ; Thuillier, voir note 2, n° 32. Voir aussi cat. exp. *Paintings and their Context: Nicolas Poussin, Venus and Mercury*, Londres (Dulwich Picture Gallery) 1986.
13 Museo del Prado, Madrid ; Thuillier, voir note 2, n° 180. Aussi : J.J. Luna, cat. exp. *Claudio de Lorena y el ideal Clasico de Paisaje en el siglo XVII*, Madrid (Prado) 1984, n° 59.
14 Ce tableau n'est plus connu que par une estampe ; Thuillier, voir note 2, n° 220.
15 Museo del Prado, Madrid ; Thuillier, voir note 2, n° 221.
16 Peut probablement être identifié avec : voir Thuillier, note 2, n° B 16 (coll. part. USA ; 75 x 63,5 cm).
17 The Frick Collection, New York ; M. Roethlisberger, *L'opera completa di Claude Lorrain*, Milan 1975, n° 207.
18 Staatliche Kunstsammlungen, Kassel, n° d'inv. 471.
19 Probablement une copie d'après le tableau de Poussin à Minneapolis ; voir cat. exp. *La "Mort de Germanicus" de Poussin*, Paris (Musée du Louvre) 1973, p. 31 ; cf. aussi pp. 35 et 42. Peut sans doute être également identifié avec "La Mort de Germanicus, attribué à Le Brun" dans la collection de Samuel Meyer Oppenheim en 1818 à Amsterdam ; E. van Biema, "Eene Amsterdamsche kunstverzameling uit de eerste jaren van de 19e eeuw", *Oud Holland* 24 (1906), p. 11, n° 2.
20 M.H. De Young Memorial Museum, San Francisco ; Blunt, voir note 3, n° 25. Pour ce tableau, voir aussi la vente Nicolaas Flinck, 4-11-1754, n° 2. Pierre Rosenberg considère aujourd'hui ce tableau comme une copie ; P. Rosenberg & M.C. Stewart, *The Fine Arts Museums of San Francisco. French Paintings 1500-1825*, San Francisco 1987, pp. 90-93. Voir également K. Oberhuber, cat. exp. *Poussin. The Early Years in Rome*, Fort Worth (Kimbell Art Museum) 1988, pp. 211-214, qui l'accepte comme Poussin.
21 Nous ne connaissons plus de cette composition que quelques vieilles copies ; P. Rosenberg, *Rouen, Musée des Beaux-Arts. Tableaux français du XVIII*[e] *siècle (...)*, Paris 1966, n° 64.
22 Blunt, voir note 3, n° 44 copy 6. L'original se trouve à la Staatliche Gemäldegalerie à Dresde.
23 Voir note 9 ; probablement alors acquis par Cornelis Wittert van Valkenburg, voir ses ventes L 406* et L 428, n° 4.
24 Voir note 12.
25 Staatliche Gemäldegalerie, Dresde ; Thuillier, voir note 2, n° 104.
26 Vu ses dimensions, cette œuvre ne peut être identifiée avec le tableau du Louvre (95 x 130 cm) autrefois attribué à Bertholet Flemalle, qui fit partie de la collection Jonas Witsen à Amsterdam et qui fut gravé par Gerard van Houten ; J. Adhémar, "Alexandre au tombeau d'Achille", *Gazette des Beaux-Arts* 60 (1962), II, p. 315. Thuillier, voir note 2, n° R 52.
27 Toutes les œuvres connues qui traitent ce thème ont de plus grandes dimensions que celles indiquées ici (environ 30 x 34 cm).
28 Voir note 18.
29 Les numéros de lot 48 et 49 sont conservés depuis le XVIIIe siècle aux Staatliche Kunstsammlungen à Kassel ; M.N. Boisclair, *Gaspard Dughet 1615-1675*, Paris 1986, n° 68 et 67.
30 N'est pas mentionné dans : A. Mérot, *Eustache Le Sueur 1616-1655*, Paris 1988.
31 Il s'agit probablement d'une copie d'après la célèbre *Sainte Famille aux 10 figures* de Poussin dont l'original n'est plus connu ; Rosenberg & Stewart, voir note 20, pp. 85-88.
32 Peut-être le tableau de Poussin de la vente Meyers, 1722, n° 5. Voir note 12.
33 Voir notes 23 et 9.
34 Staatliche Kunstsammlungen, Kassel, n° d'inv. 459.

Notes to the Appendix

1 A. Bredius, "De schilderfamilie Moninckx", *Oud Holland* 7 (1889), p. 279.
2 Probably a copy or replica after the sketch at the national Gallery of Canada in Ottawa ; J. Thuillier, *L'opera completa di Poussin*, Milan 1974, no. 53.
3 Compare A. Blunt, *The paintings of Nicolas Poussin. A critical catalogue*, London 1966, no. R 11.
4 Also see M. Rogers, "John and John Baptist Closterman. A catalogue of their works", *The Walpole Society* 49 (1983), pp. 235, 271.
5 This painting is now at the Mauritshuis, inv. no. 291, as Herman van Swanevelt ; B. Brenninkmeijer-de Rooij etc., *Paintings from England. William III and the Royal Collection*, The Hague 1988, pp. 70-72.
6 Considering the measurements – approximately 118 x 168 cm – this painting may be identified with Bourdon's masterwork at the National Gallery of Art in Washington (canvas, 119.5 x 173 cm) ; see P. Rosenberg, exhib. cat. *La peinture française du XVII*[e] *siècle dans les collections américaines*, Paris (Grand Palais) 1982, no. 11.
7 This series of the Seven Sacraments is at present on loan from the Duke of Sutherland to the National Gallery of Scotland in Edinburgh ; Thuillier, see note 2, nos. 140-46.
8 Metropolitan Museum of Art, New York ; Thuillier, see note 2, no. 88.
9 Norton Simon Museum, Pasadena ; Thuillier, see note 2, no. 89.
10 Museo del Prado, Madrid ; Thuillier, see note 2, no. 69.
11 Probably a copy or replica after the work at the Museo del Prado in Madrid ; Thuillier, see note 2, no. 66. For another copy or replica, see the Dufresne auction, 22 August 1770, no. 104.
12 Dulwich Picture Gallery, London, and Musée du Louvre, Paris ; Thuillier, see note 2, no. 32. Also see exhib. cat. *Paintings and their context. Nicolas Poussin, Venus and Mercury*, London (Dulwich Picture Gallery) 1986.
13 Museo del Prado, Madrid ; Thuillier, see note 2, no. 180. Also see J.J. Luna, exhib. cat. *Claudio de Lorena y el ideal Clasico de paisaje en el siglo XVII*, Madrid (Prado) 1984, no. 59.
14 This painting is known only from an etching ; Thuillier, see note 2, no. 220.
15 Museo del Prado, Madrid ; Thuillier, see note 2, no. 221.
16 Possibly the same as Thuillier, see note 2, no. B 16 (private collection USA ; 75 x 63.5 cm).
17 The Frick Collection, New York ; M. Roethlisberger, *L'opera completa di Claude Lorrain*, Milan 1975, no. 207.
18 Staatliche Kunstsammlungen, Kassel, inv. no. 471.
19 Probably a copy after Poussin's painting in Minneapolis ; see exhib. cat. *La "Morte de Germanicus" de Poussin*, Paris (Musée du Louvre) 1973, p. 31 ;cf. pp. 35 and 42. Possibly the same as "La Mort de Germanicus, attribué à Le Brun" in the collection of Samuel Meyer Oppenheim in Amsterdam, 1818 ; E. van Biema, "Eene Amsterdamsche kunstverzameling uit de eerste jaren van de 19e eeuw", *Oud Holland* 24 (1906), p. 11, no. 2.
20 M.H. De Young Memorial Museum, San Francisco ; Blunt, see note 3, no. 25. On this painting, also see Nicolaas Flinck's auction, 4 November 1754, no. 2. Pierre Rosenberg now considers this painting a copy ; P. Rosenberg & M.C. Stewart, *The Fine Arts Museums of San Francisco. French paintings 1500-1825*, San Francisco 1987, pp. 90-93. Also see K. Oberhuber, exhib. cat. *Poussin. The early years in Rome*, Fort Worth (Kimbell Art Museum) 1988, pp. 211-14, who accepts it as a Poussin.
21 Only a few old copies of this composition are known ; P. Rosenberg, *Rouen, Musée des Beaux-Arts. Tableaux français du XVIII*[e] *siècle (...)*, Paris 1966, no. 64.
22 Blunt, see note 3, no. 44 copy 6. The original is at the Staatliche Gemäldegalerie in Dresden.
23 See note 9 ; probably bought by Cornelis Wittert van Valkenburg, see his auctions L 406* and L 428, nos. 4.
24 See note 12.
25 Staatliche Gemäldegalerie, Dresden ; Thuillier, see note 2, no. 104.
26 In view of its measurements, this work cannot be the painting formerly attributed to Bertholet Flemalle (95 x 130 cm), which is now at the Louvre and was once in the Jonas Witsen Collection in Amsterdam ; Gerard van Houten made an etching after this painting ; J. Adhemar, "Alexandre au tombeau d'Achille", *Gazette des beaux-arts* 60 (1962), II, p. 315. Thuillier, see note 2, no. R 52.
27 All the known representations of this theme are larger than specified here (approximately 30 x 34 cm).
28 See note 18.
29 Lot nos. 48 and 49 have been in the Staatliche Kunstsammlungen in Kassel since the eighteenth century ; M.N. Boisclair, *Gaspard Dughet 1615-1675*, Paris 1986, nos. 68 and 67.
30 Not in A. Mérot, *Eustache Le Sueur 1616-1655*, Paris 1988.
31 This is probably a copy after Poussin's famous *Holy Family with ten figures* ; the original is no longer known ; Rosenberg & Stewart, see note 20, pp. 85-88.
32 Possible Poussin's painting in Meijers's auction, 1722, no. 5. See note 12.
33 See notes 23 and 9.
34 Staatliche Kunstsammlungen, Kassel, inv. no. 459.
35 Now attributed to Simon Vouet, Staatliche Kunstsammlungen, inv. no. 571 ; J. Thuillier, exhib. cat. *Vouet*, Paris (Grand Palais) 1990, no. 6.
36 Copy after N. Garnier, *Antoine Coypel 1661-1722*, Paris 1989, no. 16 (Louvre, inv. no. 3479).

35 Attribué aujourd'hui à Simon Vouet, Staatliche Kunstsammlungen, Kassel, n° d'inv. 571 ; J. Thuillier, cat. exp. *Vouet*, Paris (Grand Palais) 1990, n° 6.
36 Copie d'après Coypel : voir N. Garnier, *Antoine Coypel 1661-1722*, Paris 1989, n° 16 (Louvre ; n° d'inv. 3479).
37 Acheté par Anthonie Rutgers pour Guillaume VIII de Hesse-Kassel et aujourd'hui dans la Wallace Collection à Londres, n° d'inv. P 114. Roethlisberger, voir note 17, n° 222.
38 Environ 92 x 124,5 cm ; on ne connaît pas de version traitant ce thème ayant ces dimensions.
39 Aux numéros de lot 5 et 6 ; probablement les copies au Musée des Beaux-Arts à Marseille ; Garnier, voir note 36, p. 121, au n° 53.
40 Probablement alors acheté par Willem Lormier. Le tableau se trouve aujourd'hui au Charlottenburg à Berlin ; voir cat. exp. *Watteau 1684-1721*, Washington-Paris-Berlin 1984-85, p. 406, n° 62.
41 G. Wildenstein, *Lancret*, Paris 1924, n° 421.
42 Wildenstein, voir note 41, n° 325.
43 Ce thème n'est pas mentionné dans : T. Lefrançois, *Nicolas Bertin (1668-1736) peintre d'histoire*, Paris 1981.
44 Mérot, voir note 30, n° 81 (disparu).
45 Voir note 19.
46 Wildenstein, voir note 41, n° 424.
47 Wildenstein, voir note 41, n° 160 et 213.
48 Voir note 40.
49 Voir note 20 ; provient de la vente Van Biesum.
50 Cf. J.L. Bordeaux, *François Le Moyne (1688-1737) and his generation*, Paris 1984, p. 128 (disparu).
51 Cf. P. Rosenberg & J. Thuillier, *Laurent de La Hyre 1606-1656 L'homme et l'œuvre*, Genève 1988 (cat. exp. Grenoble-Rennes-Bordeaux), n° 61.
52 Pour cette collection, voir : S. Slive, "Dutch pictures in the collection of Cardinal Silvio Valenti Gonzaga (1690-1756)", *Simiolus* 17 (1987), pp. 169-187.
53 Ce tableau se trouvait en 1967 à la Galerie Seligman à New York ; cat. exp. *Vouet to Rigaud*, New York (Finch College Museum of Art) 1967, n° 38. Le Rijksmuseum Twenthe à Enschede en conserve une vieille copie, n° d'inv. 547 (toile ; 100 x 128 cm).
54 Pour les numéros de lot 164 et 165, voir notes 46 et 47.
55 Provenant de la vente Lormier, numéro de lot 154 ; Wildenstein, voir note 41, n° 213.
56 Ermitage, Saint-Pétersbourg ; cat. 1903, n° d'inv. 1455 ; acheté par Catherine la Grande en 1771 à la vente Braamcamp.
57 L. Nikolenko, *Pierre Mignard. The portrait painter of the Grand Siècle*, Munich 1983, pp. 136-137 ; on connaît diverses versions de cette peinture.
58 Mérot, voir note 30, n° 110.
59 Conservé aujourd'hui au Musée des Beaux-Arts à Dijon et provenant du Cabinet du Stathouder à La Haye. T.C. Haag administrait la collection de Guillaume V. Garnier, voir note 36, n° 57.
60 Rosenberg & Thuillier, voir note 51, n° X 91-94.
61 Pour cette collection, voir : C. Bille, *De tempel der kunst of het kabinet van den heer Braamcamp*, Amsterdam 1961 et notes 56, 57 et 78-80.
62 Bille pense que dès cette année-là Braamcamp revendit son Watteau à Fouquet pour Frédéric le Grand à Berlin ; Bille, voir note 61, p. 73. Le tableau se trouve aujourd'hui au Charlottenburg comme copie du XVIIIe siècle (toile ; 55 x 65 cm).
63 J. Ingamells & R. Raines, "A Catalogue of the Paintings, Drawings and Etchings of Philip Mercier", *The Walpole Society* 46 (1976-78), p. 40, n° 142 (Musée du Louvre, Paris, n° d'inv. RF 1582). Voir aussi l'inventaire de la collection Leers en 1752 et la vente du 7-4-1750, n° 82.
64 Peut probablement être identifié avec *Le faux-pas* de Watteau au Louvre (toile ; 40 x 31,5 cm) ; voir cat. exp. *Watteau*, note 40, p. 387, n° 57.
65 Galerie Narodni, Prague, n° d'inv. 056 ; cat. exp. *Charles Le Brun, 1619-1690, peintre et dessinateur*, Versailles 1963, n° 12.
66 Ermitage, Saint-Pétersbourg ; cat. 1903, n° d'inv. 1457.
67 Ermitage, Saint-Pétersbourg ; cat. 1958, n° d'inv. 1755 ; Thuillier, voir note 2, n° 193.
68 Blunt, voir note 3, au n° 25.
69 Musée Pouchkine, Moscou ; Thuillier, voir note 2, n° 12.
70 Ermitage, Saint-Pétersbourg ; Thuillier, voir note 2, n° 11.
71 Blunt, voir note 3, n° 34.1 ; d'après Blunt il s'agit d'une copie d'après le tableau du Prado. Voir aussi note 11 pour le même thème dans la collection Jaques Meyers.
72 Ermitage, Saint-Pétersbourg ; Garnier, voir note 36, n° 68.
73 Aucun de ces thèmes n'est mentionné dans : Lefrançois, voir note 43.
74 Vu ses dimensions – environ 115,5 x 141,5 cm – ce tableau pourrait être identifié avec la copie d'après n° 233 dans : Rosenberg & Thuilllier, voir note 51, p. 269.
75 Vu que Catherine II la Grande a acquis les meilleures œuvres de cette vente pour ses collections particulières, ces deux petits panneaux de Pater pourraient être identifiés avec ceux de l'Ermitage ; I.S. Nemilova, *The Hermitage. Catalogue of Western Painting. French Painting Eigthteen Century*, Moscou-Florence 1986, n° 171-172
76 E. Wiersum, "Het schilderijen-kabinet van Jan Bisschop te Rotterdam", *Oud Holland* 28 (1910), p. 171.
77 Pour cette collection, voir : C. Bille, voir note 61.
78 A. Schnapper, *Jean Jouvet (1644-1717) et la peinture d'histoire à Paris*, Paris 1974, au n° 119 ; voir aussi vente W. Coole, 1782, n° 36.

37 Bought by Anthonie Rutgers for Wilhelm VIII of Hessen-Kassel and now in the Wallace Collection in London, inv. no. P 114. Roethlisberger, see note 17, no. 222.
38 Approximately 92 x 124.5 cm ; no version of the subject is known in these measurements.
39 Ad lot nos. 5 and 6 : probably the copies at the Musée des Beaux-Arts in Marseilles ; Garnier, see note 36, p. 121, ad no. 53.
40 Probably bought by Willem Lormier. The painting is now at the Charlottenburg in Berlin ; see exhib. cat. *Watteau 1684-1721*, Washington-Paris-Berlin 1984-85, p. 406, no. 62.
41 G. Wildenstein, *Lancret*, Paris 1924, no. 421.
42 Wildenstein, see note 41, no. 325.
43 This theme is not in T. Lefrancois, *Nicolas Bertin (1668-1736) peintre d'histoire*, Paris 1981.
44 Mérot, see note 30, no. 81 (lost).
45 See note 19.
46 Wildenstein, see note 41, no. 424.
47 Wildenstein, see note 41, nos. 160 and 213.
48 See note 40.
49 See note 20 ; from Van Biesum's auction.
50 Compare J.L. Bordeaux, *François Le Moyne (1688-1737) and his generation*, Paris 1984, p. 128 (lost).
51 Compare P. Rosenberg & J. Thuillier, *Laurent de La Hyre 1606-1656. L'homme et l'œuvre*, Geneva 1988 (exhib. cat. Grenoble-Rennes-Bordeaux), no. 61.
52 On this collection, see S. Slive, "Dutch pictures in the collection of Cardinal Silvio Valenti Gonzaga (1690-1756)", *Simiolus* 17 (1987), pp. 169-87.
53 This painting was at the Seligman Gallery in New York in 1967 ; exhib. cat. *Vouet to Rigaud*, New York (Finch College Museum of Art) 1967, no. 38. The Rijksmuseum Twenthe in Enschede has an old copy of it, inv. no. 547 (canvas, 100 x 128 cm).
54 On lot nos. 164 and 165, see notes 46 and 47.
55 From the Lormier auction, lot. no. 154 ; Wildenstein, see note 41, no. 213.
56 Hermitage, St Petersburg ; cat. 1903, inv. no. 1455 ; bought by Catherine the Great at the Braamcamp auction of 1771.
57 L. Nikolenko, *Pierre Mignard. The portrait painter of the Grand Siècle*, Munich 1983, pp. 136-37 ; several versions of this painting are known.
58 Mérot, see note 30, no. 110.
59 Now at the Musée des Beaux-Arts in Dijon and originally from the Stadholder's Cabinet in The Hague. T.C. Haag was the keeper of Willem V. See Garnier, note 36, no. 57.
60 Rosenberg & Thuillier, see note 51, nos. X 91-94.
61 On this collection, see C. Bille, *De tempel der kunst of het kabinet van den heer Braamcamp*, Amsterdam 1961, and notes 56-57 and 78-80.
62 In the same year, according to Bille, Braamcamp sold his Watteau to Fouquet for Frederick the Great in Berlin ; Bille, see note 61, p. 73. The painting is now at Charlottenburg Palace in Berlin as an eighteenth-century copy (canvas, 55 x 65 cm).
63 J. Ingamells & R. Raines, "A catalogue of the paintings, drawings and etchings of Philip Mercier", *The Walpole Society* 46 (1976-78), p. 40, no. 142 (Musée du Louvre, Paris, inv. no. RF 1582). Also see the inventory from 1752 of the Leers Collection and the auction of 7 April 1750, no. 82.
64 This may be Watteau's *Le faux-pas* at the Louvre (canvas, 40 x 31.5 cm) ; see exhib. cat. *Watteau*, see note 40, p. 387, no. 57.
65 Narodni Galery, Prague, inv. no. 056 ; exhib. cat. *Charles Le Brun, 1619-1690, peintre et dessinateur*, Versailles 1963, no. 12.
66 Hermitage, St Petersburg ; cat. 1903, inv. no. 1457.
67 Hermitage, St Petersburg ; cat. 1958, inv. no. 1755 ; Thuillier, see note 2, no. 193.
68 Blunt, see note 3, under no. 25.
69 Pushkin Museum, Moscow ; Thuillier, see note 2, no. 12.
70 Hermitage, St Petersburg ; Thuillier, see note 2, no. 11.
71 Blunt, see note 3, no. 34.1 ; according to Blunt, a copy after the painting at the Prado. Also see note 11 on the same subject in Jaques Meijers's collection.
72 Hermitage, St Petersburg ; Garnier, see note 36, no. 68.
73 None of these themes are mentioned in Lefrançois, see note 43.
74 Considering the measurements - approximately 115.5 x 141.5 cm - it could be the copy after no. 233 in Rosenberg & Thuillier, see note 51, p. 269.
75 Considering that Catherine the Great bought the best works in the auction for her collection, the two panels by Pater could be the ones at the Hermitage ; I.S. Nemilova, *The Hermitagee. Catalogue of Western painting. French painting eighteenth century*, Moscow-Florence 1986, nos. 171-72.
76 E. Wiersum, "Het schilderijen-kabinet van Jan Bisschop te Rotterdam", *Oud Holland* 28 (1910), p. 171.
77 On this collection : Bille, see note 61.
78 A. Schnapper, *Jean Jouvenet (1644-1717) et la peinture d'histoire à Psris*, Paris 1974, ad no. 119 ; also see the W. Coole auction, 1782, no. 36.
79 See note 56.
80 See note 57.
81 In view of the measurements, this may be the painting at the Smith College Museum of Art, Northampton ; Rosenberg, see note 6, no. 9.

79 Voir note 56.
80 Voir note 57.
81 Vu les dimensions, ce tableau peut être identifié avec celui du Smith College Museum of Art, Northampton; Rosenberg, voir note 6, n° 9.
82 Cf. le dessin avec le motif: Lefrançois, voir note 43, n° 239.
83 Collection particulière, Angleterre; Roethlisberger, voir note 17, n° 178.
84 Cf. Schnapper, voir note 78, n° 72; certainement une copie d'après le tableau du Louvre.
85 Peut être une esquisse pour le grand tableau de 1702 au Louvre; Garnier, voir note 36, n° 81.
86 Voir notes 20 et 49.
87 Collection Matthieu Goudchaux, Paris; A. Ananoff, *François Boucher*, Lausanne-Paris 1976, n° 38-39.
88 Cf. Ananoff, voir note 87, tome 2, p. 328.
89 Cf. T.W. Gaehtgens & J. Lugand, *Joseph-Marie Vien Peintre du Roi (1716-1809)*, Paris 1988, n° 9 et 11.
90 Autres versions mentionnées chez E. Berckenhagen etc., *Antoine Pesne*, Berlin 1958, n° 297.
91 Vu les dimensions, il s'agit de *La Mort de Germanicus* vendue antérieurement, voir les notes 19 et 45.
92 Vu les dimensions, il doit s'agir du même tableau que celui de la vente Paets, 26-4-1713, n° 20.
93 Collection Edmond de Rothschild, Pregny (Suisse); G. Wildenstein, *The paintings of Fragonard*, Londres 1960, n° 458 (toile; 32 x 40 cm).
94 Collection particulière; Bordeaux, voir note 50, n° 18 (56 x 86,5 cm).
95 Variante de Thuillier, voir note 2, n° 18.
96 Nous connaissons deux versions de cette composition: Thuillier, voir note 2, n° 152 (collection particulière, Paris), et Blunt, voir note 3, n° 53 (National Gallery of Art, Washington).
97 Voir note 65.
98 Nous connaissons plusieurs exemplaires de cette composition, voir J.C. Boyer & F. Macé de Lépinay, "The 'Mignardes', Sassoferrato and Roman classicism during the 1650's", *The Burlington Magazine* 123 (1981), pp. 69-76.

82 Compare the drawing of this subject: Lefrançois, see note 43, no. 239.
83 Private collection, England; Roethlisberger, see note 17, no. 178.
84 Compare Schnapper, see note 78, no. 72; probably a copy after the painting at the Louvre.
85 Possibly a sketch for the large painting from 1702 at the Louvre; Garnier, see note 36, no. 81.
86 See notes 20 and 49.
87 Matthieu Goudchaux Collection, Paris; A. Ananoff, *François Boucher*, Lausanne-Paris 1976, nos. 38-39.
88 Compare Ananoff, see note 87, vol. 2, p. 328.
89 Compare T.W. Gaehtgens & J. Lugand, *Joseph-Marie Vien Peintre du Roi (1716-1809)*, Paris 1988, nos. 9 and 11.
90 Other versions are mentioned in E. Berckenhagen etc., *Antoine Pesne*, Berlin 1958, no. 297.
91 The measurements confirm that this is the previously auctioned *Death of Germanicus*, see notes 19 and 45.
92 In view of the measurements, this must be the same painting as the one in Paets's auction, 26 April 1713, no. 20.
93 Edmond de Rothschild Collection, Pregny (Switzerland); G. Wildenstein, *The paintings of Fragonard*, London 1960, no. 458 (canvas, 32 x 40 cm).
94 Private collection; Bordeaux, see note 50, no. 18 (56 x 86.5 cm).
95 Variant of Thuillier, see note 2, no. 18.
96 Two versions of this composition are known: Thuillier, see note 2, no. 152 (private collection, Paris) and Blunt, see note 3, no. 53 (National Gallery of Art, Washington).
97 See note 65.
98 Several examples of this composition are known, see J.C. Boyer & F. Macé de Lépinay, "The 'Mignardes', Sassoferrato and Roman classicism during the 1650's", *The Burlington Magazine* 123 (1981), pp. 69-76.

Index

Liste des prêteurs
List of lenders

Rijksmuseum, Amsterdam
Rijksmuseum Huis Lambert van Meerten, Delft
Stichting Huis Doorn, Doorn
Museum Bredius, Den Haag
Koninklijk Kabinet van Schilderijen Mauritshuis, Den Haag
Rijksdienst Beeldende Kunst, Den Haag
Rijksmuseum Meermanno-Westreenianum, Den Haag
Stichting Hannema-De Stuers Fundatie, Heino
Stedelijk Museum De Lakenhal, Leiden
Bonnefantenmuseum, Maastricht
Fondation Custodia (Coll. F. Lugt), Parijs
Museum Boymans-van Beuningen, Rotterdam
Centraal Museum, Utrecht

Catalogue

Guido Jansen — cat. n°s 1, 2, 4, 6, 12-18, 21-23, 30-36, 39-42, 47.

Jeroen Giltaij — cat. n°s 3, 5, 7-11, 19, 20, 24-29, 37-38, 43-46, 48.

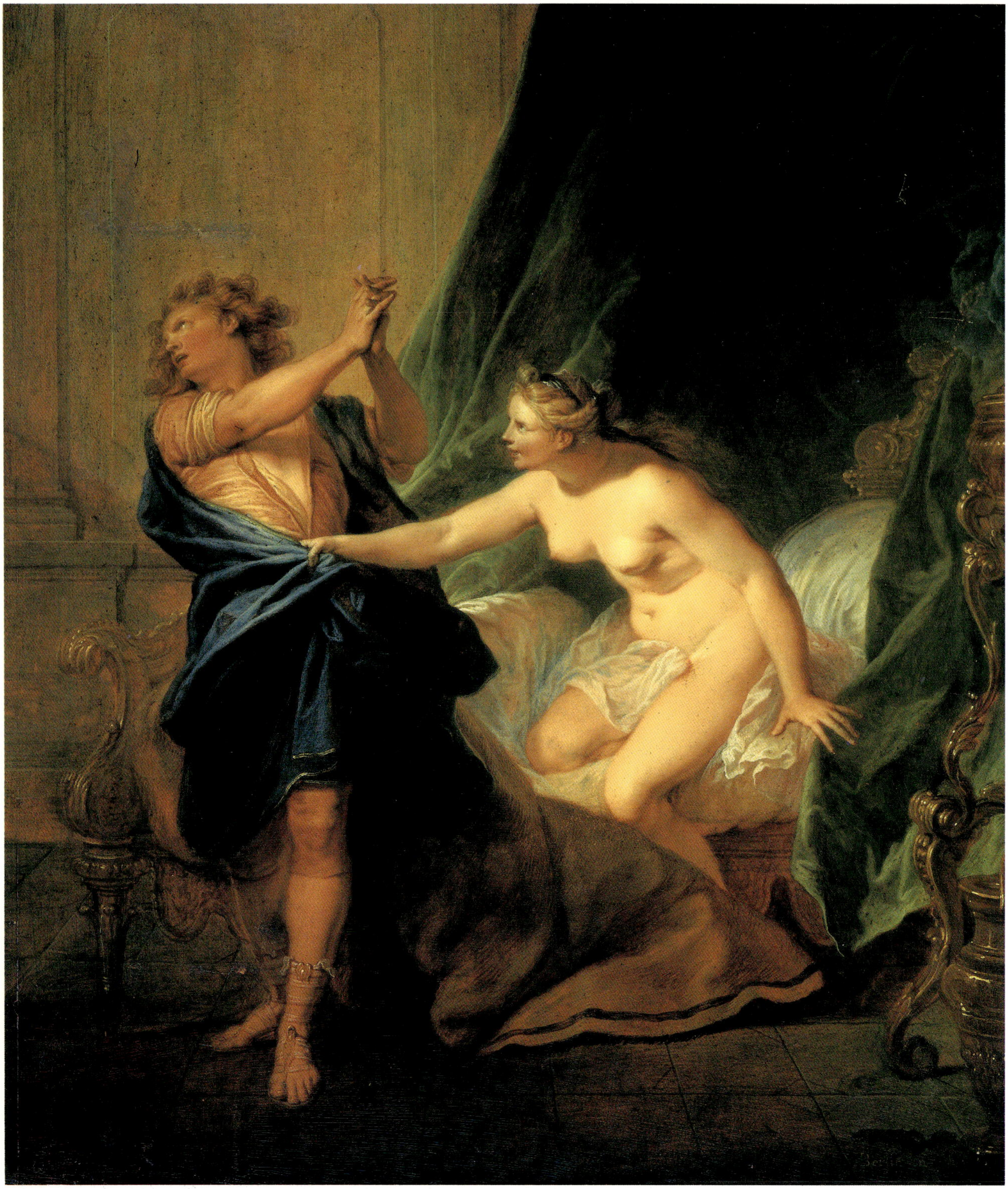

58 59

1

Joseph et la femme de Putiphar
Joseph and Potiphar's wife

Nicolas Bertin (Paris 1668 - Paris 1736)

Panneau ; 38,5 x 32 cm.
Signé en bas à droite : Bertin/ in

Panel ; 38.5 x 32 cm
Signed at lower right : Bertin/ in

Amsterdam, Rijksmuseum

Provenance : vente Jaques Meyers, Rotterdam, 9-9-1722, n° 207 (f75) ; Hendrik van Heteren (1672-1749), La Haye ; Adriaan Leonard van Heteren, La Haye ; hérité par Adriaan Leonard van Heteren Gevers, La Haye-Rotterdam ; acquis par le roi Louis Napoléon lors de l'achat de la collection Van Heteren pour le Musée Royal à La Haye, aujourd'hui Rijksmuseum ; n° d'inv. A 40.

Exposition : *L'Art français au XVIIIe siècle*, Copenhague (Charlottenborg) 1935, n° 7.

Bibliographie : E.W. Moes & E. van Biema, *De Nationale Konst-Gallery en het Rijksmuseum*, Amsterdam 1909, p. 145 ; T. Lefrançois, *Nicolas Bertin (1668-1736) peintre d'histoire*, Paris 1981, cat. n° 2 avec bibliographie complète ; Th.L.J. Verroen, "Een verstandig ryk man ; de achttiende-eeuwse verzamelaar Adriaan Leonard van Heteren", *Leids kunsthistorisch jaarboek* 4 (1985), p. 33.

Provenance : Jaques Meyers sale, 9 September 1722, Rotterdam, no. 207 (Fl. 75) ; Hendrik van Heteren (1672-1749), The Hague ; Adriaan Leonard van Heteren, The Hague ; inherited by Adriaan Leonard van Heteren-Gevers, The Hague-Rotterdam ; acquired with his collection by Louis Napoleon in 1809 for the Royal Museum in The Hague (now at the Rijksmuseum) ; inv. no. A 40.

Exhibition : *L'Art français au XVIIIe siècle*, Copenhagen (Charlottenborg) 1935, no. 7.

Literature : E.W. Moes & E. van Biema, *De Nationale Konst-Gallery en het Rijksmuseum*, Amsterdam 1909, p. 145 ; T. Lefrançois, *Nicolas Bertin (1668-1736) peintre d'histoire*, Paris 1981, cat. no. 2, with comprehensive bibliography ; T.L.J. Verroen, "Een verstandig ryk man ; de achttiende eeuwse verzamelaar Adriaan Leonard van Heteren", *Leids kunsthistorisch jaarboek* 4 (1985), p. 33.

Si la Hollande du XVIIIe siècle possédait peu d'œuvres de Nicolas Bertin, les amateurs d'art connaissaient certainement ce peintre d'histoire, car ses petites pièces de cabinet, souvent étoffées de nus délicats, s'inscrivaient dans la même lignée que les peintures si recherchées d'un Godfried Schalcken ou d'un Adriaen van der Werff. Rien d'étonnant donc à ce que le cabinet d'Adriaan Leonard van Heteren (1722-1800) ait possédé, outre deux petits panneaux du Français Bertin, des œuvres importantes de ces deux peintres néerlandais.
Lorsqu'en 1752 Gerard Hoet de Jonge, marchand de tableaux à La Haye, décrivit la collection Adriaan Leonard van Heteren, celle-ci comptait déjà une bonne centaine de peintures, chiffre énorme pour un collectionneur d'à peine trente ans.[1] La plupart venaient sans doute de son père Hendrik, un riche régent de La Haye décédé en 1749.[2] Cela vaut notamment pour les deux Bertin, que Hendrik van Heteren a très probablement acquis en 1722 lors de la vente de la succession de Jaques Meyers, collectionneur et marchand fort connu. Le 9 septembre de cette année furent en effet vendus à Rotterdam sous les numéros 206 et 207 "Une Suzanne avec deux malandrins, très belle et peinte en France par Bertin" et un "Joseph avec la femme de Putiphar, du même, égal au premier", et dont les mesures à vue correspondent

Nicolas Bertin was by no means unknown to art connoisseurs in eighteenth-century Holland, although his work was not often to be seen. His historicised cabinet pieces, often enlivened by delicately rendered female nudes, would probably have appealed to the same taste that made work by such artists as Godfried Schalcken or Adriaen van der Werff so unusually popular at the time. Not surprisingly, Adriaan Leonard van Heteren (1722-1800), who owned both of Bertin's paintings, also had important works by these Dutch painters. In 1752, the Hague art dealer Gerard Hoet the Younger compiled a description of Van Heteren's cabinet, which then comprised over a hundred paintings, including the two by Bertin. An astonishing collection for a man barely thirty years old,[1] most of the work was probably bequeathed to Adriaan by his father, the Hague regent Hendrik van Heteren, on his death in 1749.[2] The two Bertins were presumably among those he inherited, as Hendrik is believed to have bought them in 1722 at the sale of the estate of the prominent collector and art dealer Jaques Meyers. In any event, two paintings with exactly the same measurements in frame as those in the Rijksmuseum – "A Susanna with two villains, very beautiful and painted in France by Bertin" and a "Joseph with Potiphar's wife, by the same artist, corresponding to the preceding" – were sold as lot numbers 206 and

parfaitement à celles des panneaux du Rijksmuseum. La *Suzanne et les vieillards* fut adjugée 101 florins, somme alors considérable, alors que *Joseph et la femme de Putiphar* n'atteignit que 75 florins. Hendrik van Heteren fut peut-être aussi l'acheteur, pour 225 florins, d'un troisième tableau de la collection Meyers, le *Mariage mystique de sainte Catherine*, alors attribué à Sébastien Bourdon lui-même, acheté en 1809, avec toute la collection Van Heteren, par Louis Napoléon.[3] Ce tableau et les deux panneaux de Bertin sont tout ce qu'il reste aux Pays-Bas de la collection Meyers, qui constitua sans doute le plus bel ensemble de peinture française hors de Paris (voir à ce sujet l'introduction et l'appendice du présent catalogue).

1 Gerard Hoet, *Catalogus of naamlyst van schilderyen*, II, La Haye 1752, pp. 451-462.
2 Moes & Van Biema, voir bibliographie, p. 192 ; voir aussi l'article de Verroen.
3 N° d'inv. A 53 (toile ; 86,5 x 103,5 cm) ; ce tableau était inscrit sous le numéro 35 à la vente Meyers. On y voit aujourd'hui une réplique d'atelier, dont on connaît plusieurs exemplaires (communication orale de Pierre Rosenberg, 30-10-1991).

207 at a public auction in Rotterdam in September of that year. *Susanna and the elders* fetched the respectable sum of 101 guilders, while *Joseph and Potiphar's wife* went for a mere 75 guilders. Hendrik van Heteren is thought to have purchased a third painting from Meyers's collection, *The mystic marriage of St Catherine*, which was then still attributed to Sébastien Bourdon and which fetched 225 guilders. *St Catherine* is now also at the Rijksmuseum in Amsterdam.[3] Together with the two panels by Bertin, it is all that remains in the Netherlands of Meyers's cabinet, which must once have been the most impressive collection of French painting outside Paris (see the Introduction and Appendix to this catalogue).

1 Gerard Hoet, *Catalogus of naamlyst van schilderyen*, II, The Hague 1752, pp. 451-62.
2 Moes & Van Biema, see Literature, p. 192; also see Verroen's article.
3 Inv. no. A 53 (canvas, 86.5 x 103.5 cm); this painting was lot no. 35 in Meyers's auction. It is now thought to be one of several studio replicas (verbal communication from Pierre Rosenberg, 30 October 1991).

2

Suzanne et les vieillards
Susanna and the elders

Nicolas Bertin (Paris 1668 - Paris 1736)

Panneau ; 39 x 33 cm.
Signé en bas à gauche : Bertin/ in

Panel ; 39 x 33 cm
Signed at lower left : Bertin/ in

Amsterdam, Rijksmuseum

Provenance : vente Jaques Meyers, Rotterdam, 9-9-1722, n° 206 (*f* 101) ; Hendrik van Heteren, La Haye ; Adriaan Leonard van Heteren, La Haye ; hérité par Adriaan Leonard van Heteren Gevers, La Haye-Rotterdam ; acquis par le roi Louis Napoléon en 1809 lors de l'achat de la collection Van Heteren pour le Musée Royal à La Haye, aujourd'hui Rijksmuseum ; n° d'inv. A 41.

Bibliographie : Lefrançois 1981, voir cat. n° 1, n° 3 avec bibliographie complète ; Th.L.J. Verroen, "Een verstandig ryk man ; de achttiende-eeuwse verzamelaar Adriaan Leonard van Heteren", *Leids kunsthistorisch jaarboek* 4 (1985), p. 33.

Provenance : Jaques Meyers sale, 9 September 1722, Rotterdam, no. 206 (Fl. 101) ; Hendrik van Heteren, The Hague ; Adriaan Leonard van Heteren, The Hague ; inherited by Adriaan Leonard van Heteren Gevers, The Hague-Rotterdam ; acquired with his collection by Louis Napoleon in 1809 for the Royal Museum in The Hague (now at the Rijksmuseum) ; inv. no. A 41.

Literature : Lefrançois 1981, see previous entry, no. 3, with comprehensive bibliography ; T.L.J. Verroen, "Een verstandig ryk man ; de achttiende-eeuwse verzamelaar Adriaan Leonard van Heteren", *Leids kunsthistorisch Jaarboek* 4 (1985), p. 33.

Thierry Lefrançois, auteur d'une monographie récente consacrée à Nicolas Bertin, estime que les deux panneaux du Rijksmuseum comptent parmi les premières œuvres connues du maître parce qu'elles portent au dos la date 1699. Il est vrai que *Suzanne et les vieillards* porte au dos l'inscription *A° 99*, mais *Joseph et la femme de Putiphar* est marqué *A° 100*, et non *A° 169.* comme Lefrançois a cru le lire.[1] Les inscriptions au dos semblent donc être plutôt d'anciens numéros d'inventaire, et non une datation de la main de l'artiste.
Il n'en demeure pas moins que ces deux panneaux comptent probablement parmi les premières œuvres du peintre. Premier indice, Jaques Meyers les possède dès 1722 ; second indice, plus convaincant, les panneaux portent nettement la marque stylistique de Bon Boullogne (1649-1717), le dernier maître de Bertin. Sans aucun doute l'atelier éclectique de Boullogne a permis au jeune Bertin de découvrir la peinture hollandaise du XVIIe siècle, car le format réduit des deux panneaux et leur fini trahissent une évidente

In a recent monograph on Nicolas Bertin, Thierry Lefrançois describes the Rijksmuseum paintings, which he believed were dated 1699, as two of the master's earliest known works. Although *Susanna and the elders* is indeed inscribed *A°99*, the number on *Joseph and Potiphar's wife* is actually *A°100* and not *A°169.* as Lefrançois thought.[1] These verso inscriptions are therefore probably old inventory numbers rather than dates given by the artist. Nevertheless, the two panels were undoubtedly made quite early on in Bertin's career. They were in Jaques Meyers's collection in 1722, and even more importantly, the style of painting was clearly inspired by Bertin's last teacher, the eclectic Bon Boullogne (1649-1717). Bertin must also have studied the work of Dutch seventeenth-century masters in Boullogne's studio, as the dimensions of the panel shown here and the artist's attention to detail are unmistakeable evidence of their influence. Their impact on his work can also be seen in the still-life motifs in some of his early pieces, which are reminiscent of Willem Kalf's

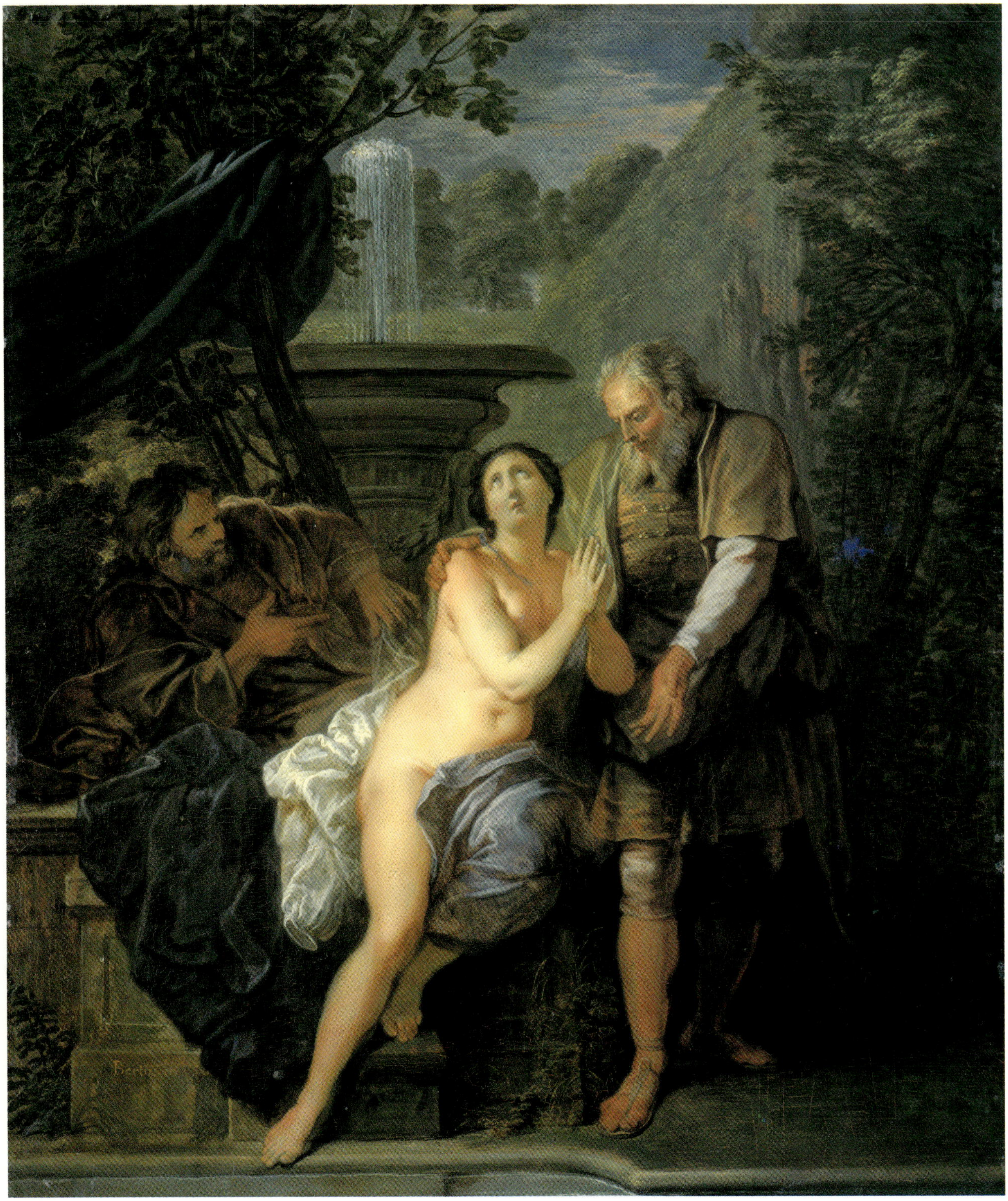

62 63

influence hollandaise. Les motifs de nature morte de certaines œuvres de jeunesse rappellent d'ailleurs les intérieurs de cuisine ou d'écurie de Willem Kalf.[2] Mais la *Suzanne* et le *Joseph* semblent s'inspirer d'autres peintres de l'école hollandaise ; les deux scènes bibliques mettent l'accent sur le nu sensuel, un genre de peinture érotique historisante fort prisé en Hollande vers la fin du XVIIe et pratiqué avec bonheur par un Godfried Schalcken (1643-1708), un Adriaen van der Werff (1659-1722) et un Willem van Mieris (1662-1747). Dès les années 1680 le graveur et éditeur Johan van der Brugge vend à Paris des œuvres de Schalcken, et nous pouvons donc supposer que Bertin a certainement connu la production de ce peintre hollandais.[3]

1 Je remercie Fennelies Kiers, du Rijksmuseum, qui a bien voulu contrôler ma lecture des inscriptions.
2 Lefrançois, voir bibliographie, p. 25, figs. 14 & 15.
3 Peter Hecht, *De Hollandse fijnschilders*, cat. exp. Amsterdam (Rijksmuseum) 1989, pp. 190-193.

kitchen and stable interiors.[2] *Susanna and the elders* and *Joseph and Potiphar's wife* are likewise based on work by Dutch masters. These two religious representations emphasise the sensual female nude, while this type of historicising erotic painting was as popular in Holland as it was in France at the end of the seventeenth century. Godfried Schalcken (1643-1708), Adriaen van der Werff (1659-1722) and Willem van Mieris (1662-1747) were particularly sought-after exponents of the genre. The graphic artist and publisher Johan van der Brugge was selling Schalcken's work in Paris in the 1680s, and it is therefore reasonable to assume that Bertin had seen it.[3]

1 I am grateful to Fennelies Kiers of the Rijksmuseum, who confirmed my reading of the inscriptions.
2 Lefrançois, see Literature, p. 25, figs. 14 and 15.
3 Peter Hecht, *De Hollandse fijnschilders*, exhib. cat. Amsterdam (Rijksmuseum) 1989, pp. 190-93.

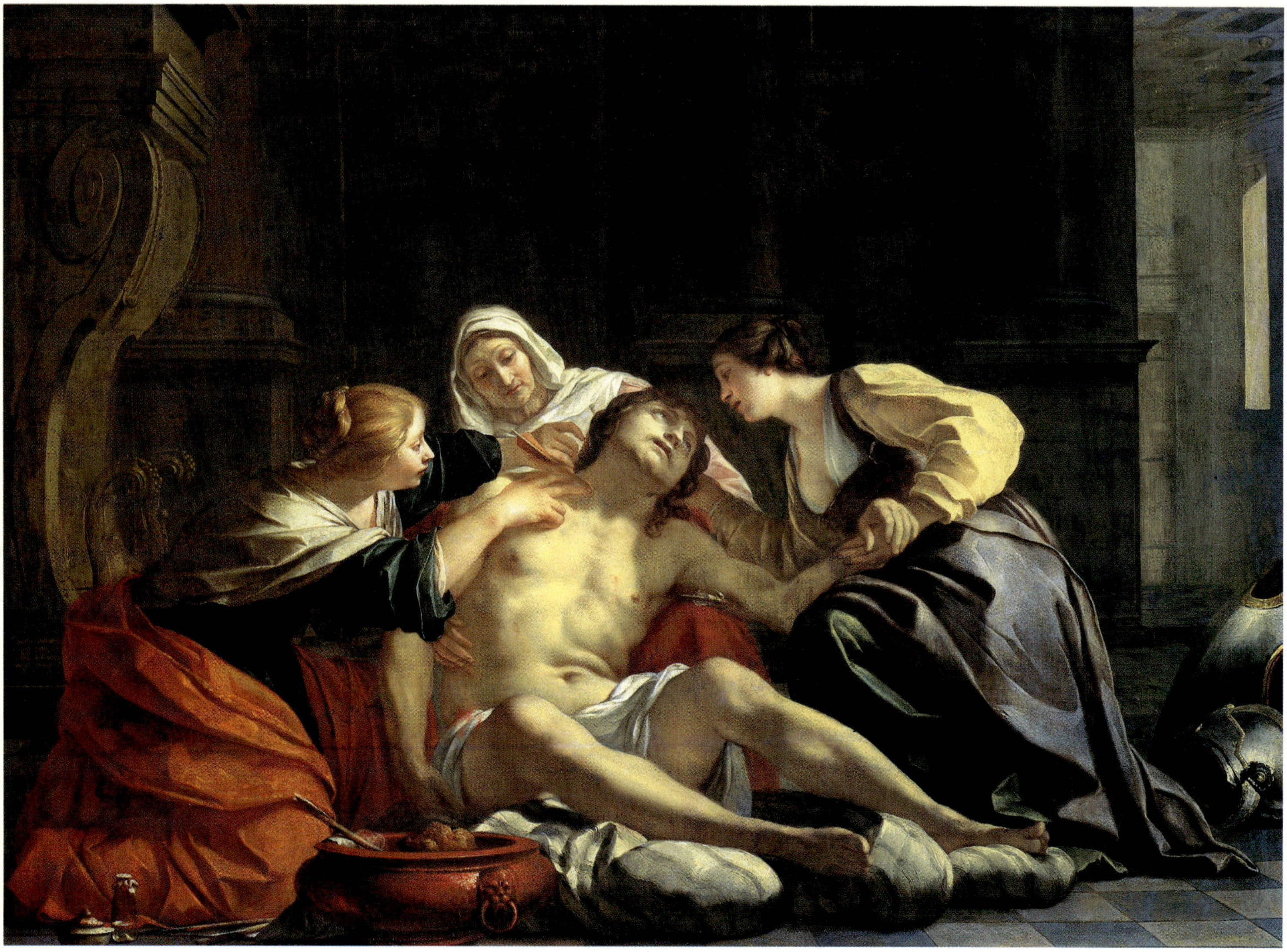

64 65

3

Saint Sébastien soigné par Irène et ses servantes
St Sebastian nursed by Irene and her helpers

Jacques Blanchard (Paris 1600 - Paris 1638)

Toile ; 153 x 202 cm.

Canvas ; 153 x 202 cm

Amsterdam, Rijksmuseum

Provenance : jusqu'en 1920 collection particulière anglaise (comme Vouet) ; collection particulière française (acquis en Angleterre par le chanoine Petiot comme Vouet ; dans sa collection jusqu'en 1962) ; acheté à la Galerie Heim, Paris, 1963 ; n° d'inv. A 4091.

Exposition : *French Paintings & Sculptures of the 17th century*, Londres (Heim Gallery) 1968, n° 14, fig.

Bibliographie : Ch. Blanc, *Histoire des peintures de toutes les écoles, école française*, I, Paris, 1862, Blanchard, p. 3, fig. ; Ch. Sterling, "Les peintres Jean et Jacques Blanchard", *Art de France* I (1961), p. 93, n° 57, fig. 57 ; E. de Jongh, "Jacques Blanchards 'Verzorging van Sebastiaan', Een Apollo in plaats van een stekelvarken", *Bulletin van het Rijksmuseum* 11 (1963), pp. 71-79 ; P. Rosenberg, "Quelques nouveaux Blanchard", *Études d'art français offertes à Charles Sterling*, Paris, 1975, pp. 221, 222.

Provenance : English private collection until 1920 (as Simon Vouet) ; French private collection (Chanoine Petiot acquired the work from England as a Simon Vouet ; it remained in his collection until 1962) ; purchased from the Heim Gallery, Paris, 1963 ; inv. no. A 4091.

Exhibition : *French paintings & sculptures of the 17th century*, London, Heim Gallery, 1968, no. 14, ill.

Literature : Ch. Blanc, *Histoire des peintures de toutes les écoles, école française*, 1, Paris 1862, Blanchard, p. 3, ill. ; Ch. Sterling, "Les peintres Jean et Jacques Blanchard", *Art de France* 1 (1961), p. 93, no. 57, fig. 57 ; E. de Jongh, "Jacques Blanchards Verzorging van Sebastiaan. Een Apollo in plaats van een stekelvarken", *Bulletin van het Rijksmuseum* 11 (1963), pp. 71-79 ; P. Rosenberg, "Quelques nouveaux Blanchard", *Études d'art français offertes à Charles Sterling*, Paris 1975, pp. 221-22.

Blanc reproduit cette toile dans son ouvrage de 1862 comme œuvre de Blanchard, mais malheureusement il n'indique pas où le tableau se trouve à cette époque. Le tableau passe ensuite dans deux collections particulières, une anglaise, puis une française, comme peinture de Vouet, mais en 1961 Sterling l'attribue correctement dans un article consacré aux Blanchard ; il date la toile vers 1637, un an avant la mort du peintre.
Blanchard, qui séjourna quelques années à Rome (1624-26) et à Venise (1626-28), fut profondément marqué par la peinture italienne. Le XVIIe siècle et le XVIIIe l'appelèrent même le Titien français, ce qui est un peu excessif.
L'œuvre du Rijksmuseum trahit l'influence vénitienne par sa forme très colorée et sa touche relativement large. E. de Jongh constate en 1963 à propos de l'acquisition du Rijksmuseum : "Vu dans l'absolu, le tableau ne me paraît pas une œuvre majeure" ; nous ne pouvons, malheureusement, que souscrire à ce jugement. De Jongh a étudié l'iconographie du tableau, qui évoque l'histoire de Sébastien, centurion gaulois dans les légions romaines, condamné à mort parce qu'il était chrétien. Percé de nombreuses flèches et laissé pour mort, il fut découvert encore en vie et sauvé par Irène, la femme d'un de ses amis.
Le peintre montre tout à gauche Irène, qui panse le blessé, tandis qu'une jeune femme arrache une flèche fichée dans le cou du malheureux ; derrière, assise, une vieille femme.

In 1862 Blanc reproduced this *St Sebastian* as a painting by Blanchard, but unfortunately neglected to mention where the work was at the time. Although it was subsequently ascribed to Simon Vouet in English and French private collections, Sterling correctly restored the attribution in an article on the Blanchards in 1961. He also dated the painting around 1637, which would have been the year before the artist's death.
Blanchard spent a few years in Rome (1624-26) and Venice (1626-28), where he was profoundly influenced by Italian painting. With some exaggeration perhaps, he was heralded as the French Titian in the seventeenth and eighteenth centuries.
The unusually colourful design and relatively broad brushstrokes clearly reflect this Venetian influence. "In absolute terms I do not consider it a masterpiece", E. de Jongh wrote of the Rijksmuseum's acquisition in 1963, expressing a view that we are unfortunately inclined to share. He nevertheless produced an intriguing iconographic study of the work, which illustrates an episode in the life of St Sebastian. Born in Gaul, Sebastian was an officer of the imperial guard in Rome ; he was exposed as a Christian, however, and was sentenced to be shot with arrows. Though pierced in various parts of his body, he was nursed back to health by Irene, the widow of his friend. The painting shows him being tended by Irene. An older woman is seated behind him and a young

Sterling publia une gravure d'Antoine Garnier (1611-1694) d'après le tableau et portant l'inscription : "Iacobus Blanchar pin".[1] De Jongh estime que l'illustration dans l'ouvrage de Blanc s'appuie à la fois sur le tableau lui-même et sur la gravure de Garnier. Seule différence entre l'illustration de Blanc et l'original, les colonnes cannelées de la toile ont disparu de la reproduction, peut-être une petite liberté que Blanc a cru pouvoir se permettre. Sterling se demande si ce n'est pas la seconde femme de Blanchard, que le peintre avait épousée en 1637, donc un an avant sa mort, qui a posé pour Irène.[2] Il suppose aussi que le tableau fut le fruit de la collaboration de Jacques Blanchard et de son jeune frère Jean (v.1602 ?-1655).

1 Voir Sterling, 1961, fig. 57bis.
2 Pour plus de détails biographiques, voir J. Thuillier, "Documents sur Jacques Blanchard", *Bulletin de la Société de l'Art Français Année 1976*, 1978, pp. 81-94.

woman is removing an arrow from his neck. Sterling also published a print after the painting, by Antoine Garnier (1611-1694), with the inscription *Iacobus Blanchar pin.*[1] According to De Jongh, the reproduction in Blanc's book was based on both the painting itself and on Garnier's print. The only difference between Blanc's picture and the painting is that the latter has fluted columns. The discrepancy is only a minor one, however, which the printmaker must have thought quite admissible. Sterling, incidentally, suggests that the model for Irene – the figure on the left of the painting – may have been Blanchard's second wife, the woman he married in 1637, the year before his death.[2] He also considers it possible that the Amsterdam painting may have been the joint work of Blanchard and his younger brother Jean (*c.* 1602 ?-1655).

1 See Sterling, 1961, fig. 57 bis.
2 For further biographical details, see J. Thuillier, "Documents sur Jacques Blanchard", *Bulletin de la Société de l'Histoire de l'Art Français Année 1976*, pp. 81-94.

Portrait de Jan Antonie d'Averhoult
Portrait of Jan Antonie d'Averhoult

Louis-Léopold Boilly (La Bassée 1761 - Paris 1845)

Toile ; 56 x 42,5 cm.
Signé en bas à gauche : L. Boilly pinxit

Canvas ; 56 x 42.5 cm
Signed lower left : L. Boilly pinxit

Utrecht, Centraal Museum

Provenance : collection de la famille Taets van Amerongen van Natewisch ; légué en 1980 par madame M.C. Caldwell-Roessing Udink, Morat (Suisse) ; n° d'inv. 22584.
Bibliographie : A. Staring, *Fransche kunstenaars en hun Hollandsche modellen*, La Haye 1947, pp. 92-102 ; *Mededelingen Centraal Museum Utrecht*, 1981, n° 32.

Provenance : Taets van Amerongen van Natewisch family ; bequeathed by Mrs M. C. Caldwell-Roessing Udink, Murten (Switzerland), in 1980 ; inv. no. 22584.
Literature : A. Staring, *Fransche kunstenaars en hun Hollandsche modellen*, The Hague 1947, pp. 92-102 ; *Mededelingen Centraal Museum Utrecht*, 1981, no. 32.

Aux temps mouvementés de la Révolution et du Consulat, Louis-Léopold Boilly peignit le portrait de plusieurs Hollandais qui séjournaient alors dans la capitale française, par exemple trois membres de la famille Schimmelpenninck (collection familiale, Het Nijenhuis, à Diepenheim) et Johan Meerman, dont le portrait se trouve aujourd'hui au Gemeentemuseum de La Haye.[1] Son premier client d'origine hollandaise fut Jan Antonie d'Averhoult, né en 1756 à Utrecht, mais issu d'une famille française noble d'Artois.[2] Comme son père et son grand-père, il embrassa la carrière des armes. Les querelles politiques de la fin du siècle le virent se ranger aux côtés des patriotes, qui s'opposaient furieusement aux Orangistes ; en 1787 il prit les armes pour chasser les partisans du stathouder, mais il dut s'exiler lorsque les troupes prussiennes rétablirent le prince d'Orange. Comme beaucoup de chefs patriotes, il se fixa à Paris ; de souche française, il lui fut facile de se refaire une place dans la société française.
Le portrait de Boilly le montre portant le ruban rouge de commandeur de l'ordre militaire de Saint-Louis ; d'Averhoult a donc servi dans les armées françaises, ce qui ne surprend guère chez un partisan et lointain parent du marquis de Lafayette. Sur la table devant lui, un exemplaire de la *Constitution française* ; à gauche, sur deux coffrets contenant des documents et posés par terre, son bicorne noir à cocarde. De la main gauche, d'Averhoult désigne la tribune publique bien garnie de l'Assemblée Nationale ; il tient à la main droite la sonnette du président, car d'Averhoult, bien que né Néerlandais, présida de fin 1791 à début 1792 l'Assemblée Nationale

Around 1800, a number of Dutch visitors to the French capital had their portraits painted by Louis-Léopold Boilly. Among them were three members of the Schimmelpenninck family, whose portraits are now in the family collection at Het Nijenhuis, near Diepenheim, and Johan Meerman, whose picture is at the Haags Gemeentemuseum.[1] The first Dutchman, however, to order a portrait from Boilly was Jan Antonie d'Averhoult, who was born in Utrecht in 1756. The scion of an aristocratic French family from Artois,[2] Jan Antonie chose to pursue a military career, following in the footsteps of his father and grandfather. In the upheaval that shook the Netherlands in the late eighteenth century, he found himself on the Patriot side in the struggle against the Orangists ; having taken up arms in defence of the cause, d'Averhoult was forced to flee in 1787 when Prussian troops succeeded in restoring the Prince of Orange to power. Together with a large group of Patriot leaders, he moved to Paris, where his family background would probably have enabled him to become naturalised.
Boilly's portrait shows d'Averhoult wearing a red sash, the distinction of a commanding officer in the military order of Saint Leu. Jan Antonie thus seems to have served in the French army as well, which would have been a fairly obvious course for a supporter and clansman of the Marquis de Lafayette. On the table in front of him is the *Constitution française* ; his black cocarde is on top of two document files on the floor in the left-hand corner. D'Averhoult is gesticulating with his left hand towards an apparently crowded public gallery, which would be the hall of"the Assemblée Nationale. Holding a chairman's bell in his right

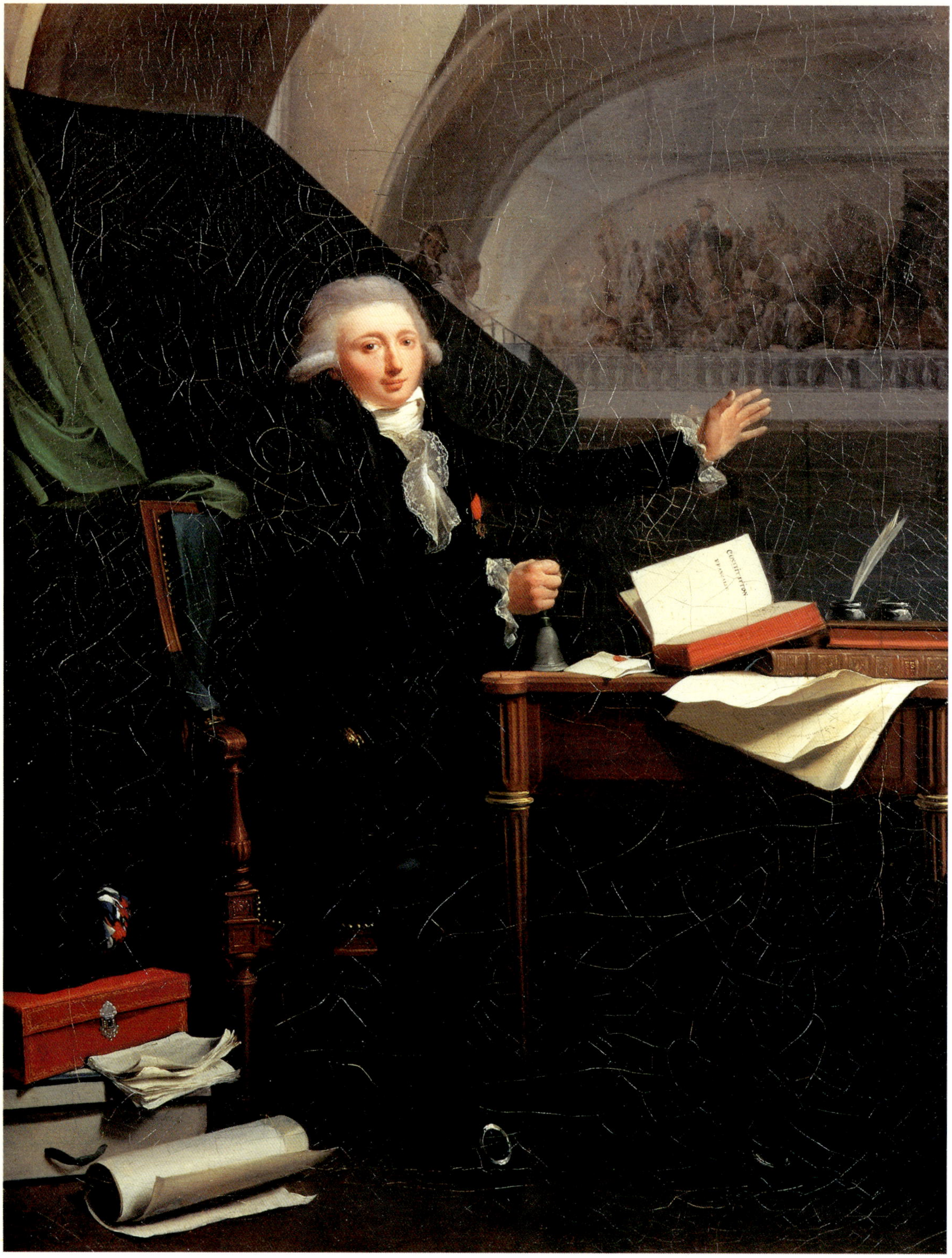

française. Huit mois plus tard, ce modéré, partisan d'une monarchie constitutionnelle, se suicida lorsqu'il tomba entre les mains des Jacobins à Sedan.

Le jeune peintre – il a une trentaine d'années – a représenté son modèle au sommet de sa carrière politique. Il peint à peu près au même moment un autre chef politique plein d'ambition ; il lui donne d'ailleurs dans son *Portrait de Robespierre (?)* pratiquement la même attitude, celle d'un homme assis derrière un bureau débordant de papiers.[3] Le fini des détails témoigne de l'admiration de Boilly pour les minutieuses scènes de genre de la peinture hollandaise du XVIIe siècle.

1 L'Iconografisch Bureau à La Haye possède des photographies des portraits signés de Gerrit (1725-1804), Gerrit junior (1794-1863) et Willem Schimmelpenninck (1765-1837) ; voir aussi l'ouvrage cité de Staring, pp. 103-104. Pour le portrait en grisaille de Johan Meerman van Vuren en Dalem (1753-1815), voir : R.E.O. Ekkart, *Catalogus van de schilderijen in het Rijksmuseum Meermanno-Westreenianum*, La Haye 1987, pp. 35-37, avec références bibliographiques. Les portraits de C.A. et C.H. Verhuell, J.A. van der Velde (?), J.A. toe Laer et J. van Styrum, dont l'Iconografisch Bureau possède des photographies, sont également attribués à Boilly, mais ils ne me paraissent pas être de la main du maître lui-même.

2 Le grand-père de Jan Antonie d'Averhoult se faisait encore appeler "Seigneur de Guincourt". Pour la famille d'Averhoult, voir : G.M.W. Ruitenberg, *Inventaris van het archief van de familie Taets van Amerongen van Natewisch, 1438-1937*, Utrecht 1979.

3 Exposition *Boilly 1761/1845 ; Un Grand Peintre Français de la Révolution à la Restauration*, Lille (Musée des Beaux-Arts) 1988-89, cat. n° 8.

hand, the Dutch-born politician is portrayed here in his role as the president of the French National Assembly, a post he held from the end of 1791 into the beginning of 1792. Less than eight months later, the moderate, constitutional monarchist committed suicide after falling into Jacobean hands near Sedan.

The portrait shows d'Averhoult at the peak of his career. Boilly, who was about thirty years old when he painted it, also portrayed another ambitious politician. His *Portrait of Robespierre (?)* shows a man seated in a similar pose behind a desk strewn with papers.[3] The immaculate attention to detail reflects Boilly's admiration for genre pieces by seventeenth-century Dutch fine painters.

1 The Iconographic Bureau in The Hague has photographs of the signed portraits of Gerrit (1725-1804), Gerrit Jr (1794-1863) and Willem Schimmelpenninck (1765-1837) ; see also Staring's previously mentioned work, pp. 103-04. On the grisaille portrait of Johan Meerman van Vuren en Dalem (1753-1815), see R.E.O. Ekkart, *Catalogus van de schilderijen in het Rijksmuseum Meermanno-Westreenianum*. The Hague 1987, pp. 35-37, with bibliography. The Bureau also has photographs of portraits of C.A. and C.H. Verhuell, J.A. van den Velde (?), J.A. toe Laer and J. van Styrum, which are attributed to Boilly but in fact seem unlikely to have been painted by the master himself.

2 Jan Antonie's grandfather employed the title "Seigneur de Guincourt". On the d'Averhoult family, see G.M.W. Ruitenberg, *Inventaris van het archief van de familie Taets van Amerongen van Natewisch, 1438-1937*, Utrecht 1979.

3 Exhib. *Boilly 1761/1845. Un grand peintre Français de la Révolution à la Restauration*, Lille (Musée des Beaux-Arts) 1988-89, cat. no. 8.

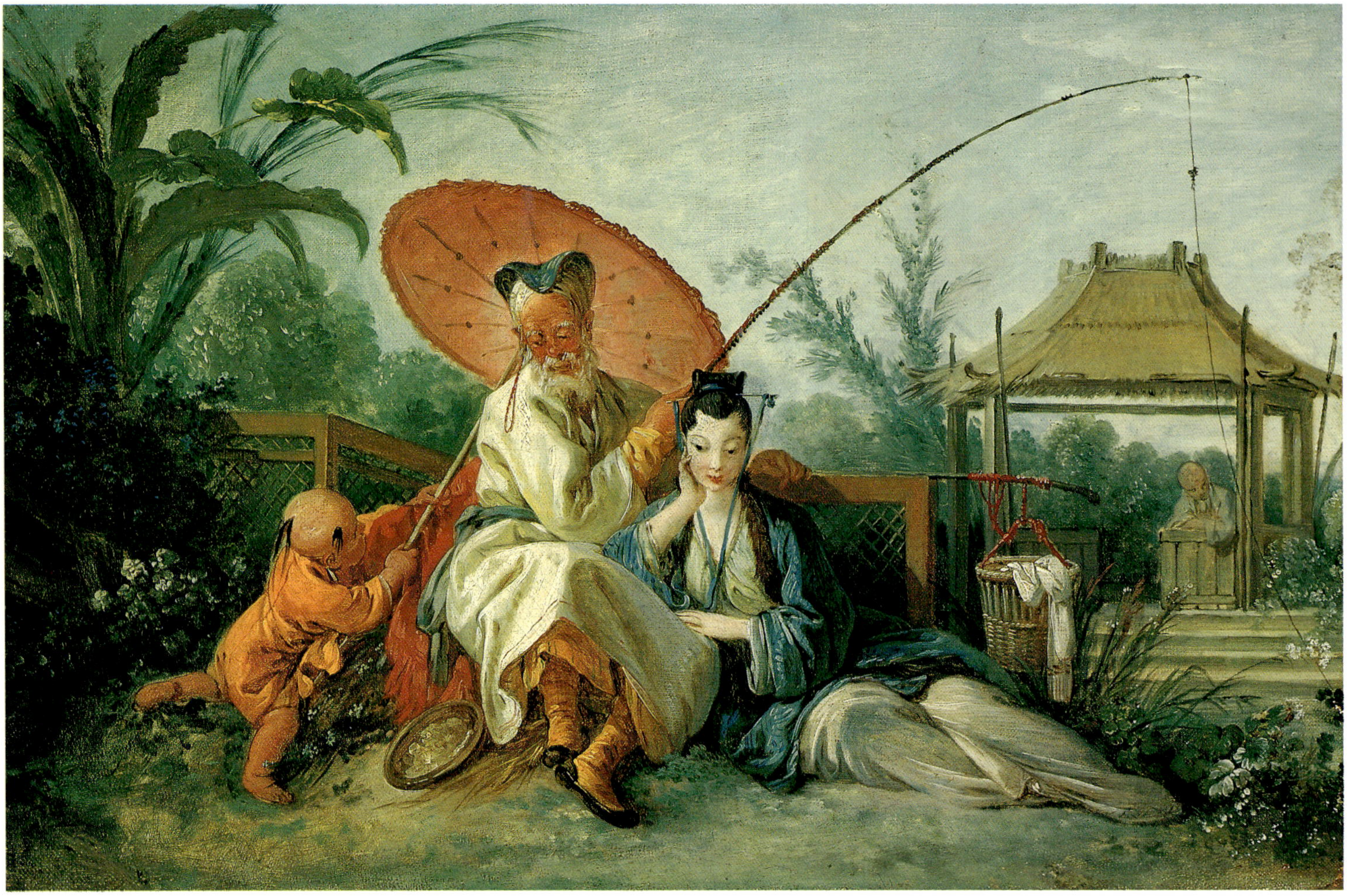

5

Chinoiserie

François Boucher (Paris 1703 - 1770 Paris)

Toile; 38 x 52 cm.

Canvas; 38 x 52 cm

Rotterdam, Museum Boymans-van Beuningen

Provenance: C. Lelong, vente Paris, Petit Palais, 27-4/1-5-1903, n° 6 (Fr. 1400 à M. Trotti); Bayer, vente Paris, Drouot, 26/27-6-1905, n° 1 (Fr. 7100); A. Fauchier-Magnan, vente Londres, Sotheby, 4-12-1935, n° 77 (£ 2400 à Van Beuningen); acquis avec la collection D.G. van Beuningen, 1958; n° d'inv. 2573.

Expositions: *Goût chinois en Europe au XVIIIe siècle*, Paris (Musée des Arts Décoratifs) 1910, n° 742; *Meesterwerken uit vier eeuwen 1400-1800*, Rotterdam (Museum Boymans) 1938, n° 191, fig. 200; *Meesterwerken uit de verzameling D.G. van Beuningen*, Rotterdam (Museum Boymans) 1949, n° 107; *Chefs-d'œuvre de la collection D.G. van Beuningen*, Paris (Petit Palais) 1952, n° 141, fig. 51; *Kunstschatten uit Nederlandse Verzamelingen*, Rotterdam (Museum Boymans) 1955, n° 160, fig. 172; *Chinoiserie*, Northampton (Smith College Museum of Art) 1965, n° 1, fig; *France in the eighteenth century*, Londres (Royal Academy) 1968, n° 41, fig. 127; *China-Delft-Europa, Chinoiserie*, Delft, Het Prinsenhof, 1976, n° 184; *"Chefs-d'œuvre de la peinture de l'Europe occidentale des XVI-XIX siècles de la collection du Museum Boymans-van Beuningen"*, Léningrad (Ermitage) 1986, n° 7, fig.

Bibliographie: H. Macfall, "Boucher, the man, his times, his art and his significance 1703-1770", *The Connoisseur*, 1908, pl. 134; D. Hannema, *Catalogue of the D.G. van Beuningen Collection*, Rotterdam 1949, n° 107, fig. 162; H. Honour, *Chinoiserie, The Vision of Cathay*, Londres 1961, pp. 93, 254, fig. 39; A. Ananoff, *Boucher*, Lausanne-Paris, I, 1976, n° 235, fig. 705.

Provenance: C. Lelong sale, Paris, Petit Palais, 27 April-I May 1903, no. 6 (Fr. 1,400 to M. Trotti); Bayer sale, Paris, Drouot, 26-27 June 1905, no. 1 (Fr. 7,100); A. Fauchier-Magnan sale, London, Sotheby's, 4 December 1935, no. 77 (£ 2,400 to Van Beuningen); acquired with the D.G. van Beuningen Collection, 1958; inv. no. 2573.

Exhibitions: *Goût chinois en Europe au XVIIIe siècle*, Paris, Musée des Arts Décoratifs, 1910, no. 742; *Meesterwerken uit vier eeuwen 1400-1800*, Rotterdam, Boymans Museum, 1938, no. 191, fig. 200; *Meesterwerken uit de verzameling D.G. van Beuningen*, Rotterdam, Boymans Museum, 1949, no. 107; *Chefs d'œuvre de la collection D.G. van Beuningen*, Paris, Petit Palais, 1952, no. 141, fig. 51; *Kunstschatten uit Nederlandse verzamelingen*, Rotterdam, Boymans Museum, 1955, no. 160, fig. 172; *Chinoiserie*, Northampton, Smith College Museum of Art, 1965, no. 1, ill.; *France in the eighteenth century*, London, Royal Academy, 1968, no. 41, fig. 127; *China-Delft-Europa, Chinoiserie*, Delft, Het Prinsenhof, 1976, no. 184; "Meesterwerken van West-europese schilderkunst van XVI-XIX eeuw uit de collectie van Museum Boymans-van Beuningen", Leningrad, 1986, no. 7, ill.

Literature: H. Macfall, "Boucher. The man, his times, his art and his significance 1703-1770", *The Connoisseur*, 1908, pl. 134; D. Hannema, *Catalogue of the D.G. van Beuningen Collection*, Rotterdam 1949, no. 107, fig. 162; H. Honour, *Chinoiserie. The vision of Cathay*, London 1961, pp. 93, 254, fig. 39; A. Ananoff, *Boucher*, Lausanne, Paris, I, 1976, no. 235, fig. 705.

Comme nombre de peintres français de son temps, Boucher peignait volontiers des personnages habillés à la chinoise. Il s'inspira sans doute des dessins de Pierre Attiret, un jésuite qui fut peintre à la cour de l'empereur de Chine. Le Musée des Beaux-Arts de Besançon possède neuf des dix esquisses à l'huile que Boucher exposa au Salon de 1742 et qui furent décrites comme "Huit esquisses de différens sujets chinois, pour être exécutéz en Tapisseries". Jacques Dumont (1701-1781) exécuta d'après ces esquisses des cartons qui, retouchés par Jean-Baptiste Oudry (1686-1755), servirent à la production d'une série de tapisseries. Une de ces séries devait être offerte par le roi Louis XV à l'empereur de Chine.

L'esquisse de Rotterdam montre un groupe de personnages chinois: un vieillard assis au bord de l'eau, une ligne à la main; une dame qui s'appuie sur le pêcheur, tandis qu'un garçonnet tient un parasol. Au fond à droite, une sorte de pagode.

Le groupe ressemble beaucoup à celui qui figure sur une des esquisses de Besançon (fig. 1). Sur un deuxième tableau de Boucher, autrefois dans la collection Ch. Michel[1], apparaissent des personnages que l'on retrouve presque identiques sur une barque figurant à droite sur l'esquisse de Besançon.

Quelle fut exactement la fonction du tableau de Rotterdam? Et quand fut-il peint? Nous ne le savons pas vraiment. Un auteur a émis l'hypothèse que ce tableau, ainsi que le tableau autrefois dans la collection Michel, sont identiques à deux paysages chinois peints en dessus-de-porte pour le boudoir de madame de Pompadour dans son

Like many French painters of his time, François Boucher turned his hand to figures in Chinese attire. His interest in the subject was probably aroused by the drawings of the Jesuit Pierre Attiret, a painter at the imperial court of China. At the Salon in 1742, Boucher exhibited ten oil sketches, nine of which are now at the Musée des Beaux-Arts in Besançon. They were described as "Huit esquisses de différens sujets chinois, pour etre exécutéz en Tapisseries". The sketches served as the basis for cartoons by Jacques Dumont (1701-1781), which were retouched by Jean-Baptiste Oudry (1686-1755) and then used as models for a series of tapestries. One of these series was made as a gift from Louis XV to the Emperor of China.

The Rotterdam sketch has a pagoda-like building in the background on the right, while the figures, like those in the rest of the series, are Chinese. An elderly man is sitting on the ground with a fishing rod in his hands, sheltered from the sun by a parasol which a little boy is holding over his head. A young woman is seated beside him, leaning against his knee. The figures strongly recall a group in one of the Besançon sketches (fig. 1), while the figures in a boat on the right-hand side of the Besançon sketch are similar to those in another painting by Boucher, which was formerly in the Ch. Michel Collection.[1]

It is uncertain when the Rotterdam painting was made or what purpose it was meant to serve. However, both the painting and the sketch from the Michel Collection are believed to be two Chinese landscapes that were intended as "dessus de

Fig. 1
François Boucher, Chinoiserie, Besançon, Musée des Beaux-Arts et d'Archéologie (Cliché Ch. Choffet).

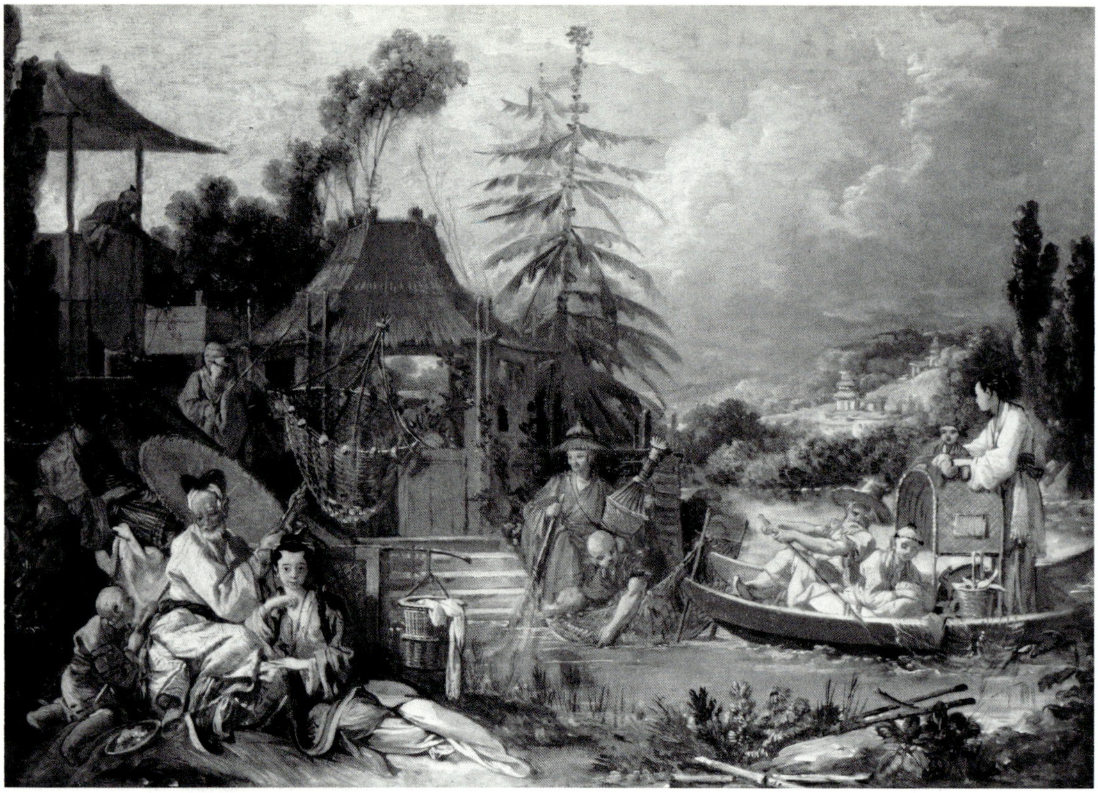

château de Bellevue (1748-1750).[2] Cailleux estime cette hypothèse peu vraisemblable à cause des dimensions de la toile.[3] Il nous semble pourtant que la toile de Rotterdam a pu être peinte comme dessus-de-porte.
Le tableau ne semble pas avoir été peint sur papier encollé sur toile, comme on l'a toujours dit, mais directement sur la toile.
Deux coins arrondis ont été ultérieurement ajoutés en haut à gauche. Ce qui signifie qu'à l'origine la toile avait sans doute un format lui permettant de s'inscrire dans un panneau décoratif.
L'estampe de Pierre Aveline (1702?-1760)[4] a été gravée d'après l'esquisse de Besançon, et non d'après le tableau de Rotterdam.

1 Voir A. Ananoff, *op.cit.*, 1976, n° 234, fig.
2 Charles Sterling dans le catalogue de l'*Exposition François Boucher (1703-1770)*, Paris, Jean Charpentier, 1932, n° 128.
3 J. Cailleux, dans cat. exp. *François Boucher, Premier Peintre du Roi (1703-1770)*, Paris, Galerie Cailleux, 1964, n° 23.
4 Pierrette Jean-Richard, *L'œuvre gravé de François Boucher dans la collection Edmond de Rothschild*, Paris, 1978, n° 233, fig.

porte" for Madame de Pompadour's boudoir at Château Bellevue (1748-1750),[2] although Cailleux argues that they would have been the wrong size.[3] In any event, the painting was probably made with a similar purpose in mind. Two semicircular edges were added to the upper and lower left-hand corners of the canvas, altering the shape of the piece. It may therefore indeed originally have been designed to form part of a wall decoration.
Finally, the work was apparently executed directly on canvas, contrary to the accepted view that it was first rendered on paper and then pasted onto canvas. Pierre Aveline (1702?-1760)[4] made an engraving of the same subject, but it was based on the Besançon sketch, not the painting in Rotterdam.

1 See A. Ananoff, *op. cit.* 1976, no. 234, ill.
2 Suggested by Charles Sterling in exhib. cat. *Exposition François Boucher (1703-1770)*, Paris, Jean Charpentier, 1932, no. 128.
3 J. Cailleux, in exhib. cat. *François Boucher, Premier Peintre du Roi 1703-1770)*, Paris, Galerie Cailleux, 1964, no. 23.
4 Pierette Jean-Richard, *L'œuvre gravé de François Boucher dans la collection Edmond de Rothschild*, Paris, 1978, no. 233, ill.

6

La diseuse de bonne aventure à l'auberge
Soothsayer at an inn

Sébastien Bourdon (Montpellier 1616 - Paris 1671)

Panneau ; 44 x 60 cm.

Panel ; 44 x 60 cm

La Haye, Rijksdienst Beeldende Kunst

The Hague, Netherlands Office for Fine Arts

Provenance : vente A. Kende, Vienne, 30-3-1925, n° 38 avec fig., comme Bourdon ; Galerie P. de Boer, Amsterdam ; acquis aux Pays-Bas pendant la Seconde Guerre mondiale par le Walraff-Richartz Museum, Cologne ; récupéré en 1945 par la fondation Nederlands Kunstbezit (aujourd'hui Rijksdienst Beeldende Kunst).

Exposition : *Italië in de toets der Gouden Eeuw*, Bolsward (Hôtel de ville) 1964, n° 34, comme Jan Miel ; n° d'inv. NK 2180.

Provenance : A. Kende sale, Vienna, 30 March 1925, no. 38, with ill., as Bourdon ; P. de Boer Gallery, Amsterdam ; purchased in the Netherlands during the Second World War by the Walraff-Richartz Museum, Cologne ; recovered by the Netherlands Office for Fine Arts (formerly the Foundation for Dutch Art Holdings) in 1945 ; inv. no. NK 2180.

Exhibition : *Italië in de toets der Gouden Eeuw*, Bolsward (Stadhuis) 1964, no. 34, as Jan Miel.

Déjà du vivant de Bourdon, la présence de ses œuvres est attestée dans des collections hollandaises ; Johannes de Renialme, par exemple, marchand de tableaux à Amsterdam, possède dès 1657 une peinture "avec des soldats de Bastien Bourdon". Sa production demeure fort prisée au XVIIIe siècle ; à Rotterdam, la collection d'Adriaen Paets, le premier mécène d'Adriaen van der Werff, possède en 1713 le chef-d'œuvre de Bourdon *Moïse sauvé des eaux*, Washington (National Gallery) (voir introduction et Appendice). Pendant son séjour à Rome de 1634 à 1637, le protestant Bourdon fréquente ses coreligionnaires néerlandais, peintres italianisants et bamboccianti, ce qui a certainement contribué à établir sa renommée aux Pays-Bas. Auteur d'adroits pastiches de Claude Lorrain et du Grechetto, Bourdon se spécialisa en Italie dans les scènes populaires romaines peuplées de soldats et de cavaliers, un genre déjà cultivé avec succès par un peintre de Haarlem, Pieter van Laer, dit le Bamboccio. Bourdon continua d'abord à peindre ces *bambochades* après son retour à Paris vers 1637. Il avait déjà traité en Italie le thème de la diseuse de bonne aventure devant une auberge (Uffizi, Florence), mais le tableau de La Haye fut sans doute peint en France, puisque Bourdon l'exécuta sur un panneau en chêne, ce qui était rare en Italie. Le peintre disposait sans doute à Paris de diverses études qu'il utilisa plusieurs fois pour ses tableaux. Le cavalier et sa monture derrière la bohémienne, par exemple, se retrouvent pratiquement identiques sur un *Camp de soldats* à Kassel pouvant être daté de 1643, tandis que le garçon allongé au premier plan réapparaît, mais dans une attitude un peu différente, sur un *Bivouac de soldats* autrefois à la Galerie Goudstikker à Amsterdam.[1]

Sébastien Bourdon, whose work was recorded in Dutch collections during his own lifetime, remained popular well into the eighteenth century. The Amsterdam art dealer Johannes de Renialme, for example, had a painting for sale "with soldiers by Bastiaen Bourdon" in 1657, while Bourdon's masterwork, *The finding of Moses* (Washington, National Gallery), was in the Rotterdam collection of Adriaen Paets (see Introduction and Appendix). During his stay in Rome between 1634 and 1637, the Protestant Bourdon moved in the circles of the Dutch Italianate landscape and *bambocciata* painters, which would have greatly enhanced his reputation in the Netherlands. Apart from skilful pastiches after the work of Claude Lorrain and Benedetto Castiglione, Bourdon specialised in scenes of everyday life, often incorporating soldiers and horsemen, a genre that Haarlem-born Pieter van Laer, nicknamed *Bamboccio*, had attempted with considerable success. Even after his return to Paris around 1637, Bourdon initially continued to paint these "*bambocciate*".
Though he had previously portrayed a fortune teller at an inn during his period in Italy (Uffizi, Florence), our piece is on an oakwood panel and was therefore probably made in France. Bourdon must have kept a collection of studies in his Paris studio which he used in several of his paintings. For instance, a horse and rider almost identical to the figures behind the gypsy can also be seen in his *Military encampment* of 1643, while the boy lying in the foreground reappears in the *Soldiers' bivouac*, which was last known to be at the Goudstikker Gallery in Amsterdam.[1]
Shortly after being sold as a Bourdon in 1925, the painting was attributed to the Dutch Italianate painter Jan Lingelbach, which suggests that Bourdon's *bambocciate* were not widely known at

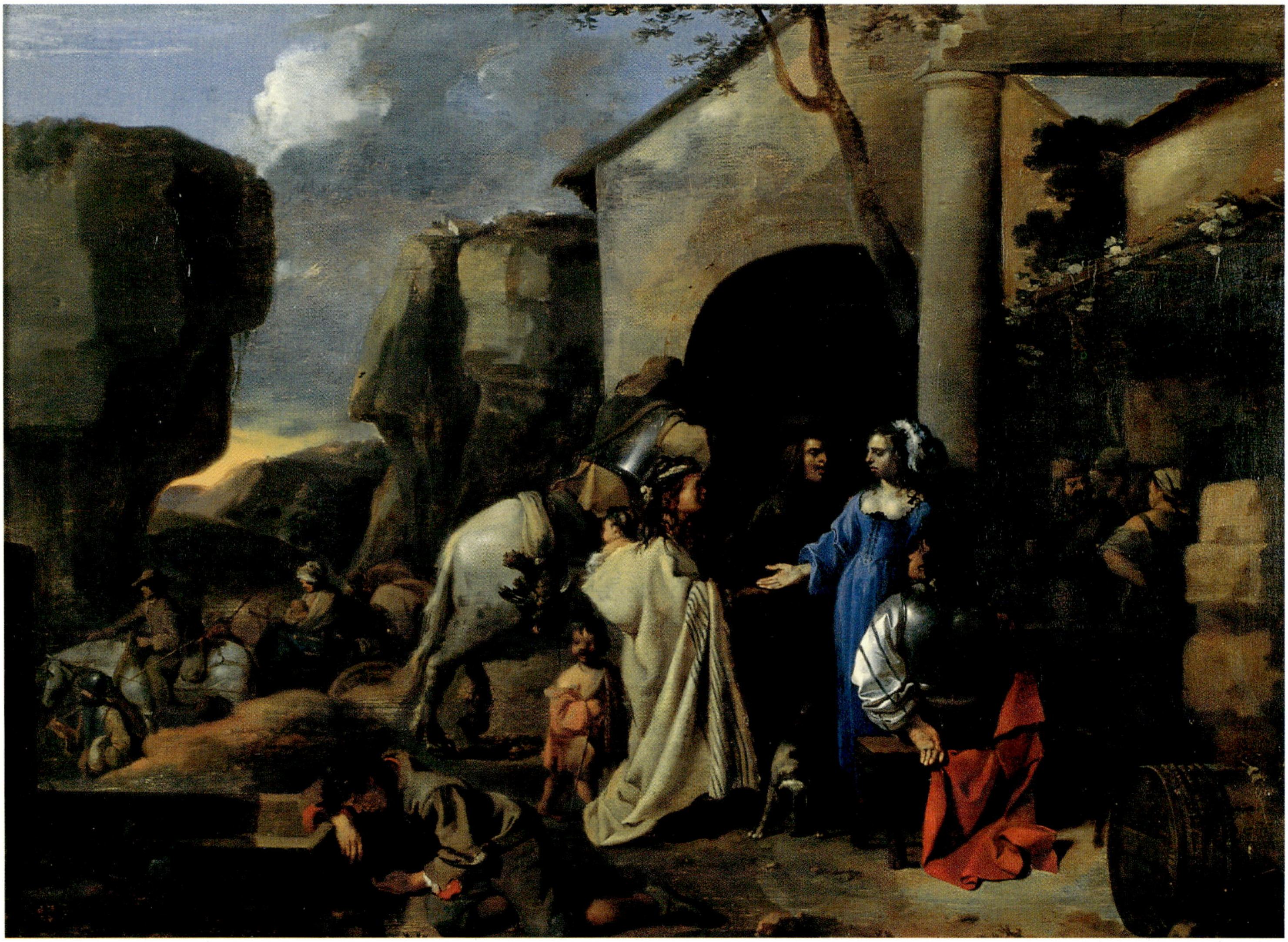

Vendu comme œuvre de Bourdon à une vente publique de 1925, le panneau fut peu après attribué à un italianisant hollandais, Jan Lingelbach : à l'évidence les bambochades de Bourdon n'étaient guère connues à l'époque. Le panneau fut exposé en 1964 comme de la main de Jan Miel, un suiveur de Pieter van Laer, mais enfin Jacques Foucart le reconnut comme un Sébastien Bourdon, attribution confirmée récemment par Pierre Rosenberg.

[1] *Katalog der Staatlichen Gemäldegalerie zu Kassel*, Kassel 1958, p. 35, n° d'inv. 471, avec fig. ; pour une reprise dans un format supérieur sur toile, voir cat. exp. *Les plus belles peintures des collections privées du Tarn du XVe au XVIIIe siècle*, Castres (Musée Goya) 1956, n° 6, avec fig. Nous ne disposons pas d'autres données du tableau de la Galerie Goudstikker : photographie RKD (La Haye), négatif n° L 53785.

the time. In 1964, *The soothsayer* was exhibited with an attribution to one of Pieter van Laer's followers, the Flemish painter Jan Miel. Finally, however, Jacques Foucart identified it as the work of Sébastien Bourdon, an attribution that Pierre Rosenberg recently endorsed.

[1] *Katalog der Staatlichen Gemäldegalerie zu Kassel*, Kassel 1958, p. 35, inv. no. 471, ill. ; regarding a larger version on canvas, see exhib. cat. *Les plus belles peintures des collections privées du Tarn du XVe au XVIIIe siècle*, Castres (Musée Goya) 1956, no. 6, ill. Nothing further is known about the painting at Goudstikker's. A photograph of this piece is at the Netherlands Institute for Art History (RKD), neg. no. L 53785.

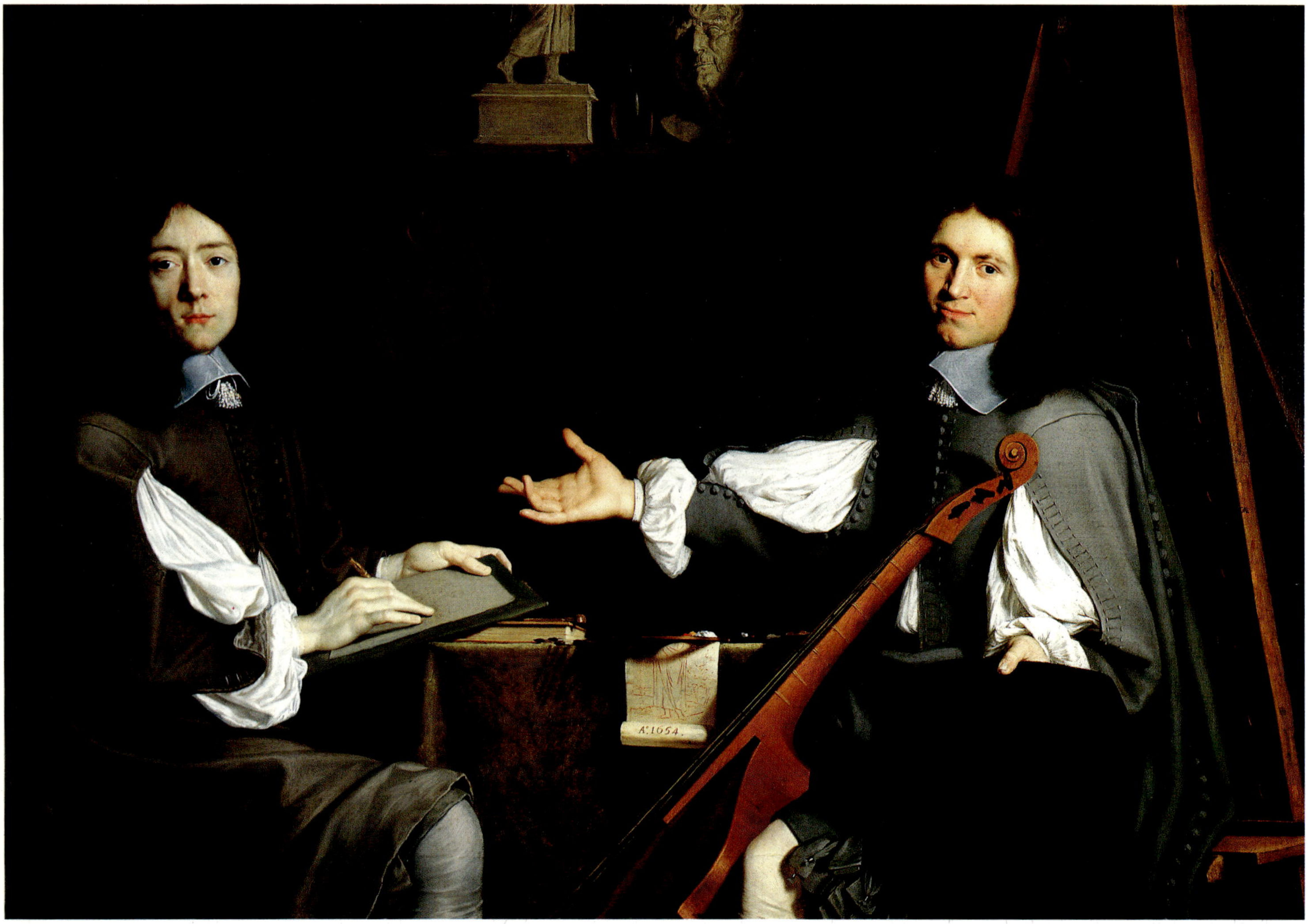
A°1654

7

Double portrait des deux artistes
Double portrait of the artists

Jean-Baptiste de Champaigne (Bruxelles 1631 - Paris 1681)
Nicolas de Plattemontagne (Paris 1631 - Paris 1706)

Toile ; 132 x 185 cm.
Signé et daté :
sur la planche à dessin : N. Montaigne pinxit me
sur le chevalet : I.B.DE Champaigne.me.fecit
sur le dessin : A° 1654

Canvas ; 132 x 185 cm
Signed and dated :
On the drawing board : N.Montaigne pinxit me
On the easel : I.B.DE Champaigne.me.fecit
On the drawing : A° 1654

Rotterdam, Museum Boymans-van Beuningen

Provenance : Roi Guillaume II, vente Amsterdam, De Vries, 12-5-1850, n° 83 (*f* 800 à Lamme pour Vis Blokhuyzen) ; D. Vis Blokhuyzen ; don des héritiers de D. Vis Blokhuyzen, 1870 ; n° d'inv. 1120.

Expositions : *Exhibition of French Art 1200-1900*, Londres (Royal Academy) 1932, n° 108 ; *La peinture de la réalité en France au XVIIe siècle*, Paris (Musée de l'Orangerie) 1934, n° 22, fig. pl. X ; *Cinq siècles d'art*, Bruxelles, 1935, n° 228 ; *Chefs-d'œuvre de l'art français*, Paris (Palais National des Arts) 1937, n° 66 ; *Philippe de Champaigne*, Paris (Orangerie des Tuileries) 1952, n° 61, fig. XVI.

Bibliographie : *Beschrijving der schilderijen in het museum te Rotterdam, gesticht door F.J.O. Boijmans*, 1872, n° 309 ; *Verslag omtrent den toestand en de aanwinsten van het Museum Boijmans over het jaar 1887*, p. 9 ; G. Lafenestre, E. Richtenberger, *La peinture en Europe, La Hollande*, Paris (1898) n° 43, fig. ; *Verslag omtrent den toestand en de aanwinsten van het Museum Boijmans over het jaar 1920*, p. 4 ; J.J. de Gelder, *Bartholomeus van der Helst*, Rotterdam, 1921, n° 877 ; B. Lossky, "Une œuvre de Nicolas de Plattemontagne retrouvée", *Journal des Arts*, 28 mars 1952 ; A. Mabille de Poncheville, *Philippe de Champaigne, sa vie et son œuvre*, Courtrai, Bruxelles (1953), p. 148 ; H. Keller, "Entstehung und Blütezeit des Freundschaftsbildes", *Essays in the history of art presented to Rudolf Wittkower*, Londres, 1967, p. 171, fig. 6 ; W. Prinz, "The *Four Philosophers* by Rubens and the Pseudo-Seneca in Seventeenth Century Painting", *The Art Bulletin* LV (1973), p. 425, fig. 20 ; B. Dorival, *Philippe de Champaigne 1602-1674 : la vie, l'œuvre et le catalogue raisonné de l'œuvre*, Paris, 1976, II, pp. 315-316, n° 1728, fig. ; R.D. Leppert, *The theme of music in Flemish Paintings of the Seventeenth Century*, II, Munich, Salzbourg, 1977, p. 30, n° 116 ; P. Rosenberg, N. Volle, "Nicolas de Plattemontagne dessinateur", *Études de la revue du Louvre, I (La donation Suzanne et Henri Baderou au Musée de Rouen)*, 1980, p. 50, figs. 19, 20, 22 ; *Tableaux français et italiens du XVIIe siècle .....*, Musée des Beaux-Arts de Tours, 1982-1983, p. 14 ; E. Hinterdink, F. Horsch, "A small but choice collection : the art gallery of King William II of the Netherlands (1?92-1849)", *Simiolus* 19 (1989), p. 83, n° 83.

Provenance : Sale King William II, Amsterdam, De Vries, 12 August 1850, no. 83 (Fl. 800 to Lamme for Vis Blokhuyzen) ; D. Vis Blokhuyzen ; presented by the heirs of D. Vis Blokhuyzen, 1870 ; inv. no. 1120.

Exhibitions : *Exhibition of French Art 1200-1900*, London, Royal Academy, 1932, no. 108 ; *La peinture de la réalité en France au XVIIe siècle*, Paris, Musée de l'Orangerie, 1934, no. 22, ill. pl. X ; *Cinq siècles d'art*, Brussels, 1935, no. 228 ; *Chefs d'œuvre de l'art français*, Paris, Palais National des Arts, 1937, no. 66 ; *Philippe de Champaigne*, Paris, Orangerie des Tuileries, 1952, no. 61, fig. XVI.

Literature : *Beschrijving der schilderijen in het museum te Rotterdam, gesticht door F.J.O. Boymans*, 1872, no. 309 ; *Verslag omtrent den toestand en de aanwinsten van het Museum Boymans over het jaar 1887*, p. 9 ; G. Lafenestre, E. Richtenberger, *La peinture en Europe, La Hollande*, Paris (1898), no. 43, ill. ; *Verslag omtrent den toestand en de aanwinsten van het Museum Boymans over het jaar 1920*, p. 4 ; J.J. de Gelder, *Bartholomeus van der Helst*, Rotterdam 1921, no. 877 ; B. Lossky, "Une œuvre de Nicolas de Plattemontagne retrouvée", *Journal des Arts*, 28 March 1952 ; A. Mabille de Poncheville, *Philippe de Champaigne, sa vie et son œuvre*, Courtrai, Brussels (1953), p. 148 ; H. Keller, "Entstehung und Blütezeit des Freundschaftsbildes", *Essays in the history of art presented to Rudolf Wittkower*, London 1967, p. 171, fig. 6 ; W. Prinz, "The Four Philosophers by Rubens and the Pseudo-Seneca in seventeenth century painting", *The Art Bulletin* LV (1973), p. 425, fig. 20 ; B. Dorival, *Philippe de Champaigne 1602-1674. La vie, l'œuvre et le catalogue raisonné de l'œuvre*, Paris 1976, II, pp. 315-16, no. 1728, ill. ; R.D. Leppert, *The theme of music in Flemish paintings of the seventeenth century*, II, Munich, Salzburg, 1977, p. 30, no. 116 ; P. Rosenberg, N. Volle, "Nicolas de Plattemontagne dessinateur", *Études de la revue du Louvre, I (La donation Suzanne et Henri Baderou au Musée de Rouen)*, 1980, p. 50, figs. 19, 20, 22 ; *Tableaux français et italiens du XVIIe siècle...*, Musée des Beaux-Arts de Tours, 1982-1983, p. 14 ; E. Hinterdink, F. Horsch, "A small but choice collection. The art gallery of King William II of the Netherlands (1792-1849)", *Simiolus* 19 (1989), p. 83, no. 83.

Le tableau fut vendu en 1850 comme de la main de Bartholomeus van der Helst et décrit comme un autoportrait du peintre faisant le portrait de son frère. Dans le rapport annuel de 1872 du musée, il est considéré comme une œuvre de Philippe de Champaigne. Le rapport de 1887 établit un lien avec deux dessins du Louvre (sur lesquels nous reviendrons) et suppose déjà qu'il s'agit des portraits de Jean-Baptiste de Champaigne et de Nicolas de Plattemontagne. Ce n'est que le rapport de 1920 qui mentionne qu'une restauration a fait apparaître les signatures de ces deux jeunes peintres.

La planche à dessin à gauche porte une inscription indiquant que Nicolas de Plattemontagne a peint ce portrait (celui de Jean-Baptiste de Champaigne). Le chevalet porte une inscription indiquant que Jean-Baptiste de Champaigne a peint ce portrait (donc certainement celui de Nicolas de Plattemontagne). Les deux portraits ressemblent de façon frappante à deux dessins se trouvant au Louvre et dont Rosenberg et Volle pensent qu'il s'agit d'autoportraits des deux artistes. Ces dessins (figs. 1 et 2) ne furent probablement pas des études préparant directement le tableau, mais des œuvres indépendantes.

In 1850 the painting was sold as a self-portrait of Bartholomeus van der Helst rendering a likeness of his brother. The Boymans Museum's annual report for 1872, however, attributed it to Philippe de Champaigne, while the 1877 report compared the work to two drawings at the Louvre (see below) and suggested that the figures might be Jean-Baptiste de Champaigne and Nicolas de Plattemontagne. The report for 1920, finally, announced that the painting had been restored and that it indeed bore the signatures of both these young painters.

The drawing board on the left announces that Nicolas de Plattemontagne painted the portrait, presumably referring to the one of Jean-Baptiste de Champaigne, while the inscription on the easel credits it to Jean-Baptiste de Champaigne, which must therefore mean the portrait of Nicolas de Plattemontagne. Both are very similar to two drawings at the Louvre, which Rosenberg and Volle accept as self-portraits of the painters. The drawings (figs. 1 and 2) seem to have been made independently of the painting rather than as studies for it.

An inscription on the drawing of Jean-Baptiste identifies him as the Brussels-born nephew of the distinguished painter Philippe de Champaigne. He

Le portrait dessiné de Jean-Baptiste précise que ce dernier est un neveu du célèbre Philippe de Champaigne. Né à Bruxelles, Jean-Baptiste se fixa à Paris à l'âge de 13 ans. Nicolas de Plattemontagne était né à Paris et fut un élève de Philippe de Champaigne. Les deux jeunes peintres n'avaient que 23 ans en 1654 lorsqu'ils exécutèrent ce double portrait; ils s'étaient sans doute rencontrés chez Philippe de Champaigne et apparemment ils s'étaient pris d'amitié.
Les signatures sur la toile établissent que Nicolas peignit le portrait de gauche, celui de Jean-Baptiste, tandis que Jean-Baptiste exécutait celui de droite, le portrait de Nicolas. La technique du tableau montre bien qu'il fut en effet exécuté par deux mains. La figure de gauche semble peinte dans des tons bleu-gris bien plus froids que celle de droite. Les deux artistes se sont représentés dans un atelier; on y voit une planche à dessin, un chevalet, une palette portant des couleurs, une autre palette accrochée au mur, une planche garnie de modèles. Un dessin retombant de la table porte la date 1654. Dès 1952 Lossky identifia ce dessin comme une étude préparant un tableau de Nicolas de Plattemontagne se trouvant aujourd'hui au Musée des Beaux-Arts de Tours et représentant *Le bon pasteur*.[1]
La toile de Rotterdam constitue un exemple typique du "tableau d'amis", dont Keller donne plusieurs exemples. La tête de Sénèque, sur la planche, pourrait bien, comme le pense Prinz, symboliser l'amitié, mais elle pourrait aussi n'être tout simplement qu'un modèle d'atelier.
Le tableau, exemple sublime du classicisme qui se développe sous Philippe de Champaigne dans la peinture française du XVIIe siècle, séduit aussi le spectateur par le choix du motif.

1 Voir aussi : cat. exp. Tours, 1982-83, p. 14, qui s'en tient pour l'attribution à : Philippe de Champaigne (atelier).

moved to Paris at the age of thirteen and presumably met Nicolas through his uncle, as Nicolas, who was born in Paris, studied with Philippe de Champaigne. In 1654, when the painting was made, Jean-Baptiste and Nicolas were both 23 years old and had evidently become friends.
The signatures on the canvas thus confirm that Nicolas painted the portrait of Jean-Baptiste on the left, and that Jean-Baptiste portrayed his friend Nicolas on the right; but it is in any event clear that the work was produced by two different hands. The figure on the left is rendered in far cooler, more bluish-grey tones than the one on the right. The painters are shown in their studio, surrounded by the tools of their trade. We see a drawing board, an easel, a palette with paint, a second palette on the wall, and a shelf covered with plaster models. The drawing near the edge of the table, which is dated 1654, was identified by Lossky in 1952 as a study for *The Good shepherd*, a painting by Nicolas de Plattemontagne which is now at the Musée des Beaux-Arts in Tours.[1]
The *Double portrait* is a "friendship painting" of the type Keller has described. The bust of Seneca, prominently displayed on the shelf, may be seen as a symbol of friendship, as Prinz has suggested, although it could simply be a studio model without any deeper significance.
A pleasing subject in its own right, the portrait is a superb example of the seventeenth-century revival of classicism in French painting, a trend in which Philippe de Champaigne played an important role.

1 Also see exhib. cat. Tours, 1982-83, p. 14, which attributes the painting to the studio of Philippe de Champaigne.

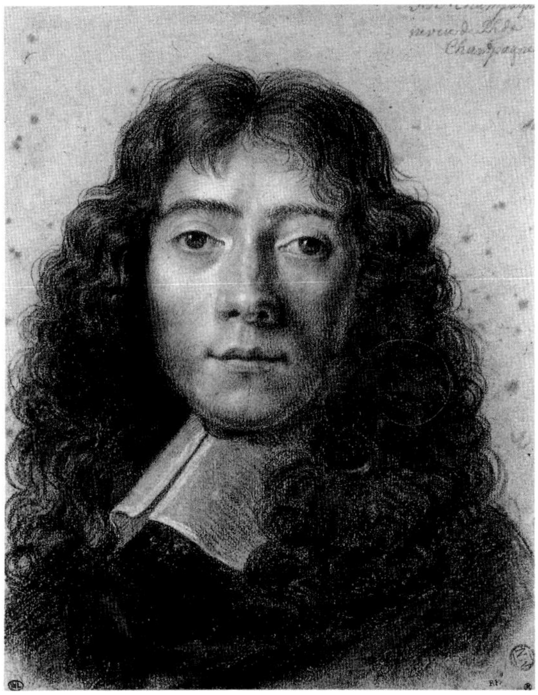

Fig. 1
Jean-Baptiste de Champaigne, Autoportrait, dessin, Paris, Musée du Louvre.
Jean-Baptiste de Champaigne, Self-portrait, drawing, Paris, Musée du Louvre.

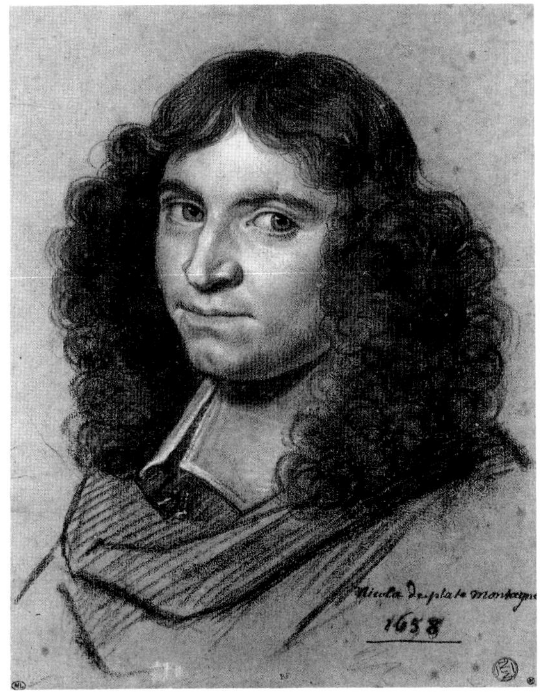

Fig. 2
Nicolas de Plattemontagne, Autoportrait, dessin, Paris, Musée du Louvre.
Nicolas de Plattemontagne, Self-portrait, drawing, Paris, Musée du Louvre.

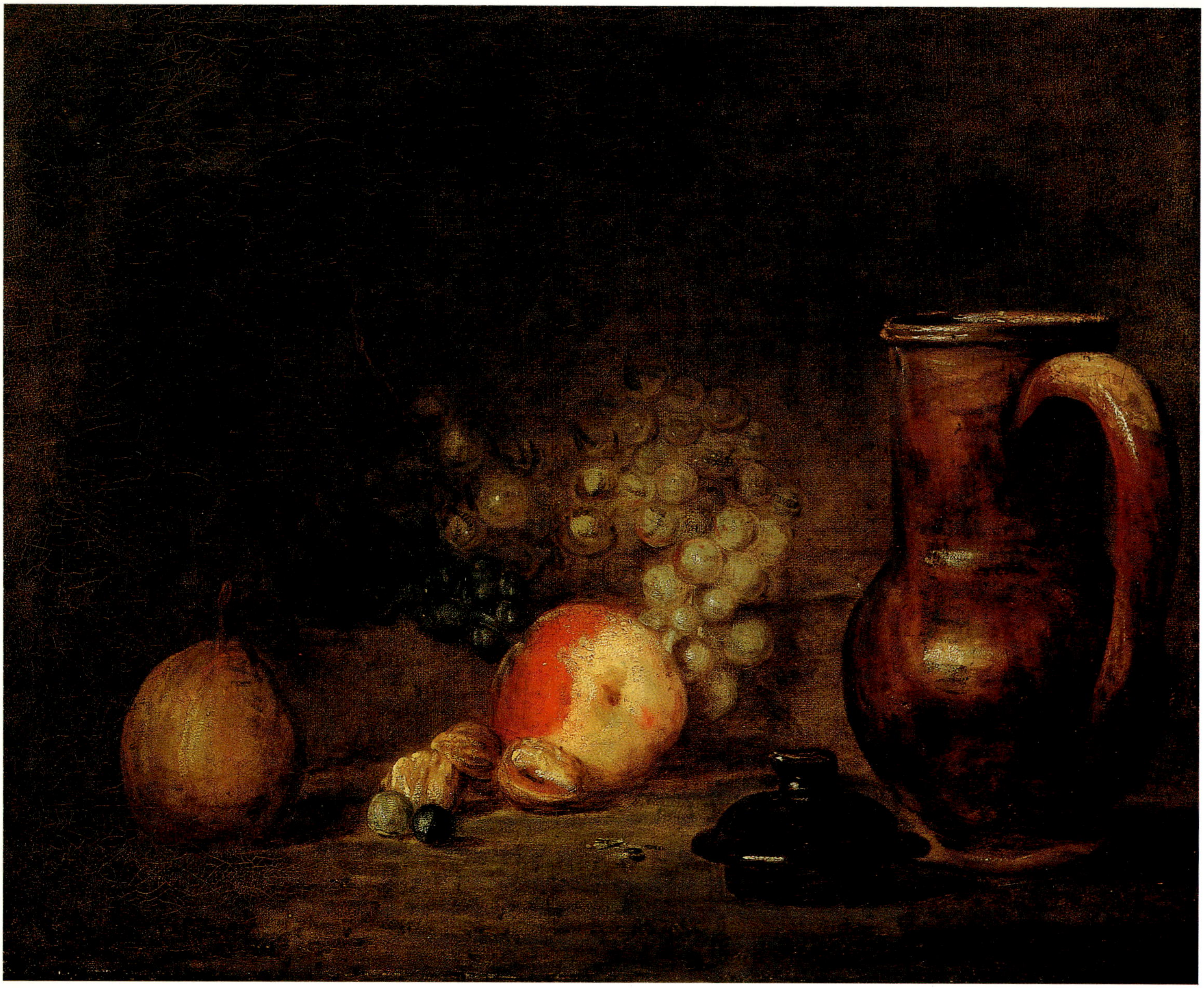

8

Nature morte avec pichet
Still life with an earthenware jar

Jean Siméon Chardin (Paris 1699 - Paris 1779)

Toile ; 44 x 54 cm.
Signé en bas à gauche : chardin

Canvas ; 44 x 54 cm
Signed lower left : chardin

Rotterdam, Museum Boymans-van Beuningen

Provenance : François Flameng (1856-1923), vente Paris, Féral, 26/27-5-1919, n° 4, fig. ; J. Goudstikker ; D.G. van Beuningen, 1922 ; acquis avec la collection D.G. van Beuningen, 1958 ; n° d'inv. 2575.

Expositions : *Chardin et Fragonard*, Paris (Galeries Georges Petit) 1907, n° 14 ; *Tentoonstelling van 115 stillevens 1480-1933*, Rotterdam (Museum Boymans) 1933, n° 17, fig. ; *Meesterwerken uit vier eeuwen 1400-1800*, Rotterdam (Museum Boymans) 1938, n° 192, fig. 194 ; *Meesterwerken uit de verzameling D.G. van Beuningen*, Rotterdam (Museum Boymans) 1949, n° 109 ; *Chefs-d'œuvre de la collection D.G. van Beuningen*, Paris (Petit Palais) 1952, n° 144, fig. 48 ; *Vier eeuwen stilleven in Frankrijk*, Rotterdam (Museum Boymans) 1954, n° 49.

Bibliographie : J. Guiffrey, *Catalogue raisonné de l'œuvre peint et dessiné de J.-B. Siméon Chardin*, Paris, 1908, n° 124 ; H.E.A. Furst, *Chardin*, Londres, 1911, p. 124 ; Ch. Saunier, "Collection François Flameng", *Les Arts*, n° 165, 1918, p. 2, fig. ; G. Wildenstein, *Chardin*, Paris, 1933, n° 874, fig. 223 ; D. Hannema, *Catalogue of the D.G. van Beuningen Collection*, Rotterdam, 1949, n° 109, fig. 159 ; P. Rosenberg, *L'Opera completa di Chardin*, Milan, 1983, n° 21, fig.

Provenance : Sale François Flameng (1856-1923), Paris, Féral, 26-27 May 1919, no. 4, ill. ; J. Goudstikker ; D.G. van Beuningen, 1922 ; acquired with the D.G. van Beuningen Collection, 1958 ; inv. no. 2575.

Exhibitions : *Chardin et Fragonard*, Paris, Galeries Georges Petit, 1907, no. 14 ; *Tentoonstelling van 115 stillevens 1480-1933*, Rotterdam, Boymans Museum, 1933, no. 17, ill. ; *Meesterwerken uit vier eeuwen 1400-1800*, Rotterdam, Boymans Museum, 1938, no. 192, fig. 194 ; *Meesterwerken uit de verzameling D.G. van Beuningen*, Rotterdam, Boymans Museum, 1949, no. 109 ; *Chefs d'œuvre de la collection D.G. van Beuningen*, Paris, Petit Palais, 1952, no. 144, fig. 48 ; *Vier eeuw stilleven in Frankrijk*, Rotterdam, Boymans Museum, 1954, no. 49.

Literature : J. Guiffrey, *Catalogue raisonné de l'œuvre peint et dessiné de J.-B. Siméon Chardin*, Paris 1908, no. 124 ; H.E.A. Furst, *Chardin*, London 1911, p. 124 ; Ch. Saunier, "Collection François Flameng", *Les Arts*, no. 165, 1918, p. 2, ill. ; G. Wildenstein, *Chardin*, Paris 1933, no. 874, fig. 223 ; D. Hannema, *Catalogue of the D.G. van Beuningen Collection*, Rotterdam 1949, no. 109, fig. 159 ; P. Rosenberg, *L'Opera completa di Chardin*, Milan 1983, no. 21, ill.

Le tableau provient du peintre français François Flameng (1856-1923) et fut probablement acquis en 1919 à la vente de la collection Flameng par le marchand d'art Goudstikker, qui le vendit en 1922 à D.G. van Beuningen. La provenance antérieure demeure malheureusement inconnue. Wildenstein le reprit comme Chardin dans sa monographie de 1933, mais les éditions suivantes ne le mentionnèrent pas. Rosenberg fait observer qu'il s'agit en effet d'une œuvre peu connue, mais que l'attribution à Chardin n'est pas douteuse, malgré le mauvais état dans lequel se trouve la toile ; il la daterait de 1726-28 environ, ce qui signifie qu'il s'agirait d'une œuvre des débuts du peintre. Il est vrai que nous retrouvons dans les premières toiles du maître les attributs – le pichet, les noix, les fruits – de notre nature morte.

Rosenberg hésitait sur la signature, qui lui paraissait douteuse ou reprise. Mais un examen récent à l'atelier de restauration a prouvé que la signature originale est nette, même si elle est un peu endommagée.

La toile a en effet souffert, une partie de la surface de la couche de peinture a disparu, mais on retrouve bien des qualités du tableau lorsqu'il fut peint. Les fruits et les objets, rendus dans des tons adoucis, se rassemblent en une composition apparemment peu structurée. Le rendu du pichet avec son couvercle et de la poire tout à fait à gauche témoignent des immenses capacités du jeune Chardin.

The *Still life with an earthenware jar*, once owned by the French painter François Flameng (1856-1923), was probably purchased at the artist's auction in 1919 by the Goudstikker Gallery, which subsequently sold it to D.G. van Beuningen in 1922. Unfortunately, nothing is known about its earlier provenance. Though Wildenstein initially included the work as an autograph Chardin in his monograph of 1933, it ceased to appear in later editions. Rosenberg, however, saw no reason to query the attribution, notwithstanding the fact that it was relatively unknown and in poor condition. He dated it around 1726-28, which would make it a fairly early work. This indeed seems likely, as the objects depicted in the picture – a jug with nuts and fruit – occur in a number of Chardin's early paintings.

Despite his confidence in the attribution, Rosenberg had misgivings about the authenticity of the signature. It was recently examined, however, and the original signature, though slightly damaged, is perfectly discernible.

Time has taken its toll of the work and some of the paint layer has disappeared. Nevertheless, the merits of the piece are abundantly clear. It depicts fruit and various other objects in fairly muted tones, set out in a seemingly random composition. The rendering of the jar and its lid, as well as the pear on the far left, attest to the immense talent of the young Chardin.

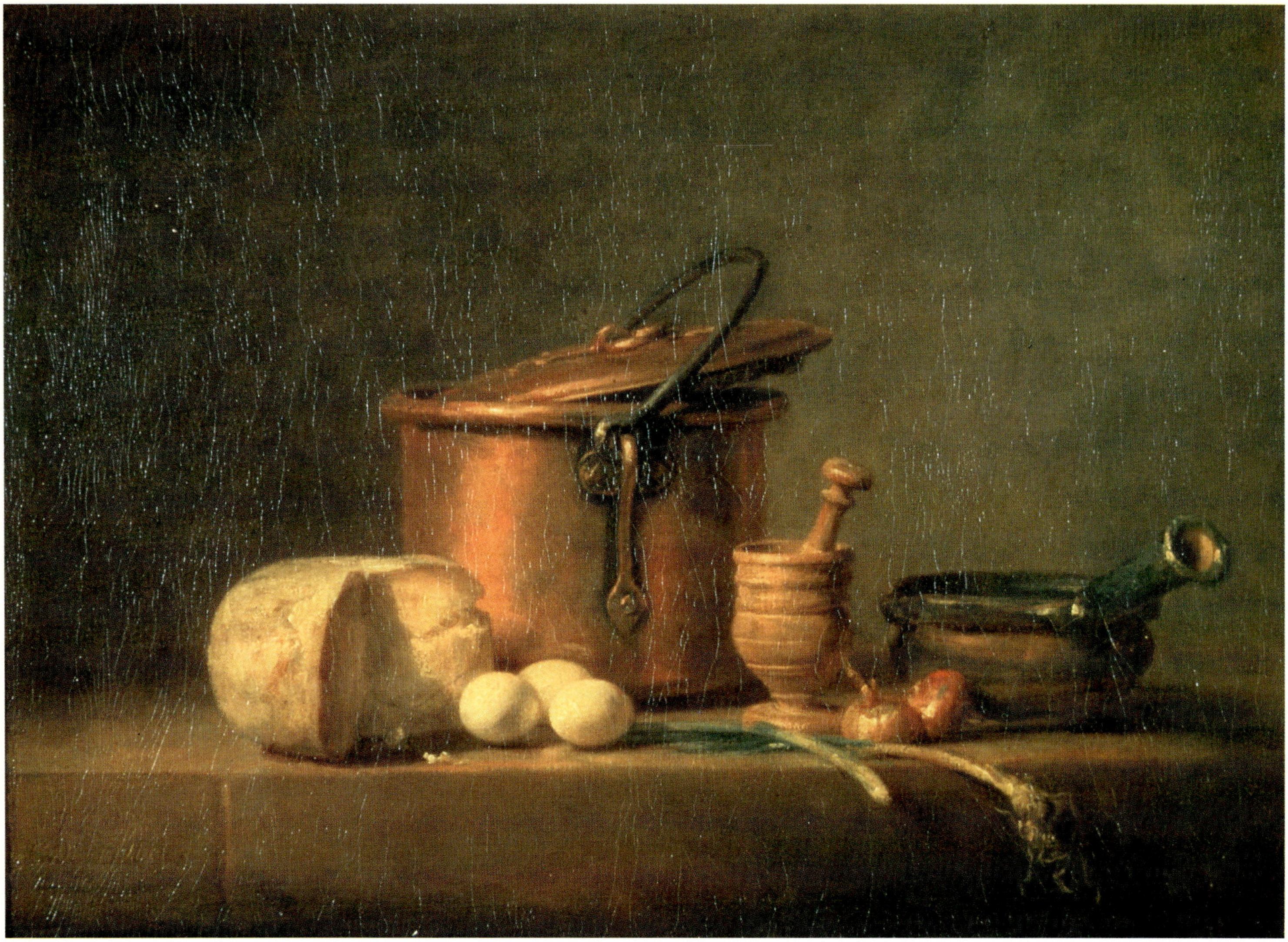

82 83

9

Nature morte de cuisine avec casserole en cuivre, un fromage et des œufs
Still life with a copper pot, cheese and eggs
Hors exposition
Not exhibited

Jean Siméon Chardin (Paris 1699 - Paris 1779)

Toile; 33 x 41 cm.
Signé en bas à gauche: chardin

Canvas; 33 x 41 cm
Signed lower left: chardin

La Haye, Mauritshuis

The Hague, Mauritshuis

Provenance: acquis par A. Bredius à Londres, 1901; en prêt au Mauritshuis en 1901; légué au Mauritshuis en 1946; n° d'inv. 656.

Exposition: *Bredius, Rembrandt en het Mauritshuis*, La Haye (Mauritshuis) 1991-92, n° 4, fig.

Bibliographie: W. Martin, "Le Musée de La Haye", *Les Arts* 12 (décembre 1902), p. 20, fig.; J. Guiffrey, *Catalogue raisonné de l'œuvre peint et dessiné de J.-B. Chardin*, 1908, n° 232; *Musée Royal de La Haye, catalogue raisonné des tableaux et des sculptures*, La Haye, 1914, p. 46, n° 656, fig.; H.E.A. Furst, *Chardin*, Londres, 1911, p. 133; G. Wildenstein, *Chardin*, Paris, 1933, n° 1001, fig. 141; G. Wildenstein, *Chardin*, Oxford, 1969, n° 143, fig. 62; cat. exp. *Chardin 1699-1779*, Paris, Grand Palais, 1979, p. 174, au n° 45, fig.; P. Rosenberg, *L'Opera completa di Chardin*, Milan, 1983, n° 143, fig.

Provenance: Acquired by A. Bredius in London, 1901; loaned to the Mauritshuis in 1901; bequeathed to the Mauritshuis in 1946; inv. no. 656.

Exhibition: *Bredius, Rembrandt en het Mauritshuis*, The Hague, Mauritshuis, 1991-92, no. 4, ill.

Literature: W. Martin, "Le Musée de la Haye", *Les Arts* 12 (December 1902), p. 20, ill.; J. Guiffrey, *Catalogue raisonné de l'œuvre peint et dessiné de J.-B. Chardin*, 1908, no. 232; *Musée Royal de la Haye, catalogue raisonné des tableaux et des sculptures*, The Hague 1914, p. 46, no. 656, ill.; H.E.A. Furst, *Chardin*, London 1911, p. 133; G. Wildenstein, *Chardin*, Paris 1933, no. 1001, fig. 141; G. Wildenstein, *Chardin*, Oxford 1969, no. 143, fig. 62; exhib. cat. *Chardin 1699-1779*, Paris, Grand Palais, 1979, p. 174, at no. 45, ill.; P. Rosenberg, *L'Opera completa di Chardin*, Milan 1983, no. 143, ill.

Il est malheureusement impossible de présenter à l'exposition le plus beau des tableaux de Chardin se trouvant dans les collections néerlandaises. Cette petite toile allie heureusement un fromage, des œufs et des oignons à une casserole en cuivre, une marmite en terre cuite et un mortier en bois, attributs typiques d'une cuisine. Le choix du motif aussi bien que le très bel éclairage semblent exprimer l'admiration que le peintre portait aux natures mortes hollandaises du XVIIe siècle. Rosenberg relève dans le catalogue de l'exposition de 1979 à Paris qu'une nature morte de Chardin qui se trouve au Louvre (fig. 1),[1] fut peut-être un pendant du tableau de La Haye. Il est vrai que les dimensions de ces deux petites toiles sont pratiquement les mêmes et que leur style les apparente. Dans le catalogue de 1979 Rosenberg date le tableau de La Haye d'environ 1732, alors que Wildenstein a proposé vers 1734. Mais dans sa monographie de 1983 Rosenberg avance une date beaucoup plus tardive, entre 1750 et 1760, pour la nature morte de Paris. Si les deux toiles sont effectivement des pendants, le tableau de La Haye a dû être peint à la même époque que celui de Paris.

The Netherlands' most beautiful painting by Chardin was unfortunately unavailable for the exhibition. It is a small still life of cheese, eggs and onions, together with everyday kitchen utensils – a copper pot, an earthenware pan and a wooden mortar and pestle. Chardin's choice of motifs and superb lighting are almost like a homage to the Dutch still-life painters of the seventeenth century. In the catalogue of the Paris exhibition of 1979, Rosenberg suggests that Chardin's still life at the Louvre[1] (fig. 1) may be a pendant of the painting in The Hague. They are, in fact, almost the same size and very similar in style. He dates the painting in The Hague around 1732, close to Wildenstein's proposal of 1734. In his monograph of 1983, however, he dates the Paris still life much later, between 1750 and 1760, which means that if the two paintings are indeed counterparts, the one in The Hague would also date from this period. Around 1760, Chardin produced several outstanding and beautifully illuminated still lifes of simple objects. His brushstrokes in this later period are less emphatic than in his still lifes from around 1730, while the objects are rendered in a subtle *sfumato*, giving them the "unfinished" appearance

Fig. 1.
Jean Siméon Chardin, Nature morte, Paris, Louvre
Jean Siméon Chardin, Still life, Paris, Louvre.

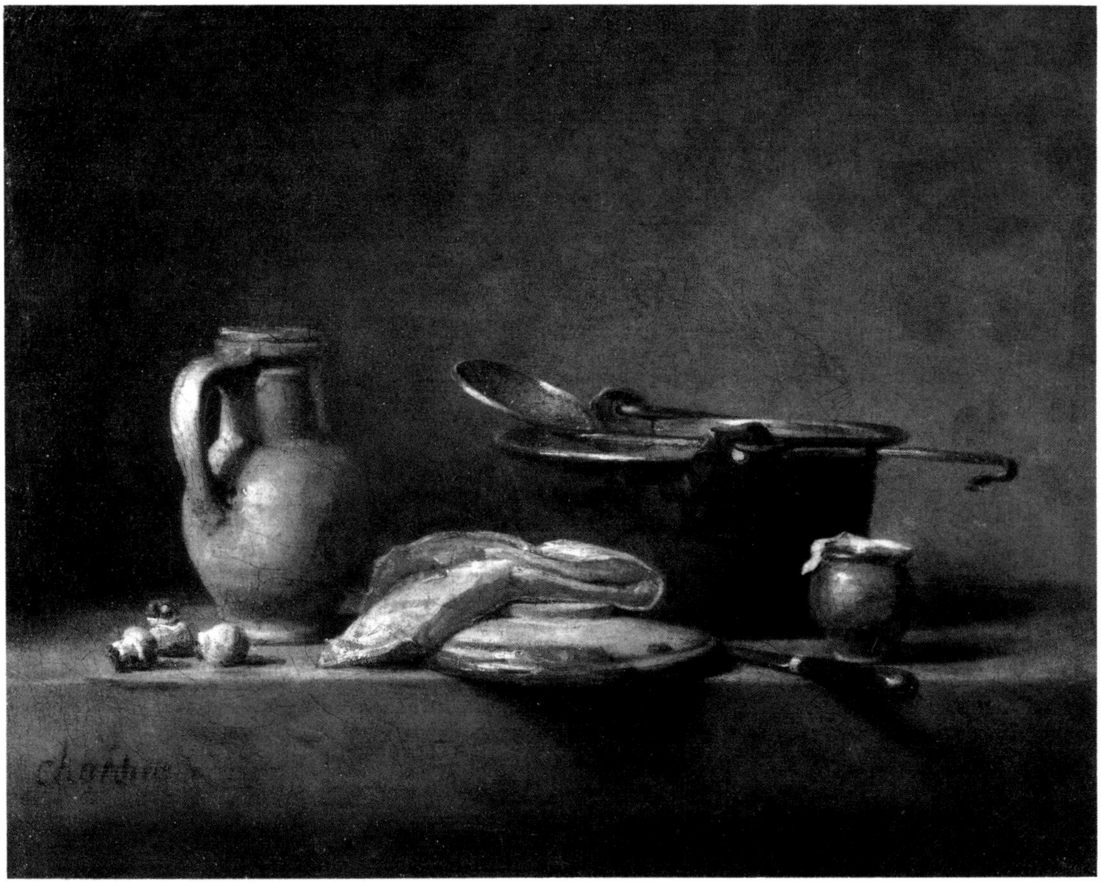

C'est précisément vers 1760 que Chardin peignit quelques natures mortes sublimes, réunissant des objets très simples baignant dans une lumière admirable. Il semble que le trait du pinceau n'est plus aussi visible que dans les natures mortes peintes vers 1730, que les objets sont rendus dans un léger "sfumato", ce qui donne à l'ensemble cette impression d'inachevé que relève Diderot. Ces traits sont moins évidents dans la nature morte de La Haye, ce qui confirmerait plutôt la datation vers 1732-34. Une vieille copie fut vendue à Paris en 1952.[2]

1 Toile, 32,5 x 40 cm, Paris, Louvre, M.N.R. 716.
2 Vente Paris, Charpentier, 24 mars 1952, n° 29 (École de J.B.S., 30 x 39 cm).

that was to provoke Diderot's criticism. These qualities are less pronounced in the Hague painting, arguing in favour of an early dating of around 1732-34. An old copy of the painting was sold in Paris in 1952.[2]

1 Canvas, 32.5 x 40 cm, Paris, Louvre, M.N.R. 716.
2 Paris sale, Charpentier, 24 March 1952, no. 29 (école de J.B.S., 30 x 39 cm).

Le bénédicté
Le bénédicté (Grace)

Jean Siméon Chardin (Paris 1699 - Paris 1779)

Toile ; 50,5 x 66,5 cm.

Canvas ; 50.5 x 66.5 cm

Rotterdam, Museum Boymans-van Beuningen

Provenance : vente Paris, Bonnefons, 9/10-4-1832, n° 9 ; Camille Marcille, de 1860 à 1886/87 ; Eudoxe Marcille ; madame Jahan-Marcille, jusqu'en 1917 ; madame Chévrier ; Féral, 1923 ; Sir Robert Abdy, Paris ; D.G. van Beuningen ; acquis avec la collection D.G. van Beuningen, 1958 ; n° d'inv. 2574.

Expositions : *Exposition de tableaux de maîtres anciens au profit des inondés du Midi*, Paris (Arts Décoratifs) 1887, n° 20 ; *Meesterwerken uit de verzameling D.G. van Beuningen*, Rotterdam (Museum Boymans) 1949, n° 108 ; *Chefs-d'œuvre de la collection D.G. van Beuningen*, Paris (Petit Palais) 1952, n° 143 ; *Kunstschatten uit Nederlandse Verzamelingen*, Rotterdam (Museum Boymans) 1955, n° 162, fig. 175 ; *"Chefs-d'œuvre de la peinture de l'Europe occidentale des XVI-XIX siècles de la collection du Museum Boymans-van Beuningen"*, Léningrad (Ermitage) 1986, n° 41, fig.

Bibliographie : W. Bürger, "Exposition de tableaux de l'école française", *Gazette des Beaux-Arts* 7 (1860), p. 338 ; M. Hamel, "Exposition de tableaux de maîtres anciens", *Gazette des Beaux-Arts* 25 (1887), p. 255 ; H. de Chennevières, "Chardin au Musée du Louvre", *Gazette des Beaux-Arts* 31 (1889), p. 122, 123 ; C. Stryienski, "Le salon de 1761", *Gazette des Beaux-Arts* 30 (1903), p. 68, fig. (héliogravure J. Chaudet) ; J. Guiffrey, *Catalogue raisonné de l'œuvre peint de J.-B. Siméon Chardin*, 1908, n° 132 ; H.E.A. Furst, *Chardin*, Londres, 1911, p. 125 ; G. Wildenstein, *Chardin*, Paris, 1933, n° 79ter, fig. 33 ; D. Hannema, *Catalogue of the D.G. van Beuningen Collection*, Rotterdam, 1949, n° 108 ; J. Seznec, J. Adhémar, *Diderot Salons*, I, Oxford, 1957, p. 123, fig. 42 ; *Catalogus van schilderijen tot 1800*, Rotterdam, 1962, pp. 37-38 ; G. Wildenstein, *Chardin*, Oxford, 1969, n° 216, fig. 102 ; cat. exp. *Chardin 1699-1779*, Paris, Grand Palais, 1979, p. 270, fig ; P. Rosenberg, *L'Opera completa di Chardin*, Milan, 1983, n° 120d, fig. ; P. Conisbee, *Chardin*, Oxford, 1985, p. 167, fig. 162 ; I.S. Nemilova, *The Hermitage, Catalogue of Western European Painting, French Paintings eighteenth century*, Moscou, 1986, p. 65, au n° 24.

Provenance : Paris sale, Bonnefons, 9-10 April 1832, no. 9 ; Camille Marcille, between 1860 and 1886/87 ; Eudoxe Marcille ; Madame Jahan-Marcille, until 1917 ; Madame Chévrier ; Féral, 1923 ; Sir Robert Abdy, Paris ; D.G. van Beuningen ; acquired with the D.G. van Beuningen Collection, 1958 ; inv. no. 2574.

Exhibitions : *Exposition de tableaux de maîtres anciens au profit des inondés du Midi*, Paris, Arts Décoratifs, 1887, no. 20 ; *Meesterwerken uit de verzameling D.G. van Beuningen*, Rotterdam, Boymans Museum, 1949, no. 108 ; *Chefs d'œuvre de la collection D.G. van Beuningen*, Paris, Petit Palais, 1952, no. 143 ; *Kunstschatten uit Nederlandse verzamelingen*, Rotterdam, Boymans Museum, 1955, no. 162, fig. 175 ; "Meesterwerken van West-europese schilderkunst van XVI-XIX eeuw uit de collectie van het Museum Boymans-van Beuningen", Leningrad, Hermitage, 1986, no. 41, ill.

Literature : W. Bürger, "Exposition de tableaux de l'école française", *Gazette des Beaux-Arts* 7 (1860), p. 338 ; M. Hamel, "Exposition de tableaux de maîtres anciens", *Gazette des Beaux-Arts* 25 (1887), p. 255 ; H. de Chennevières, "Chardin au Musée du Louvre", *Gazette des Beaux-Arts* 31 (1889), pp. 122-23 ; C. Stryienski, "Le salon de 1761", *Gazette des Beaux-Arts* 30 (1903), p. 68, ill. (heliogravure J. Chaudet) ; J. Guiffrey, *Catalogue raisonné de l'œuvre peint de J.-B. Siméon Chardin*, 1908, no. 132 ; H.E.A. Furst, *Chardin*, London 1911, p. 125 ; G. Wildenstein, *Chardin*, Paris 1933, no. 79ter, fig. 33 ; D. Hannema, *Catalogue of the D.G. van Beuningen Collection*, Rotterdam 1949, no. 108 ; J. Seznec, J. Adhémar, *Diderot Salons*, 1, Oxford 1957, p. 123, fig. 42 ; *Catalogus van schilderijen tot 1800*, Rotterdam 1962, pp. 37-38 ; G. Wildenstein, *Chardin*, Oxford 1969, no. 216, fig. 102 ; exhib. cat. *Chardin 1699-1779*, Paris, Grand Palais, 1979, p. 270, ill. ; P. Rosenberg, *L'Opera completa di Chardin*, Milan, 1983, no. 120d, ill. ; P. Conisbee, *Chardin*, Oxford 1985, p. 167, fig. 162 ; I.S. Nemilova, *The Hermitage, Catalogue of Western European painting. French paintings eighteenth century*, Moscow 1986, p. 65, at no. 24.

Le bénédicité est la prière que l'on prononce avant le repas. La mère met la table, les deux enfants joignent déjà les mains. A gauche, un domestique apporte un grand plat et regarde au-dehors par la porte à demi ouverte. Chardin exposa trois fois un *Bénédicité* au Salon, une fois en 1740, une fois en 1746 et une fois en 1761.
Le tableau exposé en 1740 se trouve aujourd'hui au Louvre. Il constitue le pendant d'une *Mère laborieuse* qui appartient également au Louvre.
Il existe plusieurs versions du *Bénédicité,* qui toutes sont pratiquement identiques à la toile du Louvre. Le catalogue du Salon de 1761 décrit ainsi la version que Chardin y exposa : "Le Bénédicité, Répétition du tableau qui est au Cabinet du Roi mais avec des changements. Il appartient à M. Fortier, Notaire". Nous connaissons la composition de ce tableau par une esquisse dans le catalogue du Salon, dessinée par Gabriel de Saint-Aubin (fig. 1). Cette esquisse nous apprend que la composition du tableau de 1761 correspond à celle du tableau de Rotterdam. Il semble donc évident d'identifier cette toile avec l'œuvre que Chardin exposa en 1761.
Mais Rosenberg se demande si la toile de Rotterdam n'est pas une copie d'un original aujourd'hui perdu. L'œuvre pose en effet un problème, car sur les plans de la technique et de la qualité elle ne paraît pas atteindre au niveau habituel de Chardin. Nous n'y retrouvons ni la douce plasticité ni l'éclairage si nuancé qui font de

"Le Bénédicité" is the grace said before a meal. The painting shows a woman serving food while her two children sit at table with their hands clasped. A figure on the left has just entered the room carrying a large platter and looking back through the half-opened door. Chardin exhibited paintings entitled "Le Bénédicité" at three Salons, in 1740, 1746 and 1761. The one shown in 1740, as well as its pendant "La mère laborieuse", is now at the Louvre.
Several versions of "Le Bénédicité" are known, all of which are virtually identical to the painting at the Louvre. The one exhibited at the Salon of 1761 is described in the catalogue as "'Le Bénédicité, Répétition du tableau qui est au Cabinet du Roi mais avec changements. Il appartient à M. Fortier, Notaire". The composition of this painting, which is known from Gabriel de Saint-Aubin's sketch in the Salon catalogue (fig. 1), corresponds to the Rotterdam version, which is therefore presumably the one Chardin exhibited in 1761.
Rosenberg, however, has suggested that it may be a copy of a lost original ; though it is true that both the technique and quality of the piece are not up to Chardin's usual standard – it has none of the soft plasticity and subtle lighting that earned him his reputation – it is nevertheless too characteristic of his work to be dismissed as a copy. The problem is undoubtedly compounded by the present condition of the painting. It was in private hands until 1958 and was probably restored quite frequently,

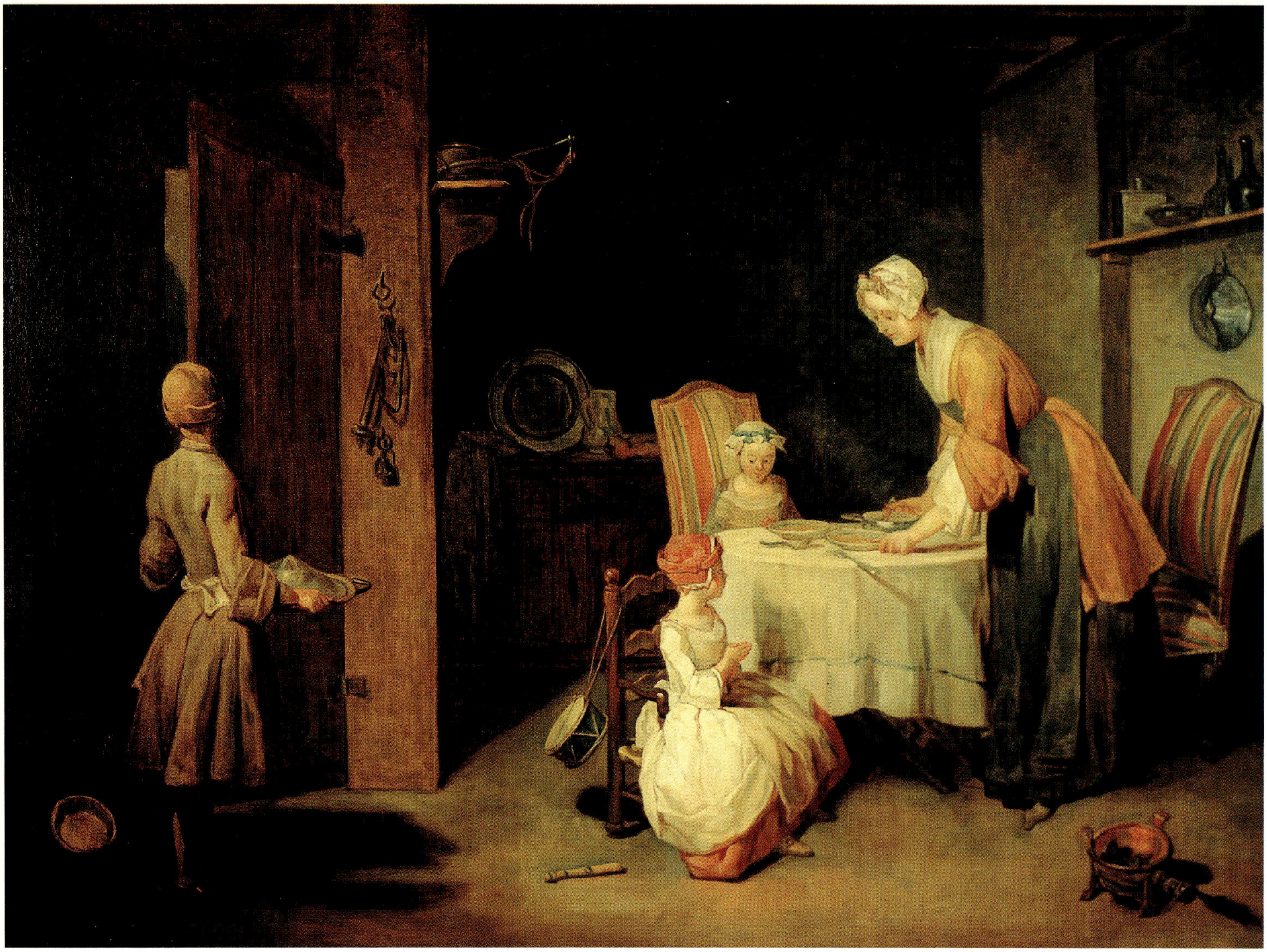

86 87

Fig. 1
Gabriel de Saint-Aubin, esquisse d'après le tableau de Chardin, dans le catalogue du Salon de 1761, Bibliothèque Nationale, Paris.
Gabriel de Saint-Aubin, sketch after the painting by Chardin in the catalogue of the Salon of 1761, Bibliothèque Nationale, Paris.

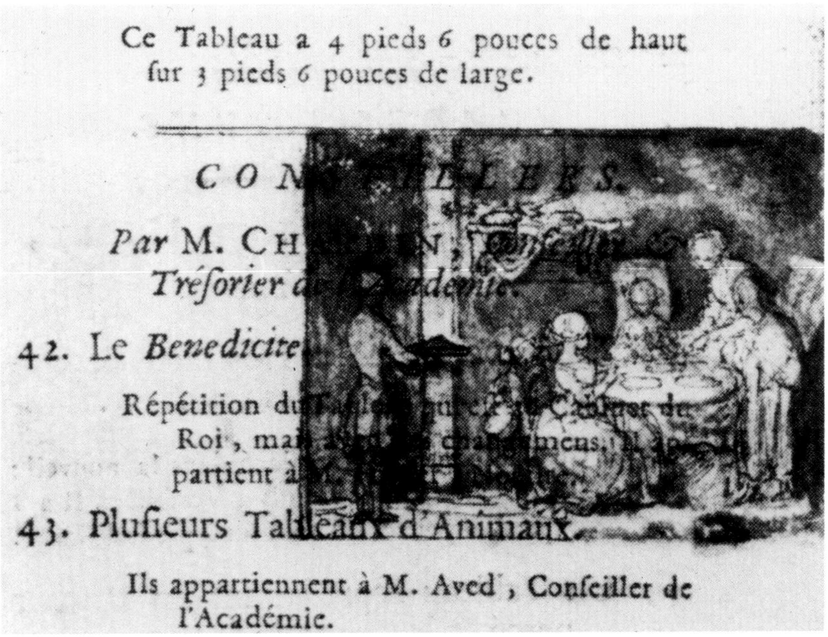

Chardin un des plus grands peintres. En revanche, l'œuvre comprend tant d'éléments caractéristiques de l'artiste que nous ne pouvons conclure sans plus qu'il s'agit d'une copie. L'état de la toile joue peut-être un rôle déterminant. Il est en effet possible que des restaurations antérieures – le tableau se trouva jusqu'en 1958 dans des collections particulières et fut donc sans doute souvent restauré – ont fait disparaître une partie importante de la surface de la couche de peinture, ne laissant subsister qu'un tableau assez dur et sec pour une œuvre de Chardin. Notre conclusion sera donc pour l'heure qu'il s'agit bien d'une œuvre authentique du peintre. Dans sa critique du Salon de 1761, Diderot observe à propos de Chardin: "Il y a longtemps que ce peintre ne finit plus rien; il ne se donne plus la peine de faire des pieds et des mains. Il travaille comme un homme du monde qui a du talent, de la facilité, et qui se contente d'esquisser sa pensée en quatre coups de pinceau".[1] Le tableau de Rotterdam, pourtant, semble, à quelques détails près, parfaitement achevé.
Les vers au bas de l'estampe que F.-B. Lépicié grava de la première version, celle de 1740, montrent que l'enfant dit sa prière très rapidement parce qu'elle a faim et veut manger.[2]

1 Voir J. Seznec, J. Adhémar, *Diderot Salons*, Oxford, 1957, p. 125.
2 Voir E. Snoep-Reitsma, "Chardin and the Bourgeois Ideals of his Time", *Nederlands Kunsthistorisch Jaarboek* 24 (1973), p. 189-190.

damaging the paint layer. As a result, the painting seems somehow too hard and dry for Chardin. Without conclusive evidence to the contrary, however, the attribution to the master should be maintained.
Reviewing the Salon of 1761, Diderot remarked that "Il y a longtemps que ce peintre ne finit plus rien; il ne se donne plus la peine de faire des pieds et des mains. Il travaille comme un homme du monde qui a du talent, de la facilité, et qui se contente d'esquisser sa pensée en quatre coups de pinceau".[1] This criticism, however, is certainly not applicable to our meticulously "finished" painting. The substance of the verse at the bottom of F.B. Lépicié's engraving after the painting from 1740 is that the child is saying grace quickly in order to proceed with the meal.[2]

1 See J. Seznec, J. Adhémar, *Diderot Salons*, Oxford, 1957, p. 125.
2 See E. Snoep-Reitsma, "Chardin and the bourgeois ideals of his time", *Nederlands Kunsthistorisch Jaarboek* 24 (1973), pp. 189-90.

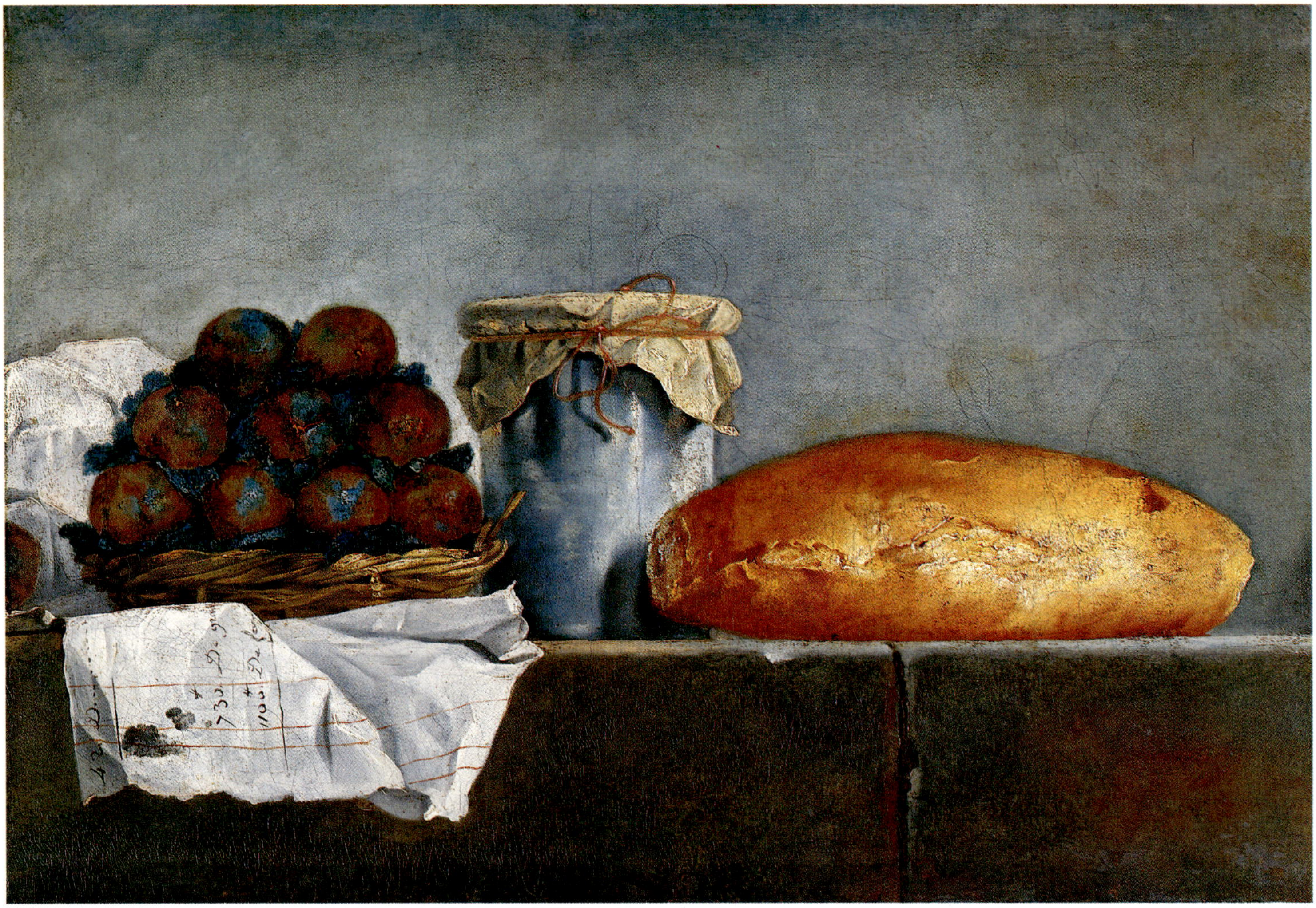

88 89

11

Nature morte aux fruits avec un pain
Still life with fruit and bread

Roland Delaporte (Paris 1724/25 - Paris 1793)

Toile ; 44,5 x 62 cm.

Canvas ; 44.5 x 62 cm

Rotterdam, Museum Boymans-van Beuningen

Provenance : vente Paris, Boussaton, 6-11-1854, n° 5 (comme Chardin) ; vente Paris, Drouot, 16-12-1905, n° 3, fig. (comme Chardin), (Fr. 6010,--) ; L. Nardus, Paris ; F. Muller, Amsterdam ; D.G. van Beuningen ; don de D.G. van Beuningen en 1916 ; n° d'inv. 1121.

Expositions : *Vier eeuwen Stilleven in Frankrijk*, Rotterdam (Museum Boymans) 1954, n° 55 ; *France in the eighteenth century*, Londres (Royal Academy) 1968, n° 618, fig. 211.

Bibliographie : *Verslag omtrent den toestand en de aanwinsten van het Museum Boijmans over het jaar 1916*, p. 4, fig. ; H.P. Bremmer, in *Beeldende Kunst*, VI (1918/19), pp. 64-65, fig. 43 ; G. Wildenstein, *Chardin*, Paris, 1933, n° 851, fig. 221 ; Ch. Sterling, *La nature morte de l'antiquité à nos jours*, Paris, 1952, pp. 81, 134, note 177, fig. 77 ; M. Faré, *La nature morte en France*, Genève, 1962, II, fig. 380 ; E. Walter, "A propos de la *Petite collation* de Roland Delaporte", *La Revue du Louvre* 30 (1980), p. 161.

Provenance : Paris sale, Boussaton, 6 November 1854, no. 5 (as Chardin) ; Paris sale, Drouot, 16 December 1905, no. 3, ill. (as Chardin) (Fr. 6,010) ; L. Nardus, Paris ; F. Muller, Amsterdam ; D.G. van Beuningen ; presented by D.G. van Beuningen in 1916 ; inv. no. 1121.

Exhibitions : *Vier eeuwen stilleven in Frankrijk*, Rotterdam, Boymans Museum, 1954, no. 55 ; *France in the eighteenth century*, London, Royal Academy, 1968, no. 618, fig. 211.

Literature : *Verslag omtrent den toestand en de aanwinsten van het Museum Boymans over het jaar 1916*, p. 4, ill. ; H.P. Bremmer, in *Beeldende Kunst*, VI (1918/19), pp. 64-65, fig. 43 ; G. Wildenstein, *Chardin*, Paris 1933, no. 851, fig. 221 ; Ch. Sterling, *La nature morte de l'antiquité à nos jours*, Paris 1952, pp. 81, 134, note 177, fig. 77 ; M. Faré, *La nature morte en France*, Geneva 1962, II, fig. 380 ; E. Walter, "A propos de la Petite collation de Roland Delaporte", *La Revue du Louvre* 30 (1980), p. 161.

Cette nature morte sublime se limite à trois grands éléments – un pain, un pot fermé par un papier lié par un cordon, un panier de fruits – posés sur une large plinthe de pierre et peints dans des tons très clairs.

Quels sont les fruits garnissant le panier ? On peut se le demander, car le bleu d'aujourd'hui n'est sans doute pas la couleur d'origine. Il s'agit probablement d'un vert qui a tourné au bleu, les pigments jaunes s'étant enfoncés et n'étant plus visibles. Wildenstein note en 1933 que le tableau est signé par Chardin et daté 1767, ce que Sterling confirme encore en 1952. Des traces en subsistent peut-être en bas à droite, sur la plinthe. Le tableau était d'ailleurs attribué à Chardin lorsque le musée l'acquit en 1916, mais dans son ouvrage de 1933 Wildenstein doute de cette attribution. Sterling estimait également qu'il s'agissait plutôt d'un peintre de l'entourage de Chardin.

En 1962, Faré attribua le tableau à Roland Delaporte, un peintre qui admirait sans doute Chardin, mais dont les natures mortes montrent qu'il avait un style bien particulier.[1] Le Louvre possédait déjà deux magnifiques exemples de son art, dont une nature morte avec un grand pain, l'un et l'autre datés 1763. Il acquit en 1979 une troisième nature morte de Delaporte, *La petite collation,* de 1787. Elisabeth Walter, qui publia cette œuvre en 1980, affirma que le peintre s'appelait certainement Roland Delaporte, et non Henri Roland de la Porte, comme on l'avait cru jusqu'alors. Le doux éclairage et la magistrale clarté de la composition du tableau de Rotterdam l'apparentent à l'acquisition du Louvre, et nous pouvons sans doute le dater de la même période, donc vers 1780.

This magnificent still life contains only three main elements – a loaf of bread, a pot sealed with paper and string, and a basket of fruit. They are set out on a wide slab of stone. One might wonder what type of fruit the basket contains. Though it is blue at present, the paint has probably changed since the work was made. It may well have been green originally and turned blue as the yellow pigment subsided.

In 1933 Wildenstein observed that the work was signed by Chardin and dated 1767. Sterling confirmed the signature in 1952 and there may indeed still be traces of it on the lower right-hand side of the stone. The painting was attributed to Chardin when it came to the museum in 1916, but neither Wildenstein nor Sterling accepted it as autograph. Wildenstein suggested an artist in Chardin's circle and in 1962 Faré attributed it to Roland Delaporte, a painter who was inspired by Chardin but whose still lifes nevertherless reflect a highly personal style.[1]

In 1979 the Louvre acquired its third still life by Delaporte. The two it already had, one depicting a large loaf of bread, are both dated 1763. In 1980, Elisabeth Walter published the new piece, *La petite collation* from 1787, establishing that the artist's name was Roland Delaporte and not, as had been widely accepted, Henri Horace de la Porte. The Rotterdam painting has the same soft lighting and clear composition as *La petite collation* and therefore probably dates from the same period, around 1780.

Delaporte was a portraitist as well as a painter of still lifes. He may have worked in the studio of Jean-Baptiste Oudry early on in his career. He lived in Paris and exhibited at the Salon on

Delaporte ne peignait pas seulement des natures mortes, il était aussi portraitiste. Il a peut-être travaillé à ses débuts dans l'atelier de Jean-Baptiste Oudry. Il vivait à Paris et il participa très souvent au Salon. Nous ne savons pourtant rien de sa vie ni de son œuvre entre 1771 et 1787 ; on pense qu'il vécut hors de Paris, peut-être même à l'étranger.
Quoi qu'il en soit, Roland Delaporte fut sans aucun doute un artiste aux immenses capacités, comme en témoigne le tableau de Rotterdam.

1 Pour Delaporte, voir aussi : M. et F. Faré, *La vie silencieuse en France, la nature morte au XVIII*e *siècle*, Fribourg, 1976, pp. 181-195.

numerous occasions. Nothing is known about him between 1771 and 1778, but he is thought to have lived outside Paris and perhaps even abroad during those years. In any event, the painting in Rotterdam reveals him as an artist of outstanding merit.

1 On Delaporte, see M. and F. Faré, *La vie silencieuse en France, la nature morte au XVIII*e *siècle*, Fribourg, 1976, pp. 181-95.

12

Paysage italien
Italian landscape

Gaspard Dughet (Rome 1615 - Rome 1675)

Toile ; 68,5 x 95 cm.

Canvas ; 68.5 x 95 cm

Amsterdam, Rijksmuseum

Provenance : acheté en 1823 par le roi Guillaume Ier à la comtesse Bourke à Paris pour être placé au Rijksmuseum ; n° d'inv. A 94.

Bibliographie : P. van Vliet, "Spaanse schilderijen in het Rijksmuseum, afkomstig van schenkingen van Koning Willem I", *Bulletin van het Rijksmuseum* 14 (1966), p. 148 ; P.J.J. van Thiel e.a., *All the paintings of the Rijksmuseum in Amsterdam*, Amsterdam-Maarssen 1976, p. 203 ; M.N. Boisclair, *Gaspard Dughet 1615-1675*, Paris 1986, p. 185, n° 59.

Provenance : Purchased for the Rijksmuseum by William I from Countess Bourke, Paris, 1823 ; inv. no. A 94.

Literature : P. van Vliet, "Spaanse schilderijen in het Rijksmuseum, afkomstig van schenkingen van Koning Willem I", *Bulletin van het Rijksmuseum* 14 (1966), p. 148 ; P.J.J. van Thiel *et al*, *All the paintings of the Rijksmuseum in Amsterdam*, Amsterdam-Maarssen 1976, p. 203 ; M.N. Boisclair, *Gaspard Dughet 1615-1675*, Paris 1986, p. 185, no. 59.

A en juger par la présence fréquente d'œuvres de Gaspard Dughet dans les collections hollandaises entre 1690 et 1760, ce peintre compta sans doute, avec Claude Lorrain et Francisque Millet, parmi les paysagistes français les plus prisés dans notre pays ; on ne pouvait imaginer, semble-t-il, de cabinet de peintures de réputation internationale sans une ou plusieurs toiles de sa main. Au vrai, peu de collectionneurs le considéraient comme un maître français, car si son père venait bien de France, sa mère était italienne et lui-même naquit à Rome, où il travailla toute sa vie ; Dughet semble même n'avoir jamais visité le pays de ses ancêtres. Le mariage de sa sœur Anna-Maria avec Nicolas Poussin en 1630 décida de la carrière du jeune homme ; il devint vers 1631 l'élève de ce beau-frère déjà illustre et il travailla probablement jusqu'en 1635 environ dans son atelier. Gaspard Dughet lui doit d'ailleurs aussi son surnom de "Gaspard Poussin", auquel les vieux inventaires et catalogues attribuent souvent ses œuvres, alors que le peintre lui-même ne se para jamais du nom de son beau-frère.

Dughet fréquentait à Rome les cercles des peintres hollandais et flamands qui y peignaient si volontiers les paysages italiens et les scènes de la vie populaire romaine. Il travailla d'ailleurs avec un de ces *bamboccianti*, Jan Miel ; en revanche, nous ne savons pas s'il s'inspira, par exemple, d'un Herman van Swanevelt. Il n'est pas douteux, en tout cas, que les paysages de Dughet marquèrent dans une large mesure la génération suivante des italianisants hollandais : on ne saurait imaginer l'œuvre de maîtres comme Johannes Glauber (1646-1726), Albert Meyeringh (1645-1714) ou Jan Frans van Bloemen (1662-1749) sans les modèles de Dughet.[1]

Judging by the number of works by Gaspard Dughet that found their way into Dutch collections between 1690 and 1760, Dughet, like Claude Lorrain and Francisque Millet, must have been one of the most popular French landscape painters of the day. It seems that no collection of international stature was complete without at least one of his paintings, even though few collectors thought of him as a French master.

Born in Rome as the son of a French father and Italian mother, Gaspard Dughet worked there all his life, apparently without ever visiting the country of his paternal forebears. The marriage of his sister Anna-Maria Dughet to Nicolas Poussin in 1630 was decisive for his career. He started studying with his distinguished brother-in-law around 1631, and continued to work in his studio until about 1635. Because of their close association, most old inventories and catalogues attribute his work to "Gaspard Poussin", although he himself never actually used this name.

Dughet was well acquainted with the Dutch and Flemish painters in Rome, who were producing mainly landscapes and *bambocciate*, or low-life scenes of the city. He is known to have worked together with one of the *bamboccianti*, Jan Miel, but it is uncertain whether he was also inspired by Herman van Swanevelt or any of the other painters who specialised in the genre. In turn, Dughet's landscapes had a powerful influence on later generations of Italianate painters. The work of Johannes Glauber (1646 1726), Albert Meyeringh (1645-1714), Jan Frans van Bloemen (1662-1749) and various other Dutch masters is almost unthinkable without his example.[1]

The painting shown here is typical of the landscapes that so inspired the Dutch. The rugged,

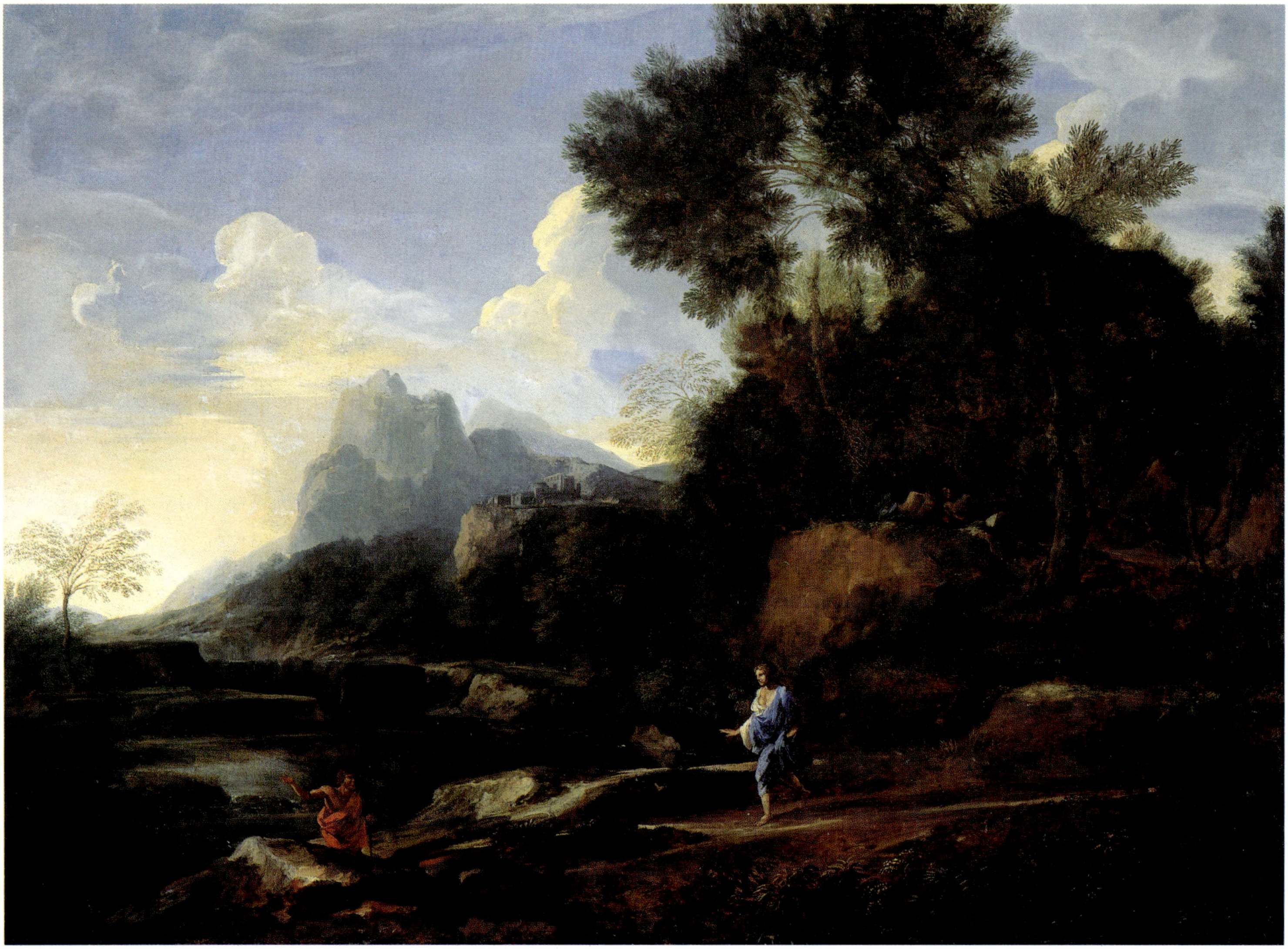

92 93

Le tableau exposé donne un bel exemple du type de paysage qu'affectionnaient les peintres hollandais : sauvage, montagneux, coupé par une rivière, étoffé au premier plan par deux hommes habillés à l'antique et qui semblent converser. Dans un bosquet à droite, un rocher sur lequel deux hommes se reposent. A l'arrière-plan, un sommet rocheux porte une petite cité. Boisclair juge que ce paysage presque arcadien date des débuts du maître et fut sans doute peint entre 1638 et 1640.

1 Pour l'influence de l'œuvre de Gaspard Dughet, voir l'ouvrage d'An Zwollo, *Hollandse en Vlaamse veduteschilders te Rome 1675-1725*, Assen 1971, que Boisclair n'a malheureusement pas connu.

mountainous countryside is cleft by a river, and a little town can be seen perched on a rocky outcrop in the distance. The picture is enlivened by two men in antiquating costume, strolling in the foreground and evidently engrossed in conversation, while another two figures are resting on a boulder under the trees on the right. Boisclair dates this almost Arcadian scene between 1638 and 1640, which would have been early in Dughet's career.

1 On Dughet's influence of Dughet's work, see An Zwollo, *Hollandse en Vlaamse veduteschilders te Rome 1675-1725*, Assen 1973, a work which Boisclair unfortunately missed.

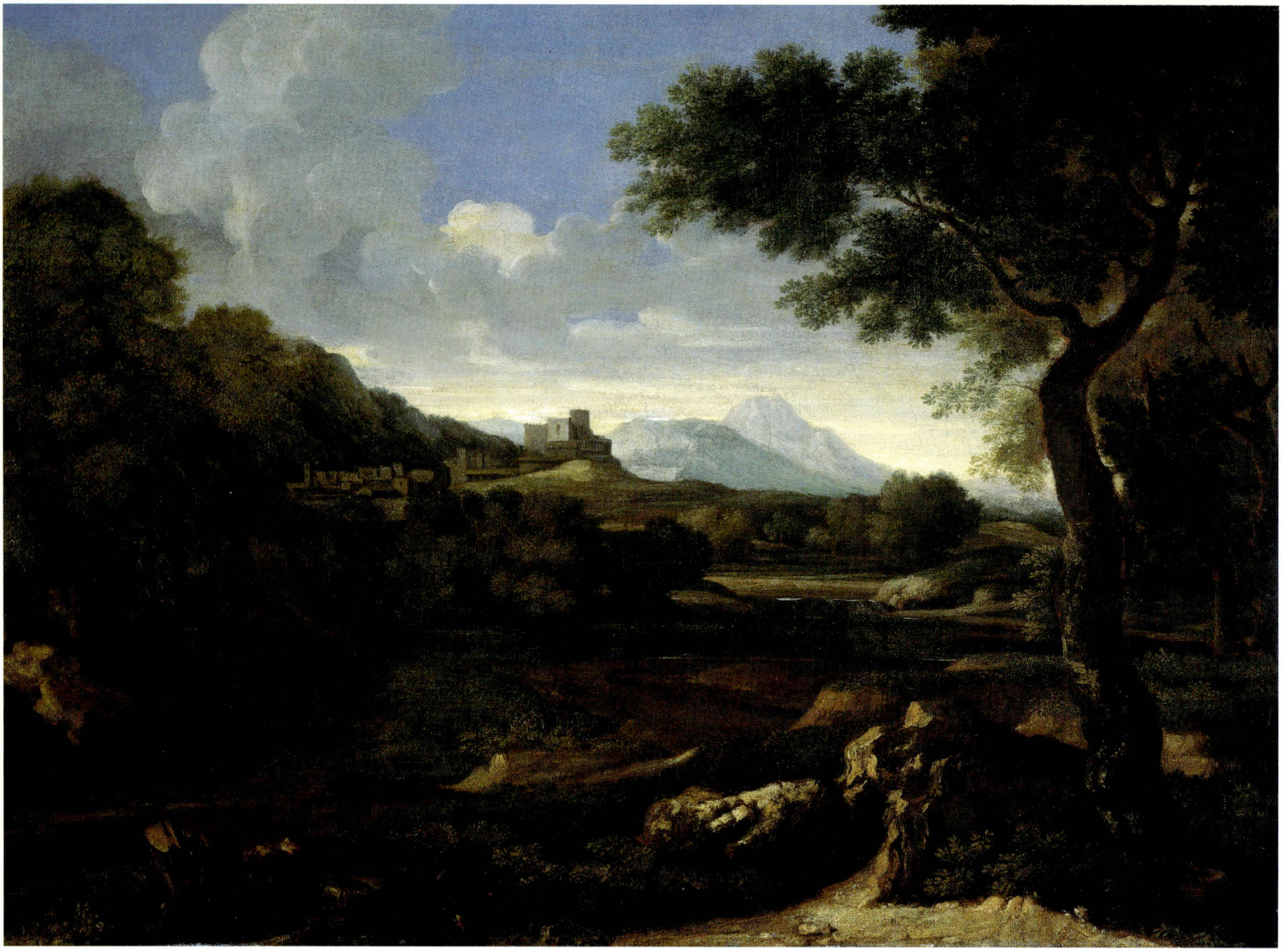

13

Paysage
Landscape

Gaspard Dughet (Rome 1615 - Rome 1675)

Toile ; 74 x 99 cm.

Canvas ; 74 x 99 cm

Amsterdam, Rijksmuseum

Provenance : acheté en 1823 par le roi Guillaume Ier à la comtesse Bourke à Paris pour être placé au Rijksmuseum ; n° d'inv. A 95.

Bibliographie : P. van Vliet, "Spaanse schilderijen in het Rijksmuseum, afkomstig van schenkingen van Koning Willem I", *Bulletin van het Rijksmuseum* 14 (1966), p. 148 ; P.J.J. van Thiel e.a., *All the paintings of the Rijksmuseum in Amsterdam*, Amsterdam-Maarssen 1976, p. 203 ; M.N. Boisclair, *Gaspard Dughet 1615-1675*, Paris 1986, p. 191, n° 77.

Provenance : Purchased for the Rijksmuseum in 1823 by William I from Countess Bourke in Paris ; inv. no. A 95.

Literature : P. van Vliet, "Spaanse schilderijen in het Rijksmuseum, afkomstig van schenkingen van Koning Willem I", *Bulletin van het Rijksmuseum* 14 (1966), p. 148 ; P.J.J. van Thiel *et al*, *All the paintinqs of the Rijksmuseum in Amsterdam*, Amsterdam-Maarssen 1976, p. 203 ; M.N. Boisclair, *Gaspard Dughet 1615-1675*, Paris 1986, p. 191, no. 77.

Bien que ce *Paysage* soit moins bien conservé que le *Paysage italien* (cat. n° 12), il montre pourtant clairement que Dughet a recouru à une manière plus chromatique. Boisclair estime que cela s'explique par l'influence croissante sur l'artiste des peintres de Bologne, notamment Annibal Carrache et le Dominiquin, et c'est pourquoi elle propose pour ce tableau une datation un peu postérieure à celle de la toile précédente, à savoir entre 1641 et 1645/46.

Les deux œuvres exposées de Dughet proviennent de la collection du comte Edmund Bourke, diplomate danois d'origine irlandaise, qui fut notamment ambassadeur à Naples de 1793 à 1797, et qui mourut en 1821. Le *Catalogue des tableaux de Mr Le Comte de Bourg et leur Description historique*, établi d'après les notes du comte, décrit les deux tableaux sous les n° 9 et 10 : "G. Poussin et Nicolas - Deux paysages, dont l'un est riche de composition et d'un grand effet et l'autre est un beau paysage qui a appartenu au Chevalier Hamilton".[1] Le second tableau, c'est certainement ce *Paysage*, ce qui nous permet de préciser la provenance de la toile, car le "Chevalier Hamilton" est sans aucun doute Sir William Hamilton (1730-1803), le fameux ambassadeur anglais à Naples, dont on peut encore aujourd'hui admirer la collection de vases grecs au British Museum.[2]

1 Ce catalogue se trouve à l'Algemeen Rijksarchief à La Haye et a été publié par Van Vliet, voir bibliographie.
2 Voir Francis Haskell, *Past and Present in Art and Taste*, New Haven-Londres 1987, pp. 30-46.

Although this *Landscape* is in poorer condition than the *Italian landscape* (cat. no. 12), it was clearly painted in a more chromatic manner. Boisclair attributes this difference to the increasing influence of Annibale Carracci, Domenichino and other Bolognese painters on Dughet's work, and accordingly dates the canvas slightly later than the *Italian landscape*, between 1641 and 1645/46.
Both of Dughet's paintings in the exhibition once belonged to Count Edmund Bourke, a Danish diplomat of Irish descent and an envoy to Naples from 1793 to 1797. The *Catalogue des tableaux de Mr Le Comte de Bourg et leur description historique*, which was compiled on the basis of Bourke's notes, contains descriptions of two paintings listed as nos. 9 and 10 : "G. Poussin et Nicolas - Deux paysages, dont l'un est riche de composition et d'un grand effet et l'autre est un beau paysage qui a appartenu au Chevalier Hamilton".[1] The latter must refer to this *Landscape*. This sheds an interesting light on the provenance of the painting, as "Chevalier Hamilton" was none other than Sir William Hamilton (1730-1803), the distinguished British envoy to Naples, whose collection of Greek vases can be admired in the British Museum to this day.[2]

1 Bourke's notes are at the National Archives in The Hague ; they were published by Van Vliet in 1966 (see Literature).
2 See Francis Haskell, *Past and present in art and taste*, New Haven-London 1987, pp. 30-46.

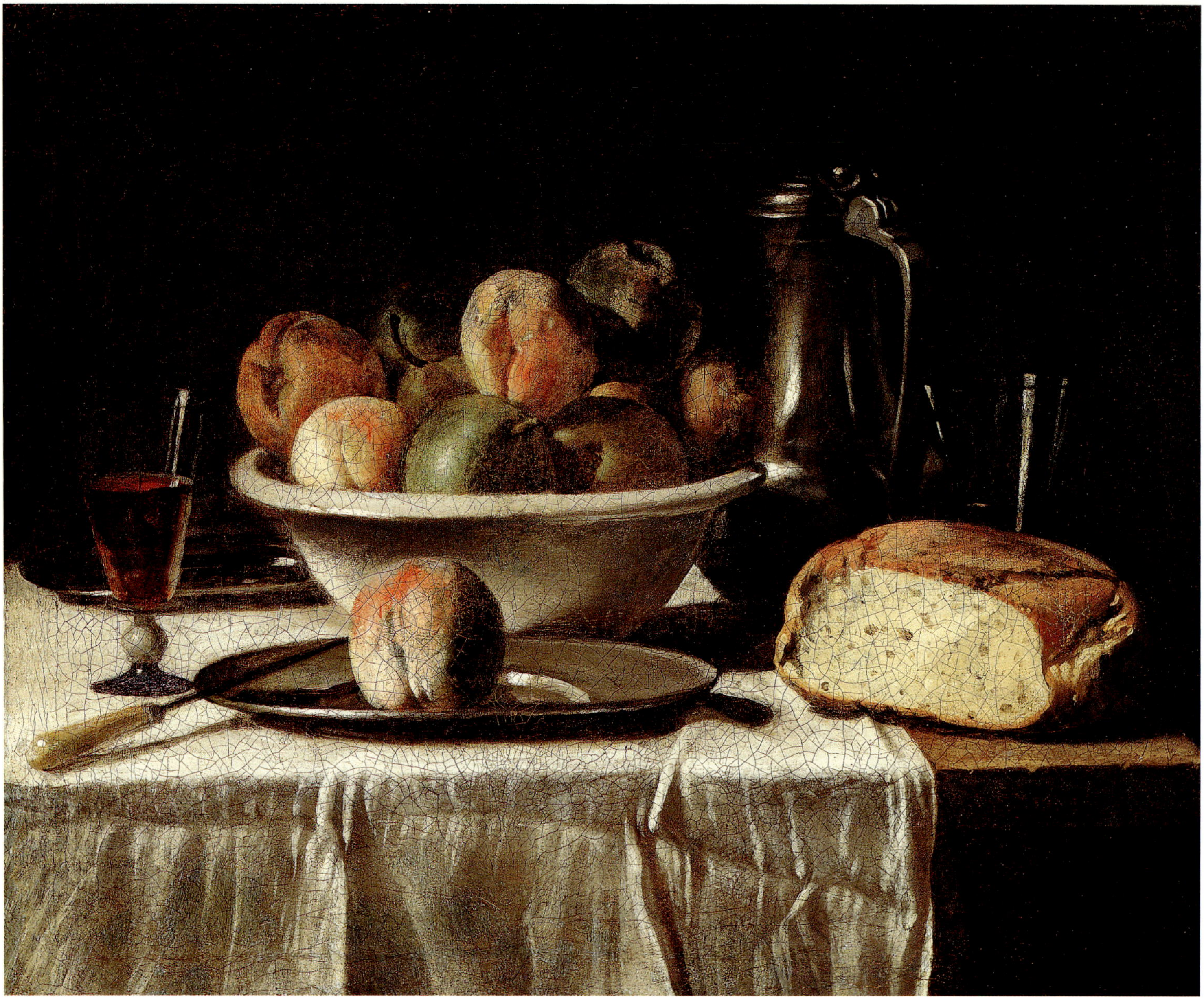

96 97

14

Nature morte
Still life

École française, vers 1650
French School, c. 1650

Toile; 47 x 56 cm.

Canvas; 47 x 56 cm

Rotterdam, Museum Boymans-van Beuningen

Provenance: Ossip Braas, Léningrad; Vitale Bloch, La Haye-Paris; son legs 1975; n° d'inv. 2892.
Expositions: *La nature morte et son inspiration*, Paris (André Weil) 1960, n° 16; *Le choix d'un amateur éclairé*, Paris (Institut Néerlandais) 1979, n° 1.
Bibliographie: G. Isarlo, "Les trois Le Nain et leur suite", *La Renaissance*, 21 (1938) n° 1, p. 57; M. Faré, *La nature morte en France*, Genève 1962, vol. 1, p. 103; M. Faré, *Le grand siècle de la nature morte en France*, Paris 1974, p. 384.

Provenance: Ossip Braas, Leningrad; Vitale Bloch, The Hague-Paris; bequeathed by Bloch in 1975; inv. no. 2892.
Exhibitions: *La nature morte et son inspiration*, Paris (André Weil) 1960, no. 16; *Le choix d'un amateur éclairé*, Paris (Institut Néerlandais) 1979, no. 1.
Literature: G. Isarlo, "Les trois Le Nain et leur suite", *La Renaissance*, 21 (1938) no. 1, p. 57; M. Faré, *La nature morte en France*, Geneva 1962, vol. 1, p. 103; M. Faré, *Le grand siècle de la nature morte en France*, Paris 1974, p. 384.

Comme les petits "déjeuners" si populaires en Hollande vers 1630-1640, cette sobre nature morte nous montre quelques étains, verres et faïences rustiques, des pommes et un pain posés sur une table à moitié recouverte d'une nappe. Ce tableau à la couche picturale malheureusement fort craquelée est de la main d'un peintre encore inconnu et qui fut très probablement actif vers 1650 en France. Il travailla peut-être dans le Nord, car on a identifié le verre de gauche, à moitié rempli de vin rouge, comme une production du nord de la France ou du sud des Pays-Bas et datant de la première moitié du XVIIe siècle.[1]
Cette nature morte de grande qualité, au coloris sobre et à la composition toute de simplicité, a appartenu à Vitale Bloch. Né en 1900 en Russie, réfugié à Berlin en 1923, et depuis les années trente actif à La Haye, puis à Paris, comme grand collectionneur et marchand d'art, Bloch légua en 1975 toute sa collection au musée Boymans-van Beuningen. La toile exposée témoigne parfaitement du goût très sûr de ce grand connaisseur, qui sut arracher à l'oubli tant d'œuvres intéressantes et auquel l'histoire de l'art doit tant de découvertes. Le paysage datant des débuts de Claude Lorrain et présenté à l'exposition sous le n° 31 en est un exemple pris au hasard; des dizaines de tableaux doivent à Bloch, fort actif dans les coulisses, d'avoir retrouvé le nom de leur auteur et aussi leur légitime place dans l'histoire de l'art.[2]

1 Je dois cette information au professeur H.E. Henkes, à Geervliet.
2 Pour la vie et les activités de Vitale Bloch, voir: J.C. Ebbinge Wubben, "Vitale Bloch 1900-1975", in: cat. exp. Paris 1979, voir bibliographie, pp. 5-8. Pour un tableau des publications de Bloch: idem, pp. 106-116.

Like the "breakfast pieces" that were so popular in Holland around 1630-1640, this unassuming little still life shows simple glass, earthenware and pewter utensils, together with a few apples and a loaf of bread, set out on a table partially covered by a linen cloth. The painting, which is covered with craquelure, is by an as yet unidentified artist who is believed to have been working in France around 1650. The half-filled glass of red wine on the left points to someone active in the north, as the glassware has been identified as northern French or south Netherlandish from the first half of the seventeenth century.[1]
This masterful still life, a simple composition in restrained colours, belonged to the Russian-born Vitale Bloch, who moved to Berlin in 1923. At his death in 1975, he bequeathed the painting together with his entire collection to the Boymans-van Beuningen Museum. From an aesthetic point of view, the still life reflects Bloch's taste and judgement from the 1930s on, when he established himself as a "gentleman dealer", first in The Hague and subsequently in Paris. In this capacity, he made many important contributions to art history and gave a new lease of life to numerous paintings that had fallen into obscurity. His discovery of the early landscape by Claude Lorrain (cat. no. 31) is only one example. Behind the scenes, Bloch must have restored a great many paintings to their rightful authors and place in the history of art.[2]

1 I am grateful to Professor H.E. Henkes of Geervliet for this information.
2 For further information on Bloch's life and work, see J.C. Ebbinge Wubben, "Vitale Bloch 1900-1975", in exhib. cat. Paris 1979, see Literature, pp. 5-8. A list of Bloch's publications can be found in *idem*, pp. 106-16.

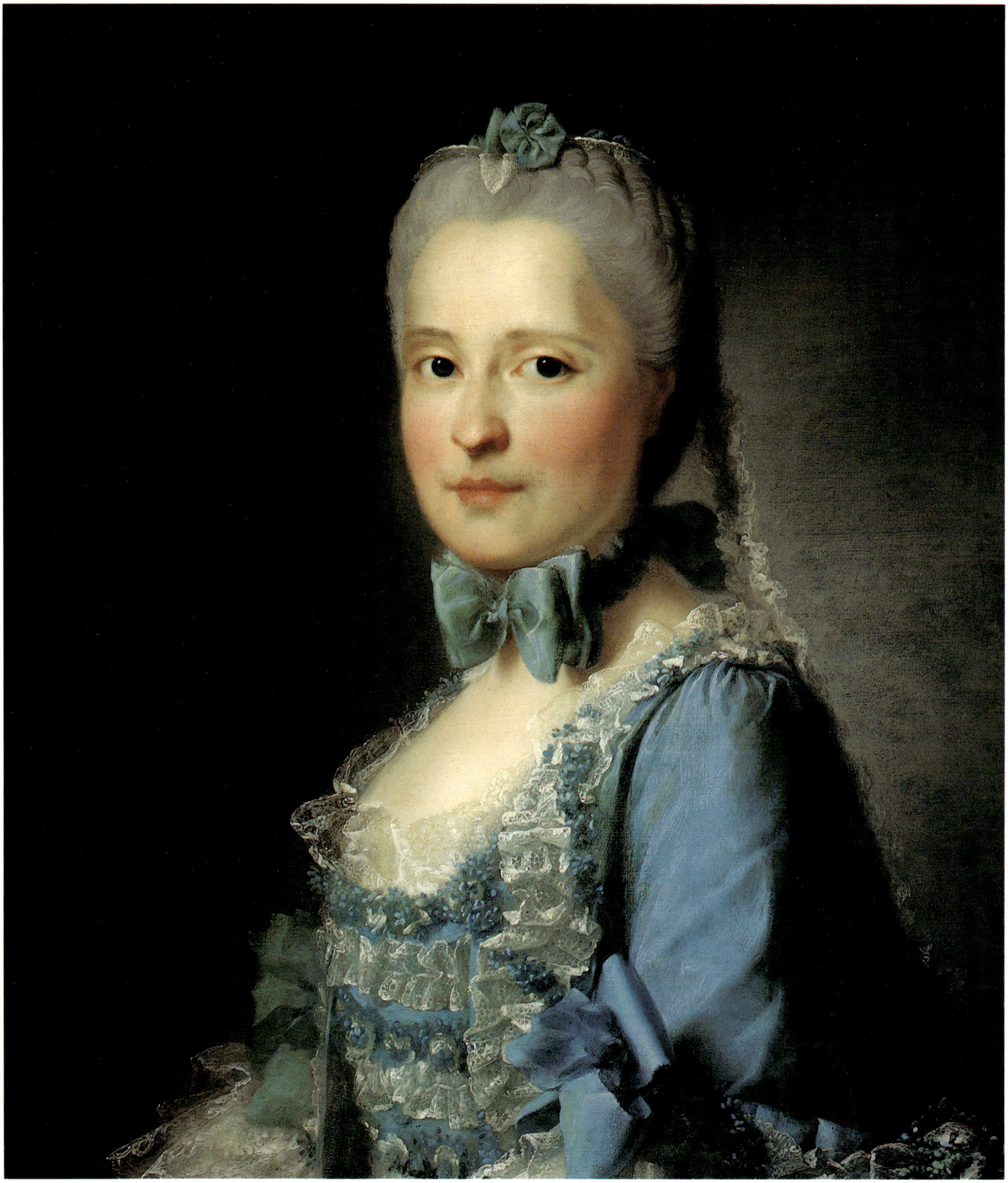

98 99

15

Portrait de Marie-Josèphe de Saxe, Dauphine de France
Portrait of Maria Josepha of Saxony, dauphine of France

Jean-Martial Frédou (Fontenay-Saint-Père 1710 - Versailles 1795)

Toile ; 64 x 54 cm.
Signé et daté en bas à gauche : Frédou/ 1760

Canvas ; 64 x 54 cm
Signed and dated at lower left : Frédou/ 1760

Rotterdam, Museum Boymans-van Beuningen

Provenance : Prince Kinsky, Vienne 1904 ; Stephan von Auspitz, Vienne ; acquis par D.G. van Beuningen, Rotterdam-Vierhouten, en 1932 par l'intermédiaire de la Galerie Bachstitz à La Haye ; prêt au Museum Boymans, 1935-1940 ; acquis en 1958 avec la collection Van Beuningen ; depuis, prêt à la famille ; n° d'inv. 2577.

Exposition : *Chefs-d'œuvre de la collection D.G. van Beuningen*, Paris (Petit Palais) 1952, n° 147 fig.

Bibliographie : D. Hannema, *Beknopte catalogus schilderijen en beeldhouwwerken Museum Boymans*, Rotterdam 1937, p. 16, n° 147 ; D. Hannema, *Catalogue of the D.G. van Beuningen Collection*, Rotterdam 1949, p. 118, n° 112 ; *Museum Boymans van Beuningen Rotterdam, Catalogus schilderijen tot 1800*, Rotterdam 1962, p. 53.

Provenance : Prince Kinsky, Vienna, 1904 ; Stephan von Auspitz, Vienna ; bought through the Bachstitz Gallery in The Hague in 1932 by D.G. van Beuningen, Rotterdam-Vierhouten ; on loan to the Boymans Museum, 1935-1940 ; purchased with the Van Beuningen Collection in 1958 ; on loan to the family since 1958 ; inv. no. 2577.

Exhibition : *Chefs-d'œuvre de la collection D.G. van Beuningen*, Paris (Petit Palais) 1952, no. 147, ill.

Literature : *D. Hannema, Beknopte catalogus schilderijen en beeldhouwwerken Museum Boymans*, Rotterdam 1937, p. 16, no. 147 ; D. Hannema, *Catalogue of the D.G. van Beuningen Collection*, Rotterdam 1949, p. 118, no. 112 ; *Museum Boymans-van Beuningen Rotterdam. Catalogus schilderijen tot 1800*, Rotterdam 1962, p. 53.

Les œuvres aujourd'hui assez rares de Jean-Martial Frédou, un des nombreux petits maîtres sous-estimés de l'école française de peinture du XVIIIe siècle, nous apprennent que l'artiste a essentiellement travaillé comme pastelliste, exécutant surtout des portraits de membres de la famille royale française. En 1752, Frédou habitait à Versailles, où il continua à exercer ses activités pendant le reste de sa vie. En 1755 il fut nommé *Peintre du Cabinet du Roi*, et plus tard, en 1776, *Premier peintre de Monsieur*, le frère de Louis XV.
Vers 1760, Frédou travaillait surtout pour le prince héritier et son épouse, et le portrait de la Dauphine, Marie-Josèphe de Saxe (1731-1767), fut certainement une de leurs multiples commandes. La Dauphine était la fille de l'électeur Frédéric Auguste 1er de Saxe – qui était d'ailleurs aussi le roi de Pologne Auguste II. Marie-Josèphe avait épousé en 1747 le Dauphin Louis de France, fils aîné de Louis XV et de Marie Leczynska. Cette union donna naissance à trois rois de France : Louis XVI, Louis XVIII et Charles X.

The relatively rare works by Jean-Martial Frédou, one of the many neglected *petits maîtres* of the eighteenth-century French school, show him to have been predominantly a pastellist, while most of his extant paintings are portraits of members of the French royal family. Frédou lived at Versailles in 1752 and continued to work there for some time. He was appointed *Peintre du Cabinet du Roi* in 1775, and in 1776 *Premier Peintre de Monsieur* – the brother of Louis XV.
Most of his work around 1760 was for the crown prince and his wife, and this portrait of the dauphine Maria Josepha of Saxony (1731-1767) was undoubtedly commissioned by the couple. The sitter was the daughter of the elector Frederick Augustus I of Saxony (1670-1733) who, as August II, was also king of Poland. In 1747, Maria Josepha married the dauphin Louis of France, the oldest son of Louis XV and Maria Leckzynska. Their union produced the French monarchs Louis XVI, Louis XVIII and Charles X.
It is uncertain whether Maria Josepha actually posed for Frédou, as the master based most of his

Il n'est pas sûr que la Dauphine posa elle-même pour Frédou, car le maître avait pour habitude d'utiliser comme modèle un portrait existant. Ainsi a-t-il copié plusieurs fois un portrait du Dauphin peint par Maurice Quentin de La Tour, et il a peut-être utilisé le même procédé pour la Dauphine.[1] En tout cas, le portrait peint par Frédou ressemble beaucoup au pastel de la Dauphine que La Tour a fait vers 1760.[2] C'est pourquoi il est intéressant de noter qu'en 1850 on a pu documenter un portrait de Marie-Josèphe de Saxe par Frédou d'après La Tour.[3]

1 A. Doria, "Le portraitiste Frédou, Peintre du Cabinet du Roi, Premier Peintre de Monsieur", *Bulletin de la Société de l'histoire de l'art français* 1951, pp. 150-166, en particulier p. 156 avec fig.
2 G. Monnier, *Musée du Louvre - Cabinet des Dessins, Pastels XVIIe et XVIIIe siècles*, Paris 1972, n° 69 avec fig.
3 F. Engerand, *Inventaire des tableaux commandés et achetés par la Direction des Bâtiments du Roi (1709-1792)*, Paris 1901, p. 197 note.

portraits on earlier examples. He is known, for instance, to have made several copies of a portrait of the dauphin by Maurice-Quentin de La Tour, and may have produced the piece shown here in the same way.[1] In any event, Frédou's painting is very similar to a pastel portrait of Maria Josepha that de La Tour made around 1760.[2] In this connection, it is interesting to note that a portrait of the dauphine, which Frédou made after de La Tour, was recorded in 1850.[3]

1 A. Doria, "Le portraitiste Frédou. Peintre du Cabinet du Roi, Premier Peintre de Monsieur", *Bulletin de la Société de l'histoire de l'art français* 1951, pp. 150-66, notably p. 156 with ill.
2 G. Monnier, *Musée du Louvre,Cabinet des Dessins, Pastels XVIIe et XVIIIe siècles*, Paris 1972, no. 69 with ill.
3 F. Engerand, *Inventaire des tableaux commandés et achetés par la Direction des Bâtiments du Roi (1709-1792)*, Paris 1901, p. 197 note.

16

L'Empereur Napoléon Ier en habit du sacre, 2 décembre 1804
Emperor Napoleon I in coronation robes, 2 December 1804

François, baron Gérard (Rome 1770 - Paris 1837)

Toile ; 226,5 x 146 cm.

Canvas ; 226.5 x 146 cm

Amsterdam, Rijksmuseum (prêt du Museum Boymans-van Beuningen, Rotterdam)

Amsterdam, Rijksmuseum (on loan from the Boymans-van Beuningen Museum, Rotterdam)

Provenance : don de Napoléon à Charles François Lebrun (1739-1824), duc de Plaisance, gouverneur général de Hollande, 1810-1813 ; donné par ce dernier lors de son départ à son ministre des Finances, Izaak Jan Alexander Gogel (1765-1821) ; donné en 1871 par la famille Gogel au Museum Boymans, Rotterdam ; prêt à l'Historisch Museum de Rotterdam, 1903-1922 ; depuis 1922 en prêt au Rijksmuseum, Amsterdam ; n° d'inv. C 1120.

Bibliographie : *Jaarverslag Museum Boymans*, Rotterdam 1871, pp. 1-2 ; *Beschrijving der schilderijen in het museum te Rotterdam gesticht door Mr. F.J.O. Boymans*, Rotterdam 1872, n° 317, comme Anonyme ; *Catalogus Museum van Oudheden*, Rotterdam 1904, n° 1433, comme Gérard ; P. Haverkorn van Rijsewijk, *Het Museum Boymans te Rotterdam*, La Haye-Amsterdam 1909, pp. 243-244 ; R. van Luttervelt, "Herinneringen aan de Bonapartes in het Rijksmuseum", *Publikaties van het Genootschap van Napoleontische Studiën* 13 (1961), pp. 551-556 ; *Museum Boymans-van Beuningen, Catalogus schilderijen na 1800*, Rotterdam 1963, p. 48, n° 1231 ; P.J.J. van Thiel e.a., *All the paintings of the Rijksmuseum in Amsterdam*, Amsterdam-Maarssen 1976, p. 241, n° C 1120.

Provenance : Gift from Napoleon to Charles François Lebrun (1739-1824), Duke of Piacenza and Governor-General of Holland, 1810-1813 ; on Lebrun's departure, presented to his Minister of Finance, Izaak Jan Alexander Gogel (1765-1821) ; gift from the Gogel family to the Boymans-van Beuningen Museum, Rotterdam ; on loan to Rotterdam Municipal Archives, 1891-1903 ; on loan to Rotterdam Historical Museum, 1903-1922 ; on loan to the Rijksmuseum, Amsterdam, since 1922 ; inv. no. C 1120.

Literature : *Jaarverslag Museum Boymans*, Rotterdam 1871, pp. 1-2 ; *Beschrijving der schilderijen in het museum te Rotterdam gesticht door Mr. F.J.O. Boymans*, Rotterdam 1872, no. 317, as Anonymous ; *Catalogus Museum van Oudheden*, Rotterdam 1904, no. 1433, as Gérard ; P. Haverkorn van Rijsewijk, *Het Museum Boymans te Rotterdam*, The Hague-Amsterdam 1909, pp. 243-44 ; R. van Luttervelt, "Herinneringen aan de Bonapartes in het Rijksmuseum", *Publikaties van het Genootschap van Napoleontische Studiën* 13 (1961), pp. 551-56 ; *Museum Boymans-van Beuningen. Catalogus schilderijen na 1800*, Rotterdam 1963, p. 48, no. 1213 ; P.J.J. van Thiel *et al*, *All the paintings of the Rijksmuseum in Amsterdam*, Amsterdam-Maarssen 1976, p. 241, no. C 1120.

Napoléon est représenté en pied, debout devant le trône. Il porte une tunique de satin blanc et un manteau de velours rouge brodé d'abeilles et doublé d'hermine ; c'est le "grand habit du sacre" dessiné par le peintre Isabey et que l'Empereur porta en effet à son couronnement le 2 décembre 1804. Ceint de la couronne de lauriers en or, il tient à la main droite un grand sceptre sommé d'un aigle. Sur un tabouret, le globe et la main de justice.[1]
Nous connaissons une vingtaine de versions de cette composition, la plupart en pied, mais certaines en buste ou à mi-jambe. La manufacture des Gobelins tissa entre 1808 et 1811 une tapisserie d'après la composition du baron Gérard, tandis qu'Auguste Boucher Desnoyers en tirait une gravure. Notre version, ainsi que celles de Dresde et de Versailles (celle-ci datée 1805), comptent parmi les meilleures. La toile de Versailles fut longtemps considérée comme la

The full-length portrait shows Napoleon standing in front of his throne. His white satin chemise is just visible beneath the "grand habit du Sacre" – a red velvet cape decorated with bees and lined with ermine – which the painter Isabey designed for the emperor's coronation on 2 December 1804. He has a wreath of gold laurel on his head and a sceptre crowned with an eagle in his right hand. The imperial globe and the "main de justice" are on a taboret at his side.[1]
About twenty versions of this composition are known. The majority of them are full-length representations of Napoleon, although several are three-quarter length or bust portraits. The Gobelin factory produced a tapestry of Gérard's composition between 1808 and 1811, and Auguste Boucher Desnoyers made an engraving of the portrait. The full-length paintings are of variable quality. The one shown here, the Dresden version and the Versailles portrait dated 1805 are

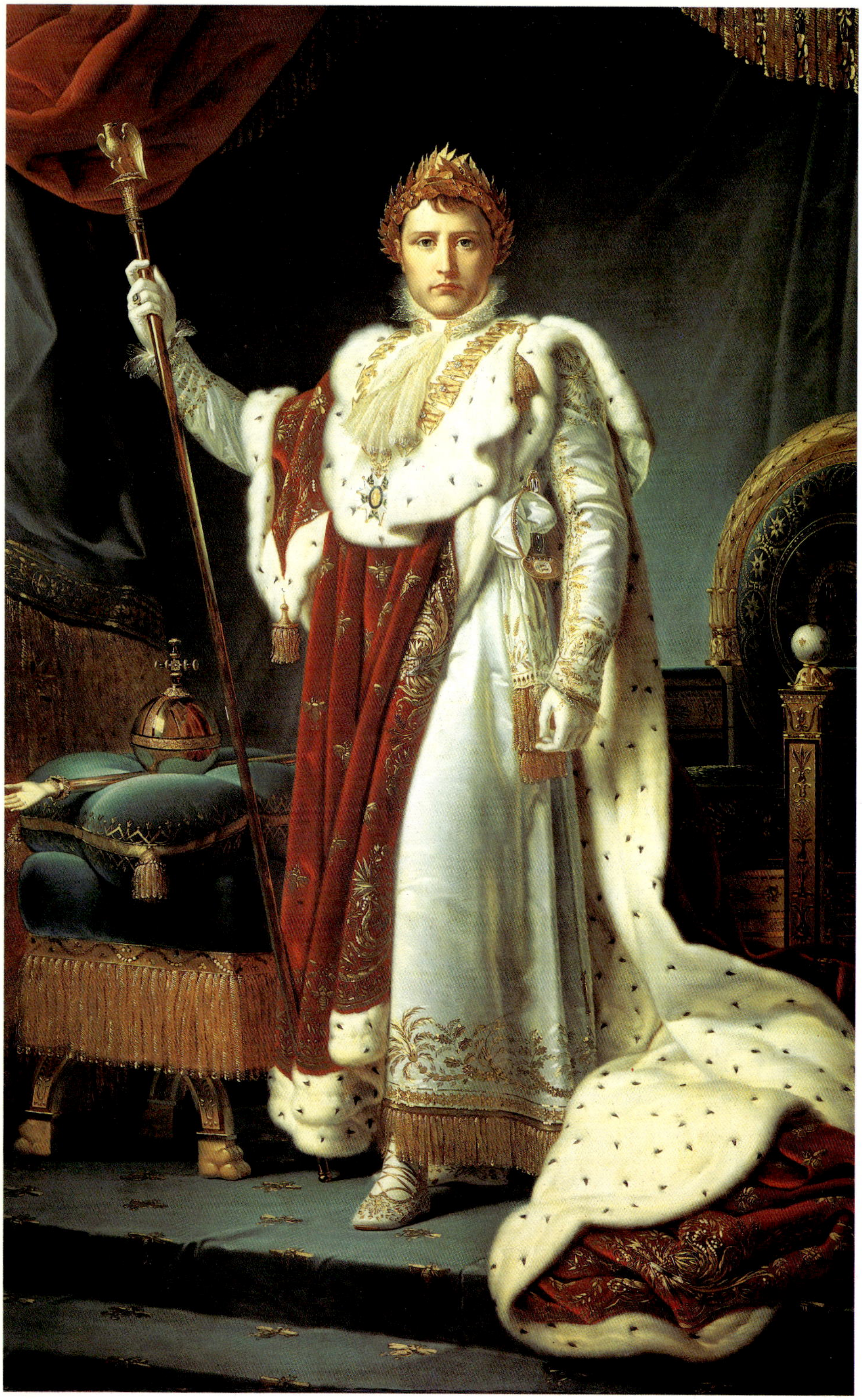

102 103

version originale de Gérard, mais on en doute aujourd'hui et l'on attribue toutes les versions à l'atelier du baron. Les répliques peintes pour Talleyrand et pour l'École Militaire à Paris sont parmi les plus anciennes, le tableau hollandais est probablement un peu plus récent. Il fut donné en 1810 par Napoléon au duc de Plaisance, qu'il venait de nommer gouverneur général de Hollande après l'abdication de son frère Louis Napoléon comme roi de Hollande ; le pays fut annexé à l'Empire français, dont il constitua désormais plusieurs départements, et l'Empereur des Français devint de ce fait également celui des Hollandais.

1 Pour le thème de Napoléon en habit du sacre, voir : P. Bordes & A. Pougetoux, "Les portraits de *Napoléon en habits impériaux* par Jacques-Louis David", *Gazette des Beaux-Arts* 102 (1983), pp. 21-34.

considered among the best. Though the latter was for some time believed to be the original by Gérard, the attribution is no longer certain and the Versailles painting, like all these portraits, is now attributed to his studio. The replicas made for Talleyrand and the École Militaire in Paris are two of the earliest known versions ; our painting was probably made some time later. Napoleon presented it to the Duke of Piacenza, his Governor-General in Holland, in 1810, the year in which Louis Napoleon abdicated as king of Holland and the Netherlands was incorporated into France as the *département* of the Zuider Zee. The emperor of the French thus became emperor of all the Dutch.

1 On the theme of Napoleon in coronation robes, see P. Bordes & A. Pougetoux, "Les portraits de Napoléon en habits impérieux par Jacques-Louis David", *Gazette des Beaux-Arts* 102 (1983), pp. 21-34.

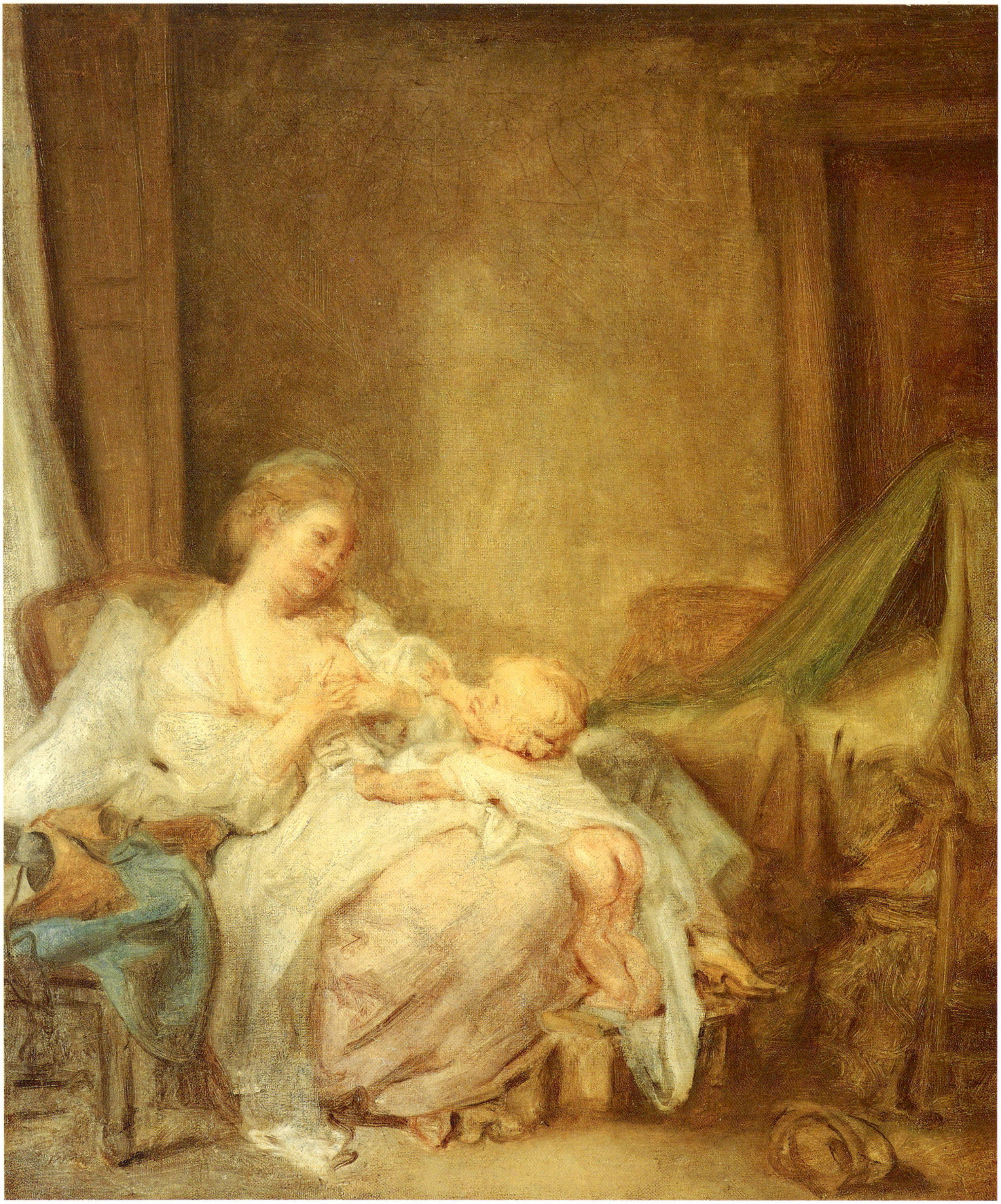

104 105

17

L'heureuse mère
The happy mother

Jean-Baptiste Greuze (Tournus 1725 - Paris 1805)

Toile ; 65 x 53,5 cm.

Canvas ; 65 x 53.5 cm

Rotterdam, Museum Boymans-van Beuningen

Provenance : legs F.J.O. Boymans, Utrecht 1847 ; n° d'inv. 1256.

Expositions : *Rétrospective d'Art français*, Amsterdam (Rijksmuseum) 1926, n° 59bis ; *L'Art français au XVIIIe siècle*, Copenhague (Charlottenborg) 1935, n° 85 ; *Torso. Das Unvollendete als künstlerische Form*, Recklinghausen (Städtische Kunsthalle) 1964, cat., n° 276.

Bibliographie : A.J. Lamme, *Catalogus van schilderijen enz. in het Museum te Rotterdam gesticht door Mr. F.J.O. Boymans*, Rotterdam 1849, n° 369 ; C. Mauclair, *Jean-Baptiste Greuze*, Paris 1906, n° 153 ; H.P. Bremmer, *Beeldende Kunst* 6 (1919), pp. 65-67, n° 44 ; *Museum Boymans-van Beuningen, Catalogus Schilderijen tot 1800*, Rotterdam 1962, p. 59 ; *Dessins du Musée de Darmstadt*, Paris (Cabinet des Dessins) 1971, cat., au n° 97.

Provenance : Bequeathed by F.J.O. Boymans, Utrecht 1847 ; inv. no. 1256.

Exhibitions : *Rétrospective d'art français*, Amsterdam (Rijksmuseum) 1926, no. 59 bis ; *L'Art français au XVIIIe siècle*, Copenhagen (Charlottenborg) 1935, no. 85 ; *Torso. Das Unvollendete als künstlerische Form*, Recklinghausen (Städtische Kunsthalle) 1964, no. 276.

Literature : A.J. Lamme, *Catalogus van schilderijen enz. in het Museum te Rotterdam gesticht door Mr. F.J.O. Boymans*, Rotterdam 1849, no. 369 ; C. Mauclair, *Jean-Baptiste Greuze*, Paris 1906, no. 153 ; H.P. Bremmer, *Beeldende Kunst* 6 (1919), no. 44 ; *Museum Boymans-van Beuningen. Catalogus schilderijen tot 1800*, Rotterdam 1962, p. 59 ; *Dessins du Musée de Darmstadt*, Paris (Cabinet des Dessins) 1971, ad cat. no. 97.

"Une charmante esquisse, à peine frottée, *Jeune femme* avec un enfant sur son sein", selon le commentaire bienveillant du critique Théophile Thoré lorsqu'il visite en 1860 le musée Boymans à Rotterdam.[1] Cette toile appartient à la collection originelle du fondateur du musée, le juriste Frans Jacob Otto Boymans (1767-1847) d'Utrecht. Boymans avait acquis une partie de sa collection à Paris vers 1800 ; il y avait acheté non seulement des maîtres hollandais, mais aussi des toiles de l'école française moderne, notamment de Vernet, Robert et Fabre ; ces dernières disparurent lors d'un grand incendie qui ravagea le musée en 1864.[2] Il est sûr que Boymans acquit certaines œuvres de Vernet et Robert avant 1811, car on les retrouve sur le catalogue de vente de sa collection de cette année-là, mais l'esquisse de Greuze n'y est pas mentionnée.[3]
Greuze a manié son pinceau avec une grande facilité, on voit encore parfaitement en bas à droite et à gauche les longs et larges coups de pinceau dans la facture. Le style de l'esquisse s'apparente étroitement à celui de *La ménagère surprise* du Musée Grobet-Labadié à Marseille.[4] La touche libre et directe de Greuze donne à ses esquisses à l'huile une vivacité et une spontanéité bien plus grandes que celles des versions définitives, beaucoup plus détaillées. En allait-il de même pour *L'heureuse mère* ? Nous l'ignorons, car nous ne connaissons pas le tableau définitif. Le

"Une charmante esquisse, à peine frottée, *Jeune femme* avec un enfant sur son sein". It was in these approving terms that Théophile Thoré described Greuze's painting at the Boymans Museum in 1860.[1] *The happy mother* belonged to the original collection of the founder of the museum, the Utrecht lawyer Frans Jacob Otto Boymans (1767-1847), who acquired several of his paintings in Paris around 1800. In addition to Dutch masters, he must also have bought work by the "modern" French school. All of them, however, including paintings by Vernet, Robert and Fabre, were tragically lost in a fire at the museum in 1864.[2] Boymans is known to have purchased at least some of these pieces before 1811, as they are listed in an auction catalogue of his collection of that year.[3] The Greuze sketch, however, was not among them.
The work is a fine example of Greuze's masterful handling of the brush ; his broad, sweeping movements through the wet paint are especially evident in the two lower corners of the canvas. The painting is extremely close in style to *The surprised housekeeper* at the Musée Grobet-Labadié in Marseilles,[4] which is rendered with the same loose, spontaneous brushstrokes. The brushwork in Greuze's oil sketches conveys a greater sense of vitality and directness than his more meticulous final versions, although this is admittedly a rather presumptive observation as far as our painting is concerned, since a more worked out version of *The*

Hessiches Landesmuseum à Darmstadt possède toutefois une étude dessinée de la femme, tandis qu'il existe aussi un lavis de Greuze traitant le même motif, mais aux détails différents, se trouvant autrefois à Saint-Pétersbourg.[5] Claude-Henri Watelet (1718-1786) grava en 1767 ce dessin de son ami Greuze, ce qui nous fournit d'ailleurs un *terminus ante quem* du tableau (fig. 1). Une copie médiocre de l'esquisse du Boymans fut vendue à Berlin en 1918.[6]

1 W. Burger (= Th. Thoré), *Musées de la Hollande*, Bruxelles-Paris 1860, p. 353.
2 E.W. Moes & E. Biema, *De Nationale Konst-Gallery en het Koninklijk Museum*, Amsterdam 1909, p. 185.
3 *Catalogue d'un magnifique cabinet de tableaux (...) rassemblé par Monsieur F.J.O. Boymans*, Utrecht, 31-11-1811 ; la vente n'eut finalement pas lieu.
4 E. Munhall, *Jean-Baptiste Greuze 1725-1805*, cat. exp. Hartford-San Francisco-Dijon 1977, n° 29 (toile ; 50 x 28 cm).
5 Pour le dessin de Darmstadt, voir cat. exp. Paris 1971, voir bibliographie, n° 97, avec fig. Le dessin de Saint-Pétersbourg fut publié par F. Monod & L. Hautecœur, *Les dessins de Greuze conservés à l'Académie des Beaux-Arts de Saint-Pétersbourg*, Paris 1922, n° 22, avec fig. ; vendue en 1933 chez Boerner à Leipzig, la feuille fut signalée pour la dernière fois en 1964 à la Galerie Ferrers à Londres.
6 Vente Ritter von Mallmann, Berlin, 12-6-1918, n° 38, comme dans la manière de Greuze, avec fig. (toile ; 50 x 40 cm).

happy mother is not in fact known. There is, however, a drawn study of the woman at the Hessisches Landesmuseum in Darmstadt, while a washed ink drawing which is very similar to the painting was formerly in St Petersburg.[5] A friend of Greuze's, Claude-Henri Watelet (1718-1786), made an engraving of the ink drawing in 1767, which sets a *terminus ante quem* for the painting (fig. 1). A weak copy of the Rotterdam canvas was sold in Berlin in 1918.[6]

1 W. Burger (= T. Thoré), *Musées de la Hollande*, Brussels-Paris 1860, p. 353.
2 E.W. Moes & E. van Biema, *De Nationale Konst-Gallery en het Koninklijk Museum*, Amsterdam 1909, p. 185.
3 *Catalogue d'un magnifique cabinet de tableaux (...) rassemblé par Monsieur F.J.O. Boymans*, Utrecht, 31 November 1811 ; the auction did not actually take place.
4 E. Munhall, *Jean-Baptiste Greuze 1725-1805*, exhib. cat. Hartford-San Francisco-Dijon 1977, no. 29 (canvas, 50 x 28 cm).
5 On the drawing in Darmstadt see exhib. cat. Paris 1971, see above, no. 97, ill. The St Petersburg drawing was published by F. Monod & L. Hautecœur, *Les dessins de Greuze conservés à l'Académie des Beaux-Arts de Saint-Pétersbourg*, Paris 1922, no. 23, ill. ; the sheet was sold at Boerner's in Leipzig in 1933 and is last known to have been at the Ferrers Gallery in London in 1964.
6 Ritter von Mallmann auction, 12 June 1918, Berlin, no. 38, as in the style of J.B. Greuze, ill. (canvas, 50 x 40 cm).

Fig. 1
C.H. Watelet d'après Greuze, La nourrice, 1767, eau-forte et aquatinte. Rotterdam, Museum Boymans-van Beuningen.
C.H. Watelet after J.B. Greuze, La nourrice, 1767, etch and aquatint. Rotterdam, Boymans-van Beuningen Museum.

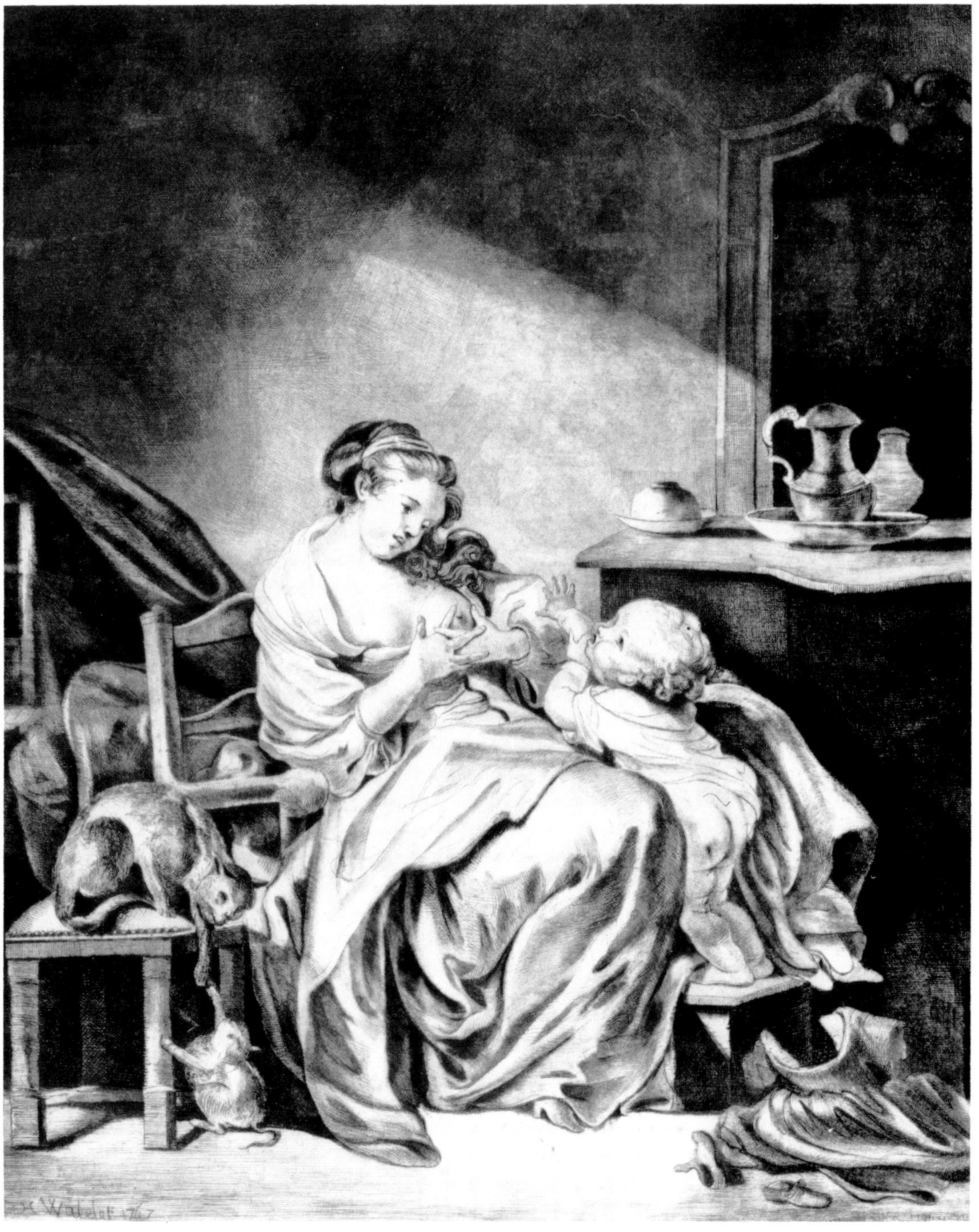

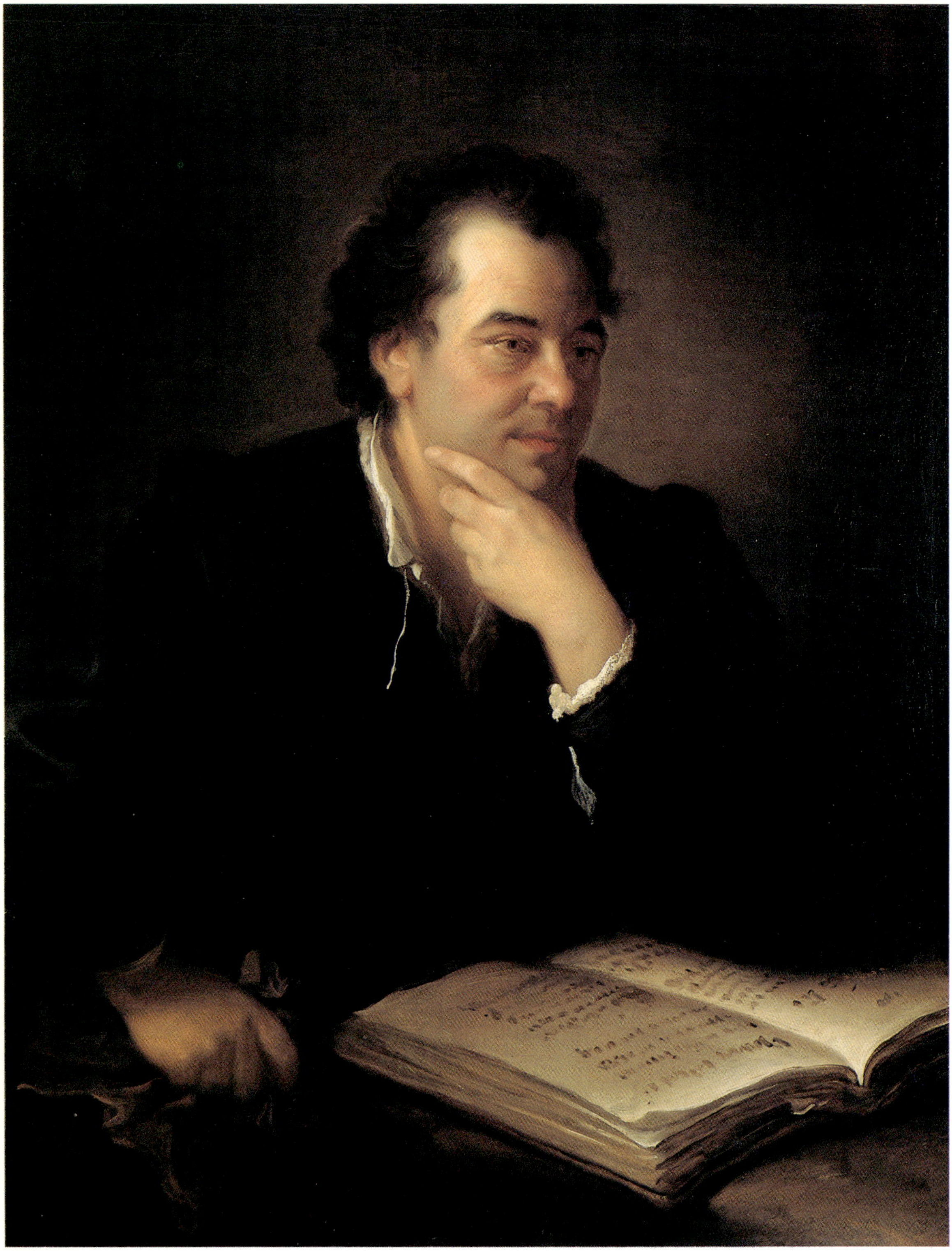

108 109

18

L'homme au livre
Man with a book

Alexis Grimou (Argenteuil 1678 - Paris 1733)

Toile ; 103 x 81,5 cm.
Signé et daté au milieu, en bas, sur le rebord de la table : Grimou f. 1726

Canvas ; 103 x 81.5 cm
Signed and dated on the edge of the table at lower centre : Grimou f. 1726

La Haye, Rijksdienst Beeldende Kunst

The Hague, Netherlands Office for Fine Arts

Provenance : Galerie J.R. Bier, Haarlem 1942 ; en Allemagne 1942-1945 ; récupéré par les autorités néerlandaises, depuis fondation Nederlands Kunstbezit (aujourd'hui Rijksdienst Beeldende Kunst) ; n° d'inv. NK 1714

Provenance : J.R. Bier Gallery, Haarlem, 1942 ; in Germany 1942-45 ; recovered by the State of the Netherlands and entrusted to the Netherlands Office for Fine Arts (formerly the Foundation for Dutch Art Holdings) ; inv. no. NK 1714.

***L'homme au livre* de Grimou nous montre un homme habillé avec simplicité, assis à un bureau sur lequel s'ouvre un livre ; le menton appuyé sur la main gauche, tandis que la droite, reposant sur l'accoudoir du fauteuil, retient un pan de son manteau, le lecteur semble perdu dans ses pensées. Si son visage a toute l'exactitude d'un portrait, il s'agit en fait d'un exemple typique de la *figure de fantaisie*, un genre que popularisa Grimou. Le peintre paraît s'être souvent inspiré pour ce type de tableau d'un Hollandais du XVIIe siècle, Godfried Schalcken, proche du Français par son goût des personnages aux habits pittoresques et plus encore par son coloris. Mais ici la chaude palette et le subtil clair-obscur montrent à l'évidence que Grimou a suivi l'exemple d'un autre peintre du XVIIe, le plus grand de la Hollande, Rembrandt van Rijn. La qualité exceptionnelle de cette toile nous permet de comprendre pourquoi ses contemporains appelaient Grimou *le Rembrandt français*.[1] Malheureusement, nous ignorons pratiquement tout de la provenance de ce tableau. Il appartint peut-être à la collection de Lucien Bonaparte, qui possédait trois toiles de Grimou, dont un "Portrait d'un homme savant".[2]**

1 On sait par exemple que Grimou copia le *Portrait de Saskia van Uylenburgh* de Rembrandt, aujourd'hui à Dresde ; voir L. Dimier, *Les peintres français du XVIIIe siècle*, II, Paris-Bruxelles 1930, p. 213, n° 94.
2 Vente Louis Bonaparte, Paris, 13-1-1840, n° 30, sans plus de précisions ; C. Gabillot, *Alexis Grimou, peintre français (1678-1733)*, Paris 1911, p. 56.

Grimou's *Man with a book* is sitting at a desk with a large, open book in front of him. Lost in thought, he is resting his chin on his left hand, while his right hand absent-mindedly fingers the fabric of his jacket on the armrest of the chair. Although he appears to be posing for the artist, the work is not a portrait in the strict sense, but a typical example of a genre that Grimou popularised, the *fiqure de fantaisie*. Many of these paintings seem to have been inspired by the seventeenth-century Dutch painter Godfried Schalcken, who portrayed similar figures in clothing of vibrant colours, very much like Grimou's. In this case, however, the warm tones and subtle *clair-obscur* betray the influence of another seventeenth-century artist, and indeed the greatest painter Holland has ever produced, Rembrandt van Rijn. Considering the excellence of Grimou's own work, it is in fact not surprising that his contemporaries hailed him as *le Rembrandt français*.[1]
Almost nothing is known about the provenance of the painting. It may once have belonged to Lucien Bonaparte, who owned three of Grimou's paintings including a "Portrait d'un personnage savant".[2]

1 Grimou is known to have made a copy of Rembrandt's *Portrait of Saskia van Uylenburgh* in Dresden ; see L. Dimier, *Les peintres français du XVIIIe siècle*, vol. 2, Paris-Brussels 1930, p. 213, no. 94.
2 L. Bonaparte sale, Paris, 13 January 1840, no. 30, with no additional information ; C. Gabillot, *Alexis Grimou. Peintre français (1678-1733)*, Paris 1911, p. 56.

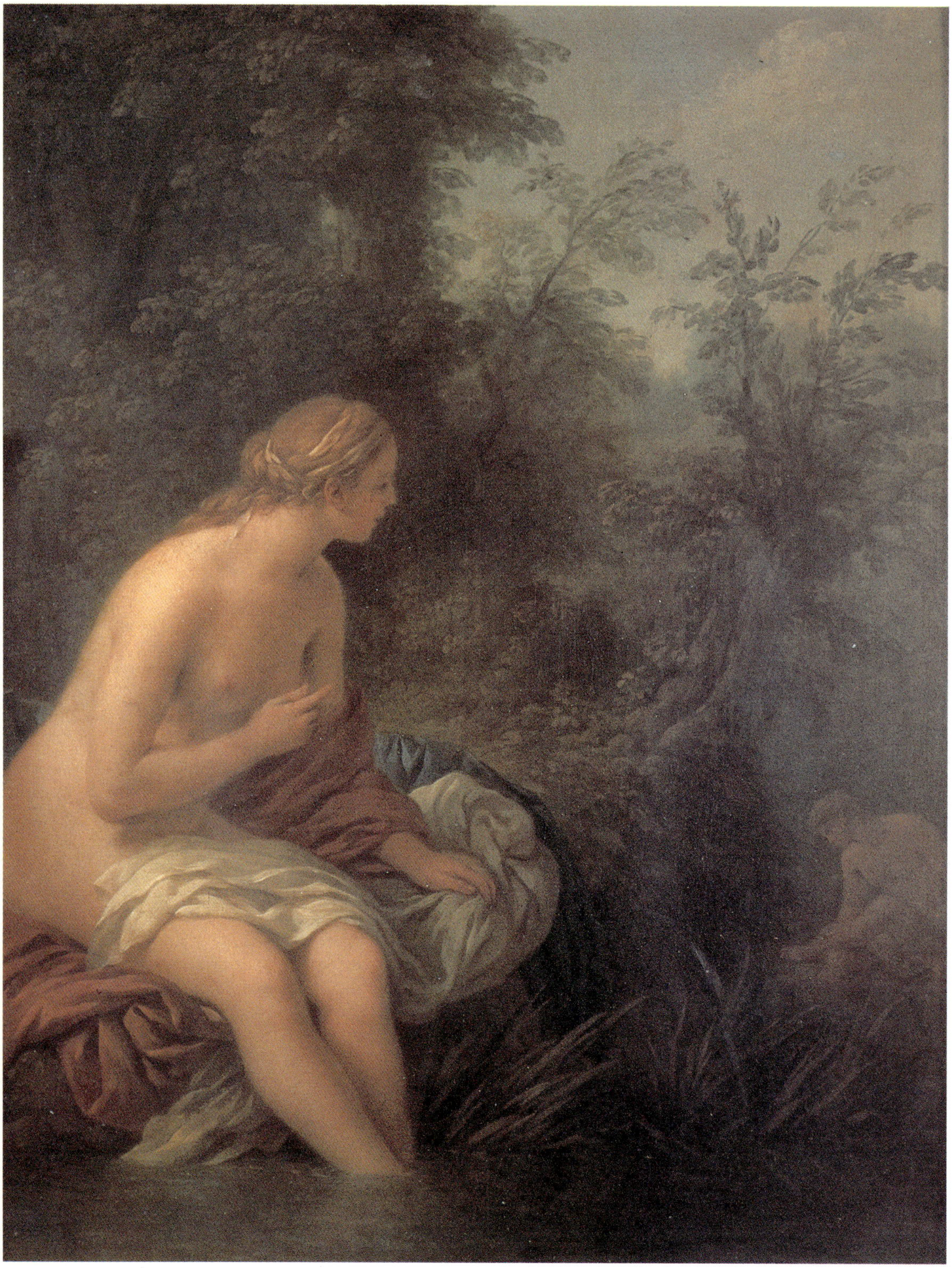

110 111

19

La baigneuse
Woman bathing

Louis-Jean-François Lagrenée (Paris 1725 - Paris 1805)

Cuivre ; 38,5 x 30 cm.

Copper ; 38.5 x 30 cm

La Haye, Mauritshuis

The Hague, Mauritshuis

Provenance : don M.J.F.W. van der Haagen, La Haye, 1923 ; n° d'inv. 776
Bibliographie : *The Royal Picture Gallery Mauritshuis*, Amsterdam, New York, 1985, p. 389.

Provenance : Presented by M.J.F.W. van der Haagen, The Hague, 1923 ; inv. no. 776
Literature : *The Royal Picture Gallery Mauritshuis*, Amsterdam, New York, 1985, p. 389.

Louis-Jean-François Lagrenée, dont le fils Anthelme (1774-1832) et le frère Jean-Jacques (1739-1821) furent également peintres, eut une brillante carrière. Élève de Carle Van Loo, il fit un court séjour à Rome (1751), travailla de 1760 à 1762 à Saint-Pétersbourg comme "Premier Peintre de l'Impératrice" et fut directeur de l'Académie de Rome de 1781 à 1787. Il fut au fond à divers égards un suiveur de Carle Van Loo, mais il semble avoir brillé surtout comme peintre de tableaux de tout petit format.
Le tableautin de La Haye, d'abord attribué à Carle Van Loo, mais que le catalogue de 1985 attribue à juste titre à Lagrenée, compte parmi ces petits chefs-d'œuvre.
Une dame dévêtue est assise les pieds dans l'eau, tandis que l'on distingue au fond à droite un homme. Le tableau est peint sur cuivre et exécuté, notamment le paysage, avec la plus grande finesse.
La bibliographie de Lagrenée ne mentionne pas ce tableau, qui se compare pourtant fort bien aux œuvres du peintre. En particulier deux peintures du Musée de Picardie à Amiens ayant à peu près le même format – *Vénus et Amor* et *Diane et Actéon* – font fortement songer au tableau exposé ; le premier est signé et daté 1778.[1] L'œuvre de La Haye se situe vraisemblablement à la même époque.

[1] Voir M. Sandoz, *Les Lagrenée, I, Louis Jean François Lagrenée 1725 - 1805*, Paris 1983, n° 325 et 326, pl. XXXVII (les deux panneaux : 42 x 34 cm).

Lagrenée was a highly successful painter, whose brother Jean Jacques (1739-1821) and son Anthelme (1774-1832) pursued the same occupation. Louis Jean François studied with Carle Van Loo and spent a short period in Rome in 1751. He was "Premier Peintre de l'Imperatrice" in St Petersburg from 1760 to 1762 and director of the academy in Rome between 1781 and 1787. He was in many respects a follower of Carle Van Loo, although his tiniest paintings are probably also his best. The Mauritshuis painting, which was thought to be by Carle Van Loo until 1985, when it was rightly attributed to Lagrenée in the catalogue, is one of these little masterworks.
He has portrayed a nude woman in a landscape, bathing her feet in water. The figure of a man can be seen in the background. The piece has been done on copper and every detail of the figures as well as the landscape in the background has been rendered with minute care.
The work is is not mentioned in the literature on Lagrenée. Nevertheless, it corresponds to the rest of his œuvre and especially recalls his two small paintings at the Musée Picardie in Amiens, both of which are roughly the same size as the *Woman bathing*. One illustrates the myth of *Diana and Acteon* ; the other, of *Venus and Amor*, is signed and dated 1778.[1] The painting in The Hague was probably made around the same time.

[1] See M. Sandoz, *Les Lagrenée, I, Louis Jean François Lagrenée 1725-1805*, Paris 1983, nos. 325 and 326, fig. pl. XXXVII (both on panel, 42 x 34 cm).

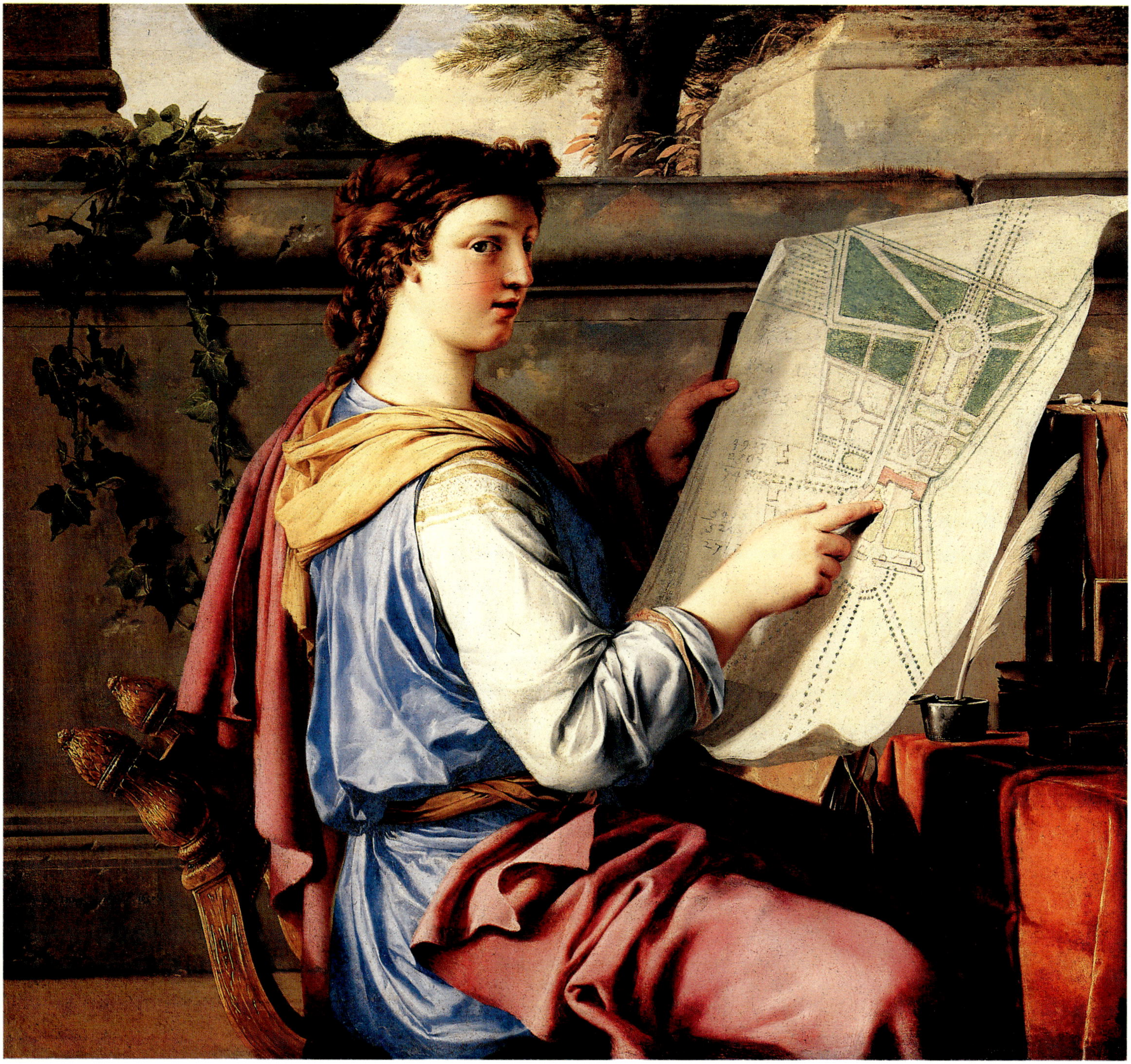

112 113

Allégorie de l'Arithmétique
Allegory of arithmetic

Laurent de La Hyre (Paris 1606 - Paris 1656)

Toile ; 103 x 109 cm.
Signé et daté en bas à gauche : L.de la Hire in & F. 1650

Canvas ; 103 x 109 cm
Signed and dated lower left : L.de la Hire in & F. 1650

Heino, Stichting Hannema-de Stuers Fundatie

Heino, Stichting Hannema-de Stuers Foundation

Provenance : Gédéon Tallemant, Marais du Temple, Paris ; vente Paris, 21-2-1760 ; collection cardinal Fesch, 1844 ; vendu par Galerie A. Seligman, Paris, 1934, à D. Hannema.

Expositions : *Il Seicento Europeo*, Rome, Palazzo delle Esposizioni, 1956-57, n° 153, fig. ; *Laurent de la Hyre 1606-1656*, Grenoble, Rennes, Bordeaux, 1989-90, n° 260, fig.

Bibliographie : cat. exp. *A Loan Exhibition of French Paintings of the XVIIth Century*, Londres, Wildenstein & Co., 1947, au n° 16 ; D. Hannema, *Kunst in oude sfeer*, Rotterdam, 1952, pp. 18-19, fig. 6 ; Ch. Sterling, *French Paintings XV-XVIII Centuries*, New York, The Metropolitan Museum of Art, 1955, p. 88 ; D. Hannema, *Beschrijvende catalogus van de schilderijen, beeldhouwwerken, aquarellen en tekeningen*, Rotterdam, 1967, n° 135, fig. 46.

Provenance : Gédéon Tallemant, Marais du Temple, Paris ; Paris sale, 21 February 1760 ; Cardinal Fesch Collection, 1844 ; A. Seligman Gallery, Paris, 1934 ; acquired there by D. Hannema.

Exhibitions : *Il Seicento Europeo*, Rome, Palazzo delle Esposizioni, 1956-57, no. 153, ill. ; *Laurent de la Hyre 1606-1656*, Grenoble, Rennes, Bordeaux, 1989-90, no. 260, ill.

Literature : Exhib. cat. *A loan exhibition of French paintings of the XVIIth century*, London, Wildenstein & Co., 1947, at no. 16 ; D. Hannema, *Kunst in oude sfeer*, Rotterdam 1952, pp. 18-19, fig. 6 ; Ch. Sterling, *French paintings XV-XVIII centuries*, New York, The Metropolitan Museum of Art, 1955, p. 88 ; D. Hannema, *Beschrijvende catalogus van de schilderijen, beeldhouwwerken, aquarellen en tekeningen*, Rotterdam 1967, no. 135, fig. 46.

Laurent de La Hyre peignit dans sa période de pleine maturité une série de sept tableaux représentant les sept arts libéraux, ces disciplines dont on considérait depuis l'antiquité qu'elles constituaient la base de l'existence. La série comprend les trois disciplines majeures – la grammaire, la rhétorique et la dialectique – et les quatre disciplines mineures – l'arithmétique, la géométrie, l'astronomie et la musique.
La Hyre peignit en 1649 et 1650 cette série pour Gédéon Tallemant[1], né en 1613, "Conseiller secrétaire du Roi, Trésorier de Navarre", qui avait commandé ces toiles pour décorer une pièce de son hôtel du Marais. Les toiles de la série existent toujours, mais elles sont dispersées : *la Grammaire* est à la National Gallery à Londres ; *la Rhétorique* se trouve dans une collection particulière en Suisse, de même que *la Dialectique* ; *la Géométrie* est en France, dans une collection particulière, tandis que *l'Astronomie* se trouve au Musée des Beaux-Arts d'Orléans ; *la Musique,* enfin, appartient au Metropolitan Museum of Art à New York.

In his mature period, Laurent de La Hyre made a series of seven paintings, each representing one of the liberal arts. These disciplines form a body of knowledge which in ancient times was considered essential in life. They comprise the three most important subjects, grammar, rhetoric and dialectics, as well as arithmetic, geometry, astronomy and music.
In 1649 and 1650, La Hyre painted a series of this type for Gédéon Tallemant (b. 1613),[1] "Conseiller secrétaire du Roi, Trésorier de Navarre", who had commissioned the paintings to decorate a room in his residence in the Parisian quartier of Le Marais. Though all these works are still known, the series has been dispersed. The Grammar is at the National Gallery in London, Rhetoric and Dialectics are in a private collection in Switzerland, Geometry is in a private collection in France, Astronomy is at the Musée des Beaux-Arts in Orléans, while Music, finally, is at the New York Metropolitan Museum of Art.
There are early copies of some of these paintings, all of them signed and dated. One such copy, of

Certaines de ces toiles furent copiées dès le XVIIe siècle, les copies portant une date et une signature. Il existe notamment une copie du tableau de Heino, elle se trouve à Baltimore dans la Walters Art Gallery (fig. 1).
Le tableau exposé montre une femme qui symbolise l'Arithmétique. Assise à une table couverte de livres, une plume à la main, entourée d'éléments de l'architecture classique, elle montre le plan d'un château entouré de vastes jardins. Mais ce plan est un ajout ultérieur, repeint sur un document antérieur portant des chiffres et l'inscription PAR IMPAR (égal et inégal). Une partie des chiffres transparaît encore nettement au travers du plan. L'ajout devait transformer le symbole de l'Arithmétique en celui de l'Architecture.
Dans la traduction néerlandaise de son ouvrage de 1644, Ripa décrit en détail comment personnifier l'Arithmétique : "Une femme d'âge mûr, singulière et belle, portant des vêtements de diverses couleurs, sur lesquels seront brodées de nombreuses notes de musique ; la bordure de l'habit portera les mots *par* et *impar* ; elle tiendra dans la main gauche une table couverte de chiffres, qu'elle désignera de l'index de la main droite."[2]
L'importante exposition consacrée à Laurent de la Hyre en 1989-90 et qui rassembla six des sept toiles de la série permit de voir que la série complète devait constituer un ensemble particulièrement imposant. Le tableau de Heino est un des plus beaux de la peinture française aux Pays-Bas.

1 Pour la provenance, voir : cat. exp. *Laurent de la Hyre*, 1989-1990, p. 292 et ss.
2 Voir Cesare Ripa, *Iconologia of uytbeeldingen des Verstands*, Amsterdam, 1644, p. 438.

the painting in Heino, is at the Walters Art Gallery in Baltimore (fig. 1).
The woman in the Heino painting personifies Arithmetic. She is sitting at a table with books and a pen in front of her, surrounded by examples of classical architecture. She is pointing to a plan of a castle in a park-like setting. This, however, was a later addition, painted over a sheet with figures and the inscription PAR IMPAR (even and uneven). Some of the figures can still be seen quite clearly through the overpainting. The object, apparently, was to transform the representation from Arithmetic into Architecture.
Ripa's book, which was translated into Dutch in 1644, gives detailed instructions for representing the personification of Arithmetic. The substance of his description is as follows : An extraodinary, beautiful, aged woman in a garment of many different colours, embroidered with many musical notes ; the words par and impar shall be on the hem of her robe. She shall have a table with numbers in her left hand, and point to them with the index finger of her right hand.[2]
De la Hyre's impressive series could be seen at the major exhibition of his work in 1989-90, when all but one of the pieces were on show. The Heino painting is in fact one of the best examples of French painting in the Netherlands.

1 On the provenance, see exhib. cat. *Laurent de La Hyre*, 1989-1990, p. 292 ff.
2 See Cesare Ripa, *Iconologia of uytbeeldingen des Verstands*, Amsterdam, 1644, p. 438.

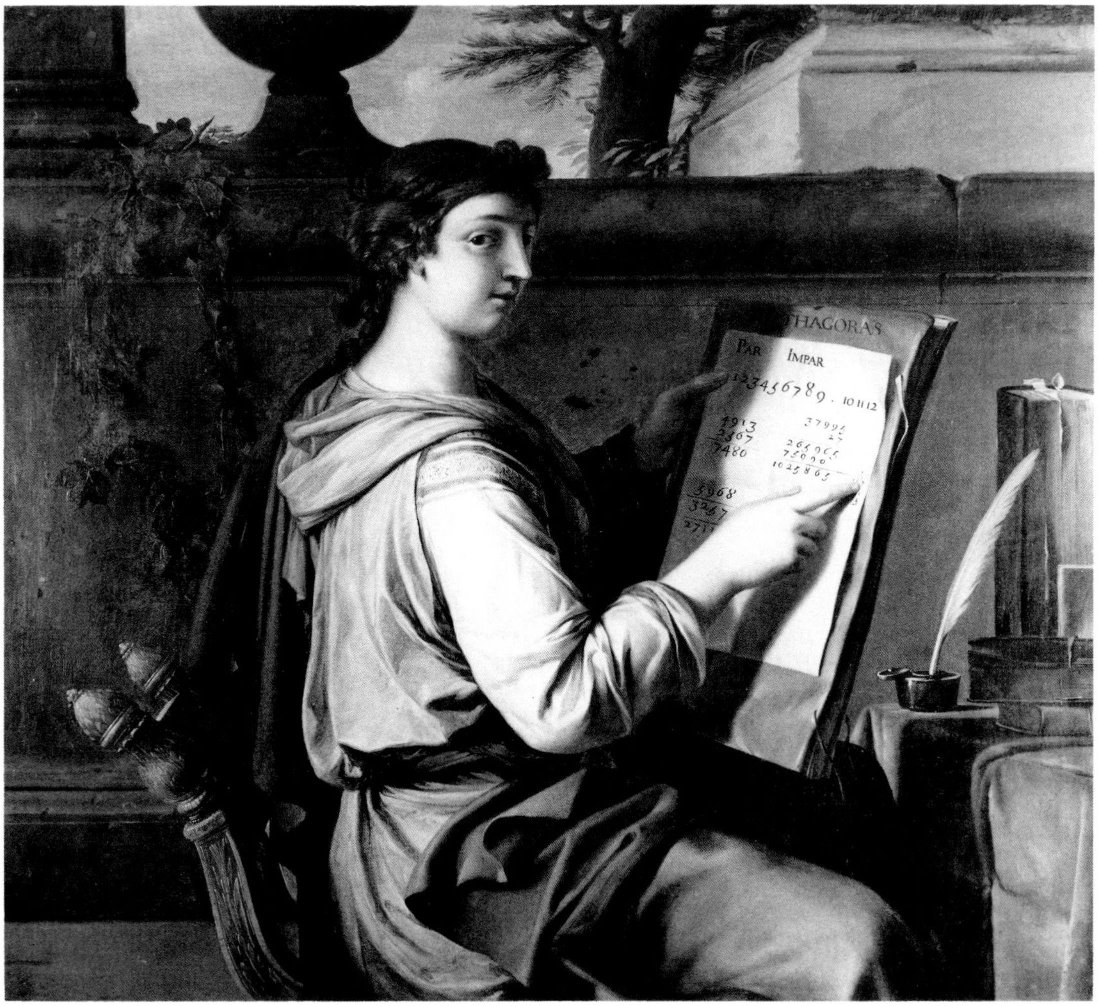

Fig. 1
Copie d'après Laurent de La Hyre, Arithmetica, toile, 103,6 x 112 cm, Baltimore, Walters Art Gallery.
Copy after Laurent de La Hyre, Arithmetic, canvas, 103,6 x 112 cm, Baltimore, Walters Art Gallery.

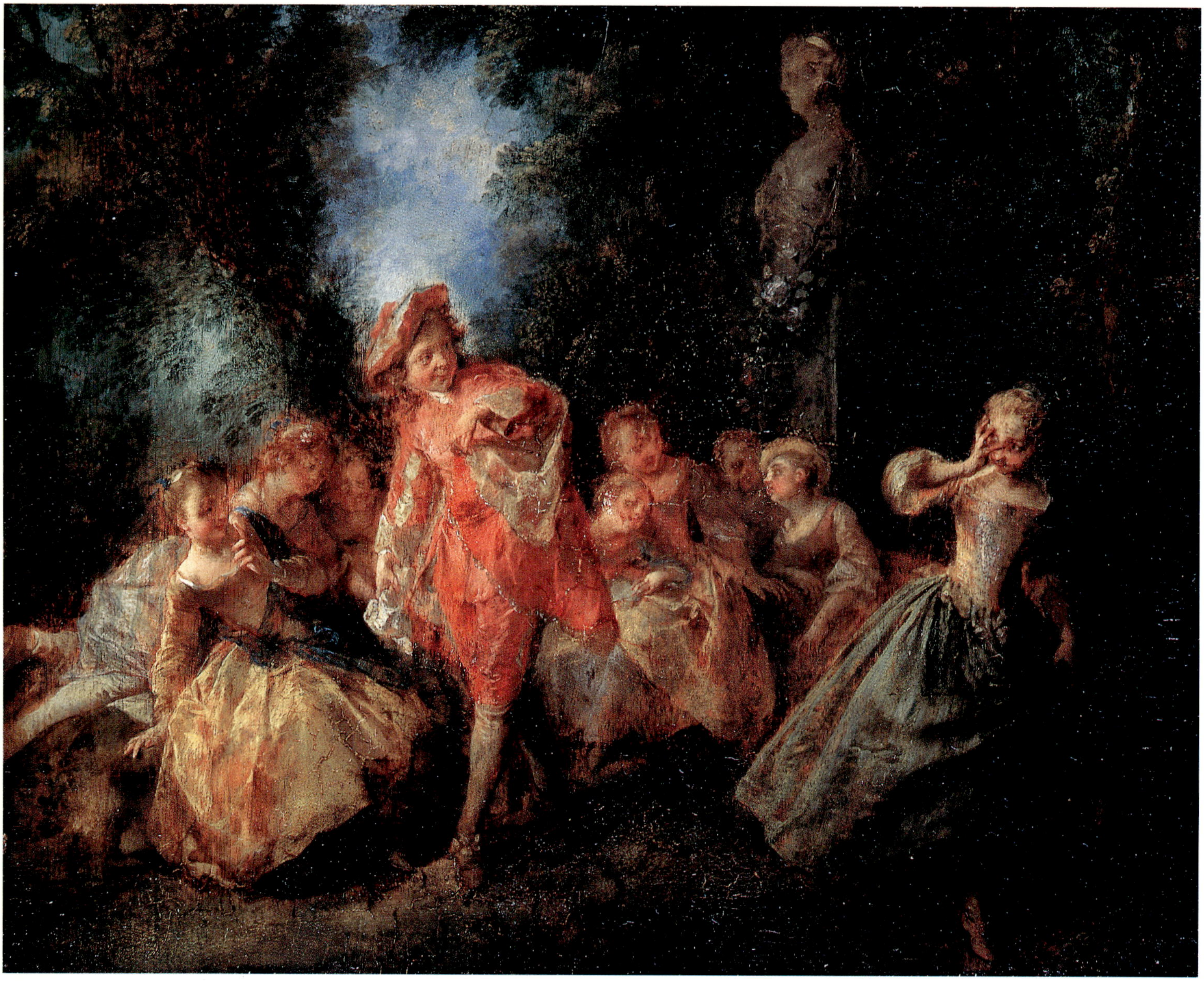

116 117

Le jeu de cache-cache mitoulas
A game of "cache-cache mitoulas"

21

Nicolas Lancret (Paris 1690 - Paris 1743)

Panneau ; 27,5 x 32 cm.

Panel ; 27.5 x 32 cm

Huis Doorn

Provenance : depuis Frédéric le Grand de Prusse en possession de la famille de Hohenzollern ; après 1918 envoyé à Doorn, où l'empereur Guillaume II vit en exil ; confisqué en 1945 par l'État néerlandais ; n° d'inv. HuD 1707.

Expositions : *Het Franse landschap van Poussin tot Cézanne*, Amsterdam (Rijksmuseum) 1951, n° 66 ; *Meisterwerke aus den Schlössern Friedrich des Grossen*, Berlin (Charlottenburg) 1962, n° 33 ; *Kaiserlicher Kunstbezitz aus dem holländischen Exil Haus Doorn*, Berlin (Charlottenburg) 1991, n° 58, avec bibliographie complémentaire.

Bibliographie : M. Oesterreich, *Description de tout l'intérieur des deux Palais de Sans-Souci*, Potsdam 1773, n° 554, comme Watteau ; P. Seidel, *Les collections d'œuvres d'art français du XVIIIe siècle appartenant à Sa Majesté l'Empereur d'Allemagne*, Berlin 1900, p. 92, n° 36 ; G. Wildenstein, *Lancret*, Paris 1924, n° 220 ; Th. Lunsingh Scheurleer, *Huis Doorn ; beknopte geïllustreerde gids*, Doorn 1952, p. 22.

Provenance : Owned by the Von Hohenzollern family since Frederick the Great of Prussia ; brought to the Netherlands by the exiled Kaiser Wilhelm II after 1918 ; confiscated by the State of the Netherlands after 1945 ; inv. no. HuD 1707.

Exhibitions : *Het Franse landschap van Poussin tot Cézanne*, Amsterdam (Rijksmuseum) 1951, no. 66 ; *Meisterwerke aus den Schlössern Friederich des Grossen*, Berlin (Charlottenburg) 1962, no. 33 ; *Kaiserlicher Kunstbesitz aus dem holländischen Exil Haus Doorn*, Berlin (Charlottenburg) 1991, no. 58, with additional bibliography.

Literature : M. Oesterreich, *Description de tout l'interieur de deux Palais de Sans-Souci*, Potsdam 1773, no. 554 as Watteau ; P. Seidel, *Les collections d'œuvres d'art français du XVIIIe siècle appartenant à sa Majesté l'Empereur d'Allemagne*, Berlin 1900, p. 92, no. 36 ; G. Wildenstein, *Lancret*, Paris 1924, no. 220 ; T. Lunsingh Scheurleer, *Huis Doorn. Beknopte geïllustreerde gids*, Doorn 1952, p. 22.

Nicolas Lancret est considéré comme le suiveur le plus talentueux de Jean-Antoine Watteau (1684-1721). Son œuvre demeura longtemps à l'ombre de celle de Watteau, mais depuis quelques années elle jouit d'une estime croissante ; on voit dorénavant Lancret comme un artiste indépendant et inventif, dont les tableaux font preuve, surtout à partir de 1730, d'une thématique et d'un style tout d'originalité. *Le jeu de cache-cache mitoulas* en est un exemple parlant par la nouveauté du thème et la beauté du coloris. Cache-cache mitoulas (= mie tu ne l'as) est un jeu de société dans lequel un des joueurs doit s'emparer d'un objet caché que les autres joueurs se passent de main en main ; ici cet objet est dissimulé dans un mouchoir que le garçon au premier plan tient à la main droite, tandis que la fillette à droite, la main devant le visage, est celle qui doit l'attraper.
Nicolas de Larmessin (1684-1755) a gravé en 1737 une estampe (fig. 1) de ce panneau malheureusement assez mal conservé, de même que de son pendant, aujourd'hui disparu, *Le jeu des Quatre-Coins*.[1] Lancret a donc certainement

One of the most talented followers of Jean-Antoine Watteau (1684-1721), Nicolas Lancret remained in the master's shadow for many years. Recently, however, he has gained increasing recognition for his originality and inventiveness. He developed a unique style, which is particularly evident in his work from after 1730, and apparently had a good eye for unconventional themes. The unusual subject matter and fine colouring of the painting shown here give an excellent impression of his work. "Cache-cache mitoulas" (mie tu ne l'as) was a parlour game in which one player was required to gain possession of a hidden object that the others would pass from hand to hand ; in this case, the object is concealed in the handkerchief which the boy in the foreground is holding in his right hand. The girl on the right, with her hand before her face, is trying to get it from him.
In 1737, Nicolas de Larmessin (1684-1755) made engravings after both this panel (fig. 1), which is unfortunately in rather poor condition, and its pendant, *Le jeu des quatre-coins*, a painting no longer known.[1] Lancret must therefore have

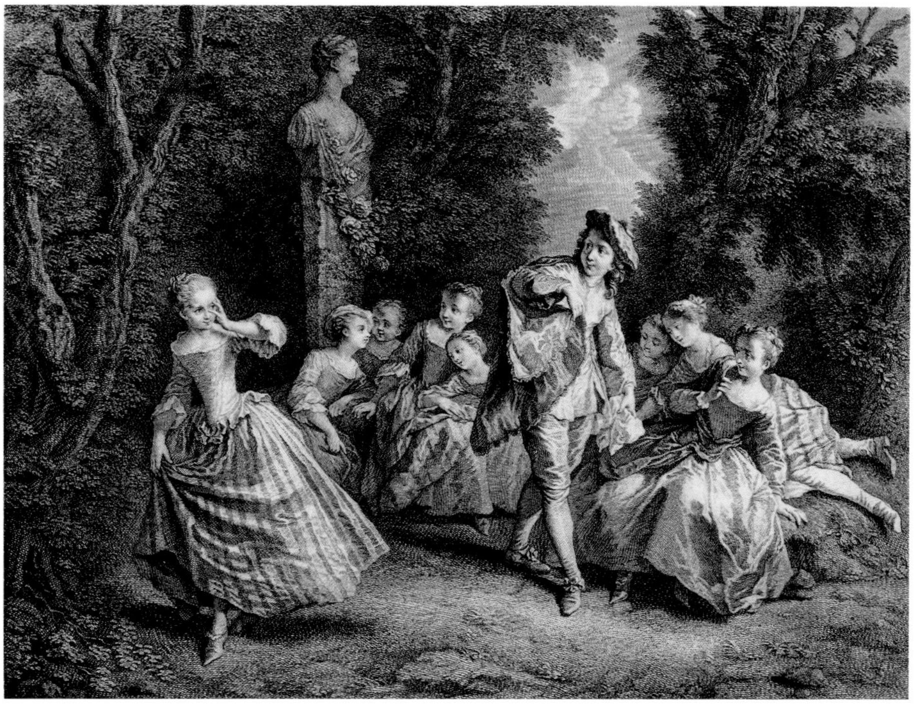

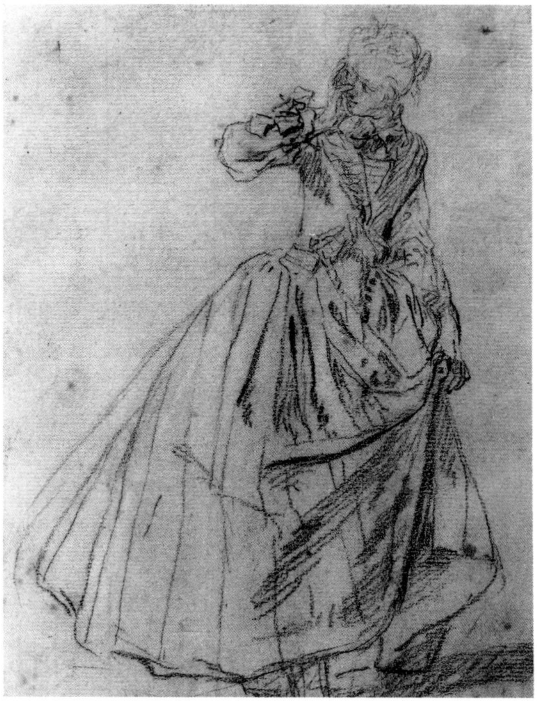

Fig. 1.
Nicolas de Larmessin d'après Lancret, Le jeu de cache-cache mitoulas, Museum Boymans-van Beuningen, Rotterdam.
Nicolas de Larmessin after Lancret, Le jeu de cache-cache mitoulas, Boymans-van Beuningen Museum, Rotterdam.

Fig. 2.
Nicolas Lancret, Femme debout, sanguine, 176 x 132 mm, Museum Boymans-van Beuningen, Rotterdam, n° d'inv. F.I.64.
Nicolas Lancret, Woman standing, red chalk, 176 x 132 mm, Boymans-van Beuningen Museum, Rotterdam, inv. no. F.I.64.

peint son tableau en 1737 ou peu avant. Le maître dessinait ordinairement les divers personnages de ses tableaux avant de les peindre. Franz Koenigs, collectionneur réputé (le cabinet des estampes du musée Boymans-van Beuningen possède aujourd'hui la plus grande partie de sa collection), acheta en 1923 à la vente Galippe à Amsterdam une belle étude à la sanguine de la fillette de droite (fig. 2). [2]

1 *Le jeu des Quatre-Coins* n'est plus connu qu'en gravure ; voir Wildenstein 1924, fig. 61. Une copie peinte d'après la gravure du tableau exposé fut vendue le 13-3-1979 à Drouot sous le n° 22 (toile ; 97 x 129,5 cm).
2 Pour le collectionneur Koenigs, voir : Ger Luijten, "The History of the Rotterdam Collection of Drawings", in : *From Pisanello to Cézanne. Master Drawings from the Museum Boymans-van Beuningen, Rotterdam*, New York (The Pierpont Morgan Library) etc., 1990, pp. 10-12, avec bibliographie.

produced the work shortly before 1737. He generally made separate preliminary drawings of each of the figures in his paintings ; in 1923, the distinguished collector Franz Koenigs purchased a lovely red-chalk study of the girl on the right, at the Galippe auction in Amsterdam. Most of Koenigs's collection is in the print room of the Boymans-van Beuningen Museum (fig. 2). [2]

1 Only an engraving is known of *Le jeu des quatre-coins* ; see Wildenstein 1924, fig. 61. A painted copy after the engraving of the panel at Huis Doorn was sold as lot no. 22 at Drouot's in Paris on 13 March 1979 (canvas, 97 x 129.5 cm).
2 On Koenigs as a collector, see Ger Luijten, "The history of the Rotterdam collection of drawings", in *From Pisanello to Cézanne. Master drawings from the Museum Boymans-van Beuningen, Rotterdam*, New York (The Pierpont Morgan Library) etc., pp. 10-12, with bibliography.

22

La danse devant la tente
The dance in front of the tent

Nicolas Lancret (Paris 1690 - Paris 1743)

Toile ; 59 x 74 cm.

Canvas ; 59 x 74 cm

Huis Doorn

Provenance : depuis Frédéric le Grand de Prusse en possession de la famille de Hohenzollern ; après 1918 envoyé à Doorn, où l'empereur Guillaume II vit en exil ; confisqué en 1945 par l'État néerlandais ; n° d'inv. HuD 1711.

Expositions : *Les collections d'art de Frédéric le Grand à l'Exposition Universelle*, Paris 1900, n° 6 ; *Het Franse landschap van Poussin tot Cézanne*, Amsterdam (Rijksmuseum) 1951, n° 95, comme Pater ; *Meisterwerke aus den Schlössern Friedrich des Grossen*, Berlin (Charlottenburg) 1962, n° 38 ; *Kaiserlicher Kunstbesitz aus dem Holländischen Exil Haus Doorn*, Berlin (Charlottenburg) 1991, n° 60, avec bibliographie complémentaire.

Bibliographie : P. Seidel, *Les collections d'œuvres d'art français du XVIIIe siècle appartenant à Sa Majesté l'Empereur d'Allemagne*, Berlin 1900, n° 39 ; G. Wildenstein, *Lancret*, Paris 1924, n° 151 ; Th. Lunsingh Scheurleer, *Huis Doorn ; beknopte geïllustreerde gids*, Doorn 1952, p. 22, comme Pater.

Provenance : Owned by the Hohenzollern family since Frederick the Great ; brought to the Netherlands by the exiled Kaiser Wilhelm II after 1918 ; confiscated by the State of the Netherlands after 1945 ; inv. no. HuD 1711.

Exhibitions : *Les collections d'art de Frédéric le Grand à l'Exposition Universelle*, Paris 1900, no. 6 ; *Het Franse landschap van Poussin tot Cézanne*, Amsterdam (Rijksmuseum) 1951, no. 95 as Pater ; *Meisterwerke aus den Schlössern Friedrich des Grossen*, Berlin (Charlottenburg) 1962, no. 38 ; *Kaiserlicher Kunstbesitz aus dem holländischen Exil Haus Doorn*, Berlin (Charlottenburg) 1991, no. 60, with additional bibliography.

Literature : P. Seidel, *Les collections d'œuvres d'art français du XVIIIe siècle appartenant à sa Majesté l'Empereur d'Allemagne*, Berlin 1900, no. 39 ; G. Wildenstein, *Lancret*, Paris 1924, no. 151 ; T. Lunsingh Scheurleer, *Huis Doorn. Beknopte geïllustreerde gids*, Doorn 1952, p. 22 as Pater.

Le roi Frédéric le Grand de Prusse (1712-1786) goûtait fort la peinture française du XVIIIe siècle. Une grande partie de sa célèbre collection a malheureusement été dispersée ; par exemple, Berlin ne conserve plus que 11 des 26 tableaux de Lancret achetés par le roi. La plupart des tableaux dispersés n'ont quitté la capitale allemande qu'au XXe siècle, notamment les trois peintures de Lancret de l'exposition, qu'au début des années vingt l'empereur Guillaume II se fit envoyer à Doorn, où il vivait en exil depuis 1918.[1] L'empereur ne s'embarrassa guère de considérations historiques lorsqu'il vendit des œuvres de Lancret ayant appartenu à Frédéric le Grand. C'est ainsi qu'en 1926 il vendit en Amérique une œuvre qui fut sans doute le pendant de *La danse devant la tente*, ayant approximativement le même format et peinte vraisemblablement vers 1740 ; ce *Déjeuner dans la forêt* se trouve aujourd'hui à la National Gallery à Washington.[2]

King Frederick the Great of Prussia (1712-1786) was an enthusiastic patron of eighteenth-century French painting. Unfortunately however, most of his celebrated collection has been dispersed, and only eleven of his twenty-six paintings by Lancret are still in Berlin. Almost the entire collection remained in Germany until this century, including the three works shown here, which Kaiser Wilhelm II brought with him to Huis Doorn where he lived in exile from 1918.[1]

The Lancrets from Frederick the Great's collection were sold with little regard for any historical implications. A painting from around 1740, for example, which is thought to be the pendant of *The dance in front of the tent*, went to a collector in America in 1926. The *Picnic after the hunt*, a painting roughly the same size as *The dance in front of the tent*, is now at the National Gallery in Washington.[2]

The Kupferstichkabinett in Berlin has a study in red

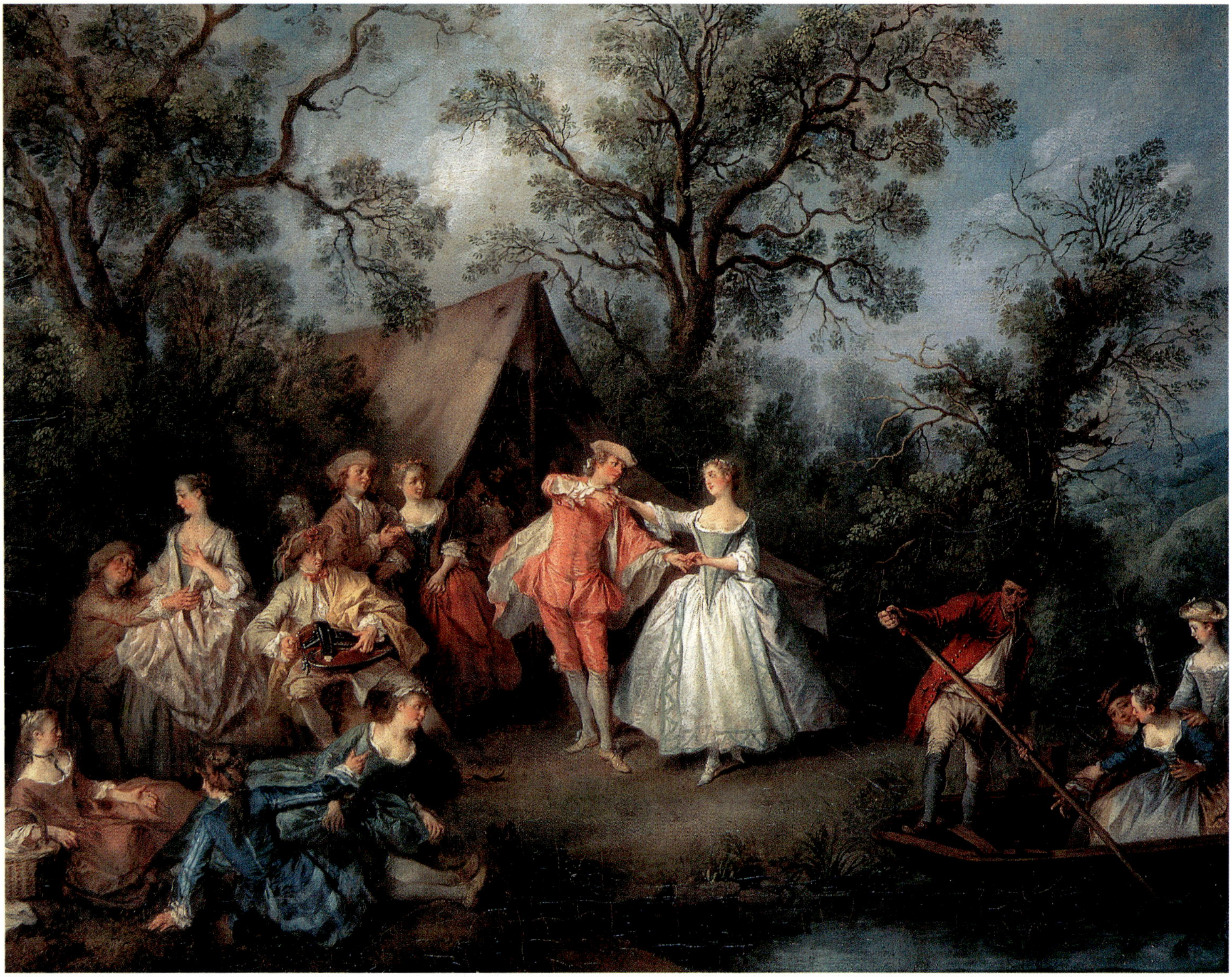

120 121

Fig. 1
Nicolas Lancret, Homme couché, sanguine, 13 x 20 cm, Kupferstichkabinett, Berlin.
Nicolas Lancret, Reclining man, red chalk, 13 x 20 cm, Kupferstichkabinett, Berlin.

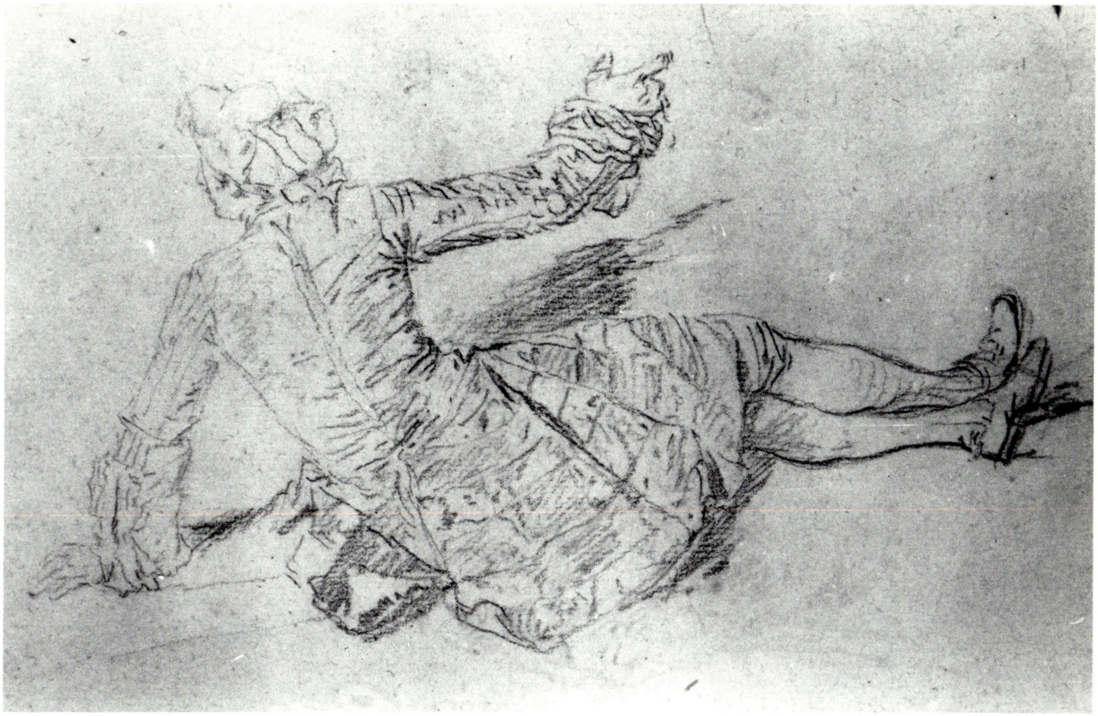

Le Kupferstichkabinett de Berlin possède l'étude à la sanguine qui prépara la figure couchée au premier plan à gauche (fig. 1). Lancret utilisait souvent ce type d'études, et l'on en retrouve les figures dans nombre de ses tableaux. Par exemple le vielleux assis à gauche, personnage principal du *Joueur de vielle* qui se trouvait en 1924 dans la collection Rothschild à Paris ; ou encore la jeune femme au panier assise à l'extrême gauche, que l'on revoit dans *La danse dans un parc*, peinte en 1738 et aujourd'hui à Londres dans la Wallace Collection. [3]

[1] Le quatrième tableau de Lancret que possèdent les Pays-Bas, *La danse des bergers* du musée Boymans-van Beuningen (n° d'inv. 2583 ; toile ; 54 x 69 cm), provient également de la collection de Frédéric le Grand : cf. Wildenstein 1924, n° 140.
[2] M. Tavener Holmes, *Nicolas Lancret 1690-1743*, New York (Frick Collection) 1991, n° 9.
[3] Wildenstein 1924, n° 115 et 138, avec figs.

chalk for the reclining figure in the left foreground (fig. 1). Lancret made repeated use of some of these studies, with the result that the same figures occur in several of his paintings. The seated man holding a hurdy-gurdy, for instance, is also in *Le joueur de vielle*, which was last recorded in the Rothschild Collection in Paris in 1924, while the woman with a basket on the far left is also in *Pastoral revels*, a painting from 1738 which is now in the Wallace Collection in London. [3]

[1] Lancret's only other painting in the Netherlands, the *Pastoral dance*, also at the Boymans-van Beuningen Museum in Rotterdam (inv. no. 2583 ; canvas, 54 x 69 cm), originally belonged to Frederick the Great : cf. Wildenstein 1924, no. 140.
[2] M. Tavener Holmes, *Nicolas Lancret 1690-1743*, New York (Frick Collection) 1991, no. 9.
[3] Wildenstein 1924, nos. 115 and 138, ill.

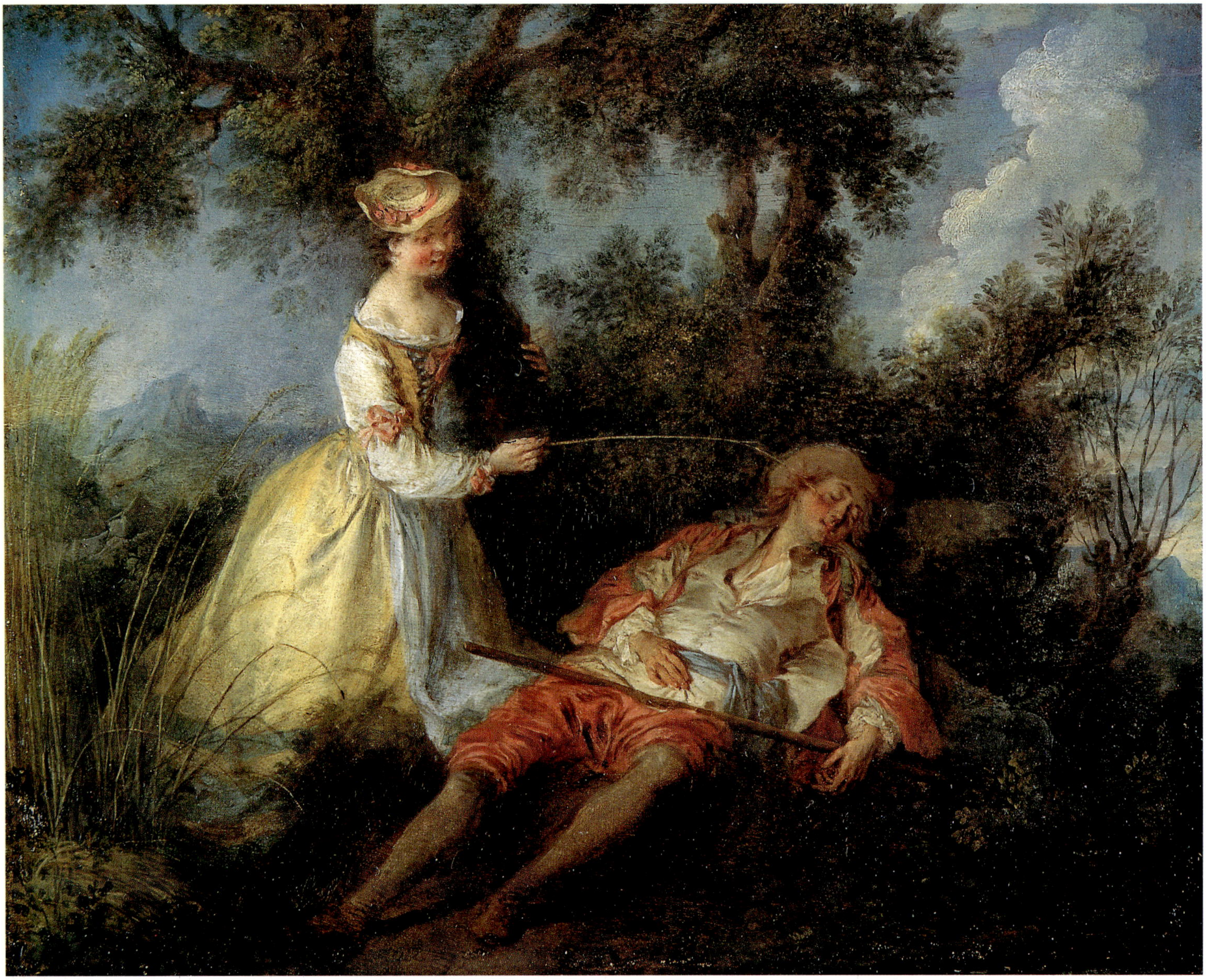

23

La taquine
La taquine (The tease)

Nicolas Lancret (Paris 1690 - Paris 1743)

Panneau ; 26,5 x 32 cm.

Panel ; 26.5 x 32 cm

Huis Doorn

Provenance : depuis Frédéric le Grand de Prusse en possession de la famille de Hohenzollern ; après 1918 envoyé à Doorn, où l'empereur Guillaume vit en exil ; confisqué en 1945 par l'État néerlandais ; n° d'inv. HuD 1709.

Expositions : *Het Franse landschap van Poussin tot Cézanne*, Amsterdam (Rijksmuseum) 1951, n° 67 ; *Meisterwerke aus den Schlössern Friedrich des Grossen*, Berlin (Charlottenburg) 1962, n° 35 ; *Kaiserlicher Kunstbesitz aus dem holländischen Exil Haus Doorn*, Berlin (Charlottenburg) 1991, n° 59, avec bibliographie complémentaire.

Bibliographie : P. Seidel, *Les collections d'œuvres d'art français du XVIIIe siècle appartenant à Sa Majesté l'Empereur d'Allemagne*, Berlin 1900, n° 38 ; G. Wildenstein, *Lancret*, Paris 1924, n° 553 ; Th. Lunsingh Scheurleer, *Huis Doorn ; beknopte geïllustreerde gids*, Doorn 1952, p. 22.

Provenance : In the Von Hohenzollern family since Frederick the Great of Prussia ; brought to the Netherlands in 1918 by the exiled Kaiser Wilhelm II ; confiscated by the State of the Netherlands after 1945 ; inv. no. HuD 1709.

Exhibitions : *Het Franse landschap van Poussin tot Cézanne*, Amsterdam (Rijksmuseum) 1951, no. 67 ; *Meisterwerke aus den Schlössern Friedrich des Grossen*, Berlin (Charlottenburg) 1962, no. 35 ; *Kaiserlicher kunstbestiz aus dem holländischen Exil Haus Doorn*, Berlin (Charlottenburg) 1991, no. 59, with additional bibliography.

Literature : P. Seidel, *Les collections d'œuvres d'art français du XVIIIe siècle appartenant à sa Majesté l'Empereur d'Allemagne*, Berlin 1900, no. 38 ; G. Wildenstein, *Lancret*, Paris 1924, no. 553 ; Th. Lunsingh Scheurleer, *Huis Doorn. Beknopte geïllustreerde gids*, Doorn 1952, p. 22.

Le thème de l'homme endormi qu'une jeune femme chatouille sous le nez avec une tige de blé a été traité par plusieurs maîtres hollandais du XVIIe siècle.[1] Il plaisait manifestement à Lancret, qui le reprit plusieurs fois. Il peignit en 1736 la première version connue, *Une bergère qui le réveille*, et son pendant, *Les colombes*, pour les appartements de la reine à Versailles ; dans cette première version la bergère ne porte pas de chapeau, mais une couronne de fleurs, et le paysage est traité de façon un peu différente.[2] La peinture exposée a sans doute été exécutée quelques années plus tard.

The theme of a young woman using a stalk of grass to caress the lips of a sleeping man can be traced back to the work of various seventeenth-century Dutch masters.[1] Lancret himself tackled the subject more than once. His earliest known version, "une bergère qui le réveille", was painted in 1736, together with a pendant, *Les colombes*, for the residence of the king at Versailles. Our version must have been made a few years later. Unlike the woman in the Versailles painting, the shepherdess is bareheaded except for a coronet of flowers in her hair ; there are also minor variations in the landscape.[2]

Une esquisse de composition ovale à la sanguine et au crayon noir portant les mêmes personnages principaux fut mise en vente à Paris en 1928. Comme la bergère y porte un chapeau, et non une couronne de fleurs, l'esquisse préparait probablement la version peinte de Doorn.[3]
Le portraitiste français Antoine Pesne (voir n° 36 du cat.), grand ami de Lancret et qui travailla à la cour de Frédéric le Grand, copia ce tableau en 1743 ; sa toile, d'un format beaucoup plus important, se trouve depuis le XVIIIe siècle au château de Mosigkau près de Dessau.[4] Nous savons que Pesne vendit en 1746 à Frédéric le Grand deux tableaux de Lancret ; l'un d'eux était peut-être cette *Taquine* que nous présentons aujourd'hui.

1 Cf. *Masters of Seventeenth Century Dutch Genre Painting*, Philadelphie (Philadelphia Museum of Art) etc. 1984, cat. n° 38 (Jacob Duck).
2 Wildenstein 1924, voir bibliographie, n° 551 et 552, avec fig. Cette variante fut signalée pour la dernière fois à la vente de la collection Patiño à New York (Sotheby), 15-1-1987, n° 92 ; la Galerie Foulkes à Paris en possédait une copie en 1928.
3 Exposée en 1928 à Paris à la Galerie Ferault sous le n° 56, comme *Le Mari trompé*, avec fig. (20 x 26 cm). Comme le dessin en est fort schématique pour la manière de Lancret, on peut se demander s'il s'agit bien d'une esquisse de composition, ou au contraire d'une copie dessinée d'après le tableau.
4 E. Berckenhagen, *Antoine Pesne*, Berlin 1958, n° 493 (64,5 x 78,5 cm), sans mention de la datation.

In 1928 an oval composition sketch of the same figures was on sale in Paris. The woman in the red and black chalk drawing is wearing a hat instead of a garland, which suggests that the sheet was presumably a preparatory study for the painting at Huis Doorn.[3]
The French portraitist Antoine Pesne (see cat. no. 36), a friend of Lancret's and a painter at the court of Frederick the Great, made a far larger copy of this painting in 1743. His canvas has been at Mosigkau castle near Dessau since the eighteenth century.[4] Pesne is known to have sold two paintings by Lancret to Frederick the Great in 1746, and it is quite possible that one of them was this version of *The tease*.

1 Cf. *Masters of seventeenth century Dutch genre painting*, Philadelphia (Philadelphia Museum of Art) etc. 1984, cat. no. 38 (Jacob Duck).
2 Wildenstein 1924, see Literature, nos. 551 and 552 with ill. This variant was last known to be in the sale of the Patiño Collection in New York (Sotheby's), 15 January 1987, no. 92; a copy was at the Ffoulkes Gallery, Paris 1928.
3 Exhibited at Ferault in Paris in 1928, no. 56, as *Le mari trompé*, with ill. (20 x 26 cm). The manner of drawing is unusually sketchy for Lancret and it is therefore uncertain whether the sheet is a composition sketch or a copy after the painting.
4 E. Berckenhagen, *Antoine Pesne*, Berlin 1958, no. 493 (64.5 x 78.5 cm), no date mentioned.

24

Vanité
Vanitas

Nicolas de Largillierre (Paris 1656 - Paris 1746)

Toile ; 74 x 61 cm.
Signé et daté en bas à gauche :
N.De.Largillierre F 1677

Canvas ; 74 x 61 cm
Signed and dated lower left :
N.De.Largillierre F 1677

Heino, Stichting Hannema-de Stuers Fundatie

Heino, Stichting Hannema-de Stuers Foundation

Provenance : Earl of Darnbey, Cobham Hall, vente Londres, Christie, 1-5-1925, n° 40 (130 guinées, à Th. Ward) ; Theodore Ward, Londres ; Martin B. Asscher, Londres ; D. Vaarties, Rotterdam.

Expositions : *La Nature Morte de l'antiquité à nos jours*, Paris (Orangerie) 1952, n° 63 ; *Vier Eeuwen stilleven in Frankrijk*, Rotterdam (Museum Boymans) 1954, n° 28 ; *La nature morte et son inspiration*, Paris (Galerie André Weil) 1960, n° 32 ; *The Age of Charles II*, Londres (Royal Academy) 1960-61, n° 211 ; *Largillierre and the Eighteenth-Century Portrait*, Montréal (Musée des Beaux-Arts) 1981, p. 84, n° 13, fig.

Bibliographie : H. Gerson, *Ausbreitung und Nachwirkung der holländischen Malerei des 17.Jahrhunderts*, Haarlem, 1942, p. 85 ; D. Hannema, *Kunst in oude sfeer*, Rotterdam, 1952, p. 30, fig. 13 ; E.K. Waterhouse, *Painting in Britain 1530 to 1790*, Harmondsworth, 1953, p. 78 ; M. Whinney, O. Millar, *English Art 1625-1714*, Oxford, 1957, p. 176 ; P. Grate, "Largillierre et les natures mortes de Grenoble", *Revue du Louvre*, I, 1961, p. 28, note 6, p. 29, fig. 7 ; M. Faré, *La nature morte en France*, Genève, 1962, I, p. 205, II, n° 285, fig. 285 ; D. Hannema, *Beschrijvende catalogus van de schilderijen, beeldhouwwerken, aquarellen en tekeningen*, Rotterdam, 1967, n° 174, fig. 45 ; G. de Lastic, "Nicolas de Largillierre peintre des natures mortes", *Revue du Louvre* XVIII (1968), p. 235, note 8 ; M. et F. Faré, *La vie silencieuse en France, la nature morte au XVIIIe siècle*, Fribourg, 1976, p. 52, fig. 61.

Provenance : Earl of Darnley's sale, Cobham Hall, London, Christie's, 1 May 1925, no. 40 (130 guineas, to Th. Ward) ; Theodore Ward, London ; Martin B. Asscher, London ; D. Vaarties, Rotterdam.

Exhibitions : *La nature morte de l'antiquité à nos jours*, Paris, Orangerie, 1952, no. 63 ; *Vier eeuwen stilleven in Frankrijk*, Rotterdam, Boymans-van Beuningen Museum, 1954, no. 28 ; *La nature morte et son inspiration*, Paris, André Weil Gallery, 1960, no. 32 ; *The Age of Charles II*, London, Royal Academy, 1960-61, no. 211 ; *Largillierre and the eighteenth-century portrait*, Montreal, The Montreal Museum of Fine Arts, 1981, p. 84, no. 13, ill.

Literature : H. Gerson, *Ausbreitung und Nachwirking der holländischen Malerei des 17. Jahrhunderts*, Haarlem 1942, p. 85 ; D. Hannema, *Kunst in oude sfeer*, Rotterdam 1952 p. 30, fig. 13 ; E.K. Waterhouse, *Painting in Britain 1530 to 1790*, Harmondsworth 1953, p. 78 ; M. Whinney, O. Millar, *English Art 1625-1714*, Oxford 1957, p. 176 ; P. Grate, "Largillierre et les natures mortes de Grenoble", *La Revue du Louvre* 1, 1961, p. 28, note 6, p. 29, fig. 7 ; M. Faré, *La nature morte en France*, Geneva 1962, 1, p. 205, II, no. 285, fig. 285 ; D. Hannema, *Beschrijvende catalogus van de schilderijen, beeldhouwwerken, aquarellen en tekeningen*, Rotterdam 1967, no. 174, fig. 45 ; G. de Lastic, "Nicolas de Largillierre peintre des natures mortes", *La Revue du Louvre* XVIII (1968), p. 235, note 8 ; M. and F. Faré, *La vie silencieuse en France, la nature morte au XVIIIe siècle*, Fribourg 1976, p. 52, fig. 61.

Nicolas de Largillierre naquit à Paris, mais dès l'âge de trois ans son père l'emmena à Anvers. En 1665, alors qu'il avait neuf ans, son père l'envoya passer vingt mois à Londres. De retour à Anvers, il entra dans l'atelier d'Antoni Goubau (1616-1698) ; il fut reçu maître en 1673-74. En 1675, peu avant son dix-huitième anniversaire, il repartit à Londres, où il se lia avec Sir Peter Lely, mais il ne fut probablement pas son élève. Il quitta Londres sans doute en 1678 et se rendit à Paris.[1] Largillierre peignit à Londres quatre natures mortes, dont les deux exposées, qui datent l'une et l'autre de 1677. Le tableau de Heino est une des premières œuvres du peintre que nous connaissions. On y voit une gaine et des épis, à gauche au premier plan une montre, à droite au fond un livre ouvert, avec à gauche un vase garni de fleurs. Le tout est placé dans une niche. Tous ces objets marquent la fragilité des choses et symbolisent donc le thème de la vanité.

Nicolas de Largillierre was born in Paris but left the city with his father at the age of three to settle in Antwerp. In 1665, when he was nine years old, he was sent to London for twenty months. He was later apprenticed to Antoni Goubau (1616-1698) in Antwerp, where he became a master in 1673-74. He then returned to London in 1675, shortly before his eighteenth birthday. He is not known to have studied under Sir Peter Lely, but the two men are thought to have been friends. De Largillierre probably left London for Paris in 1678,[1] having acquired a considerable reputation as a portraitist. He is also known to have made four still lifes during his stay in England, including the two in the exhibition, both of which were made in 1677.
The Heino painting is one of his earliest known works. It is a still life of a skull with a few ears of corn, a watch in the left foreground, an open book in the right background and a vase of flowers on the left. All these objects are displayed in a niche.

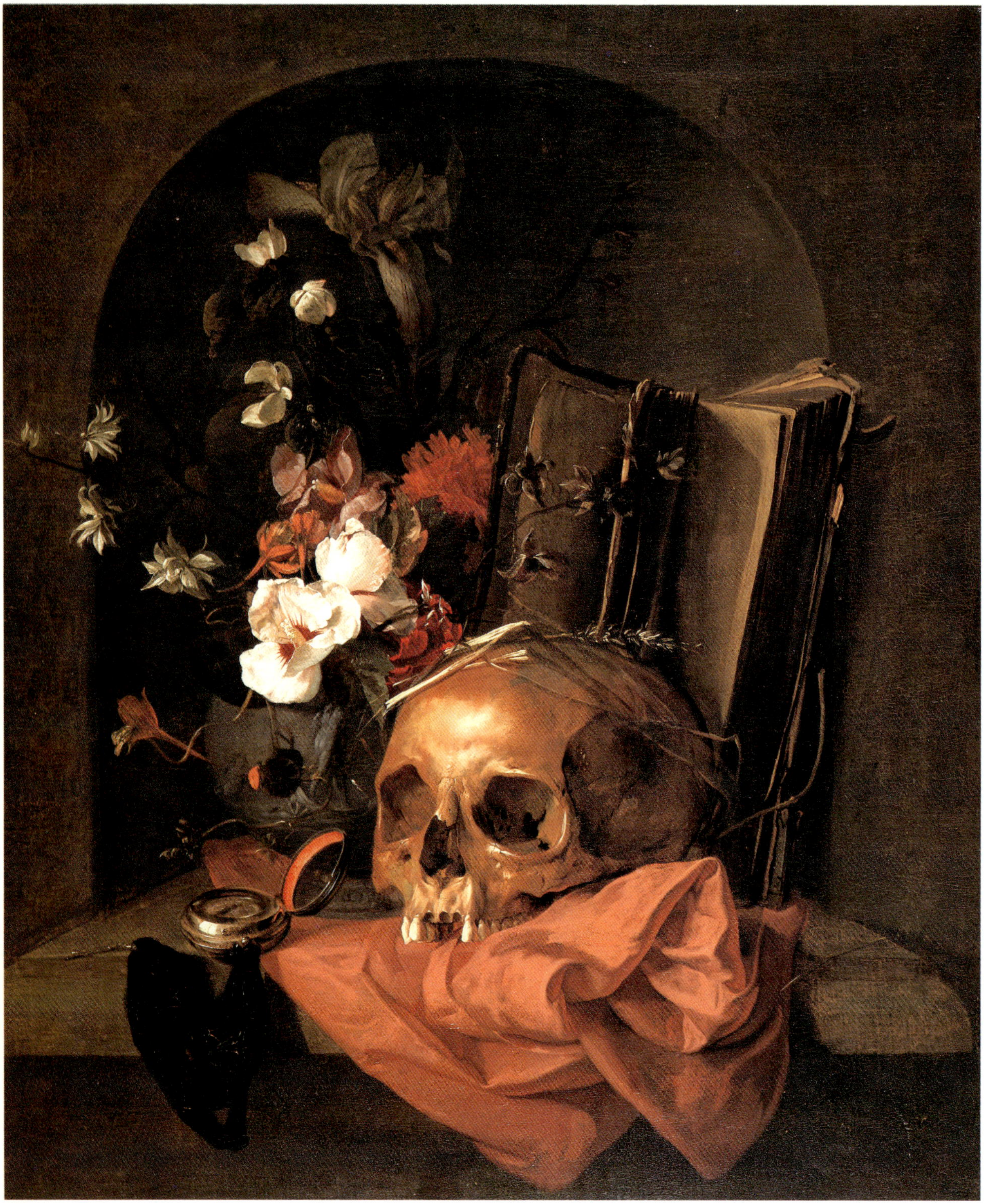

Au fil du temps, les auteurs ont cité plusieurs peintres hollandais qui auraient inspiré ce thème à Largillierre. Gerson cite Abraham van Beyeren et Jacques de Claeuw, Lastic mentionne Cornelis Huysmans et Rachel Ruysch, Rosenfeld pense plutôt à Jan Davidsz de Heem.
Il est en tout cas évident que le thème est fort hollandais ou flamand, et il est tout aussi certain que la formation de Largillierre à Anvers l'a amené à choisir ce motif. Mais à Londres le jeune peintre commença une carrière de portraitiste, qui lui assura une grande renommée.
Hannema estime que la collection Darnbey, d'où vient le tableau, fut constituée par John Bligh, quatrième Earl of Darnbey, qui acquit la plupart de ses œuvres de la collection du duc d'Orléans. Mais Rosenberg fait observer à juste titre que cette nature morte, peinte en Angleterre, n'a probablement jamais quitté ce pays et qu'elle fut donc acquise directement par le gentilhomme anglais.

1 Pour la biographie, voir : M.N. Rosenfeld, in cat. exp. Montréal, 1981, p. 28-30.

Each one symbolises transience and together they form a Vanitas.
Over the years, art historians have speculated as to who might have inspired Largillierre to explore this theme. Various Dutch painters have been proposed : Gerson mentions Abraham van Beyeren and Jacques de Claeuw, Lastic proposes Cornelis Huysmans and Rachel Ruysch, while Rosenfeld regards Jan Davidsz de Heem as the most likely candidate. The subject matter is in any event typically Dutch or Flemish, and Largillierre would certainly have seen this type of work while studying in Antwerp. In London, however, he was best known as a successful portraitist.
According to Hannema, the Earl of Darnley's collection – to which the Heino piece originally belonged – was built up by John Bligh, the fourth Earl of Darnley, who obtained most of his paintings from the Duc d'Orléans. Rosenfeld, however, rightly observes that the still life was probably made in England and acquired there by the Earl of Darnley without ever leaving the country.

1 For Largillierre's biography, see M.N. Rosenfeld, in exhib. cat. Montreal, 1981, pp. 28-30.

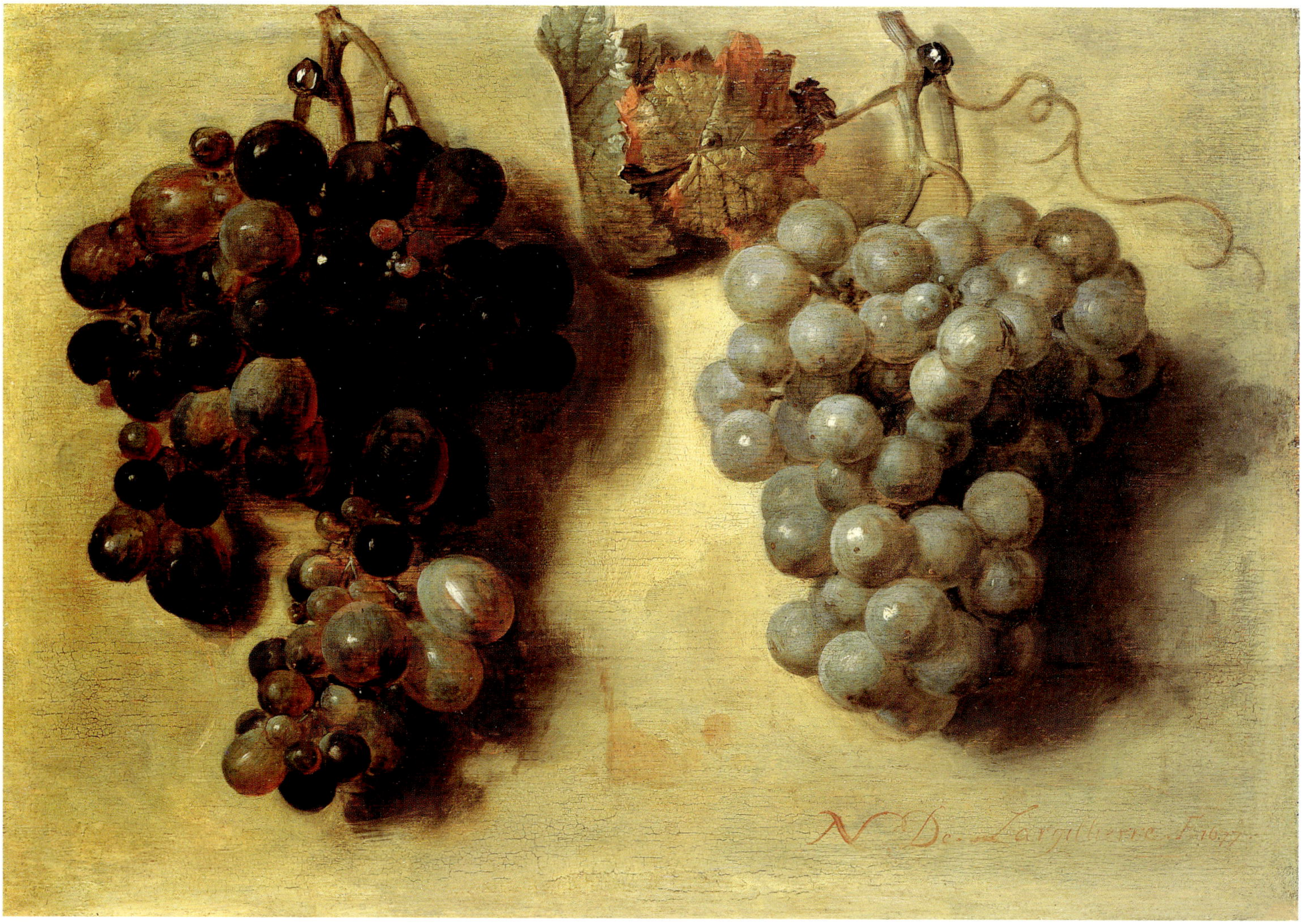

25

Deux grappes de raisins
Two bunches of grapes

Nicolas de Largillierre (Paris 1656 - Paris 1746)

Panneau ; 24 x 34 cm.
Signé et daté en bas à droite :
N.De.Largillierre. F 1677

Panel ; 24 x 34 cm
Signed and dated lower right:
N.De.Largillierre. F 1677

Paris, Fondation Custodia (coll. F. Lugt),
Institut Néerlandais

Paris, Custodia Foundation (F. Lugt Collection),
Institut Néerlandais

Provenance : Earl of Jersey, vente Londres, Sotheby, 23-3-1949, n° 21 (£ 30 à Lugt) ; F. Lugt, 1949 ; n° d'inv. 6060.

Exposition : *Hommage à Chardin*, Paris (Galerie Heim) 1959, n° 30.

Bibliographie : M.F. Hennus, "Frits Lugt, kunstvorser, kunstkeurder, kunstgaarder", *Maandblad voor beeldende kunsten*, 1950, p. 131, fig. ; E.K. Waterhouse, *Painting in Britain 1530 to 1790*, Harmondsworth, 1953, p. 78 ; M. Whinney, O. Millar, *English Art 1625-1714*, Oxford, 1957, p. 176 ; P. Grate, "Largillierre et les natures mortes de Grenoble", *Revue du Louvre* I, 1961, p. 28 ; M. Faré, *La nature morte en France*, Genève, 1962, n° 287, fig. 287 ; M. et F. Faré, *La vie silencieuse en France, la nature morte au XVIIIe siècle*, Fribourg, 1976, p. 52, fig. 62 ; O. Millar, cat. exp. *Sir Peter Lely*, Londres, National Portrait Gallery, 1978-79, p. 20, fig. 9 ; P. Hecht, "Candle light and dirty fingers, or royal virtue in disguise", *Simiolus* 11 (1980), p. 32, fig. 13 ; M.N. Rosenfeld, in cat. exp. *Largillierre and the Eighteenth-Century portrait*, Montréal, 1981, p. 82, fig. III ; J. Lauts, "Stilleben alter Meister", *Bildhefte der Staatlichen Kunsthalle Karlsruhe*, n° 7, 1986, p. 26, fig. 12.

Provenance : Earl of Jersey's sale, London, Sotheby's, 23 March 1949, no. 21 (£ 30, to Lugt) ; F. Lugt, 1949 ; inv. no. 6060.

Exhibition : *Hommage à Chardin*, Paris, Heim Gallery, 1959, no. 30.

Literature : M.F. Hennus, "Frits Lugt, kunstvorser, kunstkeurder, kunstgaarder", *Maandblad voor beeldende kunsten*, 1950, p. 131, ill. ; E.K. Waterhouse, *Painting in Britain 1530 to 1790*, Harmondsworth 1953, p. 78 ; M. Whinney, O. Millar, *English art 1625-1714*, Oxford 1957, p. 176 ; P. Grate, "Largillierre et les natures mortes de Grenoble", *La Revue du Louvre* 1, 1961, p. 28 ; M. Faré, *La nature morte en France*, Geneva 1962, no. 287, fig. 287 ; M. and F. Faré, *La vie silencieuse en France, la nature morte au XVIIIe siècle*, Fribourg 1976, p. 52, fig. 62 ; O. Millar, exhib. cat. *Sir Peter Lely*, London, National Portrait Gallery, 1978-79, p. 20, fig. 9 ; P. Hecht, "Candlelight and dirty fingers, or royal virtue in disguise", *Simiolus* 11 (1980), p. 32, fig. 13 ; M.N. Rosenfeld in exhib. cat. *Largillierre and the eighteenth-century portrait*, Montreal 1981, p. 82, fig. III ; J. Lauts, "Stilleben alter Meister", *Bildhefte der Staatlichen Kunsthalle Karlsruhe*, no. 7, 1986, p. 26, fig. 12.

Comme le tableau précédent, cette nature morte magistrale est une des premières œuvres de Largillierre que nous connaissions. Deux grappes de raisins sont accrochées à des clous enfoncés dans un mur. Par son esprit ce panneau s'apparente étroitement à la nature morte toute de simplicité qui apparaît aux Pays-Bas à la même époque, par exemple de la main d'un Adriaen Coorte. Le musée Boymans-van Beuningen possède de ce peintre de Middelbourg une nature morte à la grappe de raisins (fig. 1) qui se rapproche fort de celle de Largillierre. Les objets ont certainement été choisis pour composer un motif simple, les lézardes de la plinthe les supportant marquant peut-être la précarité de tout ; mais pourquoi le peintre a-t-il voulu peindre deux grappes ?

This masterful still life, like the Vanitas from Heino, is one of the earliest known paintings by Largillierre. The simplicity of the two bunches of grapes hanging from a pair of nails in the wall is similar in spirit to many of the still lifes that were made in the Netherlands in the same period. It recalls work by Adriaen Coorte, for example, a Middelburg artist, whose comparable still life of a bunch of grapes is at the Boymans-van Beuningen Museum (fig. 1).
Though one accepts that such objects were chosen to form an attractively simple composition, with the addition of cracks in the plinth, perhaps, as an allusion to mortality, it is nevertheless intriguing why Largillierre should have decided to represent this particular theme. Unlike other Netherlandish paintings from the sixteenth and seventeenth

Fig. 1
Adriaen Coorte (actif 1683-1707), Grappe de raisins, papier sur panneau, 25,7 x 19,7 cm, Rotterdam, Museum Boymans-van Beuningen.
Adriaen de Coorte (active 1683-1707), Bunch of grapes, paper on panel, 25.7 x 19.7 cm, Rotterdam, Boymans-van Beuningen Museum.

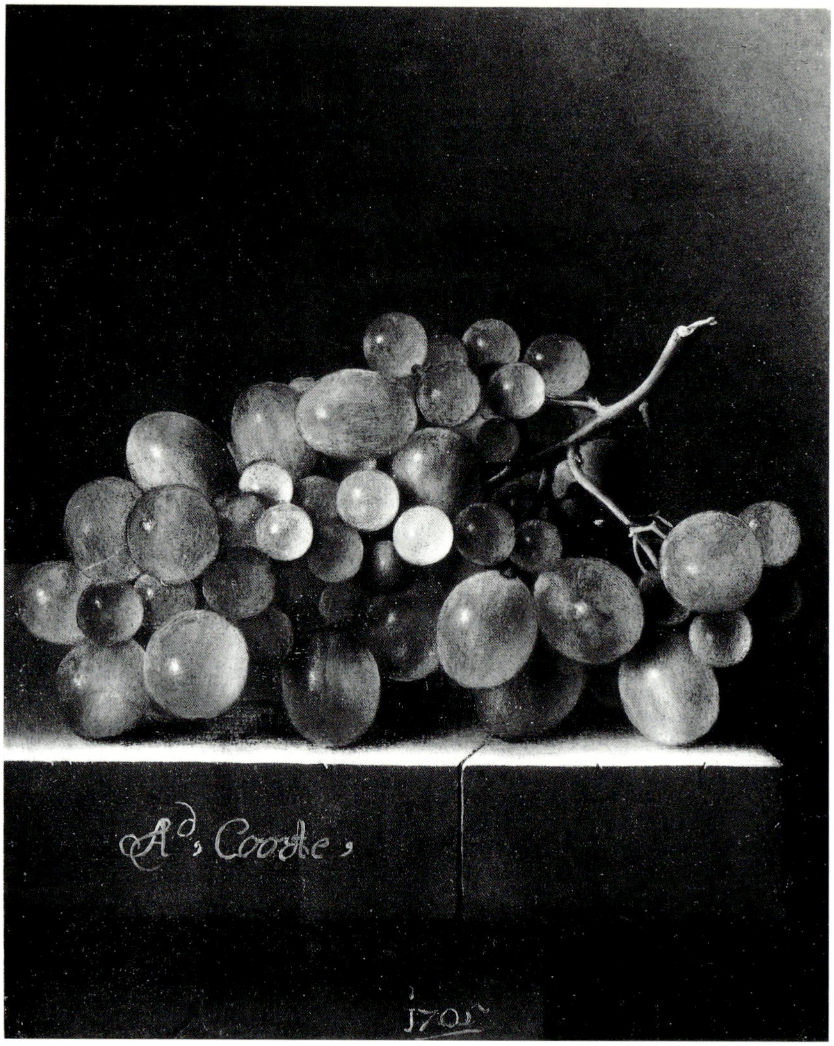

Au contraire de nombreuses peintures hollandaises des XVIe et XVIIe siècles, ce tableau n'a probablement aucune signification iconographique particulière.[1] Le choix de Largillierre s'explique sans doute davantage, comme le dit Hecht, par la volonté de montrer son savoir-faire dans la peinture de clairs-obscurs. La tradition veut que Titien ait dit un jour qu'il ne connaissait pas de meilleur sujet pour répartir les contrastes qu'une grappe de raisins. Le tableau de Largillierre montre à gauche une grappe dans des tons sombres et à droite une grappe toute de clarté, ce qui permet au peintre de montrer son métier.
Comme le tableau précédent, ce panneau provient d'une collection anglaise, et il est donc probable qu'il ne quitta jamais l'Angleterre.

1 Voir E. de Jongh, "Grape symbolism in paintings of the 16th and 17th centuries", *Simiolus* 7 (1974), pp. 166-192.

centuries, the grapes here probably have no iconographic significance.[1] As Hecht has observed, the work is more likely to have been an exercise in contrasting light and dark. Titian, in fact, is alleged to have said that grapes were the most challenging objects to render from this point of view. Largillierre's painting of a dark bunch of grapes on the left and a light one on the right was probably intended precisely to demonstrate his mastery of the problem.
Both the *Vanitas* and the *Two bunches of grapes* were in English collections and had presumably been in the country ever since they were made.

1 See E. de Jongh, "Grape symbolism in paintings of the 16th and 17th centuries", *Simiolus* 7 (1974), pp. 166-92.

Portrait d'une dame
Portrait of a lady

Nicolas de Largillierre (Paris 1656 - Paris 1746)

Toile ; 135,5 x 103,5 cm

Canvas ; 135.5 x 103.5 cm

Delft, Rijksmuseum Huis Lambert van Meerten

Provenance : baronne M. d'Ablaing van Giessenburg, Baden près Zurich ; en dépôt à partir de 1909 ; donné à l'État néerlandais en 1918 pour être placé au Rijksmuseum Huis Lambert van Meerten, Delft ; n° d'inv. LM 03299.

Bibliographie : E.W. Moes, *Iconographia Batava*, I, Amsterdam, 1897, n° 864 ; *Catalogus der werken van kunst en kunstnijverheid in het Rijksmuseum Huis Lambert van Meerten te Delft*, 1909, p. 55, n° 4 ; I.C.E. Peelen, *Rijksmuseum Huis Lambert van Meerten te Delft, Gids*, Delft, 1922, p. 19 ; A. Staring, *Fransche kunstenaars en hun Hollandsche modellen*, La Haye, 1947, p. 18-20, fig. 4.

Provenance : Freule M. Barones d'Ablaing van Giessenburg, Baden near Zürich ; on loan from 1909 ; presented to the State in 1918 for the Rijksmuseum Huis Lambert van Meerten, Delft ; inv. no. LM 03299.

Literature : E.W. Moes, *Iconographia Batava*, I, Amsterdam 1897, no. 864 ; *Catalogus der werken van kunst en kunstnijverheid in het Rijksmuseum Huis Lambert van Meerten te Delft*, 1909, p. 55, no. 4 ; I.C.E. Peelen, *Rijksmuseum Huis Lambert van Meerten te Delft, Gids*, Delft 1922, p. 19 ; A. Staring, *Fransche kunstenaars en hun Hollandsche modellen*, The Hague 1947, pp. 18-20, fig. 4.

Ce tableau aux couleurs éclatantes est exécuté de main de maître. La femme, assise sur des nuages, un splendide bijou dans les cheveux, lève la main droite. Du bras gauche elle s'appuie sur une grande urne dont s'échappe de l'eau. A gauche, un angelot, qui tient aussi sur ses genoux une urne.
Ce portrait de très grande qualité pose plusieurs problèmes. Les vieux catalogues du musée Huis Lambert van Meerten l'attribuaient tous à un peintre relativement peu connu, Theodorus Caenen. Né en Allemagne, il s'inscrivit en 1736 à la guilde de Middelbourg en Zélande, puis vécut à Nimègue, et travailla à partir de 1744 pour des princes allemands. Mais Staring estima en 1947 qu'il fallait attribuer ce portrait à Largillierre. Le tableau – ou plus exactement la toile de rentoilage – porte au dos l'inscription : "Peint par N. de Largillierre / 1728". Cette inscription se réfère probablement à une signature originale apposée par Largillierre au dos du tableau, mais masquée par la toile de rentoilage.
Il semble donc que l'attribution proposée par Staring s'appuie sur une signature et une date inscrites au dos du tableau.
La tradition veut que ce portrait représente Cornelia Philippina de Boodt, baronne de Giessenburg et Giessen Nieuwkerk, dame de Moersbergen, etc. Née à Doorn le 5 juin 1712, elle mourut à Utrecht le 3 mars 1742. Staring suppose que l'eau qui s'échappe de l'urne symbolise la Giessen, la rivière qui baigne le château de Giessenburg et lui donne son nom. Le pendant du tableau, signé par Caenen, représente Jan Daniel d'Ablaing, né à Haarlem en 1703 et décédé à La Haye le 5 juin 1775 (fig. 1). Cornelia de Boodt avait d'abord épousé le 7 mai 1727 – elle n'avait pas

This vibrant and superbly-rendered portrait is of a woman wearing a beautiful tiara. She is seated on a cushion of cloud with her right arm extended and her left resting on a large stone jar which has water streaming out of it. An angel sitting beside her also has a jar on its lap.
Many questions about this excellent painting have yet to be answered. Old catalogues published by Huis Lambert van Meerten cited the author as Theodorus Caenen, a relatively obscure painter who was born in Germany. Caenen joined the Middelburg guild in 1736, spent a few years in Nijmegen and became a painter at the German court after 1744. In 1947, however, Staring attributed it to Largillierre. His opinion seems to be borne out by an inscription on the canvas relining, *Peint par N. de Largilliere / 1728*, which presumably means that the painter had signed and dated the verso of the painting and that his signature is now concealed by the relining.
The work has always been believed to be a portrait of Cornelia Philippina de Boodt, Lady of Giessenburg and Giessen Nieuwkerk, Lady of Moersbergen etc., who was born in Doorn on 5 June 1712 and died in Utrecht on 3 March 1742. Assuming this to be the case, Staring suggests that the water gushing from the jar may represent the river Giessen, near Giessenburg castle. The counterpart of the painting, signed by the previously mentioned Caenen, is a portrait of Jan Daniel d'Ablaing, who was born in Haarlem in 1703 and died in The Hague on 5 June 1775 (fig. 1). Cornelia de Boodt married Johannes van der Mandere (1703-1729) on 7 May 1727, when she was not yet fifteen. The marriage was short-lived, however, as Van der Mandere died only two years

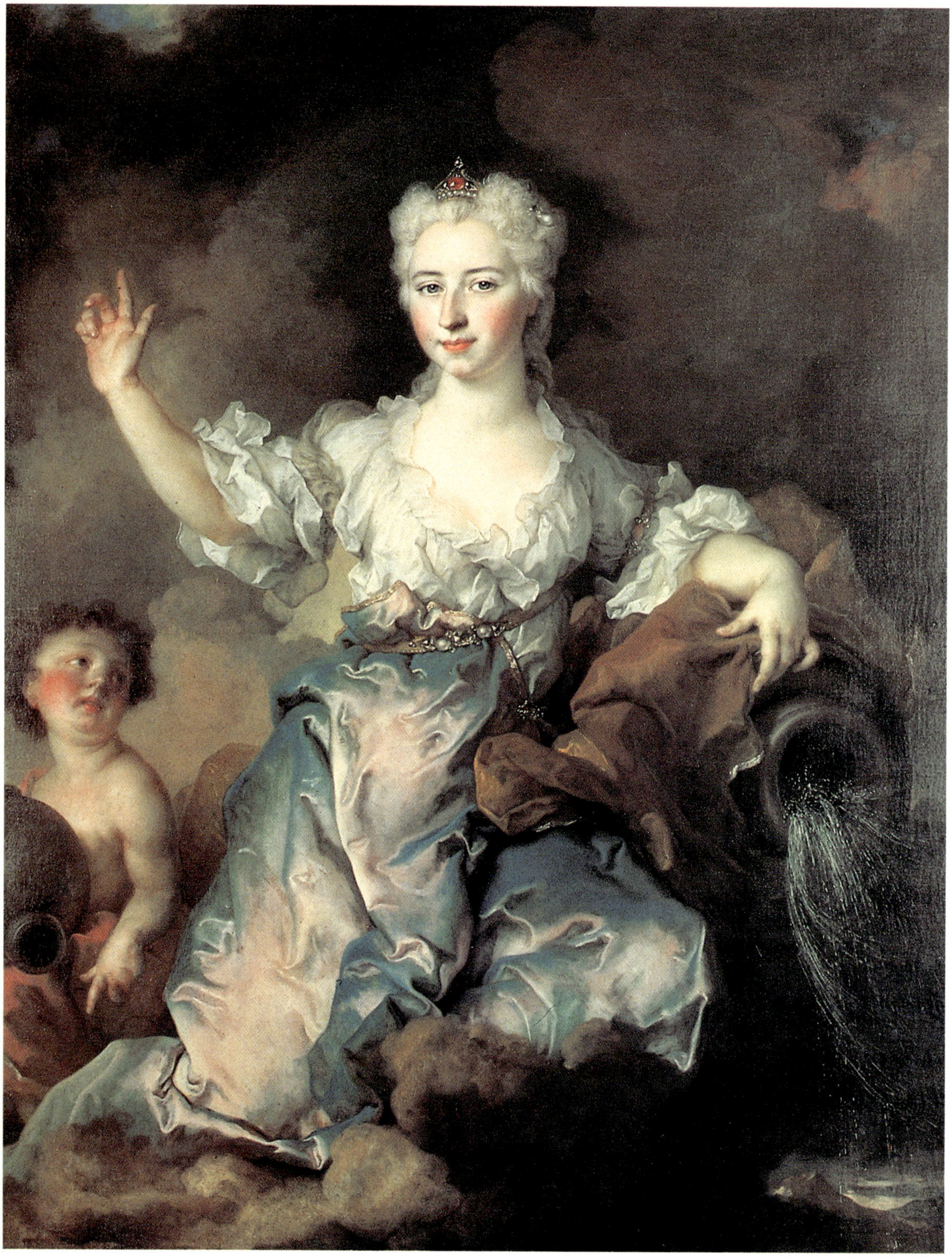

132 133

Fig. 1.
Theodorus Caenen, Portrait de Jan Daniel d'Ablaing, Delft, Rijksmuseum Huis Lambert van Meerten.
Theodorus Caenen, Portrait of Jan Daniel d'Ablaing, Delft, Rijksmuseum Huis Lambert van Meerten.

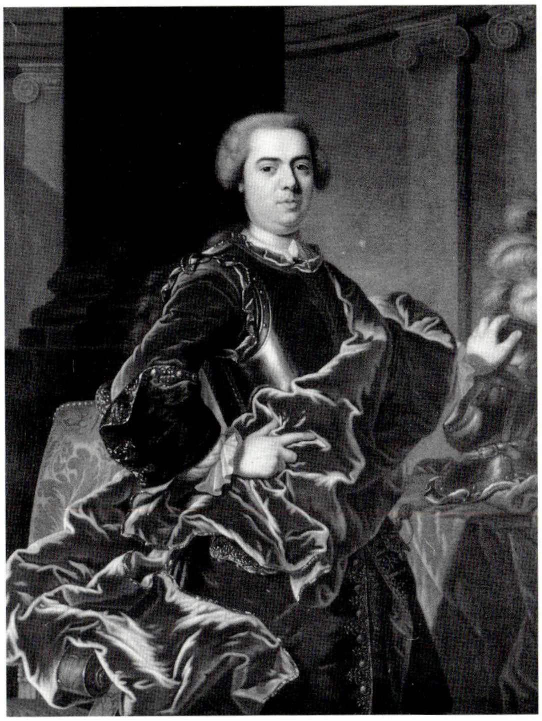

quinze ans – Johannes van der Mandere (1703-1729), qui mourut deux ans plus tard. Le 29 mars 1733, à l'âge de vingt ans, elle se remariait avec Jan Daniel d'Ablaing.
La dame du portrait, bien en chair, en pleine maturité, grisonne déjà. Si le tableau a effectivement été peint en 1728, comment peut-il représenter Cornelia de Boodt, qui n'avait alors que quinze ou seize ans ?
Peut-être y a-t-il eu erreur de lecture lors du rentoilage, "1738", par exemple, ayant été lu "1728". Ou peut-être ne s'agit-il pas du portrait de Cornelia de Boodt.
Les deux portraits ont les mêmes cadres à l'ornementation surchargée, et il est donc fort possible qu'ils aient été peints à la même époque. Il faut croire que l'épouse a voulu faire le voyage de Paris pour faire peindre son portrait, tandis que son mari se contentait pour le pendant de faire venir à La Haye un peintre établi aux Pays-Bas. Comme Caenen ne s'inscrivit à la guilde qu'en 1736, le portrait du mari n'a pu être peint avant cette date. Mais on peut aussi imaginer que d'Ablaing ne commanda son portrait à Caenen que bien longtemps après l'exécution du portrait de sa femme, dont le sien devait être le pendant. Il est alors probable que les deux cadres ne furent commandés qu'à ce moment-là.

later. On 29 March 1733, at the age of twenty, she married Johan Daniel d'Ablaing.
The woman in the portrait has a rather matronly figure and grey hair. Consequently, if it was indeed made in 1728, the sitter cannot have been Cornelia de Boodt, who was only sixteen at the time. It is possible, of course, that the date on the back was copied incorrectly and should read 1738 instead of 1728. Alternatively, the portrait would have to be of different person altogether.
Both the painting and its pendant are in similar, ornate frames, which suggests that they were made at about the same time. The woman, it seems, went to Paris to have her portrait painted, whereas d'Ablaing was apparently content to have himself portrayed by a painter from The Hague. As Caenen was only admitted to the guild in 1736, d'Ablaing's portrait must have been produced after that date. It is also possible that d'Ablaing's portrait was painted considerably later than his wife's, in which case the frames were probably only made once both paintings were ready.

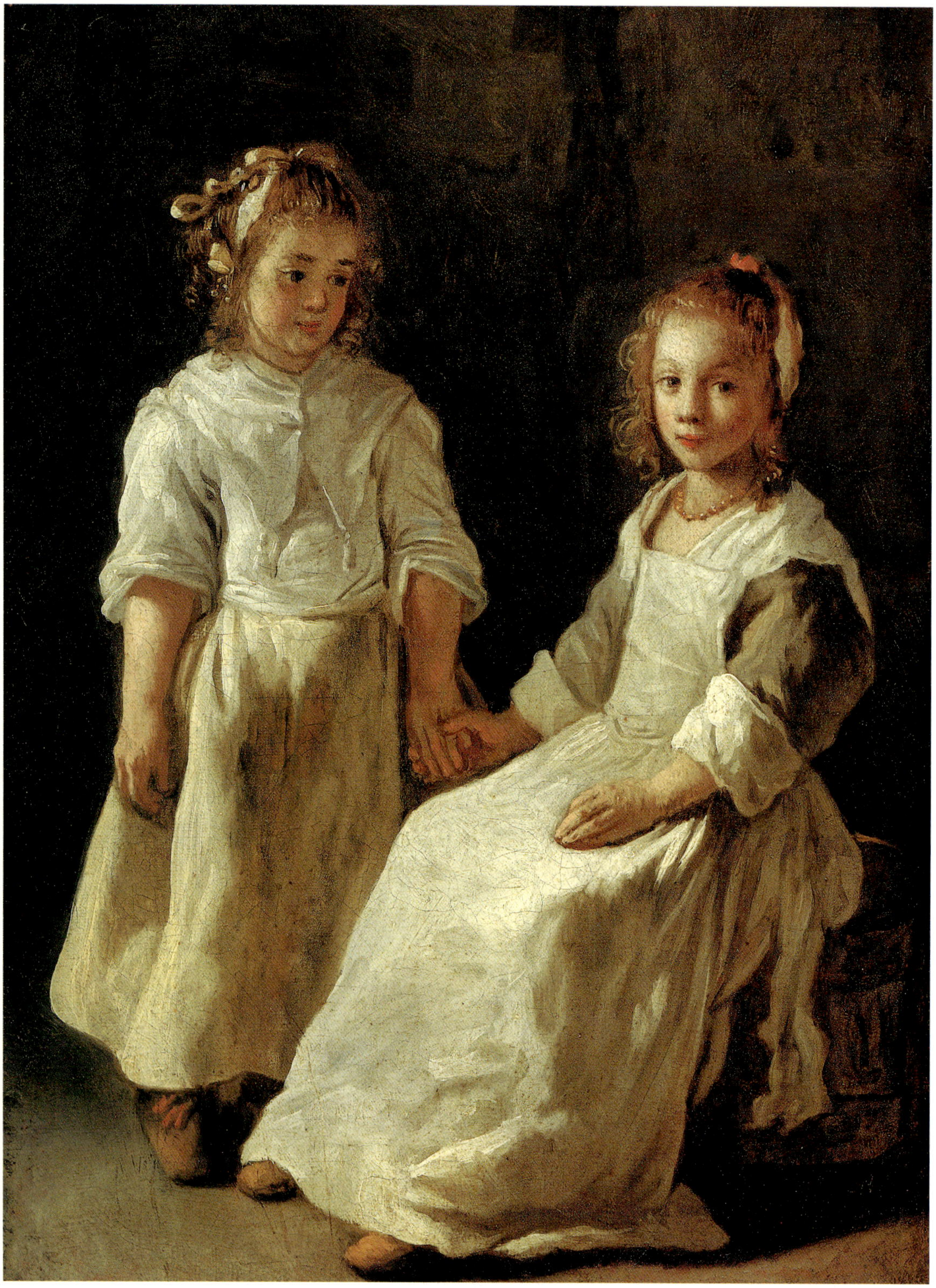

134 135

27

Deux fillettes
Two girls

Le Nain, entourage de (?)
Le Nain, circle of (?)

Toile ; 41 x 30 cm.

Canvas, 41 x 30 cm

Rotterdam, Museum Boymans-van Beuningen

Provenance : don d'Adolphe Schloss, Paris, 1908 ; n° d'inv. 1576.

Expositions : *Illustrated Catalogue of Pictures by the Brothers Le Nain*, Londres (Burlington Fine Arts Club) 1910, n° 21 ; *Le Nain*, Paris (Petit Palais) 1934, n° 11 ; *Les peintres de la réalité*, Paris (Musée de l'Orangerie) 1934, n° 73, fig. pl. XXVIII ; *Les Le Nain*, Reims (Musée des Beaux-Arts) 1953, n° 24.

Bibliographie : P. Fierens, *Les Le Nain*, Paris, 1933, n° 22, pl. XXI ; P. Jamot, "Un tableau inédit de Louis Le Nain antérieur à 1640", *Gazette des Beaux-Arts*, 75 (1933), II, p. 299 ; G. Isarlo, "Les trois Le Nain et leur suite", *La Renaissance* 21 (1938), p. 54, n° 211 ; J. Dupont, F. Mathey, *Les grands siècles de la peinture ; le dix-septième siècle*, Genève, p. 73, fig.

Provenance : Donated by Adolphe Schloss, Paris, 1908 ; inv. no. 1576.

Exhibitions : *Illustrated catalogue of pictures by the brothers Le Nain*, London, Burlington Fine Arts Club, 1910, no. 21 ; *Le Nain*, Paris, Petit Palais, 1934, no. 11 ; *Les peintres de la réalité*, Paris, Musée de l'Orangerie, 1934, no. 73, pl. XXVIII ; *Les Le Nain*, Reims, Musée des Beaux-Arts, 1953, no. 24.

Literature : P. Fierens, *Les Le Nain*, Paris, 1933, no. 22, pl. XXI ; P. Jamot, "Un tableau inédit de Louis Le Nain antérieur à 1640", *Gazette des Beaux-Arts*, 75 (1933), II, p. 299 ; G. Isarlo, "Les trois Le Nain et leur suite", *La Renaissance* 21 (1938), p. 54, no. 211 ; J. Dupont, F. Mathey, *Les grands siècles de la peinture. Le dix-septième siècle*, Geneva, p. 73, ill.

C'est en 1908 qu'Adolphe Schloss donna au musée cette œuvre charmante, alors attribuée à Louis Le Nain (1593-1648). Les amateurs furent toujours séduits par la représentation de ces deux fillettes gracieusement vêtues et qui se tiennent par la main.
Jamot indiqua le 4 mars 1931 dans une communication orale qu'il fallait attribuer cette toile à Antoine Le Nain, mais il écrivit en 1933 qu'il s'agissait sans doute d'une œuvre de jeunesse de Louis, au moins antérieure à 1640. Il releva à cette occasion l'analogie avec un dessin du Louvre attribué à Louis, représentant deux femmes assises et dont la composition s'apparente en effet étroitement à celle du tableau de Rotterdam. La même année Fierens l'attribuait également à Louis Le Nain.
Isarlo se montra moins convaincu. Il estimait en 1938 que le tableau avait sans doute été peint vers 1720, mais que l'invention du motif remontait certainement au XVIIe siècle. Bien que Dupont et Mathey l'attribuent sans plus à Louis Le Nain, le débat reste ouvert.

In 1908, Adolphe Schloss donated this charming painting of two elegantly-attired girls holding hands to the Boymans Museum in Rotterdam. The work was attributed at the time to Louis Le Nain (1593-1648).
On 4 March 1931, Jamot mentioned in conversation that it was by Antoine Le Nain, but in 1933 he wrote that it was probably a very early work by Louis Le Nain, dating from at least before 1640. He compared it to a drawing of two seated women at the Louvre, which is attributed to Louis Le Nain and is indeed very similar in composition to the Rotterdam painting. Fierens (1933) too accepted it as a Louis Le Nain. Isarlo, however, had reservations about the attribution and in 1938 suggested that it was probably a much later painting, from around 1720, although he conceded that the invention was reminiscent of seventeenth-century work. Dupont and Mathey, on the other hand, attribute it unequivocally to Louis Le Nain. The question of its authorship has therefore never really been resolved and the debate will undoubtedly continue.

Fig. 1.
Le Nain, La femme aux cinq enfants, 1642, Londres, National Gallery.
Le Nain, A woman and five children, 1642, London, National Gallery.

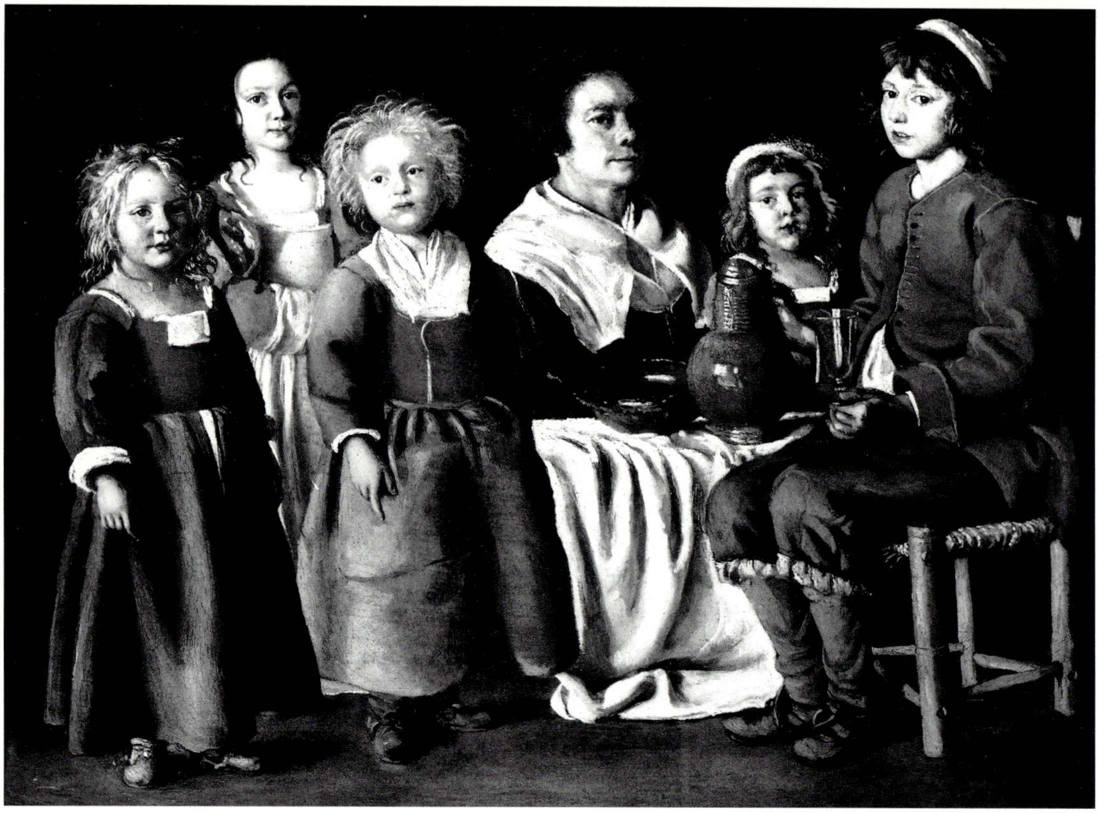

En effet, il n'est pas facile de situer cette charmante petite toile. Certes, la manière, notamment, peut faire songer au début du XVIIIe siècle. Mais le motif se compare fort bien à celui du tableau de Le Nain *La femme aux cinq enfants* de 1642, aujourd'hui à la National Gallery à Londres (fig. 1). La facture des yeux et des cheveux s'apparente étroitement sur les deux toiles, de même que le coup de brosse souple et libre des vêtements. Le tableau de Rotterdam me paraît davantage se situer dans le XVIIe siècle que dans le XVIIIe. Nous nous en tiendrons donc pour l'heure à l'attribution à l'entourage des frères Le Nain.

It is in fact a difficult piece to place. Whereas the manner of painting points to the early eighteenth century, the subject strongly recalls work like the *Woman and five children* at the National Gallery in London, which Le Nain made in 1642 (fig. 1). The rendering of the hair and eyes is extremely similar in the two paintings, while the clothing, for instance, is done in the same confident, creamy brushstrokes. All things considered, *The two girls* seems to be a seventeenth rather than eighteenth-century work. Until more is known about it, however, the canvas should continue to be attributed to a painter in the circle of Le Nain.

28

Les joueurs de dés
The dice shooters

Le Nain, suiveur de
Le Nain, follower

Toile; 93 x 120 cm.

Canvas; 93 x 120 cm

Amsterdam, Rijksmuseum

Provenance: probablement vente Verrier, Paris, Paillet, 18-11-1776, n° 84; Ch. Brunner, Paris, 1922; avant 1926 dans la collection J.W. Nienhuys, Bloemendaal; acquis en 1929; n° d'inv. A 3099.

Expositions: *Le Nain*, Paris (Galerie Louis Sambon) 1923, n° 8, fig.; *Exposition rétrospective d'art français*, Amsterdam (Rijksmuseum) 1926, n° 65bis; *Le Nain*, Paris (Petit Palais) 1934, n° 40; *Loan Exhibition of paintings by Georges de la Tour, Antoine Le Nain, Louis Le Nain, Mathieu Le Nain*, New York (Knoedler & Co.) 1936, n° 21, fig.; *Michael Sweerts en tijdgenoten*, Rotterdam (Museum Boymans) 1958, n° 83, fig. 21; *Les frères Le Nain*, Paris (Grand Palais) 1978-79, n° 48, fig.

Bibliographie: P. Jamot, "Sur quelques œuvres de Louis et Mathieu Le Nain", *Gazette des Beaux-Arts*, 65 (1923), p. 39, fig.; W.G. Constable, "French painting in Amsterdam", *The Burlington Magazine* 49 (1926), p. 228, fig. IIa; P. Fierens, *Les Le Nain*, Paris, 1933, p. 63, n° 25, fig. XC; E. Dacier, "Catalogues de ventes et livrets de salon illustrés et annotés par Gabriel de Saint-Aubin, 12, Catalogue de la vente Verrier (1776)", *Gazette des Beaux-Arts*, 95 (1953), I, p. 311; J. Thuillier, "Trois tableaux des frères Le Nain acquis par les Musées de France", *La Revue du Louvre*, 24 (1974), p. 170; J.P. Cuzin, "A hypothesis concerning the Le Nain Brothers", *The Burlington Magazine*, 120 (1978), p. 875; J. Thuillier, "Le Nain: Leçons d'une exposition", *La Revue du Louvre*, 29 (1979), p. 163.

Provenance: Probably Verrier auction, Paris, Paillet, 18 November 1776, no. 84; Ch. Brunner, Paris, 1922; in the J.W. Nienhuys Collection, Bloemendaal, before 1926; acquired in 1929; inv. no. A 3099.

Exhibitions: *Le Nain*, Paris, Galerie Louis Sambon, 1923, no. 8, ill.; *Exposition rétrospective d'art français*, Amsterdam, Rijksmuseum, 1926, no. 65 bis; *Le Nain*, Paris, Petit Palais, 1934, no. 40; *Loan exhibition of paintings by Georges de la Tour, Antoine Le Nain, Louis Le Nain, Mathieu Le Nain*, New York, Knoedler & Co., 1936, no. 21, ill.; *Michael Sweerts en tijdgenoten*, Rotterdam, Boymans Museum, 1958, no. 83, fig. 21; *Les frères Le Nain*, Paris, Grand Palais, 1978-79, no. 48, ill.

Literature: P. Jamot, "Sur quelques œuvres de Louis et de Mathieu Le Nain", *Gazette des Beaux-Arts* 65 (1923), p. 39, ill.; W.G. Constable, "French painting in Amsterdam", *The Burlington Magazine* 49 (1926), p. 228, fig. IIa; P. Fierens, *Les Le Nain*, Paris 1933, p. 63, no. 25, fig. XC; E. Dacier, "Catalogues de ventes et livrets de Salon illustrés et annotés par Gabriel de Saint-Aubin, 12, Catalogue de la vente Verrier (1776)", *Gazette des Beaux-Arts*, 95 (1953), 1, p. 311; J. Thuillier, "Trois tableaux des frères Le Nain acquis par les Musées de France", *La Revue du Louvre*, 24 (1974), p. 170;. J.P. Cuzin, "A hypothesis concerning the Le Nain brothers", *The Burlington Magazine*, 120 (1978), p. 875; J. Thuillier, "Le Nain. Leçons d'une exposition", *La Revue du Louvre*, 29 (1979), p. 163.

Lors de la vente Ferrier, qui eut lieu à Paris le 18 novembre 1776, le peintre Gabriel de Saint-Aubin (1724-1780) croqua au crayon les tableaux qui étaient mis aux enchères. L'esquisse du tableau n° 84 est accompagnée d'une description détaillée (fig. 1). La représentation correspond parfaitement au tableau d'Amsterdam, et il ne semble donc pas douteux que c'est bien cette toile qui fut vendue à Paris, d'autant plus que nous ne connaissons pas d'autre peinture ayant exactement la même composition; la vente Ferrier le mentionne comme "Le Nain".

Depuis que ce tableau a reparu – en 1922 dans la collection Brunner –, il a toujours été attribué à Mathieu Le Nain. Cette attribution suscita bien des réserves, notamment dans le catalogue de l'exposition Le Nain de 1978-79, mais c'est Cuzin qui le premier soutint en 1978 qu'il ne pouvait s'agir d'une œuvre de Le Nain et qu'il fallait songer à un peintre de son entourage. Il regroupa un certain nombre de tableaux et les attribua à un peintre qu'il appela provisoirement le "Maître des jeux". Cuzin pensait à un artiste né et formé dans un cercle nordique, peut-être Amsterdam ou Bruxelles, dans la période des années 1650.

Le problème que pose Le Nain a toujours été fort complexe, à la fois pour les attributions aux trois frères – Antoine, Louis et Mathieu – et pour les suiveurs qu'ils ont certainement eus. Il est loin d'être résolu.

The artist Gabriel de Saint-Aubin (1724-1780) made pencil sketches of all the paintings sold at the Ferrier auction in Paris on 18 November 1776. Lot no. 84, which was sold as "Le Nain", was described in detail and accompanied by one of these sketches (fig. 1). The drawing is so similar to the Amsterdam painting that this must in fact have been the piece in the sale. In any event, no other painting of the same composition is known.

The work subsequently surfaced in the Brunner Collection in 1922 and was thereafter ascribed to Mathieu Le Nain. Although the attribution was called into question – in the Le Nain exhibition catalogue of 1978-79 for instance – Cuzin (1978) was the first to reject it unequivocally as a Le Nain. He identified a number of paintings which he attributed to an unknown "Maitre des jeux". The painter, he thought, was someone from the circle around Le Nain and probably a Northerner, from Antwerp or Brussels perhaps, who had been active around 1650.

Attributions to the Le Nains are particularly complicated. Not only is it difficult to distinguish between the work of the three brothers, Antoine, Louis and Mathieu, but we are also on thorny ground when it comes to differentiating that of the followers they must have had. At present, little can be said with any degree of certainty.

The subject matter of the painting shown here fits perfectly into the Le Nain tradition. It is similar in

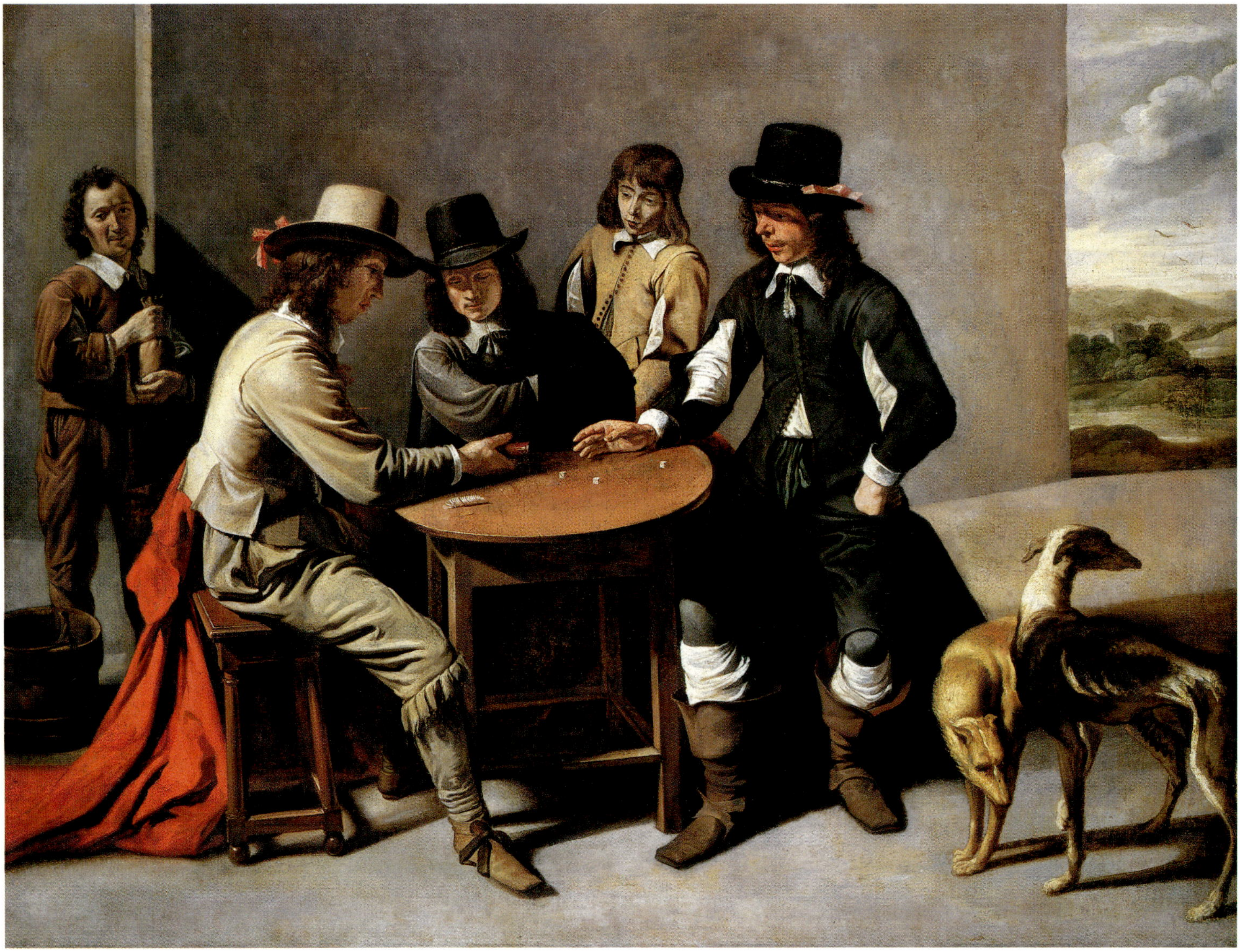

Fig. 1.
Gabriel de Saint-Aubin, Esquisse d'après le tableau, Paris, Bibliothèque Nationale.
Gabriel de Saint-Aubin, Sketch after the painting, Paris, Bibliothèque Nationale.

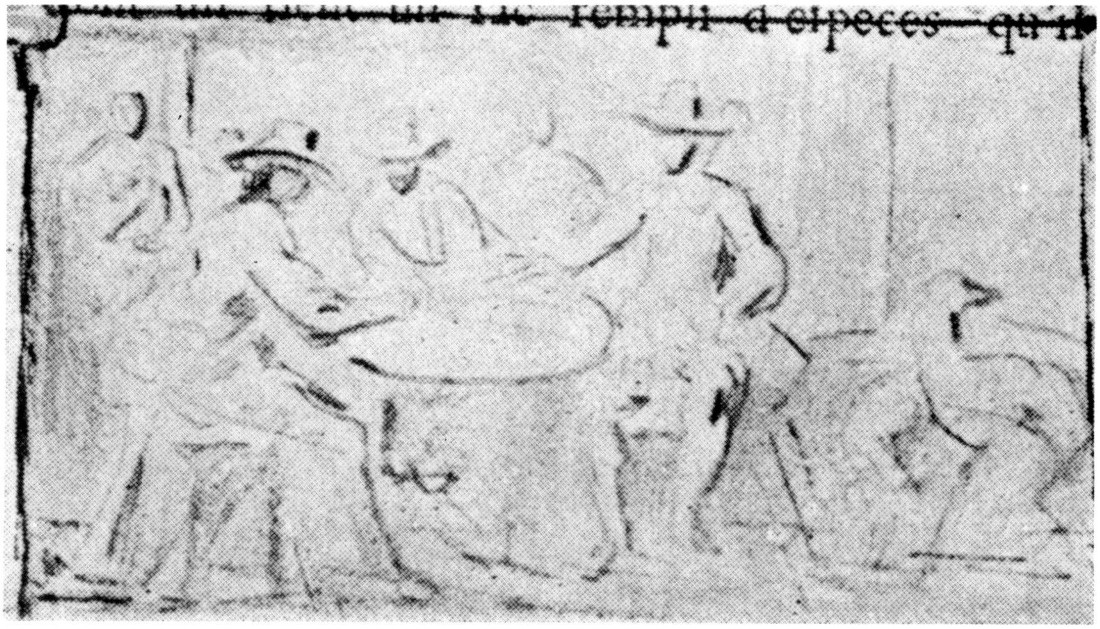

Le thème s'inscrit parfaitement dans la tradition des Le Nain. Le Louvre possède par exemple un tableau très comparable, *Les joueurs de tric-trac*, qui pose d'ailleurs le même problème d'attribution.
Le tableau d'Amsterdam ne semble pas atteindre à la qualité des peintures des trois frères ; les visages ne sont guère convaincants, la lumière est dure, la perspective, étrange. Sans doute faut-il donc y voir l'œuvre d'un suiveur médiocre, venu en effet du Nord.

many respects to *The tric-trac players* at the Louvre, for example, whose author is equally difficult to identify.
The Amsterdam painting, however, is not up to the standard of the three brothers. The faces are unconvincing, the lighting is harsh and the perspective is slightly distorted. It may indeed have been made by a Northerner, but the artist was indisputably a rather weak follower of the Le Nains.

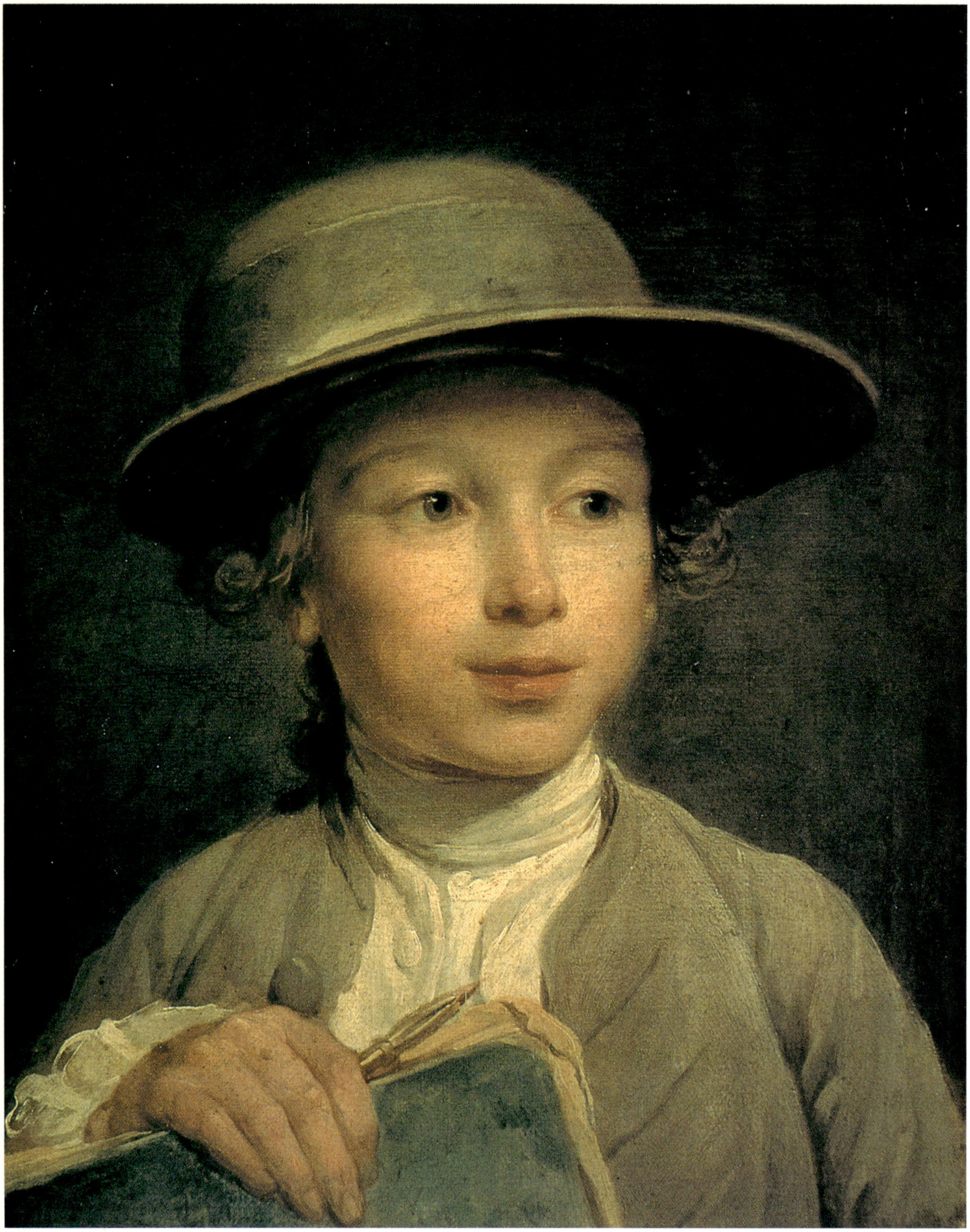

29

Le jeune dessinateur
Portrait of a boy with a drawing book

Nicolas-Bernard Lépicié (Paris 1735 - Paris 1784)

Toile ; 40 x 32 cm.

Canvas ; 40 x 32 cm

La Haye, Mauritshuis

The Hague, Mauritshuis

Provenance : Cornac, vente Paris, Bonnefons, 18/19-2-1850, n° 8 (38 fr. à Delestre) ; probablement J.B. Delestre, vente Paris, Delbergue, 13/14-10-1871, n° 62 (1060 fr., racheté par Delestre) ; David Weill, Paris ; F. Mannheimer, Amsterdam ; après 1945, fondation Nederlands Kunstbezit; cédé par le Rijksdienst Beeldende Kunst, 1960 ; n° d'inv. 870.

Expositions : *Herwonnen kunstbezit*, La Haye (Mauritshuis) 1946, n° 252 ; *Herwonnen kunstbezit*, Utrecht (Centraal Museum) 1946, n° 97 ; *Herwonnen kunstbezit*, Eindhoven (Stedelijk Van Abbe Museum) 1946-47, n° 112 ; *European Masters of the eighteenth century*, Londres (Royal Academy of Arts) 1954-55, n° 176 ; *The Age of Rococo*, Munich (Residenz) 1958, n° 114, fig. 49 ; *France in the eighteenth century*, Londres (Royal Academy of Arts) 1968, n° 431, fig. 171.

Bibliographie : P. Gaston-Dreyfus et F. Ingersoll-Smouse, *Catalogue raisonné de l'œuvre peint et dessiné de Nicolas-Bernard Lépicié (1735-1784)*, Paris, 1923, n° 79 ; Henriot, *Catalogue of the David Weill Collection*, 1928, I, p. 247, fig. ; *The Royal Picture Gallery Mauritshuis*, Amsterdam, New York, 1985, p. 391, fig.

Provenance : Cornac sale, Paris, Bonnefons, 18-19 February 1850, no. 8 (Ffr. 38 to Delestre) ; probably J.B. Delestre sale, Paris, Delbergue, 13-14 October 1871, no. 62 (repurchased by Delestre, Ffr. 1,060) ; David Weill, Paris ; F. Mannheimer, Amsterdam ; Netherlands Office for Fine Arts (formerly the Foundation for Dutch Art Holdings) after 1945 ; presented by the Netherlands Office for Fine Arts, 1960 ; inv. no. 870.

Exhibitions : *Herwonnen kunstbezit*, The Hague, Mauritshuis, 1946, no. 252 ; *Herwonnen kunstbezit*, Utrecht, Centraal Museum, 1946, no. 97 ; *Herwonnen kunstbezit*, Eindhoven, Stedelijk Van Abbe Museum, 1946-47, no. 112 ; *European masters of the eighteenth century*, London, Royal Academy of Arts, 1954-55, no. 176 ; *The Age of Rococo*, Munich, Residenz, 1958, no. 114, fig. 49 ; *France in the eighteenth century*, London, Royal Academy of Arts, 1968, no. 431, fig. 171.

Literature : P. Gaston-Dreyfus and F. Ingersoll-Smouse, *Catalogue raisonné de l'œuvre peint et dessiné de Nicolas-Bernard Lépicié (1735-1784)*, Paris 1923, no, 79 ; Henriot, *Catalogue of the David Weill Collection*, 1928, I, p. 247, ill. ; *The Royal Picture Gallery Mauritshuis*, Amsterdam, New York, 1985, p. 391, ill.

Ce petit portrait que Lépicié fit d'un de ses élèves est un des chefs-d'œuvre de la peinture française aux Pays-Bas. Dans une œuvre qui se compose essentiellement de tableaux d'histoire, cette toile évoque dans toute sa simplicité un aspect plus personnel de la vie quotidienne du peintre. On notera la douce lumière qui baigne le portrait, surtout le visage du garçon, la main qui tient le portefeuille et le crayon. Cet éclairage, mais aussi le traitement des couleurs, de même que la douceur et la largeur relative des coups de pinceau, rappellent les œuvres de Chardin, par exemple *Le jeune dessinateur* de 1737 à Berlin (Staatliche Museen). Lépicié a peut-être connu ces tableaux et s'en est inspiré pour ses portraits d'enfant.

Lépicié était fort lié avec le peintre Claude-Joseph Vernet. Il peignit en 1772 un portrait, ayant à peu près le même format que le tableau du Mauritshuis, du fils de son ami, Carle Vernet (1758-1836), alors âgé de quatorze ans, et qui dessine assis à une table. Ce tableau appartenant aujourd'hui au Louvre resta longtemps dans la famille Vernet.[1] Il s'agissait probablement d'un de ces portraits qui sont des souvenirs de famille et que l'on accroche dans le salon familial. Il existe aussi un portrait très séduisant de la sœur de Carle, Emilie Vernet (1760-1794), portrait qui a approximativement le même format que celui-ci, qui est daté 1769 – Emilie avait donc neuf ans – et qui se trouve au Petit Palais à Paris.[2]

Lépicié's portrait of a young pupil of his is one of the masterworks of French painting in the Netherlands. In all its simplicity it represents a highly intimate side of his œuvre, which consists for the most part of history pieces. His handling of light is superb, especially on the boy's face and on the hand clasping the drawing book and pen. The lighting as well as the colour and the soft, fairly broad brushstrokes recall Chardin's painting of a *Young drawing pupil* from 1737, at the Staatliche Museen in Berlin. Lépicié may have seen the work and been inspired to try his hand at portraying children.

In 1772 he made a portrait of the fourteen-year-old son of his friend the painter Claude-Joseph Vernet. Carle Vernet (1758-1836) is sitting at a table, drawing. This piece, which is roughly the same size as the one at the Mauritshuis, remained in the family for a considerable time and is now at the Louvre.[1]

These paintings were probably made as family mementos to decorate the home. A lovely portrait of Carle's nine-year-old sister Emilie Vernet (1760-1794) is now at the Petit Palais in Paris.[2] It is approximately the same size as the portrait of Carle and bears the date 1769.

The boy in the Hague painting has unfortunately never been identified, but the drawing book suggests that he must have been one of Lépicié's little pupils. Gaston Dreyfus, who dates the painting around 1772, has put forward the names

Nous ignorons malheureusement le nom du garçon représenté par le tableau de La Haye. La présence du portefeuille de dessins permet de penser qu'il s'agit d'un des jeunes élèves de Lépicié. Gaston-Dreyfus, qui date le tableau de La Haye de 1772 environ, suppose qu'il s'agit peut-être de Métivier, de Godefroy ou de Colmart, qui furent sans doute des élèves de l'atelier de Lépicié, mais dont nous ne savons rien d'autre. Un bel exemple, assez comparable, de portrait d'élève fut récemment vendu lors d'une vente à New York.[3]

1 *Musée du Louvre, catalogue illustré des peintures, école française XVIIe et XVIIIe siècles*, I, 1974, p. 283, n° 492.
2 Voir cat. exp. *The Age of Louis XV*, Toledo (The Toledo Museum of Art), Chicago (The Art Institute of Chicago), Ottawa (Galerie nationale du Canada), 1975-76, n° 64.
3 Vente Christie, New York, 9-10-1991, n° 9, fig.

of Métivier, Godefroy or Colmart, who were presumably some of the members of Lépicié's studio. However, nothing is known about any of them. A beautiful and fairly similar portrait of a pupil was recently sold in New York.[3]

1 *Musée du Louvre, catalogue illustré des peintures, école française XVII et XVIIIe siècles*, I, 1974, p. 283, no. 492.
2 See exhib. cat. *The Age of Louis XV*, Toledo, The Toledo Museum of Art, Chicago, The Art Institute of Chicago, Ottawa, The National Gallery of Canada, 1975-76, no. 64.
3 Sale Christie's, New York, 9 October 1991, no. 9, ill.

30

La jeune femme à la robe rouge
Woman in a red dress

Jean-Baptiste Le Prince
(Metz 1734 - Saint-Denis-du-Port 1781)

Toile ; 40 x 26 cm.
Signé : Le Prince

Canvas ; 40 x 26 cm
Signed : Le Prince

Maastricht, Bonnefantenmuseum (prêt du Rijksdienst Beeldende Kunst, La Haye)

Maastricht, Bonnefantenmuseum (On loan from the Netherlands Office for Fine Arts, The Hague)

Provenance : collection particulière, Pays-Bas ; Galerie J. Goudstikker, Amsterdam 1930 ; emporté en Allemagne 1940-1945 ; depuis fondation Nederlands Kunstbezit (aujourd'hui Rijksdienst Beeldende Kunst), n° d'inv. NK 1901 ; depuis 1958 environ en prêt au Bonnefantenmuseum à Maastricht ; n° d'inv. 639.

Bibliographie : *Catalogue des nouvelles acquisitions de la collection Goudstikker, n° 38*, Amsterdam 1930, n° 45 ; *Bonnefantenmuseum - Maastricht ; catalogus van schilderijen en beeldhouwwerken*, Maastricht 1958, p. 37.

Provenance : Private collection, the Netherlands ; J. Goudstikker Gallery, Amsterdam 1930 ; taken to Germany 1940-1945 ; Netherlands Office for Fine Arts (formerly the Foundation for Dutch Art Holdings), inv. no. NK 1901 ; on loan to the Bonnefantenmuseum Maastricht since 1958 ; inv. no. 639.

Literature : *Catalogue des nouvelles acquisitions de la collection Goudstikker*, no. 38. Amsterdam 1930, no. 45 ; *Bonnefantenmuseum - Maastricht ; catalogus van schilderijen en beeldhouwwerken*, Maastricht 1958, p. 37.

Jean Le Prince, élève de Boucher, doit sa réputation pour l'essentiel à ses scènes de la vie quotidienne en Russie, où il fut actif de 1758 à 1763. Mais les amateurs apprécient également ses dessins et ses eaux-fortes. La liberté de son pinceau dans cette *Jeune femme à la robe rouge* montre qu'il n'était pas moins habile lorsqu'il travaillait à l'huile. Il saisit en brèves touches onctueuses une jeune femme debout devant une balustrade, un bouquet à la main droite, tandis que la gauche relève la traîne de sa robe rouge, découvrant ainsi son jupon blanc.

Jean Le Prince, a pupil of Boucher's, is best known for his representations of everyday life in Russia, where he worked from 1758 to 1763. He also acquired a considerable reputation for his drawings and etchings, while his fluent brushwork in this painting attests to his competence with oils. In short, creamy brushstrokes, he has portrayed a young woman standing beside a balustrade. She is holding a bunch of flowers in her right hand while raising the skirt of her red dress with her left to reveal the white petticoats underneath.

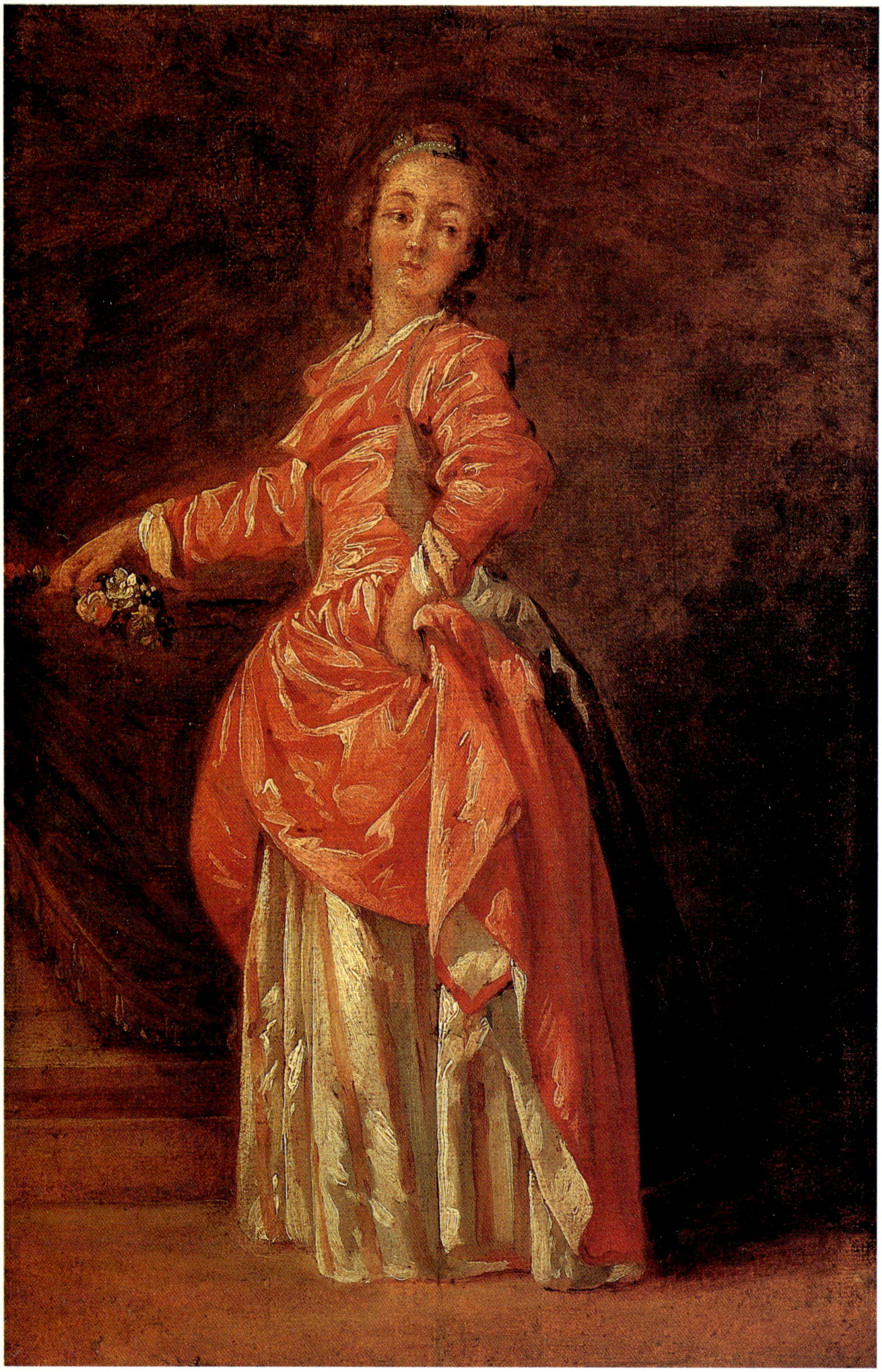

On a parfois voulu voir dans ce tableau le portrait d'une jeune fille, mais s'agit-il bien d'un portrait? N'est-ce pas plutôt une esquisse d'après un modèle habillé, ou une esquisse préparant un grand tableau? En effet, on revoit plusieurs fois dans l'œuvre de Le Prince ce type de jeune femme. Les traits de son visage, en particulier, se retrouvent dans *La nécromancienne*, un tableau datant de 1774.[1]

1 K. Rorschach, cat. exp. *Drawings by Jean-Baptiste Le Prince for the "Voyage en Sibérie"*, Philadelphie (Rosenbach Museum & Library) 1986, n°39, avec fig. (Galerie Stair Sainty, New York).

The painting has sometimes been taken for a portrait of a girl. In fact, however, it may not be a portrait at all, but rather a sketch of a model in costume or a preparatory sketch for a large painting. A similar type of woman can be seen in several of Le Prince's works. She resembles the girl in the *The necromancer*, for example, which Le Prince made in 1774.[1]

1 K. Rorschach, exhib. cat. *Drawings by Jean-Baptiste Le Prince for the "Voyage en Sibérie"*, Philadelphia (Rosenbach Museum & Library) 1986, no. 39, ill. (Stair Sainty Gallery, New York).

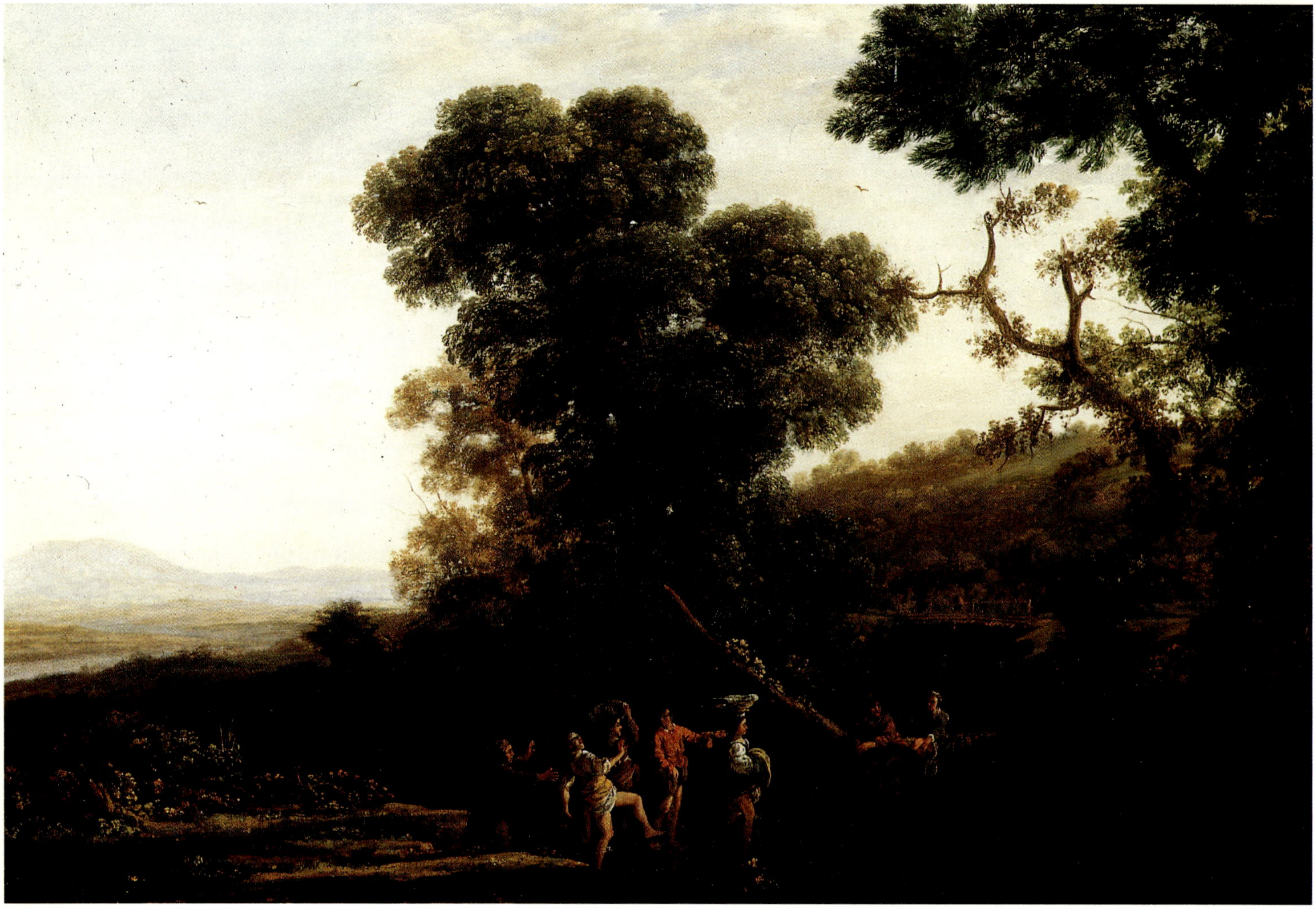

146 147

31

Paysage avec des figures traversant un ruisseau
Landscape with figures wading through a stream

Claude Lorrain (Chamagne 1600 - Rome 1682)

Toile ; 63 x 91,5 cm.

Canvas ; 63 x 91.5 cm

Rotterdam, Museum Boymans-van Beuningen

Provenance : Vitale Bloch, Paris-La Haye 1968 ; acheté chez lui en 1969 ; n° d'inv. 2750.
Exposition : *Le choix d'un amateur éclairé : la collection Vitale Bloch*, Paris (Institut Néerlandais) 1979, cat. n° 38.
Bibliographie : M. Roethlisberger, "Additions to Claude", *The Burlington Magazine,* 110 (1968), pp. 115-119 ; E. Knab, "Ein Gemälde von Claude Lorrain im Museum Boymans-van Beuningen", *Bulletin Museum Boymans-van Beuningen*, 20 (1969), pp. 94-118 ; M. Roethlisberger, *L'opera completa di Claude Lorrain*, Milan 1975, cat., n° 31 ; M. Roethlisberger, "Around a Landscape by Claude Lorrain", *The Register of the Spencer Museum of Art*, 1982, p. 18 ; *Im Licht von Claude Lorrain*, Munich (Haus der Kunst) 1983, au n° 2.

Provenance : Vitale Bloch, Paris-The Hague 1968 ; acquired from Bloch in 1969 ; inv. no. 2750.
Exhibition : *Le choix d'une amateur éclairé. La collection Vitale Bloch,* Paris (Institut Néerlandais) 1979, cat. no. 38.
Literature : M. Roethlisberger, "Additions to Claude", *The Burlington Magazine* 110 (1968), pp. 115-19 ; E. Knab, "Ein Gemälde von Claude Lorrain im Museum Boymans-van Beuningen", *Bulletin Museum Boymans-van Beuningen*, 20 (1969), pp. 94-118 ; M. Roethlisberger, *L'Opera completa di Claude Lorrain*, Milan 1975, cat. no. 31 ; M. Roethlisberger, "Around a landscape by Claude Lorrain", *The register of the Spencer Museum of Art*, 1982, p. 18 ; exhib. cat. *Im Licht von Claude Lorrain*, Munich (Haus der Kunst) 1983, ad cat. no. 2.

Claude Gellée dit *Le Lorrain* compte, avec Jacques Courtois et Nicolas Poussin, parmi les peintres français les plus recherchés par les collectionneurs hollandais des XVIIe et XVIIIe siècles.[1] Une collection de Rotterdam (voir l'introduction) a même possédé *Le sermon sur la montagne* (1656), œuvre capitale du peintre ; d'autres chefs-d'œuvre du Lorrain ont probablement appartenu à des amateurs hollandais, car au cours du XVIIIe siècle nous relevons plusieurs ventes hollandaises à des collectionneurs étrangers, notamment anglais. Au début du XXe siècle la Hollande ne possède plus aucun tableau du Lorrain ; heureusement J.C. Ebbinge Wubben, alors directeur du Boymans-van Beuningen, achète en 1969 au grand érudit, collectionneur et marchand d'art Vitale Bloch le *Paysage avec des figures traversant un ruisseau*.

En 1968, un an plus tôt donc, ce tableau avait été publié pour la première fois par Marcel Roethlisberger, qui y voyait une œuvre caractéristique du Lorrain des années trente ; il s'appuyait notamment sur la composition suivant une diagonale et sur le choix des motifs, par exemple à droite le branchage des arbres se détachant nettement sur le ciel et en bas à gauche le buisson, et il le comparait avec une toile peinte vers 1635 (et disparue à Berlin en 1945), *Paysage avec Céphale et Procris réunis par Diane*.[2] En 1975 il précise la datation, proposant la période 1630-1635 ; en 1983 il avance même les années 1632-34. Eckhart Knab, en revanche, se prononce dans un article de 1969 pour la période 1635-37, ce qui me paraît plus plausible si l'on note les analogies avec la façon du peintre en 1636-37. On retrouve par exemple le même type de figures – selon Roethlisberger très probablement de la main même du maître – sur un *Paysage avec danse rurale* daté de 1637, ainsi qu'un petit pont très semblable sur un *Paysage avec la fuite en Egypte* que Roethlisberger date de 1636-37 environ.[3]

Together with Jacques Courtois and Nicolas Poussin, Claude Gellée (better known as Le Lorrain), was one of the most sought-after French artists in Holland during the seventeenth and eighteenth centuries.[1] His superb *Sermon on the mount* from 1656, was in a Rotterdam collection (see Introduction), and various other masterworks must have come to the Netherlands in the course of the eighteenth century before being sold to English collectors. By the beginning of the present century, however, not one of his works remained in the Netherlands. In 1969, therefore, J.C. Ebbinge Wubben, the director of the Boymans-van Beuningen Museum at the time, took grateful advantage of the opportunity to purchase the canvas from the cosmopolitan "gentleman dealer" Vitale Bloch.

A year earlier, in 1968, the Swiss expert Marcel Roethlisberger published the painting for the first time, describing it as a typical example of the work Claude was producing in the 1630s. He compared it to the *Landscape with Cephalus and Procris* from about 1635, which was lost in Berlin in 1945,[2] referring in particular to the diagonal composition and some of the motifs such as the shrubbery at lower left and the branches etched against the sky on the right. In 1975, he narrowed his dating to 1630-35, and in 1983 suggested that it was in fact probably made between 1632 and 1634. In 1969, however, Eckhart Knab published an article advancing a date between 1635 and 1637 ; in the light of Claude's œuvre from 1636-37, Knab's suggestion indeed seems the most plausible. The same type of figures, which Roethlisberger is inclined to accept as autograph, are also in the *Landscape with pastoral dance* from 1637, while the bridge is in many respects comparable to the one in the *Landscape with the flight into Egypt*, which Roethlisberger dates around 1636-37.[3]

In 1982, Roethlisberger published a second, slightly larger version of the Rotterdam painting, a piece

Fig. 1
Copie d'après Claude (?), Paysage avec des figures traversant un ruisseau, 71 x 95 cm. Sur le marché de l'art, New York.
Copy after Claude (?), Landscape with figures wading through a stream, 71 x 95 cm. Art market, New York.

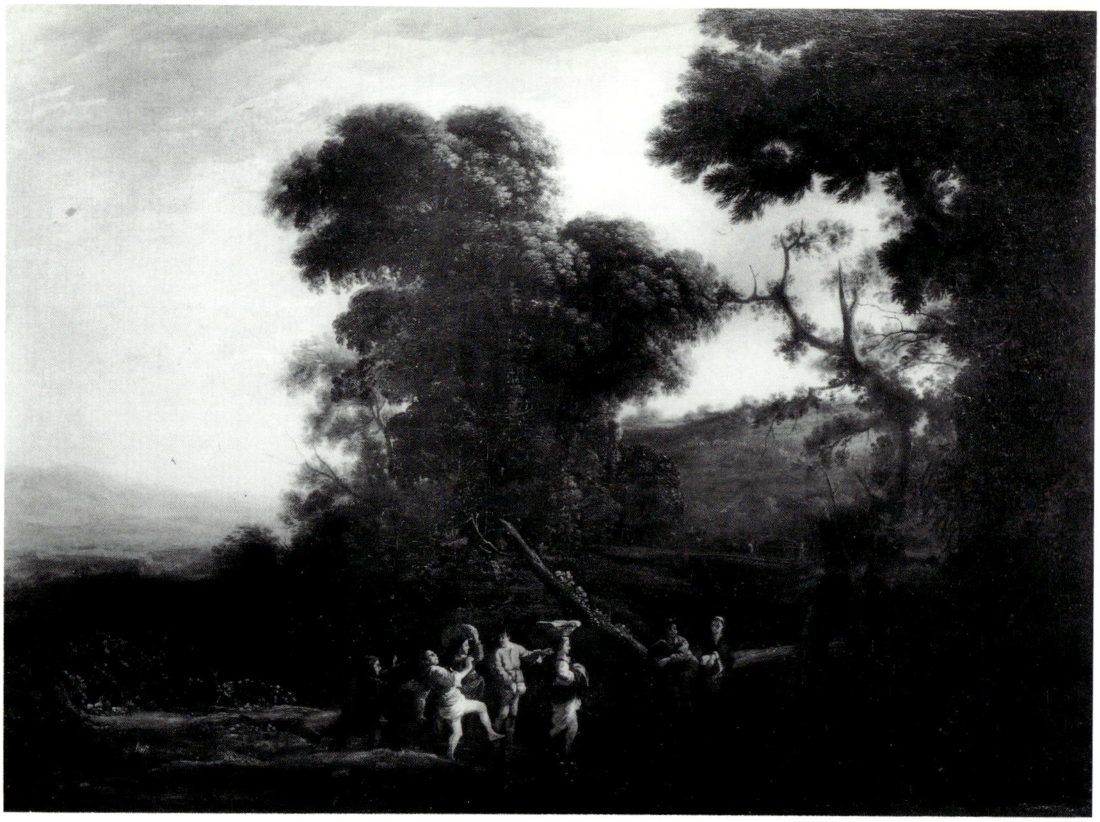

Le même auteur publia en 1982 une seconde version, un peu plus grande, du tableau de Rotterdam, et qui se trouve encore aujourd'hui à la Galerie Feigen à New York (fig. 1). Exception faite du format, la toile de New York ne diffère du tableau du Boymans-van Beuningen que par quelques petits détails, par exemple le nombre d'oiseaux dans le ciel ou la forme des nuages et des collines au fond à gauche. Roethlisberger estimait que les deux tableaux sont de la main même du maître, mais un examen attentif montre que la toile de Rotterdam est de bien meilleure qualité que celle de New York. Cette dernière a fort souffert, et peut-être même ne s'agit-il que d'une vieille copie, et non d'une réplique de la main du Lorrain.

1 Le petit paysage de "Glode Lorrainois" relevé en 1712 dans la collection du prince Guillaume III dans le palais du Loo n'a pas quitté les Pays-Bas, mais on l'attribue aujourd'hui à un commensal de Claude Lorrain, Herman van Swanevelt; voir appendice, note 5.
2 M. Roethlisberger, *Claude Lorrain: the Paintings*, New Haven 1961, n° 243, fig. 24.
3 Roethlisberger 1961 (voir note 2), n° 13, fig. 50, et n° 235, fig. 41.

which has been at the Feigen Gallery in New York for a considerable time (fig. 1). There are only a few minor differences between the two – the number of birds in the sky, for instance, and the shapes of the clouds and hills in the left background. Roethlisberger accepted both works as autograph; on closer inspection, however, it is clear that the Rotterdam painting is far superior to the one in New York. The latter is in poor condition and may even prove to be an old copy rather than an autograph replica.

1 A landscape by "Glode Lorrainois", which was recorded in the collection of Prince William III at Het Loo in 1712, has remained in the Netherlands but is now attributed to the Italianate painter Herman van Swanevelt, with whom Claude once shared a house; see Appendix, note 5.
2 M. Roethlisberger, *Claude Lorrain. The paintings*, New Haven 1961, no. 243, fig. 24.
3 Roethlisberger 1961 (see note 2), no. 13, fig. 50 and no. 235, fig. 41.

32

Vue d'une côte avec l'enlèvement d'Europe
Coast view with the Rape of Europa

Claude Lorrain (Chamagne 1600 - Rome 1682)

Toile ; 96 x 122 cm.

Canvas ; 96 x 122 cm

Rotterdam, Museum Boymans-van Beuningen (prêt du Rijksdienst Beeldende Kunst, La Haye)

(On loan from the Netherlands Office for Fine Arts, The Hague)

Provenance : Sir Joshua Reynolds, 1771 ; les lords Carrington depuis 1842 ; vente Carrington, Londres (Christie's), 9-5-1930, n° 14 ; acquis par Jacques Goudstikker, Amsterdam ; transporté en Allemagne, 1940-45 ; récupéré et depuis fondation Nederlands Kunstbezit (aujourd'hui Rijksdienst Beeldende Kunst), La Haye ; depuis 1992 en prêt au Museum Boymans-van Beuningen, Rotterdam ; n° d'inv. NK 1431.

Expositions : *Tentoonstelling van oude kunst*, Amsterdam (Rijksmuseum) 1936, n° 99 ; *Nederlandse 17e eeuwse italianiserende landschapschilders*, Utrecht (Centraal Museum) 1965, cat. (établi par Albert Blankert), n° 173 ; *Herinneringen aan Italië*, Bois-le-Duc (Noordbrabants Museum) etc. 1984, n° 45.

Bibliographie : J. Smith, *A Catalogue Raisonné of the Works of the most eminent Dutch, Flemish and French Painters*, Londres, vol. 8 (1837), n° 111, et vol. 9 (1842), n° 13 ; *Catalogue des Nouvelles Acquisitions de la Collection Goudstikker N° 39*, Amsterdam 1930, n° 37 ; M. Roethlisberger, *Claude Lorrain : the Paintings*, New Haven 1961, p. 277, cat., n° 111 ; M. Roethlisberger, "Ein Nachtrag zu Claude", *Pantheon* 20 (1962), pp. 167-170 ; M. Roethlisberger, *Claude Lorrain : the Drawings*, Berkeley-Los Angeles 1968, pp. 248-249, cat., aux n° 640-641 ; M. Roethlisberger, *L'opera completa di Claude Lorrain*, Milan 1975, n° 176 ; M. Kitson, *Claude Lorrain : Liber Veritatis*, Londres 1978, pp. 120-121, cat., au n° 111 ; A. Blankert, *Nederlandse 17e eeuwse italianiserende landschapschilders*, Soest 1978, cat., n° 173 ; F. Broun, *Sir Joshua Reynolds' Collection of Paintings*, Ann Arbor 1990 (diss. Princeton 1987), II, pp. 191-192.

Provenance : Sir Joshua Reynolds, London, 1771 ; Lord Carrington, Wycombe Abbey, from 1842 ; Carrington sale, London (Christie's), 9 May 1930, no. 14 ; purchased by Jacques Goudstikker, Amsterdam ; taken to Germany in 1940 ; recovered by and entrusted to the Netherlands Office for Fine Arts (formerly the Foundation for Dutch Art Holdings) in The Hague, inv. no. NK 1431 ; on loan to the Boymans-van Beuningen Museum in Rotterdam since 1992.

Exhibitions : *Tentoonstelling van oude kunst*, Amsterdam (Rijksmuseum) 1936, no. 99 ; *Nederlandse 17e eeuwse italianiserende landschapschilders*, Utrecht (Centraal Museum) 1965, cat. no. 173 (catalogue by Albert Blankert) ; *Herinneringen aan Italië*, Den Bosch (Noordbrabants Museum) etc. 1984, no. 45.

Literature : J. Smith, *A catalogue raisonné of the works of the most eminent Dutch, Flemish and French painters*, London, vol. 8 (1837), no. 111 and vol. 9 (1842), no. 13 ; *Catalogue des nouvelles acquisitions de la Collection Goudstikker No. 39*, Amsterdam 1930, no. 37 ; M. Roethlisberger, *Claude Lorrain. The paintings*, New Haven 1961, p. 277, cat. no. 111 ; M. Roethlisberger, "Ein Nachtrag zu Claude", *Pantheon* 20 (1962), pp. 167-70 ; M. Roethlisberger, *Claude Lorrain. The drawings*, Berkely-Los Angeles 1968, pp. 248-49, ad cat. nos. 640-41 ; M. Roethlisberger, *L'Opera completa di Claude Lorrain*, Milan 1975, no. 176 ; M. Kitson, *Claude Lorrain. Liber Veritatis*, London 1978, pp. 120-21, ad cat. no. 111 ; F. Broun, *Sir Joshua Reynolds' collection of paintings*, Ann Arbor 1990 (dissertation Princeton 1987), II, pp. 191-92.

Bien que *L'enlèvement d'Europe* ne soit ni signé ni daté, l'auteur et la datation ne sont pas douteux. En effet, le *Liber Veritatis* – le carnet d'esquisses dans lequel à partir de 1635 environ le maître, déjà célèbre, dessine toutes ses compositions pour se protéger des imitations et des falsifications – comprend un dessin signé d'après le tableau ; la feuille n'est pas datée, mais comme elle se trouve avec les œuvres de 1647, *L'enlèvement d'Europe* a très probablement été peint cette année-là, ce que confirme d'ailleurs l'analyse stylistique.
Au verso du dessin du *Liber Veritatis* le peintre a noté qu'il a exécuté cette toile pour un client parisien ("tableaux faict pour paris"), mais il ne précise pas son nom. Nous ignorons également où ce tableau se trouvait jusque vers 1770. On ne l'atteste qu'en 1771, alors qu'il se trouve à Londres dans la collection du célèbre peintre et théoricien de l'art Joshua Reynolds.
Il existe, en plus de la copie dessinée dans le *Liber Veritatis,* un second dessin proche du tableau du Boymans et aujourd'hui au cabinet des estampes du Louvre. Sa composition est un peu plus simple que celle du tableau, et Roethlisberger en déduit – sans doute à juste titre – que ce dessin précéda la peinture.[1]

Though the *Rape of Europa* is neither signed nor dated, there is no doubt that it was painted by Claude in 1647. Around 1635, having already made a name for himself, he started to record his paintings in a portfolio of drawings to prevent forgeries. One of the sheets in this *Liber Veritatis* is a signed drawing after the painting ; though likewise undated, it is among the work he produced in 1647, and thus indicates that the painting was made in the same year. Moreover, the style corresponds to his other work from that period.
On the reverse side of the drawing in the *Liber Veritatis*, Claude noted that he had made the painting for a client in Paris ("tableaux faict pour paris") ; the client's identity, however, has never been discovered. The whereabouts of the piece before 1770 are not known either. It was first documented in 1771, when it was in the London collection of the prominent painter and art theorist, Joshua Reynolds.
Apart from the signed copy in the *Liber Veritatis*, a second drawing which is very similar to our painting is in the print cabinet at the Louvre. The composition is somewhat simpler, and Roethlisberger is probably correct in suggesting

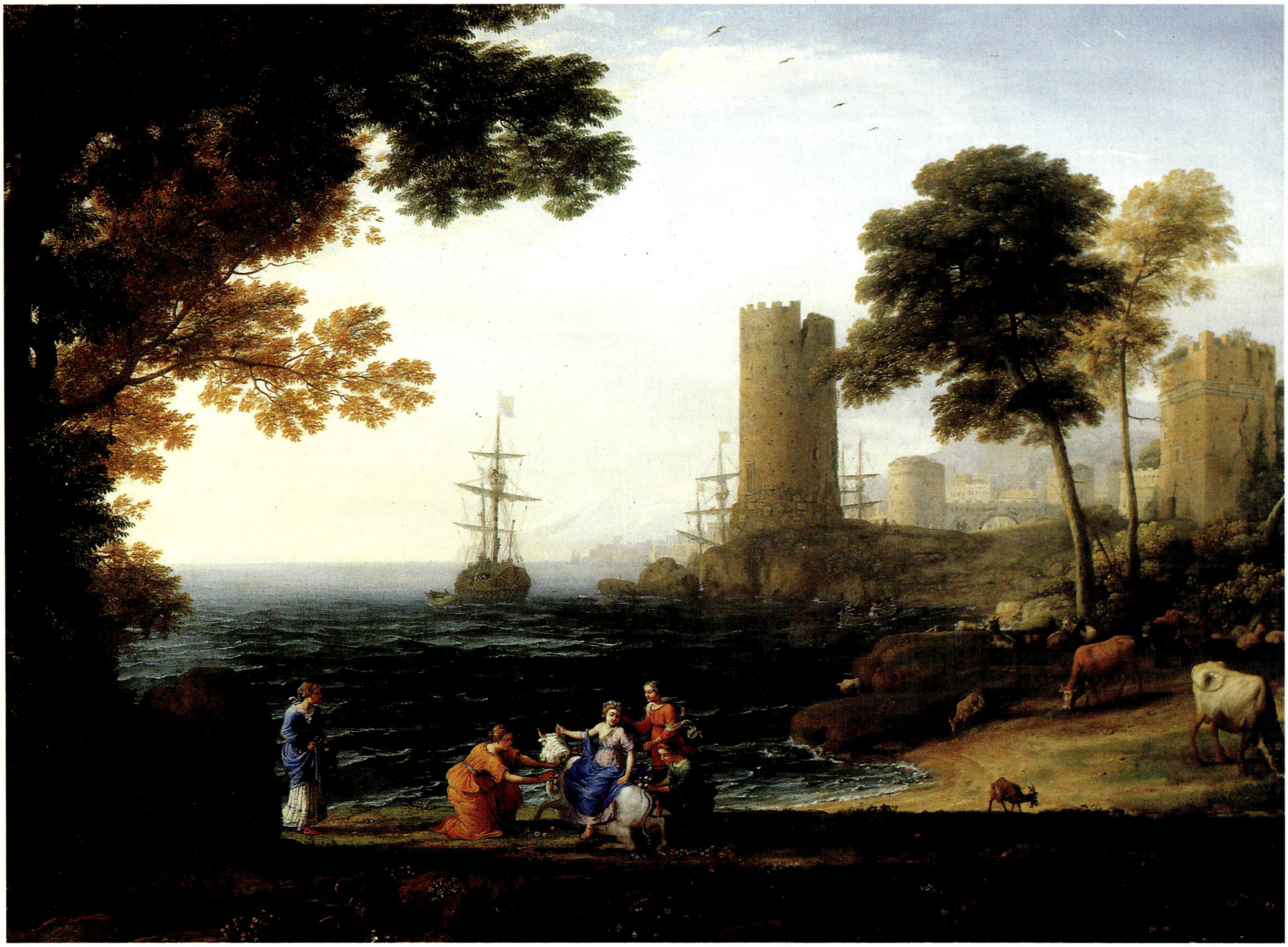

150 151

Cet *Enlèvement d'Europe* peint en 1647 n'est pas le premier traitant ce thème tiré de la mythologie. Kitson publia en 1973 une *Vue d'une côte avec l'enlèvement d'Europe* de 1634, aujourd'hui au Kimbell Art Museum à Fort Worth.[2] La composition de notre *Enlèvement d'Europe* et de toutes les autres représentations de ce conte antique par le peintre s'inspire chaque fois de la première, celle de 1634, que l'artiste publia d'ailleurs en gravure dès cette date.[3]

1 Roethlisberger 1968, voir bibliographie, cat., n° 640, avec fig.; cf. aussi Kitson 1978, cat., n° 14, voir bibliographie, p. 121.
2 M. Kitson, "Claude's earliest 'Coast Scene with the Rape of Europa'", *The Burlington Magazine* 115 (1973), pp. 774-779. Pour ce tableau, voir aussi: H.D. Russel, *Claude Lorrain 1600-1682*, cat. exp. Washington (National Gallery of Art) 1982, cat., n° 15.
3 L. Mannocci, *The Etchings of Claude Lorrain*, New Haven & Londres 1988, n° 14.

that it predates the painting.[1]
The *Rape of Europa* from 1647 was not Claude's first treatment of this mythological theme. In 1973, Kitson published a *Coast scene with the Rape of Europa* from 1634, which is now at the Kimbell Art Museum in Fort Worth.[2] The composition of the Rotterdam *Rape of Europa* and indeed all of Claude's other illustrations of this ancient saga are based on the original treatment of the theme from 1634. Claude made an etching of it in the same year.[3]

1 Roethlisberger 1968, see Literature, cat. no. 640, with reproduction; compare Kitson 1978, see Literature, p. 121.
2 M. Kitson, "Claude's earliest *Coast scene with the Rape of Europa*", *The Burlington Magazine* 115 (1973), pp. 774-79. For this painting, also see H. D. Russel, *Claude Lorrain 1600-1682*, exhib. cat. Washington (National Gallery of Art) 1982, cat. no. 15.
3 L. Mannocci, *The etchings of Claude Lorrain*, New Haven & London 1988, cat. no. 14.

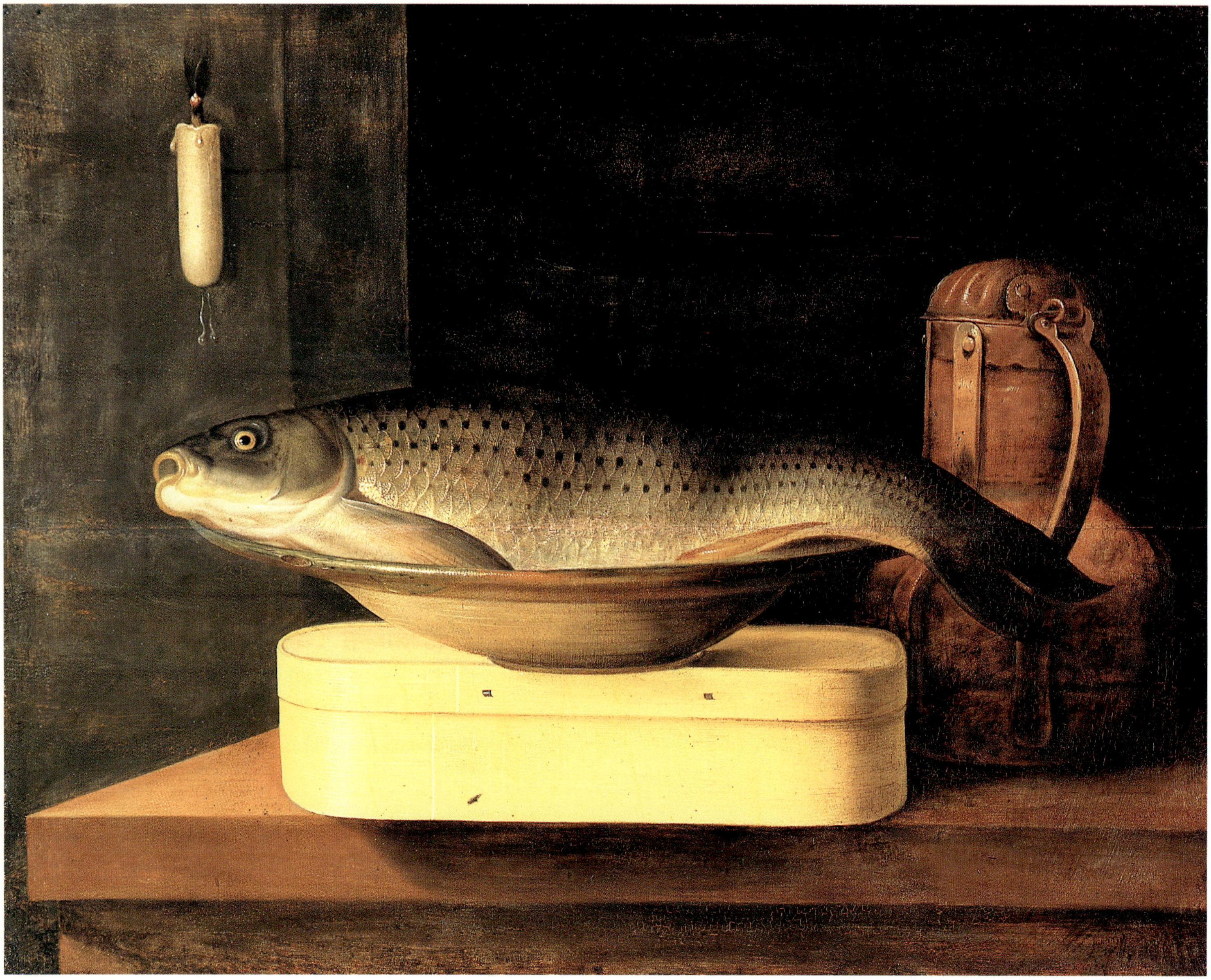

Carpe sur un plat
Oval box with a carp on a platter

Pierre Nichon, attribué à / attributed to (actif à / active in Dijon de 1626 à 1655)

Panneau; 52 x 64,5 cm.

Panel; 52 x 64.5 cm

Heino, Stichting Hannema-De Stuers Fundatie

Heino, Stichting Hannema-De Stuers Foundation

Provenance: Galerie Alice Manteau, Paris 1935; acquis par D. Hannema, Rotterdam-Heino; n° d'inv. 1967-90.

Expositions: *Fleurs et natures mortes*, Paris (Galerie Manteau) 1935; *Unbekannte Schönheit*, Zurich (Kunsthaus) 1956, cat., n° 110, comme École française 1ère moitié XVIIe siècle.

Bibliographie: M. Faré, *La Nature morte en France*, Paris 1962, I, p. 104; D. Hannema, *Beschrijvende catalogus van de schilderijen, beeldhouwwerken, aquarellen en tekeningen*, Rotterdam 1967, cat., n° 90, comme École française 1ère moitié XVIIe siècle; idem, *Supplement 1971*, p. 36; cat. exp. *La peinture française du XVIIe siècle dans les collections américaines*, Paris (Grand Palais) 1982, au n° 75.

Provenance: Alice Manteau Gallery, Paris 1935; bought from the gallery by D. Hannema, Rotterdam-Heino; inv. no. 1967-90.

Exhibitions: *Fleurs et nature-mortes*, Paris (Gallery Manteau) 1935; *Unbekannte Schönheit*, Zürich (Kunsthaus) 1956, cat. no. 110 as French school, first half of the seventeenth century.

Literature: M. Faré, *La nature morte en France*, Paris 1962, I, p. 104; D. Hannema, *Beschrijvende catalogus van de schilderijen, beeldhouwwerken, aquarellen en tekeningen*, Rotterdam 1967, cat. no. 90 as French school first half of the seventeenth century; idem, Supplement 1971. p. 36; exhib. cat. *La peinture française du XVIIe siècle dans les collections américaines*, Paris (Grand Palais) 1982, ad cat. no. 75.

Jusqu'à peu on ignorait pratiquement tout de Pierre Nichon, mais on sait depuis 1982 qu'entre 1626 et 1655 ce maître fut actif à Dijon, où il peignit un grand *Calvaire* que l'on peut encore admirer aujourd'hui dans l'église Notre-Dame.[1] Ce retable est signé *PNichon*, les initiales étant entrelacées. Le maître a signé de la même manière une réplique sur toile de la nature morte à la carpe de Heino, réplique que possède le Museum of Fine Arts de Boston.[2] Nous en connaissons aussi une troisième version, également sur toile, qui fut vendue à Paris en 1989.[3] La version hollandaise est la plus grande des trois versions et la seule peinte sur panneau; elle constitua sans aucun doute la première version de cette nature morte. Pierre Nichon ne fut certainement pas un artiste très original; pour sa *Carpe sur un plat*, par exemple, il reprit telle quelle la composition de Sebastian Stoskopff. Ce peintre de natures mortes, originaire de Strasbourg, exécuta lui aussi plusieurs versions signées de sa composition à la carpe; celle de la collection Jouffroy à Montbéliard correspond même en tous points au

Little was known about Pierre Nichon until fairly recently. In 1982, it emerged that the master had worked in Dijon between 1626 and 1655, and had painted a large *Calvary* which can be seen at the Notre-Dame in Dijon to this day.[1] This altarpiece is signed *PNichon*, with the initials intertwined. The same signature appears on a replica of the Heino still life, a canvas now at the Boston Museum of Fine Arts,[2] while another version of the subject, which is likewise on canvas, was sold in Paris in 1989.[3] Our *Carp on a platter*, the largest of these three versions and the only one on panel, presumably served as a model for the other two. Nichon was apparently not the most original artist, as the composition of the still life is an exact copy of a work by the Strasbourg-born painter Sebastian Stoskopff, who made several signed versions of the same composition. The Heino painting is actually identical to the one signed by Stoskopff in the P. Jouffroy Collection in Montbéliard.[4] The existence of several variants bearing Stoskopff's signature makes it difficult to conclude, solely on the basis of one copy signed by

tableau de Nichon à Heino.[4] L'existence de plusieurs versions signées par Stoskopff rend fort délicate l'attribution à Pierre Nichon, sur la base d'une seule copie signée par lui, de toutes les autres versions non signées de la composition à la carpe. Le dernier mot n'est donc certainement pas encore dit sur l'attribution à Nichon du panneau de Heino.

1 S. Laveissière, "Pierre Nichon identified", *The Burlington Magazine* 124 (1982), p. 704, avec fig.
2 Cat. exp. Paris 1982, voir bibliographie, n° 75 (toile; 49 x 59 cm). Nous connaissons aussi une copie que la Galerie Silvano Lodi mit en vente en 1969 à Munich, en l'attribuant à Sebastian Stoskopff.
3 Vente Paris (Ader Picard Tajan) 27-6-1989, n° 27 (toile; 48 x 61,5 cm).
4 M. Faré, *Le Grand Siècle de la Nature Morte en France, le XVIIe Siècle*, Fribourg & Paris 1974, p. 126, fig. (signé; toile; 46 x 57 cm); pour une autre version, voir cat. *Sebastian Stoskopff, sein Leben, sein Werk, seine Zeit*, Idstein 1987, n° 11 (Musée de Clamecy; signé; toile; 44,5 x 52,5 cm).

Nichon, that Nichon made all the other unsigned versions of the composition as well. The attribution of the Heino panel consequently remains inconclusive.

1 S. Laveissière, "Pierre Nichon identified", *The Burlington Magazine* 124 (1982), p. 704, with reproduction.
2 Exhib. cat. *La peinture française du XVIIe siècle dans les collections américaines*, Paris (Grand Palais), cat. no. 75 (canvas; 49 x 59 cm). In 1969 another copy was on sale as a Sebastian Stoskopff at the Silvano Lodi Gallery in Munich.
3 Paris auction (Ader Picard Tajan), 27 June 1989, no. 27 (canvas; 48 x 61.5 cm).
4 M. Faré, *Le grand siècle de la nature morte en France, le XVIIe siècle*, Fribourg & Paris 1974, p. 126, with reproduction (signed; canvas; 46 x 57 cm); on another version, see cat. *Sebastian Stoskopff, sein Leben, sein Werk, seine Zeit*, Idstein 1987, no. 11 (Musée de Clamecy; signed; canvas; 44.5 x 52.5 cm).

Les comédiens italiens dans un parc
Characters from the commedia dell'arte in a park

Jean-Baptiste Pater (Valenciennes 1695 - Paris 1736)

Toile ; 55,5 x 46,5 cm.

Canvas ; 55.5 x 46.5 cm

Huis Doorn

Provenance : probablement acquis vers 1745 par Frédéric le Grand de Prusse comme Watteau, et appartenant depuis à la famille de Hohenzollern ; envoyé après 1918 à Doorn, où l'empereur Guillaume II vit en exil ; saisi par l'État néerlandais en 1945 ; n° d'inv. HuD 1708.

Expositions : *Het Franse landschap van Poussin tot Cézanne*, Amsterdam (Rijksmuseum) 1951, n° 96 ; *Kaiserlicher Kunstbesitz aus dem holländischen Exil Haus Doorn*, Berlin (Charlottenburg), n° 63, avec bibliographie complémentaire.

Bibliographie : P. Seidel, *Les collections d'art français du XVIIIe siècle appartenant à sa Majesté l'Empereur d'Allemagne*, Berlin 1900, p. 120, n° 93 ; F. Ingersoll-Smouse, *Pater*, Paris 1928, n° 6 ; Th. Lunsingh Scheurleer, *Huis Doorn ; beknopte geïllustreerde gids*, Doorn 1952, p. 22.

Provenance : Presumably acquired by Frederick the Great of Prussia as a Watteau around 1745, and subsequently in the Von Hohenzollern family ; brought to the Netherlands after 1918 by the exiled Kaiser Wilhelm II ; confiscated by the State of the Netherlands after 1945 ; inv. no. HuD 1708.

Exhibitions : *Het Franse landschap van Poussin tot Cézanne*, Amsterdam (Rijksmuseum) 1951, no. 96 ; *Kaiserlicher Kunstbesitz aus dem holländischen Exil Haus Doorn*, Berlin (Charlottenburg), no. 63 with additional literature.

Literature : P. Seidel, *Les collections d'œuvres d'art français du XVIIIe siècle appartenant à sa Majesté l'Empereur d'Allemagne*, Berlin 1900, p. 120, no. 93 ; F. Ingersoll-Smouse, *Pater*, Paris 1928, no. 6 ; T. Lunsingh Scheurleer, *Huis Doorn. Beknopte geïllustreerde gids*, Doorn 1952, p. 22.

Jean-Baptiste Pater naquit à Valenciennes, comme Watteau, dont il devint l'élève en 1713 à Paris. Il travailla d'ailleurs avec Watteau peu de temps avant la mort de ce dernier en 1721 et il acheva même les toiles que celui-ci n'avait pu finir. Rien d'étonnant donc à ce que l'œuvre de Pater s'inspire entièrement de celle de son maître et répète à satiété ses motifs, son style et ses personnages, qu'il a d'ailleurs largement contribué à populariser. L'influence de Watteau fut naturellement la plus forte vers 1721, lorsque les deux peintres travaillèrent ensemble. Le tableau exposé date de cette époque où Pater n'avait pas encore un style personnel ; il nous montre une scène tout à fait dans la lignée de Watteau, des *Comédiens italiens dans un parc*, avec un pierrot tout blanc qui conte fleurette à une dame, tandis que l'arlequin aux mille couleurs esquisse un pas de danse.[1] Frédéric le Grand l'acquit vers 1745 comme Watteau, avec son pendant, *La danse dans un pavillon*, aujourd'hui à Cleveland. En 1928 Ingersoll-Smouse estimait encore possible que le pendant de Cleveland, "laissé inachevé à la mort de Watteau, ait été terminé par son élève" ; le tableau de Doorn était pourtant déjà attribué à Pater dès la fin du siècle dernier.[2]

Pater was born in Valenciennes and later studied with his fellow townsman Watteau. The two painters started working together shortly prior to Watteau's death in 1721, after which Pater added the finishing touches to the paintings Watteau had been unable to complete in his lifetime. It is not surprising, therefore, that Pater's œuvre was inspired entirely by Watteau. He consistently used the same subjects, style and figures and managed to achieve a considerable degree of popularity. Watteau's influence was of course strongest of all when the two men were most frequently in one another's company. This was around 1721, which is when Pater made the *Characters from the commedia dell'arte*.[1] It is a picture entirely in the spirit of Watteau, showing Pierrot in a white costume courting a woman, while a colourful Harlequin performs a little dance.
Frederick the Great purchased the painting and its pendant *The dance in the pavillion*, now in Cleveland, in about 1745, believing them to be the work of Watteau. In 1928, Ingersoll-Smouse still thought it possible that the pendant, "laissé inachevé à la mort de Watteau, ait été terminé par son élève".[2] But the painting at Huis Doorn has been attributed to Pater since the end of the

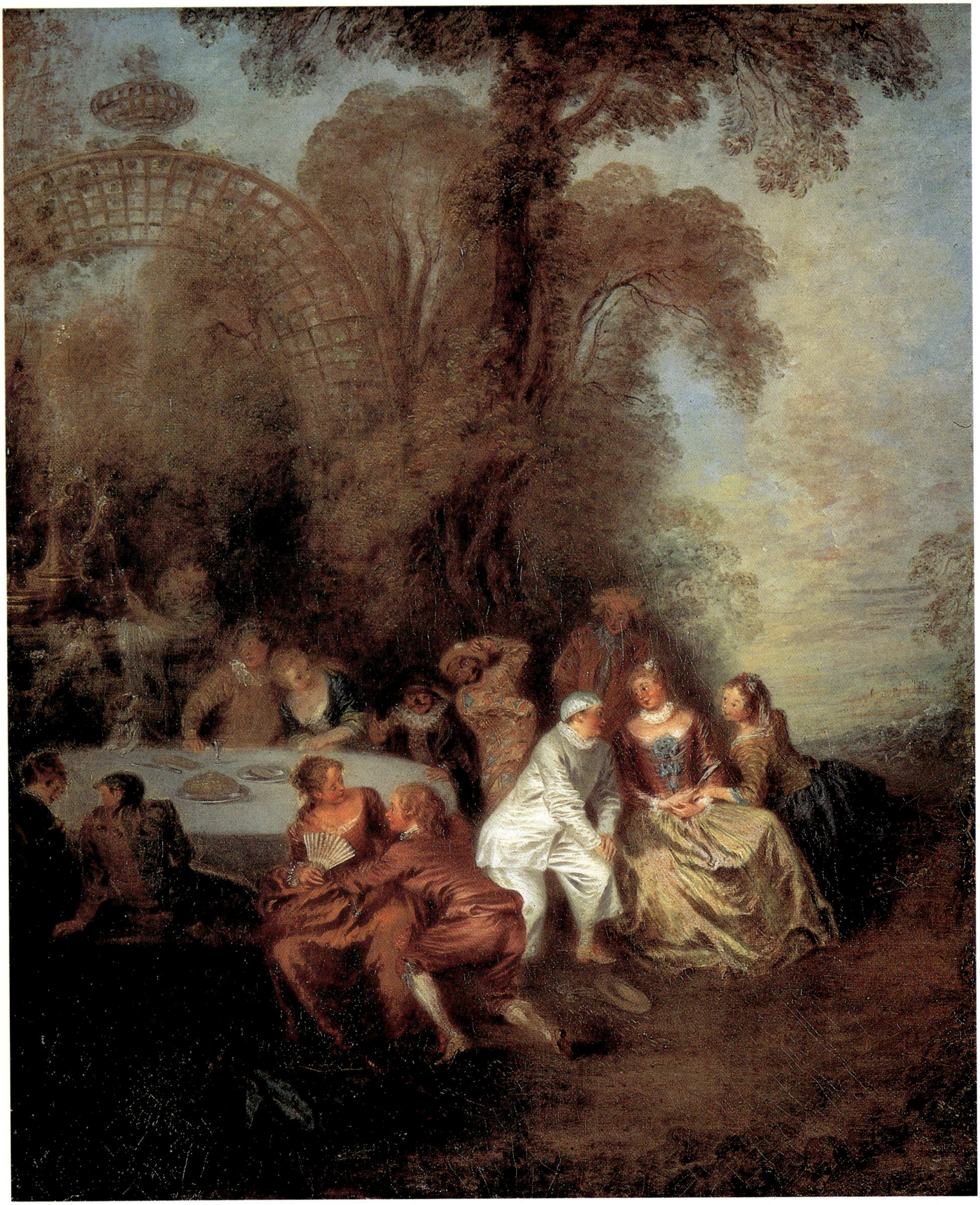

156 157

Divers motifs utilisés ici pour la première fois furent parfois repris par le peintre. On retrouve par exemple son arlequin dans *La feste italienne* du Louvre.[3] Et l'amoureux à genoux réapparaît au premier plan de *La Danse*, anciennement chez Rothschild à Londres, tandis que la tonnelle orne à nouveau le jardin de *La Danse* du Worcester Art Museum.[4]

1 Voir *Arlequin et Colombine* de Watteau dans la Wallace Collection à Londres.
2 Ingersoll-Smouse 1928, p. 55, n° 241, fig. 82.
3 Ingersoll-Smouse 1928, p. 38, n° 4, fig. 6.
4 Ingersoll-Smouse 1928, p. 55, n° 232, fig. 153. Le tableau de Worcester a le n° d'inv. 1942.53 (toile ; 95 x 128 cm) ; Ingersoll-Smouse 1928, p. 55, n° 234, fig. 56.

nineteenth century.
Several of the motifs in this painting were to become recurrent features in Pater's later work. The figure of Harlequin, for instance, is also in *The Italian fête* at the Louvre,[3] while the kneeling suitor in the foreground can be seen in *La danse*, which was formerly in the Rothschild Collection in London. The pergola too appears in a variant of *La danse*, at the Worcester Art Museum in Worcester.[4]

1 Compare, for example, Watteau's *Harlequin and Columbine* in the Wallace Collection in London.
2 Ingersoll-Smouse 1928, see Literature, p. 55, no. 241, fig. 82.
3 Ingersoll-Smouse 1928, p. 38, no. 4, fig. 6.
4 Ingersoll-Smouse 1928, p. 55, no. 232, fig. 153. The painting in Worcester is inv. no. 1942.53 (canvas, 95 x 128 cm) ; Ingersoll-Smouse 1928, p. 55, no. 234, fig. 56.

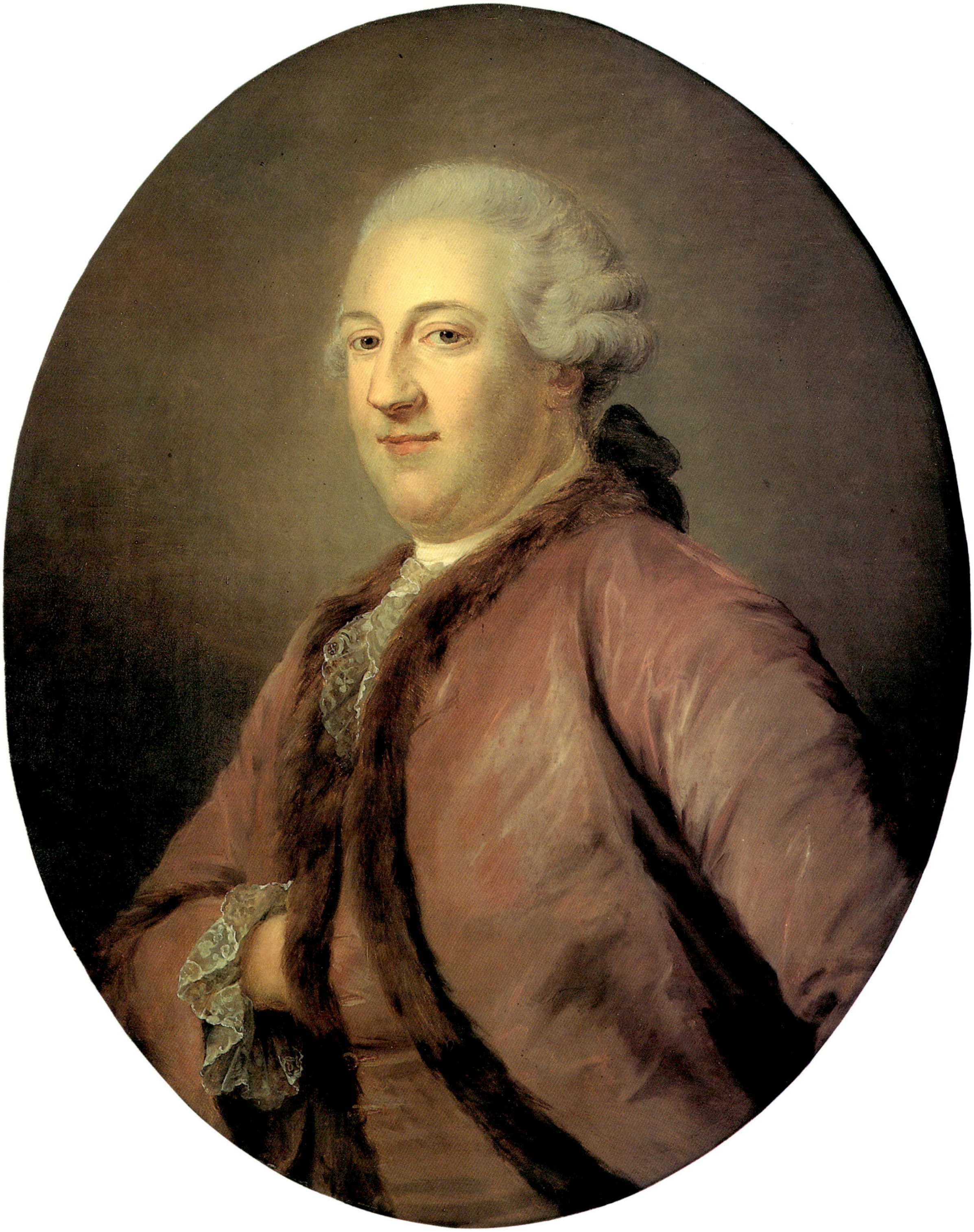

158 159

Portrait de Gerard Meerman
Portrait of Gerard Meerman

Jean-Baptiste Perronneau (Paris 1715 - Amsterdam 1783)

Toile ; 88,5 x 68 cm (ovale).

Canvas ; 88.5 x 68 cm (oval)

La Haye, Rijksmuseum Meermanno-Westreenianum

The Hague, Rijksmuseum Meermanno-Westreenianum

Provenance : légué à Johan Meerman (1753-1815), fils de Gerard ; acquis par son arrière-neveu, baron Willem van Westreenen van Tiellandt ; légué en 1848 par ce dernier avec toutes ses collections à l'État néerlandais ; n° d'inv. 1/27.

Bibliographie : L. Vaillat & P. Ratouis de Limay, *J.-B. Perronneau (1715-1783). Sa vie et son œuvre*, Paris-Bruxelles 1923, pp. 81, 160-161, 221 ; A. Staring, *Fransche kunstenaars en hun Hollandsche modellen*, La Haye 1947, p. 50 ; R.E.O. Ekkart, *Catalogus van de schilderijen in het Rijksmuseum Meermanno-Westreenianum*, La Haye 1987, pp. 31, 34, n° 11.

Provenance : Bequeathed to the son of the sitter, Johan Meerman (1753-1815) ; acquired by Johan Meerman's grandnephew, Willem Baron van Westreenen van Tiellandt ; bequeathed with his complete collections to the State of the Netherlands in 1848 ; inv. no. 1/27.

Literature : L. Vaillat & P. Ratouis de Limay, *J.B. Perronneau 1715-1783). Sa vie et son œuvre*, Paris-Brussels 1923, pp. 81, 160-61, 221 ; A. Staring, *Fransche kunstenaars en hun Hollandsche modellen*, The Hague 1947, p. 50 ; R.E.O. Ekkart, *Catalogus van de schilderijen in het Rijksmuseum Meermanno-Westreenianum*, The Hague 1987, pp. 31, 34, no. 11.

Le Français Jean-Baptiste Perronneau et le Suisse Jean-Etienne Liotard (1702-1789) – artiste pittoresque que l'on appelait "le peintre turc" – comptent parmi les meilleurs portraitistes du XVIIIe siècle qui vinrent travailler en Hollande. Le Suisse y vient pour la première fois en 1756, mais le Français l'a précédé de quelques années, comme en témoigne un portrait de Jakob van Kretschmar de 1754 sur lequel le peintre marque qu'il l'a fait "à La Haye".[1] Van Kretschmar fait partie de ce patriciat des grandes villes hollandaises qui forme la clientèle de la plupart des portraitistes itinérants. Ces riches régents refusent les portraits soignés, certes, mais par trop conventionnels, des maîtres hollandais du temps, un Jan Maurits Quinkhard, par exemple, ou un Mattheus Verheyden. Ils souhaitent une pose élégante, presque nonchalante, des couleurs claires, un rendu fidèle de la prestance du modèle et de son bel habit. Qui mieux que l'habile Perronneau peut satisfaire cette clientèle exigeante ? On lui doit en Hollande plus de quarante portraits au pastel ou à l'huile, et il est certainement le portraitiste étranger le plus demandé dans notre pays, encore qu'il ne réussira jamais à pénétrer le milieu le plus aristocratique, celui de la cour du stathouder.
Le juriste et diplomate Gerard Meerman (1722-1771), qui vit à La Haye et qui a publié

Two of the best portraitists of the eighteenth century, Jean-Baptiste Perronneau and the colourful Swiss painter Jean-Etienne Liotard (1702-1789), came to the Netherlands in the hope of finding a clientèle. They were both to remain in the country for several years. Liotard arrived in 1756, some time after Perronneau, apparently, who had painted a portrait of Jakob van Kretschmar, "à la Haye", as he noted on the work, in 1754.[1] Van Kretschmar himself was a member of the regent class, and it was from these ranks that most itinerant artists drew their clientèle. This wealthy élite wanted something over and above the passable but rather conventional portraits that Dutch masters such as Jan Maurits Quinkhard or Mattheus Verheyden were producing, and Perronneau's strength lay in his virtually unrivalled talent for capturing an elegant yet unaffected pose, his eye for bright colours, and his appreciation of the lavish clothing in which his models took such pride. Perronneau produced more than forty portraits in the Netherlands, in both pastels and oils, and though he never managed to obtain a commission from the highest circles, the court of the Stadholders, he was nevertheless one of the most successful foreign portraitists working in the Netherlands.
Gerard Meerman (1722-1771), a prominent lawyer

Fig. 1
J. Daullé, d'après J.B. Perronneau, Portrait de Gerard Meerman, 1763, gravure, Museum Boymans van Beuningen, Rotterdam.
J. Daullé after J.B. Perronneau, Portrait of Gerard Meerman, 1763, engraving, Boymans-van Beuningen Museum, Rotterdam.

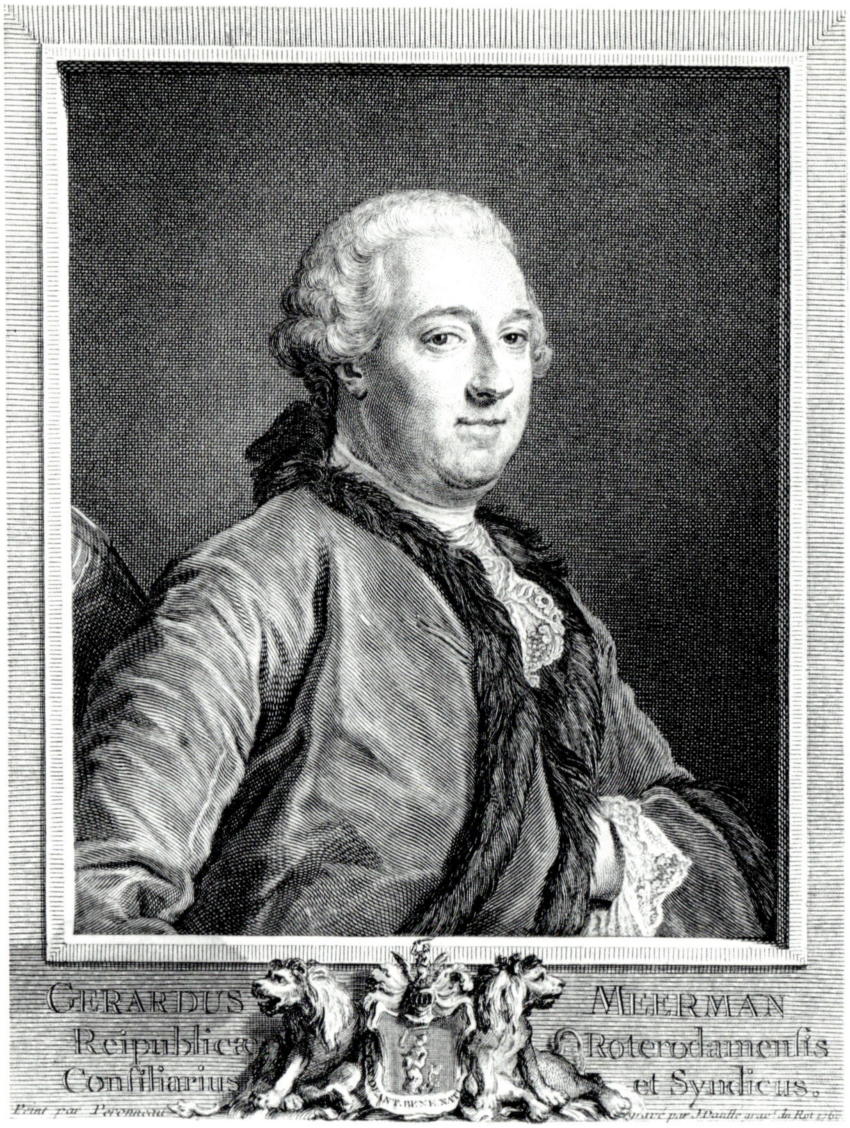

quelques ouvrages sur l'histoire du droit et sur l'art de l'imprimeur, est un de ces patriciens qui se font portraiturer par Perronneau. Nous le voyons représenté à mi-corps, tourné vers la gauche, la main droite engagée dans l'habit bordé de fourrure. Jean Daullé (1703-1763) grava ce portrait pour la publication en 1765 des *Origines Typographicae* de Meerman (fig. 1). Comme Daullé mourut en avril 1763, Ekkart en a justement conclu que Perronneau peignit ce portrait en 1761, lors de son second séjour en Hollande. Meerman commanda sans doute son portrait sur toile en songeant déjà à la gravure devant orner son ouvrage, car nous ne connaissons pas de pendant représentant l'épouse de Meerman, Maria Catharina Buys.

1 Staring, voir bibliographie, p. 48.

and diplomat from The Hague, who was also known for his books on typography and the history of law, was likewise a member of the urban patriciate. Perronneau has portrayed him from the middle up, turned slightly to the left and with his right hand tucked into his fur-trimmed jacket. Jean Daullé (1703-1763) made an engraving after the portrait for Meerman's *Origines typographicae*, published in 1765 (fig. 1); as Daullé died in April 1763, Ekkart concludes that the portrait must have been made during Perronneau's second visit to the Netherlands, in 1761. Meerman presumably ordered the painting with a view to using it as a print in his publication, since there is not known to have been a pendant portrait of his wife, Maria Catharina Buys.

1 Staring, see Literature, p. 48.

36

Portrait de Charles Etienne Jordan
Portrait of Charles Etienne Jordan

Antoine Pesne (Paris 1683 - Berlin 1757)

Toile; 145 x 110 cm.
Inscription au verso: Gemalt v Pesne 1740

Canvas; 145 x 110 cm
Inscription on the verso: Gemalt v Pesne 1740

Huis Doorn

Provenance: peint pour Frédéric le Grand de Prusse et appartenant depuis à la famille de Hohenzollern; envoyé après 1918 à Doorn, où l'empereur Guillaume II vit en exil; saisi en 1945 par l'État néerlandais; n° d'inv. HuD 1718.

Exposition: *Kaiserlicher Kunstbesitz aus dem holländischen Exil Haus Doorn*, Berlin (Charlottenburg) 1991, n° 67, avec bibliographie complémentaire.

Bibliographie: Th. Lunsingh Scheurleer, *Huis Doorn; beknopte geïllustreerde gids*, Doorn 1952, pp. 21-22; E. Berckenhagen (etc.), *Antoine Pesne*, Berlin 1958, n° 163a; H. Börsch-Supan, *Der Maler Antoine Pesne, Franzose und Preusse*, Friedberg 1986, n° 74.

Provenance: Painted for Frederick the Great of Prussia and kept in the Von Hohenzollern family; brought to the Netherlands by the exiled Kaiser Wilhelm II after 1918; confiscated by the State of the Netherlands after 1945; inv. no. HuD 1718.

Exhibition: *Kaiserlicher Kunstbesitz aus dem holländischen Exil Haus Doorn*, Berlin (Charlottenburg) 1991, no. 67, with additional literature.

Literature: T. Lunsingh Scheurleer, *Huis Doorn. Beknopte geïllustreerde gids*, Doorn 1952, pp. 21-22; E. Berckenhagen (*et al*), *Antoine Pesne*, Berlin 1958, no. 163a; H. Börsch-Supan, *Der Maler Antoine Pesne. Franzose und Preusse*, Friedberg 1986, no. 74.

Antoine Pesne, neveu du peintre d'histoire Charles de La Fosse (1636-1716), gagna en 1704 le Prix de Rome et se fixa en Italie. Mais en 1710 il s'établit à Berlin, où un an plus tard, après la mort d'Augustinus Terwesten (1649-1711), peintre haguenois établi comme peintre de la cour, il prit sa succession et commença une brillante carrière de portraitiste à la cour de Prusse.
Ce *Portrait de Charles Etienne Jordan* (1700-1745), théologien et prédicateur protestant dont le père avait quitté la France pour des raisons de foi, date de la dernière période d'activité de Pesne, puisqu'une inscription au dos du tableau indique qu'il a dû être exécuté en 1740. Berckenhagen, qui manifestement ne connaissait pas l'inscription, estimait pour des raisons de style que le portrait avait sans doute été peint vers 1738. Il est possible que l'auteur inconnu de l'inscription aussi bien que Berckenhagen aient raison, car les pièces rapportées tout autour de la partie centrale montrent à l'évidence que le portrait avait d'abord été exécuté en buste.[1] Il fut agrandi par l'artiste peu de temps après pour qu'il puisse faire office de pendant à son *Portrait de Dietrich von Keyserlingk* (fig. 1), peint en 1739. Ces deux toiles font partie, comme les deux portraits de même format de *Egmont de Chasot* et *Henry de la Motte Fouqué*, de la série de portraits d'amis que Frédéric le Grand fit accrocher en 1745 dans le salon de musique de son château à Berlin et qui se trouve aujourd'hui, toujours complète, dans la

Antoine Pesne, a nephew of the history painter Charles de La Fosse (1636-1716), went to Italy in 1704 after winning the Prix de Rome. He settled in Berlin in 1710, and a year later, following the death of Augustinus Terwesten (1649-1711), was appointed painter to the Prussian court, where he went on to become an immensely successful portraitist.
The subject of the portrait, Charles Etienne Jordan (1700-1745), was the son of a Protestant minister and theologian who had fled France to escape persecution. According to the inscription on the verso, Pesne produced the painting in 1740. Berckenhagen, who had evidently not seen this inscription, dated the canvas around 1738 on the grounds of its style. Curiously enough, both Berckenhagen and the anonymous author of the inscription may have been correct, since it transpires that strips of canvas were added to the sides of the piece, which had originally been a bust portrait.[1] Shortly after completing the painting, Pesne enlarged it to make a pendant for his portrait of *Dietrich von Keyserlingk* from 1739 (fig. 1). Both these paintings, as well as the equally large portraits of *Egmont de Chasot* and *Henry de la Motte Fouqué*, were part of a series which Frederick the Great ordered for the music chamber of the palace in Berlin in 1745. This entire series of portraits of the king's companions is still at Huis Doorn.[2]
Pesne's attempt to enlarge the figure in the painting

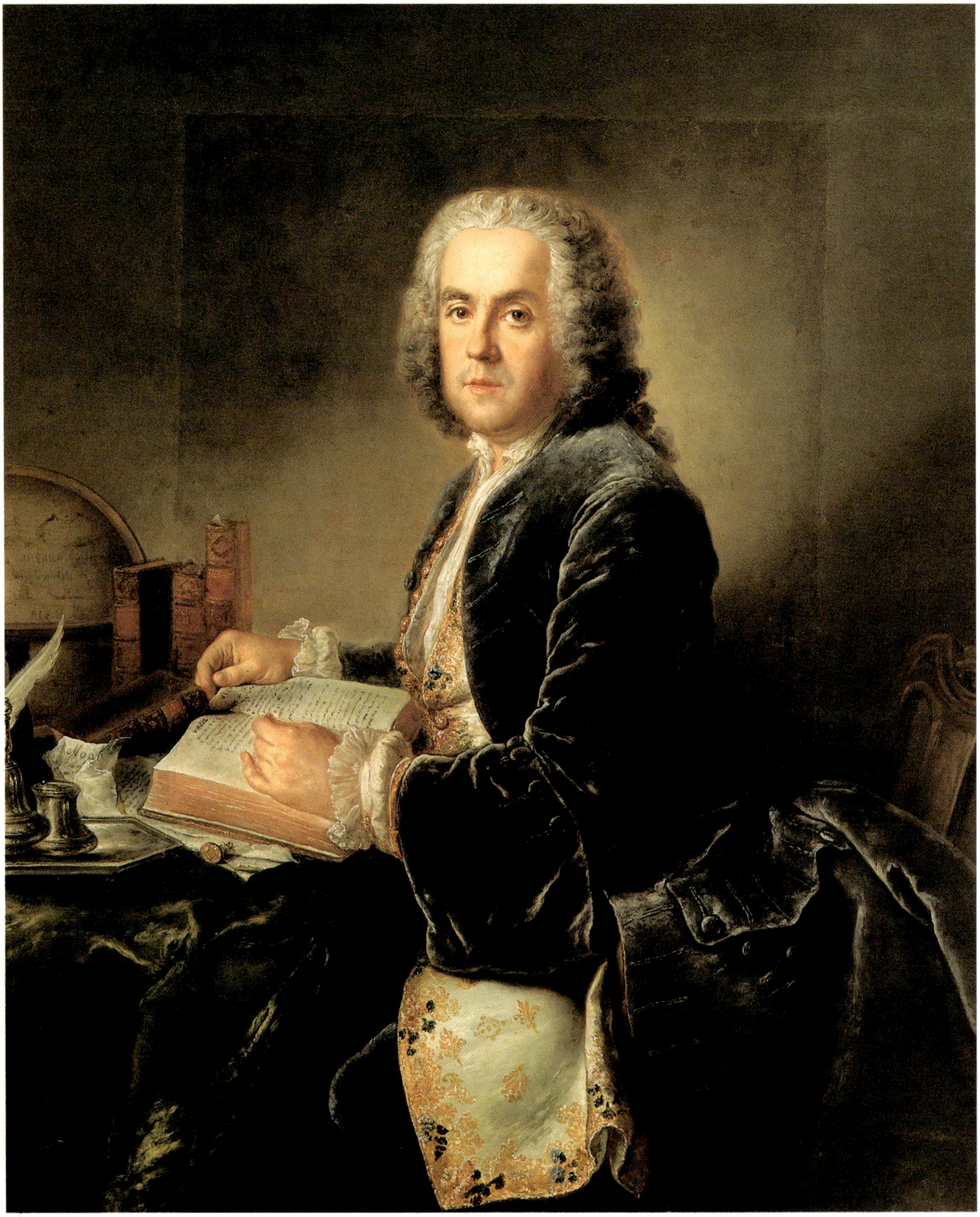

162 163

Fig. 1
Antoine Pesne, Portrait de Dietrich von Keyserlingk, 1739, 146 x 113 cm, Huis Doorn.
Antoine Pesne, Portrait of Dietrich von Keyserlingk, 1739, 146 x 113 cm, Huis Doorn.

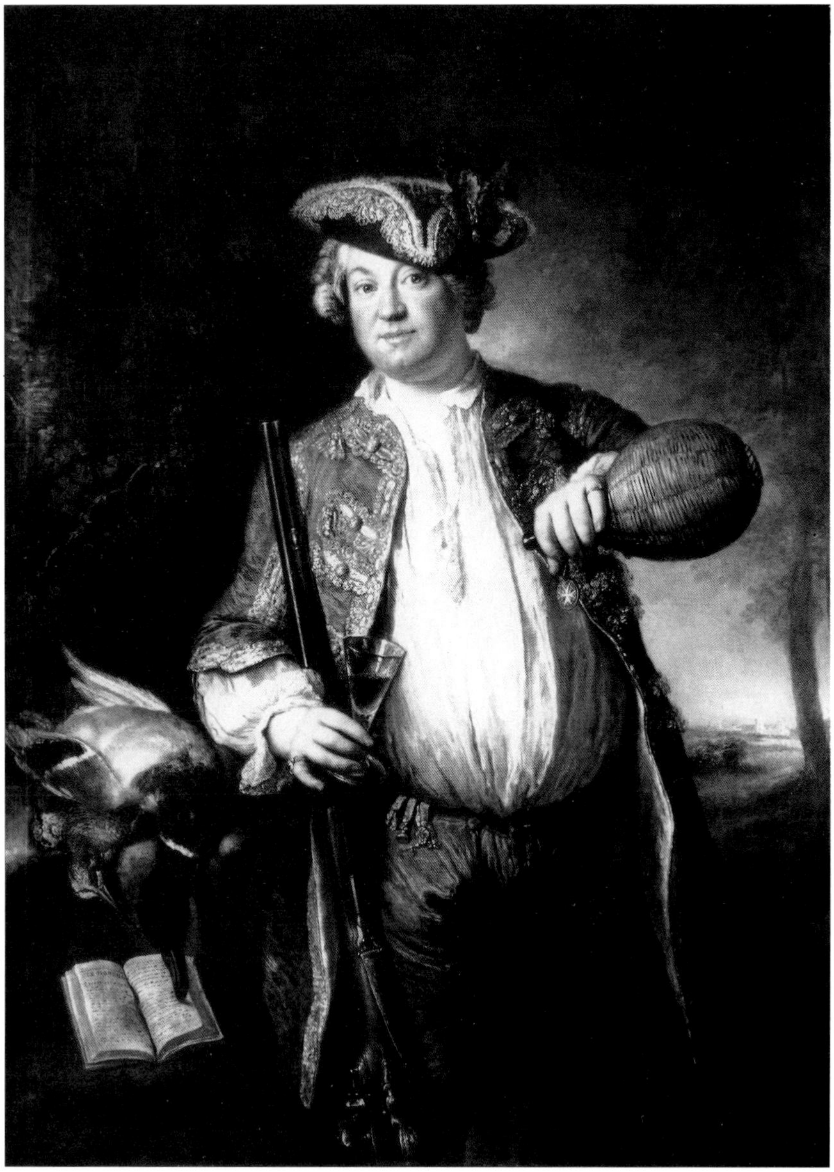

maison de Doorn où l'empereur Guillaume II vécut pendant son exil en Hollande.[2] Pesne n'a pas très bien réussi son agrandissement du portrait de Jordan ; le genou gauche du personnage est mal placé et le dos du siège est curieusement disposé ; du coup, ce portrait est le plus faible de la série à cet égard. En revanche, il est le meilleur sur le plan de l'expression psychologique du modèle.

1 Berckenhagen connaît quatre répliques en buste (environ 80 x 65 cm) d'après la toile de Doorn ; voir Berckenhagen 1958, n° 163b-e.
2 Voir cat. exp. Berlin 1991, pp. 82-87, avec figs.

was not entirely successful, as Jordan's knee and the back of the chair are somehow unconvincing. From a technical point of view, the portrait of Jordan is therefore the least accomplished work in the series. As a character study, however, it is undoubtedly one of Pesne's finest.

1 Berckenhagen refers to four replicas in bust format (approximately 80 x 65 cm) after the painting at Huis Doorn ; see Berckenhagen 1958, nos. 163b-e.
2 Cf. exhib. cat. Berlin 1991, pp. 82-87, with illustrations.

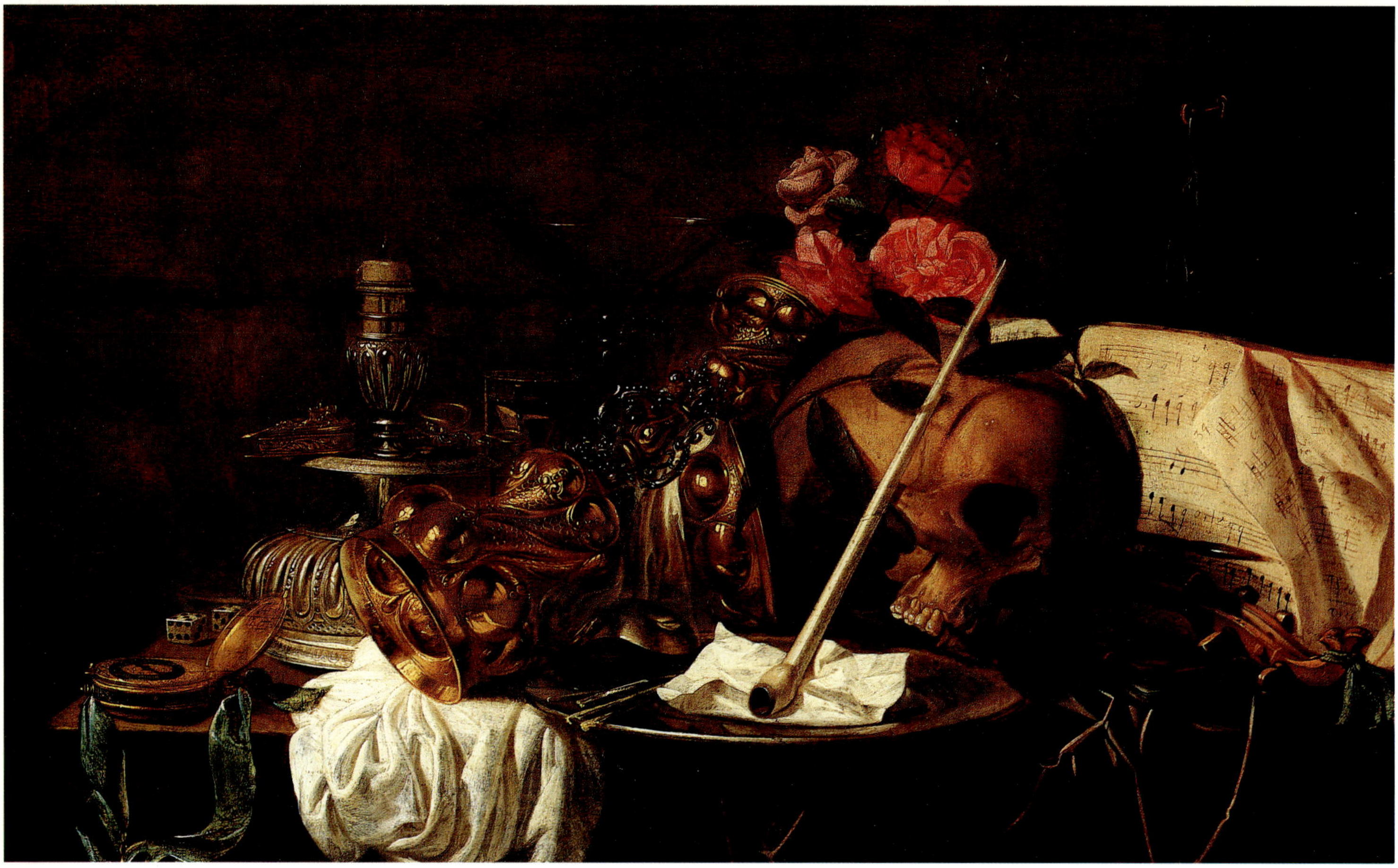

164 165

Vanité
Vanitas

37

Simon Renard de Saint-André (Paris 1613/14 - Paris 1677)

Panneau ; 45 x 72,5 cm.
Signé sur le haut du chandelier : SPRV (?)

Panel ; 45 x 72.5 cm
Signed on the candlestick : SPRV (?)

Leiden, Stedelijk Museum De Lakenhal

Provenance : acheté en 1896 à A. Bredius (*f* 280, comme Jacques de Claeuw) ; n° d'inv. 54.
Expositions : *Nederlandse stillevens uit vijf eeuwen*, La Haye (Gemeentemuseum) 1926, n° 43 ; *Mens en Muziek*, Dordrecht (Dordrechts Museum) 1957, n° 10.
Bibliographie : *Beeldende Kunst* 17 (1930), fascicule 5, n° 35, fig. ; I. Bergström, *Dutch Still-life painting in the seventeenth century*, Londres, 1956, p. 175, n° 150 ; *Stedelijk Museum De Lakenhal, Leiden, Catalogus van de schilderijen en tekeningen*, Leiden, 1983, p. 271, n° 54.

Provenance : Purchased in 1896 from A. Bredius (Fl. 280, as Jacques de Claeuw) ; inv. no. 54.
Exhibitions : *Nederlandse stillevens uit vijf eeuwen*, The Hague, Gemeentemuseum, 1926, no. 43 ; *Mens en muziek*, Dordrecht, Dordrechts Museum, 1957, no. 10.
Literature : *Beeldende Kunst* 17 (1930), vol. 5, no. 35, ill. ; I. Bergström, *Dutch still-life painting in the seventeenth century*, London 1956, p. 175, no. 150 ; *Stedelijk Museum de Lakenhal, Leiden. Catalogus van de schilderijen en tekeningen*, Leiden 1983, p. 271, no. 54.

Dès le moment où cette nature morte fut achetée à Abraham Bredius, elle fut toujours attribuée au peintre Jacques de Claeuw, actif à Dordrecht, La Haye et Leiden, encore que Bergström ait émis quelques réserves. Mais le catalogue du Musée de Leiden l'attribua au peintre français Simon Renard de Saint-André, en se fondant sur l'inscription portée sur le chandelier et lue comme : SRdSA. Cette lecture ne semble aujourd'hui guère possible. On peut à la rigueur distinguer quelques lettres, qui semblent être SPRV (?), mais le monogramme n'est pas parfaitement net. La comparaison avec des natures mortes publiées par Faré comme étant de la main de Renard semble toutefois confirmer cette attribution.
Le tableau de Leiden montre à gauche un chandelier en argent, dont le lumignon vient d'être éteint avec les mouchettes posées sur le chandelier. La montre, les dés, le sablier, le crâne et sa couronne de lauriers, la pipe, la partition et le violon, autant d'objets qui symbolisent à l'évidence la fragilité de tout.[1] Non seulement ces

The *Vanitas* was purchased from Abraham Bredius in 1896. For many years it was attributed to Jacques de Claeuw, a painter active in Dordrecht, The Hague and Leiden, despite Bergström's reservations about the attribution. It subsequently appeared in the catalogue of the Leiden museum as the work of the French painter Simon Renard de Saint-André, the letters on the candlestick being read as *SRdSA*. However, this interpretation of the monogram now seems implausible, as only a few of the letters, SPRV (?), are legible. Nevertheless, the similarities between the *Vanitas* and a number of still lifes that Faré published as Renards argue in favour of an attribution to Renard.
On the left of the painting is a silver candlestick with a recently extinguished candle and a snuffer lying beside it. All the objects comprising the still life – the watch, the dice, the hourglass, the skull and laurel wreath, the pipe, the sheet music and the violin – are symbols of transience.[1] Not only are they common motifs in Renard's work but, judging by the illustrations in Faré's book, the manner of

objets se retrouvent chaque fois sur les natures mortes de Renard, mais aussi la manière du tableau de Leiden s'apparente étroitement à ses œuvres, comme le montre la comparaison avec les illustrations de l'ouvrage de Faré.[2]
Si Renard fut surtout un portraitiste renommé, il peignit aussi une série de natures mortes – généralement des vanités – qui semblent s'inspirer très largement de la peinture hollandaise du XVIIe siècle. Mais nous ne savons pas où le peintre français a pu voir ces exemples hollandais.

1 Voir pour l'iconographie: A.P. de Mirimonde, "La musique et le symbolisme dans les natures mortes de Simon Renard de Saint-André", *Bulletin de la Société de l'art français*, Année 1968 (1970), pp. 47-56.
2 M. Faré, *Le grand siècle de la nature morte en France, Le XVIIe siècle*, Fribourg, Paris, 1974, p. 168 et ss.; voir aussi la représentation en couleurs du tableau de Lyon dans le cat. exp. *Les Vanités dans la peinture au XVIIe siècle*, Caen (Musée des Beaux-Arts) 1990, p. 277.

painting also corresponds to Renard's.[2] Renard had in fact earned his reputation as a portraitist, but he also produced a series of still-life paintings, mainly Vanitas representations, which clearly reflect the influence of Dutch seventeenth-century painting. Where he might have seen these examples, however, is unknown.

1 On the iconography, see A.P. de Mirimonde, "La musique et le symbolisme dans les natures mortes de Simon Renard de Saint-André", *Bulletin de la Societé de l'art français*, Année 1968 (1970), pp. 47-56.
2 M. Faré, *Le grand siècle de la nature morte en France. Le XVIIe siècle*, Fribourg, Paris, 1974, p. 168 ff; see colour plate of the Lyon painting in exhib. cat. *Les Vanités dans la peinture au XVIIe siècle*, Caen, Musée des Beaux-Arts, 1990, p. 277.

L'atelier du peintre
The artist in his studio

Hubert Robert (Paris 1733 - Paris 1808)

Toile ; 37 x 46 cm.
Signé et daté sur le portefeuille :
HR / 17.

Canvas ; 37 x 46 cm
Signed and dated on the portfolio :
HR/ 17

Rotterdam, Museum Boymans-van Beuningen

Provenance : Madame la Princesse Pascal de Bourbon ; Jules M. Féral, Paris, 1932 ; Galerie J. Goudstikker, Amsterdam ; acquis de Goudstikker le 11-9-1937 par D.G. van Beuningen ; acquis en 1958 avec la collection D.G. van Beuningen ; n° d'inv. 2586.

Expositions : *Exposition Hubert Robert et Louis Moreau*, Paris (Galerie Charpentier) 1922, n° 17 (?), (également pour dessin, cat. n° 85 !) ; *Exhibition of French Art 1200-1900*, Londres (Royal Academy) 1932, n° 315 ; *Commemorative catalogue of the exhibition of French Art 1200-1900*, Londres, 1933, n° 239, fig. 76 ; *Hubert Robert 1733-1808*, Paris (Musée de l'Orangerie) 1933, n° 197, fig. ; *Meesterwerken uit vier eeuwen 1400-1800*, Rotterdam (Museum Boymans) 1938, n° 198, fig. 193 ; *Meesterwerken uit de verzameling D.G. van Beuningen*, Rotterdam (Museum Boymans) 1949, n° 120 ; *Chefs-d'œuvre de la collection D.G. van Beuningen*, Paris (Petit Palais) 1952, n° 160, fig. 8 ; *Kunstschatten uit Nederlandse verzamelingen*, Rotterdam (Museum Boymans) 1955, n° 169, fig. 174 ; *La peinture dans la peinture*, Dijon (Musée des Beaux-Arts) 1982-83, p. 143, fig. 251, n° 106 ; *J.H. Fragonard e H. Robert a Roma*, Rome (Villa Médicis) 1990-91, n° 135, fig.

Bibliographie : A.B. de Vries, "Vier Jahrhunderte Malerei 1400-1800", *Pantheon* 22 (1938), fig. p. 272 ; H. van Guldener, "De schilderkunst van de zeventiende en achttiende eeuw", *Phoenix* 4 (1949), p. 164, fig. 9 ; D. Hannema, *Catalogue of the D.G. van Beuningen collection*, Rotterdam, 1949, n° 120, fig. 160 ; E. Straub-Fischer, "Blick in Ateliers", *Speculum Artis*, XVII (1965), pp. 14-16, fig. 6 ; *Le Louvre d'Hubert Robert, Les dossiers du département des peintures*, Paris, 1979, p. 12.

Provenance : Madame la Princesse Pascale de Bourbon ; Jules M. Féral, Paris, 1932 ; J. Goudstikker Gallery, Amsterdam ; purchased from Goudstikker by D.G. van Beuningen on 11 September 1937 ; acquired with the collection of D.G. van Beuningen in 1958 ; inv. no. 2586.

Exhibitions : *Exposition Hubert Robert et Louis Moreau*, Paris, Charpentier Gallery, 1922, no. 17 (?), (also for the drawing, cat. no. 85) ; *Exhibition of French art 1200-1900*, London, Royal Academy, 1932, no. 315 ; *Commemorative catalogue of the exhibition of French art 1200-1900*, London 1933, no. 239, fig. 76 ; *Hubert Robert 1733-1808*, Paris, Musée de l'Orangerie, 1933, no. 197, ill. ; *Meesterwerken uit vier eeuwen 1400-1800*, Rotterdam, Boymans Museum, 1938, no. 198, fig. 193 ; *Meesterwerken uit de verzameling D.G. van Beuningen*, Rotterdam, Boymans Museum, 1949, no. 120 ; *Chefs d'œuvre de la collection D.G. van Beuningen*, Paris, Petit Palais, 1952, no. 160, fig. 8 ; *Kunstschatten uit Nederlandse verzamelingen*, Rotterdam, Boymans Museum, 1955, no. 169, fig. 174 ; *La peinture dans la peinture*, Dijon, Musée des Beaux-Arts, 1982-83, p. 143, fig. 251, no. 106 ; *J.H. Fragonard et H. Robert a Roma*, Rome, Villa Medici, 1990-91, no. 135, ill.

Literature : A.B. de Vries, "Vier Jahrhunderte Malerei 1400-1800", *Pantheon* 22 (1938), fig. 272 ; H. van Guldener, "De schilderkunst van de zeventiende and achttiende eeuw", *Phoenix* 4 (1949), p. 164, fig. 9 ; D. Hannema, *Catalogue of the D.G. van Beuningen Collection*, Rotterdam 1949, no. 120, fig. 160 ; E. Straub-Fischer, "Blick in Ateliers", *Speculum Artis*, XVII (1965), pp. 14-16, fig. 6 ; *Le Louvre d'Hubert Robert. Les dossiers du département des peintures*, Paris 1979, p. 12.

L'artiste, qui s'est mis à son aise, s'est assis sur une chaise pour dessiner un buste posé sur une table. Des vêtements sont jetés sur deux autres chaises ; aux murs, des dessins épinglés au hasard. Tout à fait à gauche, la statue d'un nu d'homme ; à droite au premier plan, un chien qui renifle une paire de souliers. Une petite table à droite porte des dessins et le matériel du dessinateur.
Cette toile peinte d'un pinceau alerte est une évocation magistrale de l'artiste saisi par l'inspiration et qui travaille dans son atelier.
On a toujours pensé que cette peinture représente Hubert Robert lui-même. Le catalogue de l'exposition de 1952 affirme par exemple que le tableau montre le peintre au travail dans son atelier du Louvre, où il s'installa en 1770. Les auteurs du *Louvre d'Hubert Robert* se demandent toutefois s'il s'agit d'une vue des Galeries, ou de l'atelier de la Cour Carrée, ou encore de la maison de campagne de Robert à Auteuil. J. de Cayeux fait observer, ce qui n'est pas sans intérêt, que la pièce représentée correspond dans une très large

The rather dishevelled-looking artist is sitting on a chair making a drawing of a sculpture on the table in front of him, while a little dog sniffs at the slippers he has carelessly tossed on the floor. There are two more chairs in the room, strewn with various garments. Several drawings hang drunkenly from the wall, and a cast of a male nude can be seen on the far left. On the right is small table covered with drawings and drawing materials. The painting is a quick but masterful portrayal of the artist in his studio, engrossed in his work.
The canvas has always been accepted as a self-portrait of the painter Hubert Robert. The 1952 exhibition catalogue describes it as Robert in the studio he obtained at the Louvre in 1770, but the author of *Le Louvre d'Hubert Robert* queries whether it is a view of the "Galeries", the studio in the "Cour Carré", or a room in Robert's country home in Auteuil. J. de Cayeux, on the other hand, comments on the similarities between the room in this painting and that in a drawing by Hubert

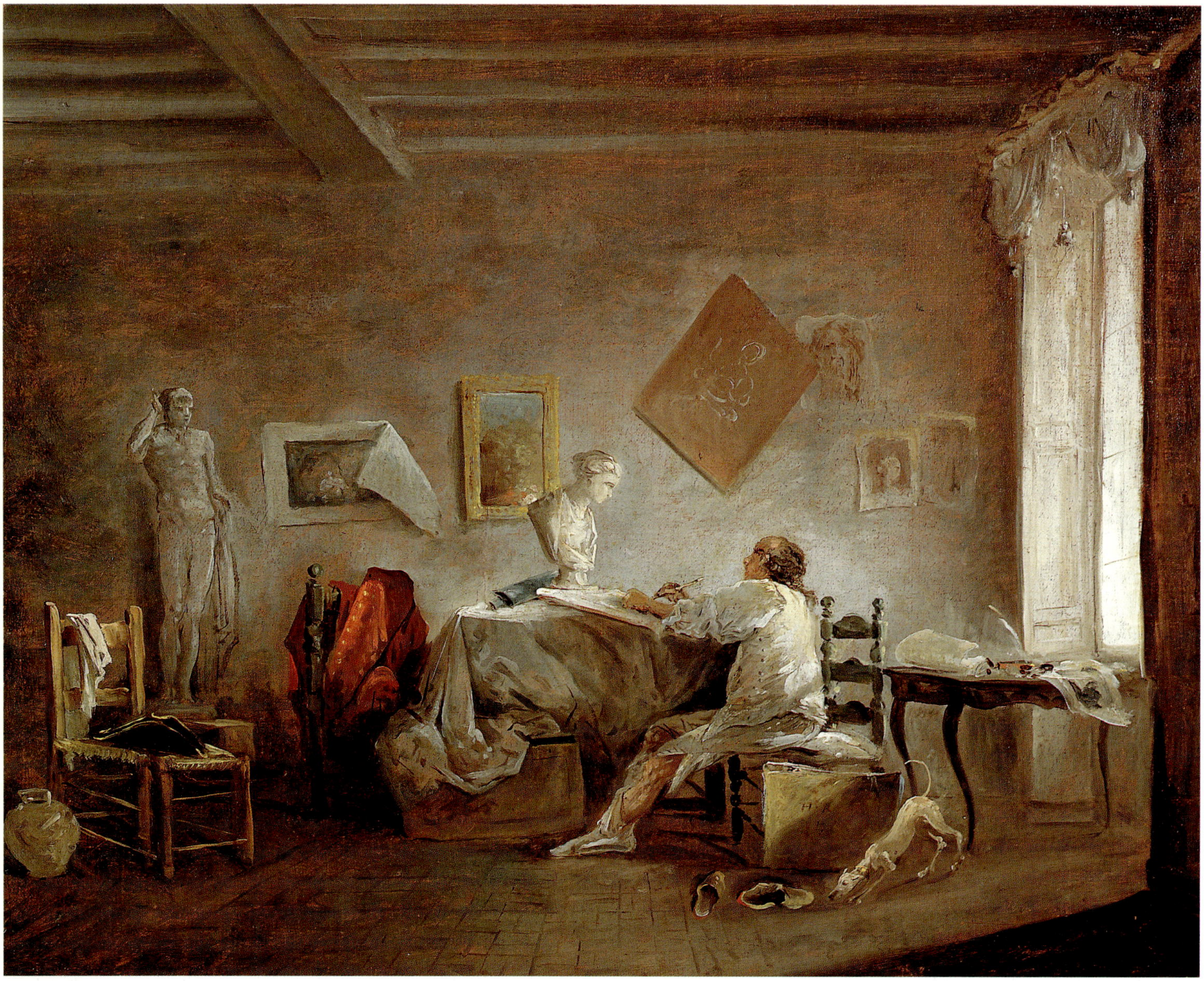

168 169

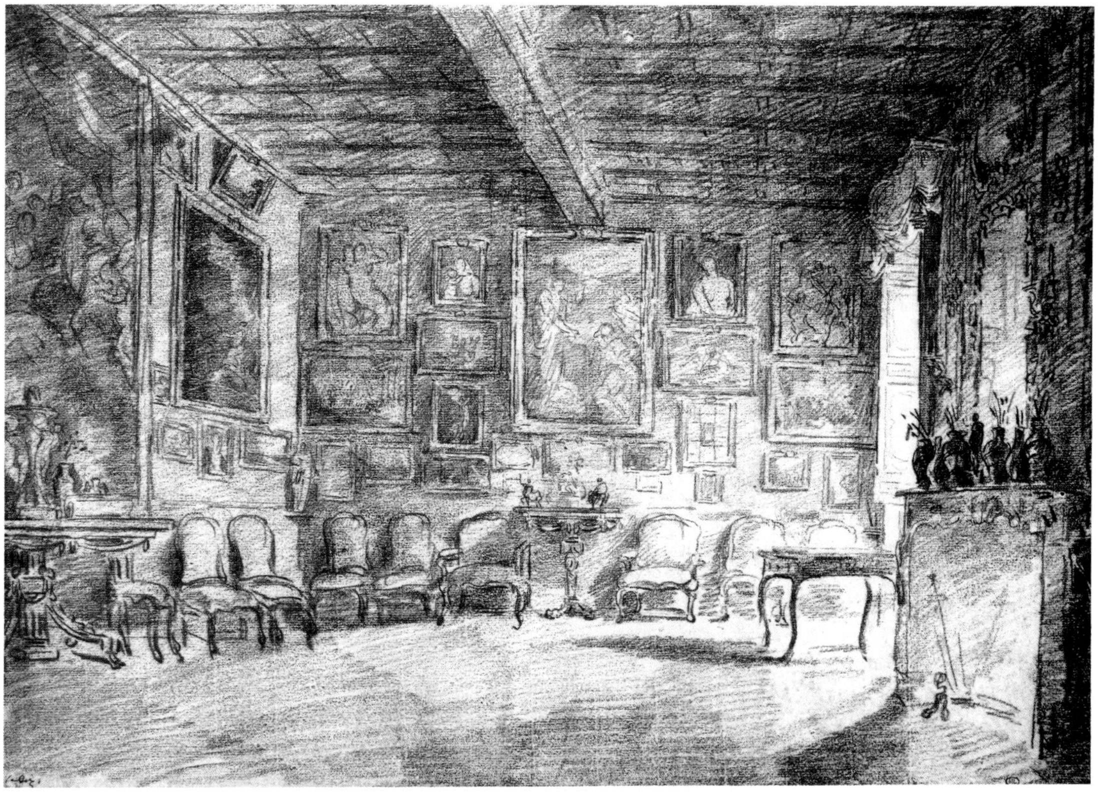

Fig. 1
Hubert Robert, Le salon du bailli de Breteuil à Rome, dessin, Paris, Louvre.
Hubert Robert, Salon of the bailiff of Breteuil in Rome, drawing, Paris, Musée du Louvre.

mesure à celle d'un dessin d'Hubert Robert au Louvre (fig. 1). Yavchitz a identifié cette pièce comme étant le salon du bailli de Breteuil à Rome.[1] Jacques-Laure Le Tonnelier, bailli de Breteuil (1723-1785), fut ambassadeur de l'ordre de Malte à Rome de 1758 à 1777. Hubert Robert vécut à Rome de 1754 à 1765 et habita les deux dernières années dans la maison du bailli. Il se pourrait donc que le tableau de Rotterdam ait été peint à Rome entre 1763 et 1765.

Les auteurs du catalogue de l'exposition à Rome pensent qu'il s'agit d'un autoportrait parce que le peintre représenté a les sourcils noirs et fournis, le front haut et le début de calvitie d'Hubert Robert à cette époque. Mais le tableau nous semble trop schématique pour nous permettre de reconnaître les traits de l'artiste.

1 S. Yavchitz-Koehler, "Un dessin d'Hubert Robert : *Le salon du baillie de Breteuil à Rome"*, *Revue du Louvre* XXXVII (1987), pp. 369-378.

Robert at the Louvre (fig. 1), which Yavchitz has identified as the drawing room of the bailiff (*baillie*) of Breteuil in Rome.[1] The bailiff, Jacques-Laure Le Tonnelier (1723-1785), was an envoy of the Knights of Malta in Rome from 1758 to 1777. Hubert Robert was in Rome between 1754 and 1765, and is known to have spent the last two years of his stay there at the bailiff's home. If the painting indeed shows a room in the bailiff's house, it would therefore presumably have been made in Rome in the period between 1763 and 1765.

The authors of the Rome catalogue also cite the painter's dark, bushy eyebrows, high forehead and receding hairline to support their view that it is a self-portrait of Robert. The manner of painting is quite sketchy, however, and the man's features cannot be clearly distinguished.

1 S. Yavchitz-Koehler, "Un dessin d'Hubert Robert. Le salon du baillie de Breteuil à Rome", *La Revue du Louvre* XXXVII (1987), pp. 369-78.

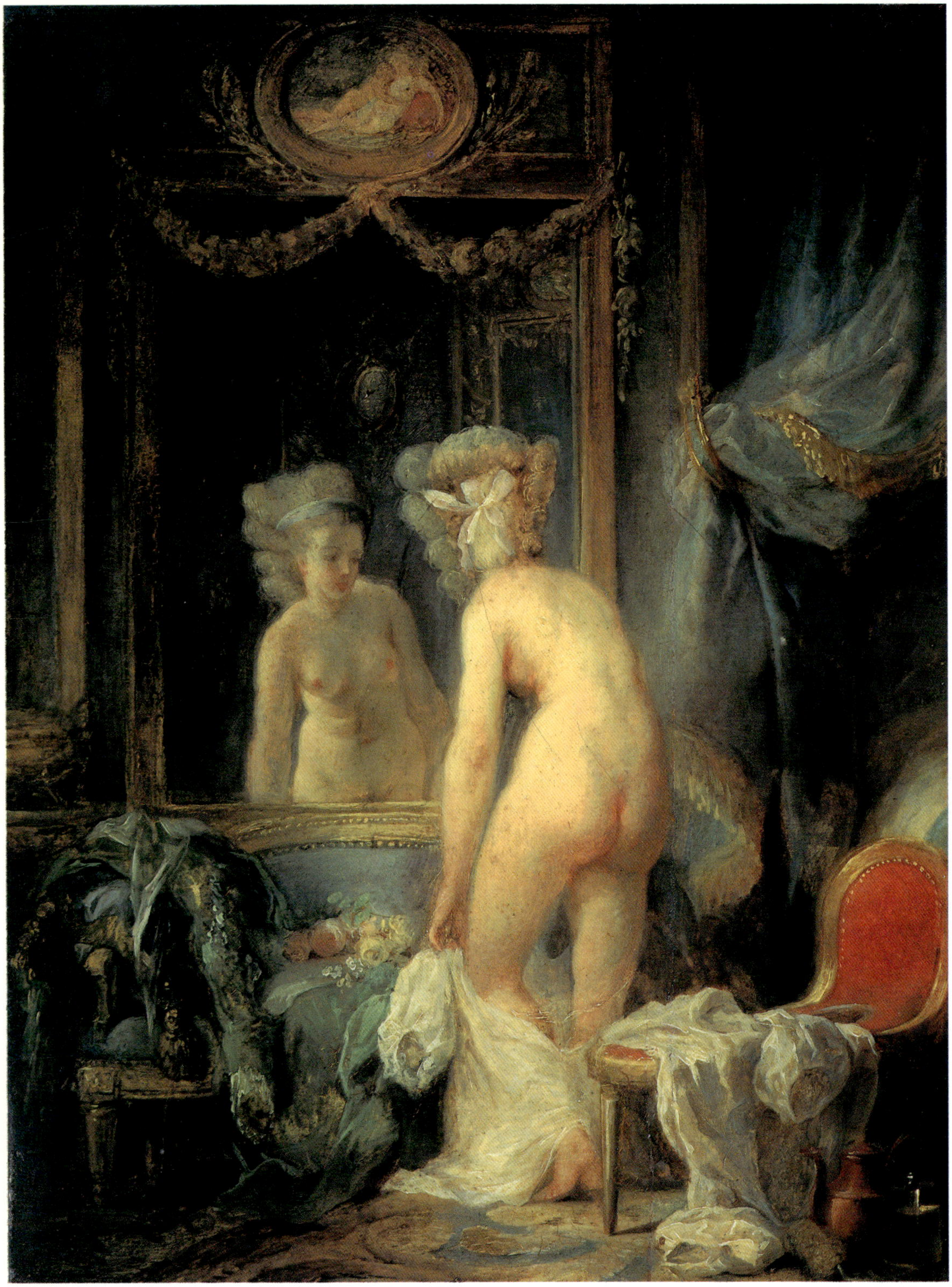

170 171

Le coucher
Le coucher (Evening toilet)

Jean-Frédéric Schall (Strasbourg 1752 - Paris 1825)

Panneau ; 23,5 x 17,5 cm.

Panel ; 23.5 x 17.5 cm

Amsterdam, Rijksmuseum

Provenance : vente Sigismond Bardac, Paris, 10-5-1920, n° 39 ; vente Madame André Saint, Paris, 20-5-1935, n° 48 (avec pendant Ff 174.000) ; don de Sir Henry Deterding, Londres 1936 ; n° d'inv. A 3260.

Bibliographie : A. Girodie, *Un peintre de fêtes galantes Jean-Frédéric Schall*, Strasbourg 1927, pp. 19, 42, 49, 66 ; P.J.J. van Thiel e.a., *All the paintings of the Rijksmuseum in Amsterdam*, Amsterdam-Maarssen 1976, p. 502 avec fig.

Provenance : Sigismond Bardac sale, Paris, 10 May 1920, no. 39 ; Madame André Saint's sale, Paris, 20 May 1935, no. 48 (with pendant : Ff. 174,000) ; presented by Sir Henry Deterding, London 1936 ; inv. no. A 3260.

Literature : A. Girodie, *Un peintre de fêtes galantes Jean-Frédéric Schall*, Strasbourg 1927, pp. 19, 42, 49, 66 ; P.J.J. van Thiel *et al. All the paintings of the Rijksmuseum in Amsterdam*, Amsterdam-Maarssen 1976, p. 502, ill.

Ce petit tableau représente une jeune femme qui, le soir, au moment de se mettre au lit (*Le coucher*), se déshabille devant un miroir décoré d'un couple d'amoureux. La peinture a comme pendant une représentation d'une femme qui, le matin, s'habille (*Le lever* ; fig. 1).[1] Les vêtements et les coiffures permettent de dater ces deux œuvres de Jean-Frédéric Schall des alentours de 1785-1790. André Girodie, auteur de l'unique monographie consacrée au peintre, estime que ces deux tableautins comptent parmi "les œuvres les plus exquises de sa carrière".

Le Coucher is a picture of a young woman preparing to retire for the night. We see her undressing before a mirror decorated with a pair of lovers. Its pendant, *Le lever*, shows a woman making her toilet in the morning (fig. 1).[1] The women's clothing and hairstyles were in vogue around 1785-1790 and therefore date the paintings to this period. According to André Girodie, the author of the only monograph on Jean-Frédéric Schall, the two panels are among "les œuvres les plus exquises de sa carrière".

Le coucher is a small, almost risqué painting with

Fig. 1
J.F. Schall, Le lever, Amsterdam, Rijksmuseum.

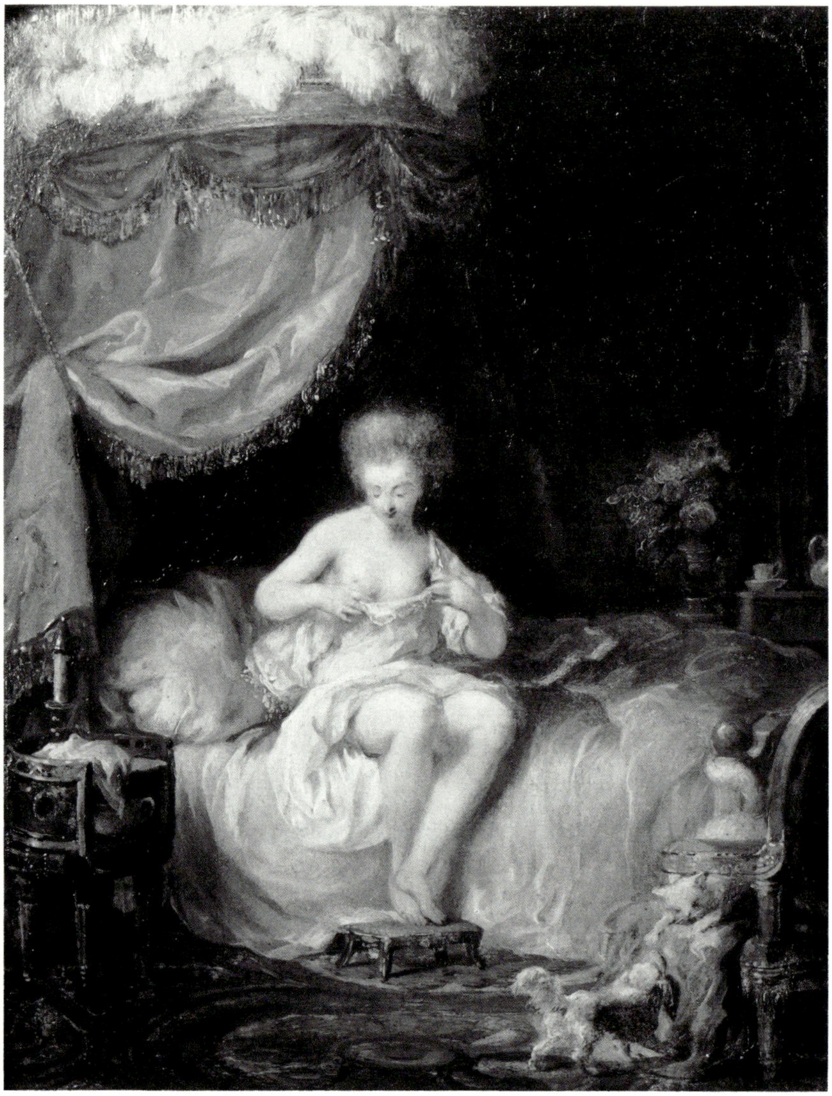

Par sa représentation piquante, son petit format et sa finition inspirée des peintres de genre hollandais, *Le coucher* est un exemple typique de l'œuvre de Schall, un peintre que l'on considère comme un épigone tardif et plus érotique de Watteau. Celui-ci peignit dès 1720 des femmes à leur toilette, scènes frivoles que la gravure popularisa rapidement. C'est ce genre d'art pictural qui déjà à la fin du XVIIIe siècle a été critiqué en France, mais aussi aux Pays-Bas, comme artificiel, frivole et faux. En France, on voulut retourner à un genre noble et inspiré de l'antiquité ; aux Pays-Bas, par contre, on préféra revenir à l'art simple et vrai du XVIIe siècle. [2]

1 n° d'inv. A 3261 (panneau ; 23,5 x 17,5 cm). Dans le catalogue du Rijksmuseum de 1976 les titres des deux tableautins ont été inversés.
2 Cf. E. Koolhaas-Grosfeld, "Op zoek naar de Gouden Eeuw. De herontdekking van de 17de eeuwse Hollandse schilderkunst", dans cat. exp. *Op zoek naar de Gouden Eeuw*, Haarlem (Frans Halsmuseum) 1986, pp. 28-49.

details reminiscent of the Dutch genre painters. It is also a fairly typical example of Schall's work. The artist is generally regarded as a late and rather more sensual follower of Watteau, whose paintings of the same frivolous theme, from around 1720, were popularised by engravers. Towards the end of the eighteenth century, however, this type of painting fell from grace in both France and the Netherlands, where it had come to be seen as pretentious and banal. In France this change in taste prompted the revival of a more exalted type of painting inspired by ancient Greek and Roman art ; the response in Holland, on the other hand, was to try and recapture the simplicity and authenticity of seventeenth-century art. [2]

1 Inv. no. A 3261 (panel, 23.5 x 17.5 cm). The titles of the two paintings were interchanged in the Rijksmuseum catalogue of 1976.
2 Cf. E. Koolhaas-Grosfeld, "Op zoek naar de Gouden Eeuw. De herontdekking van de 17e eeuwse Hollandse schilderkunst", in exhib. cat. *Op zoek naar de Gouden Eeuw*, Haarlem (Frans Hals Museum) 1986, pp. 28-49.

Trois soldats dans une auberge
Three soldiers at an inn

Jean Tassel (Langres v. 1608 - Langres 1667)

Toile; 46 x 58 cm.

Canvas; 46 x 58 cm

La Haye, Museum Bredius

The Hague, Bredius Museum

Provenance: acquis par Abraham Bredius avant 1913; légué par lui à la ville de La Haye en 1946; n° d'inv. 65-1946.

Bibliographie: A. Blankert, *Museum Bredius. Catalogus van de schilderijen en tekeningen*, Zwolle 1991 (3e édition), cat. n° 165, avec bibliographie; H. Ronot, *Richard et Jean Tassel. Peintres à Langres au XVIIe Siècle*, Paris 1992, cat. n° 127.

Provenance: In the collection of Abraham Bredius for some time prior to 1913; bequeathed by Bredius to the city of The Hague in 1946; inv. no. 65-1946.

Literature: A. Blankert, *Museum Bredius. Catalogus van de schilderijen en tekeningen*, Zwolle 1991 (3rd edition), cat. no. 165 with bibliography; H. Ronot, *Richard et Jean Tassel. Peintres à Langres au XVIIe siècle*, Paris 1992, cat. no. 127.

La collection du musée Bredius – créée par Abraham Bredius (1855-1946), personnalité éminente de La Haye et un des collectionneurs et historiens de l'art les plus connus de la Hollande – ne possède pas moins de trois tableaux du maître de Langres Jean Tassel, dont les œuvres sont aujourd'hui peu nombreuses. Mais Bredius ne fut pas conscient du caractère exceptionnel de ses acquisitions, car il crut chaque fois acheter une œuvre du peintre allemand Jan Liss; c'est pourquoi il écrivait en 1913 que ces *Trois soldats dans une auberge* qu'il attribuait à Liss étaient "das einzige Bild in Holland" de ce peintre surtout actif en Italie.[1] En 1936 Charles Sterling l'attribua à Richard Tassel, mais en 1955 Henry Ronot reconnut la main de Jean Tassel, fils de Richard.[2] Ronot, qui a publié récemment une monographie consacrée aux deux peintres, se fonde sur des considérations stylistiques pour dater ce tableau des années 1635-1640, donc l'époque pendant laquelle Jean Tassel travaillait à Rome. Comme Sébastien Bourdon, un des nombreux peintres français alors actifs dans la Ville éternelle, Jean Tassel peignait volontiers des "bambocciate", ces scènes de la rue, de la vie de tous les jours, mettant en scène des types populaires, dont un peintre originaire de Haarlem, Pieter van Laer, dit le Bamboccio, avait lancé le genre à Rome vers 1630.

The Bredius Museum, which was founded by Abraham Bredius (1855-1946), one of the Netherlands' most illustrious collectors and art historians, has three relatively rare paintings by the Langres master, Jean Tassel. Bredius, however, believed them to be the work of Jan Liss, a German painter who produced most of his art in Italy. In 1913 he described the painting of *Three soldiers at an inn* as the master's (referring to Liss) "einzige Bild in Holland".[1] In 1936, Charles Sterling attributed the canvas to Richard Tassel, but in 1955 Henry Ronot identified it as the work of Richard's son, Jean.[2] In a recent monograph on the two painters, Ronot maintains that the style of the work suggests a date between 1635 and 1640, when Tassel was in Rome. One of the many French artists working there at the time was Sébastien Bourdon, who favoured genre paintings of everyday street scenes and peasant motifs of the type that Tassel also produced. These *bambocciade* were first made in Rome in about 1630 by the Haarlem artist Pieter van Laer, nicknamed *Bamboccio*.
A second, slightly larger and rather simplified version of the *Three soldiers*, without the two dogs at lower left, is currently on the art market in France.[3] Ronot dates this variant much later, around 1655-1660.

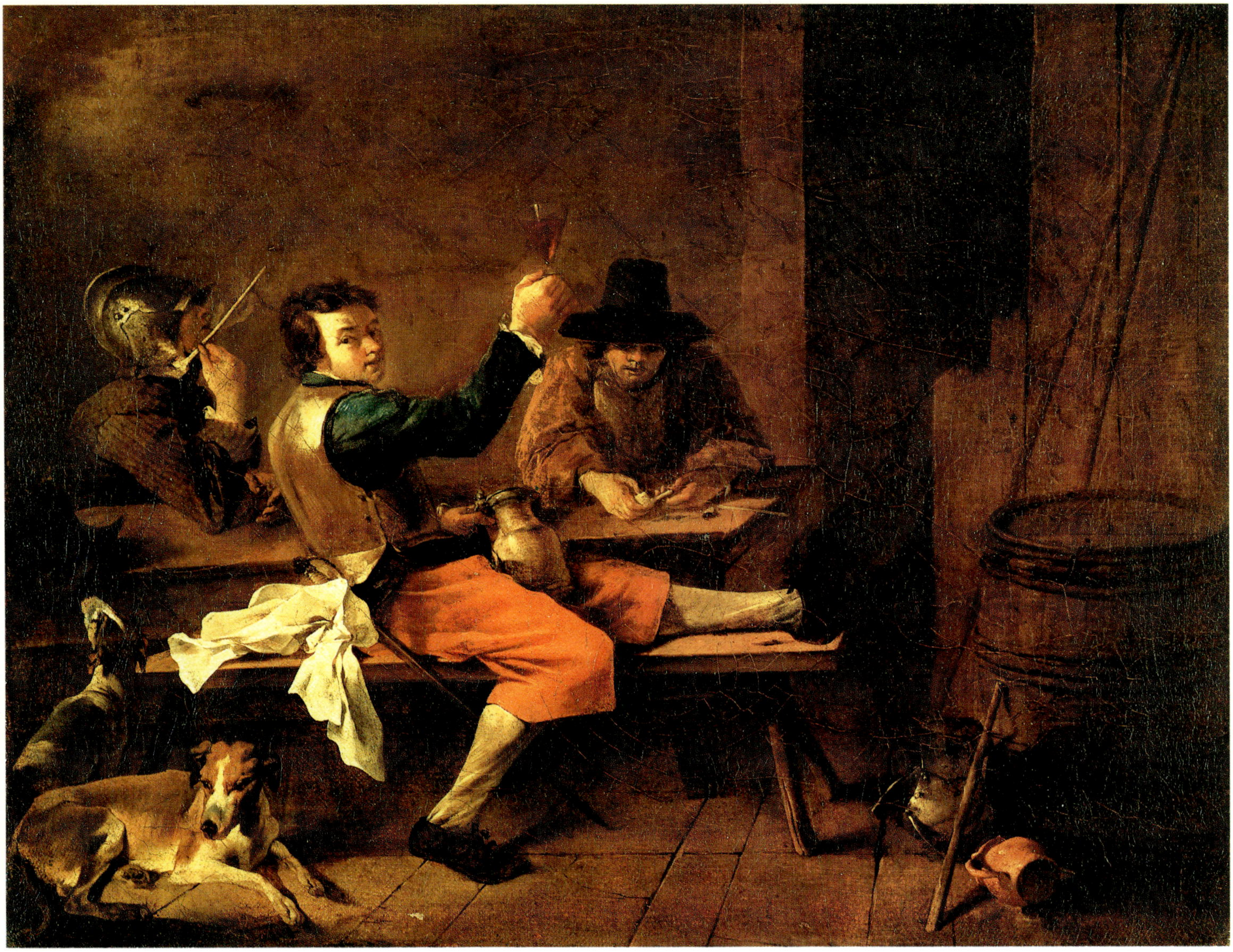

174 175

Une seconde version du tableau du musée Bredius, un peu plus grande, mais simplifiée (les deux chiens du premier plan à gauche ont disparu), est actuellement en vente sur le marché français de l'art.[3] Ronot estime que ce second tableau fut peint bien plus tard que le premier, vers 1655-1660.

1 A. Bredius, "Eine Zeichnung von J. Lyss", *Kunstchronik* N.F. 24 (1913), p. 661.
2 C. Sterling, "Richard Tassel et Jean Lyss", *La Renaissance* mai/juin 1936, pp. 33 etc.; pour Ronot, voir cat. exp. *Les Tassel. Peintres langrois du XVIIe siècle*, Dijon (Musée des Beaux-Arts) 1955, p. 14.
3 Ronot, voir bibliographie, cat. n° 128, avec fig. (toile; 66 x 57,5 cm). Pour les reprises dans l'œuvre de Tassel, voir aussi: P. Rosenberg & S. Laveissière, "Jean Tassel dans les musées français", *La Revue du Louvre et des Musées de France*, 28 (1978), pp. 124-125.

1 A. Bredius, "Eine Zeichnung von J. Lyss", Kunstchronik N.F. 24 (1913), p. 661.
2 C. Sterling, "Richard Tassel et Jean Lyss", *La Renaissance* May/June 1936, p. 33 etc.; on Ronot, see exhib. cat. *Les Tassel. Peintres langrois du XVIIe siècle*, Dijon (Musée des Beaux-Arts) 1955, p. 14.
3 Ronot, see Literature, cat. no. 128 with reproduction (canvas; 66 x 57.5 cm). On repetitions in Tassel's œuvre, see P. Rosenberg & S. Laveissière, "Jean Tassel dans les musées français", *La revue du Louvre et des musées de France*, 28 (1978), pp. 124-25.

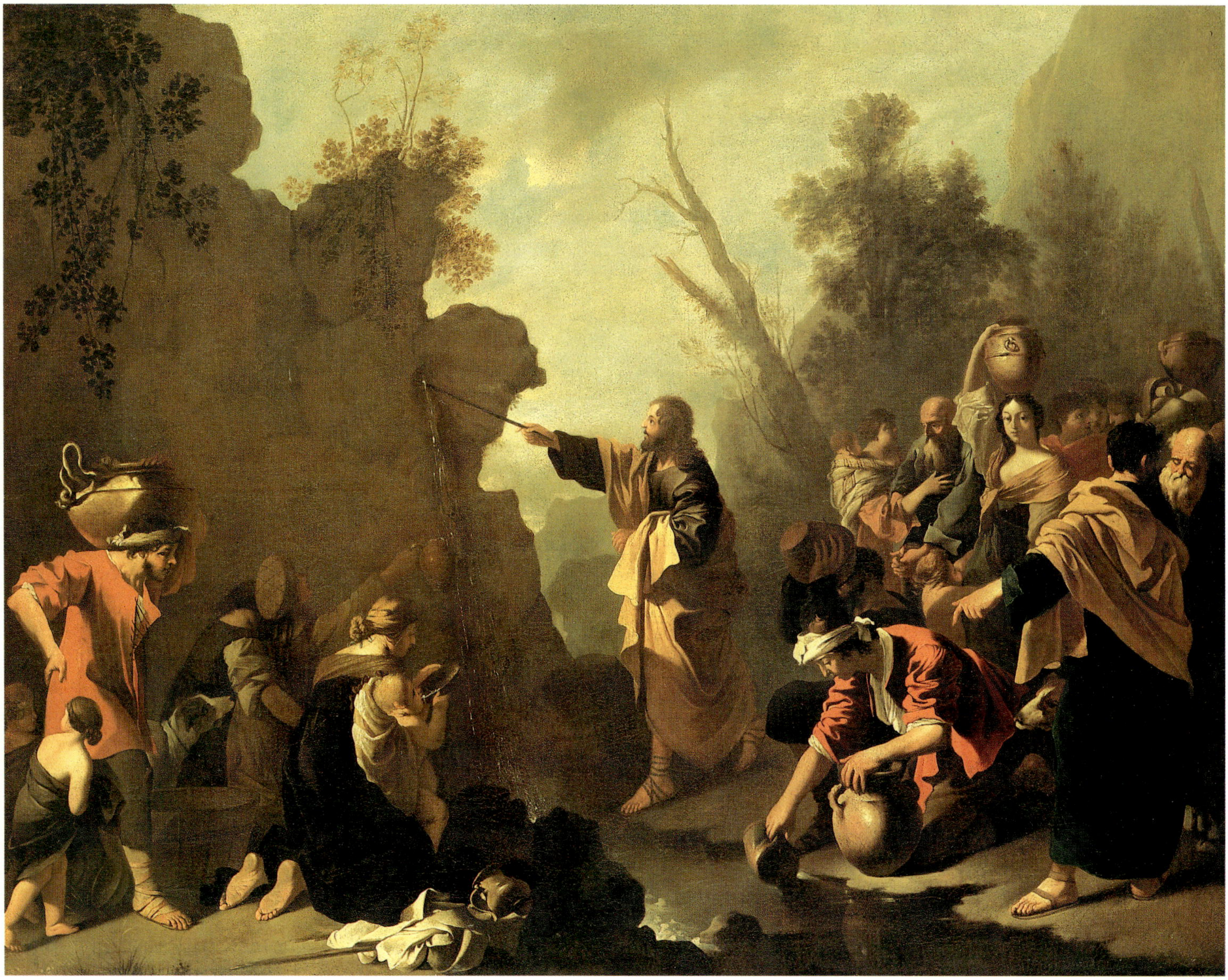

176 177

Moïse frappant le rocher
Moses striking water from the rock

Jean Tassel (Langres v. 1608 - Langres 1667)

Toile ; 97 x 120 cm

Canvas ; 97 x 120 cm

La Haye, Museum Bredius

The Hague, Bredius Museum

Provenance : vente Londres (Christie's), 4-7-1927, n° 132, comme Berchem (retiré) ; acquis par Abraham Bredius avant 1933 ; légué par lui à la ville de La Haye en 1946 ; n° d'inv. 181-1946.

Bibliographie : A. Blankert, *Museum Bredius. Catalogus van de schilderijen en tekeningen*, Zwolle 1991 (3e édition), cat. n° 166, avec bibliographie ; H. Ronot, *Richard et Jean Tassel. Peintres à Langres au XVIIe Siècle*, Paris 1992, cat. n° 5.

Provenance : Sale London (Christie's), 4 July 1927, no. 132 as Berchem (unsold) ; acquired by Abraham Bredius before 1933 ; bequeathed by Bredius to the city of The Hague in 1946 ; inv. no. 1811946.

Literature : A. Blankert, *Museum Bredius. Catalogus van de schilderijen en tekeningen*, Zwolle 1991 (3rd edition), cat. no. 166, with bibliography ; H. Ronot, *Richard et Jean Tassel. Peintres à Langres au XVIIe siècle*, Paris 1992, cat. no. 5.

Ronot estime que *Moïse frappant le rocher* fut également peint en Italie, entre 1635 et 1640. Cette datation ne paraît guère convaincante. Si l'on compare cette toile aux *Trois soldats dans une auberge* (cat. n° 40), on voit que le coloris a gagné en richesse et que le pinceau s'est assoupli. Les figures modelées plus largement suggèrent aussi une datation postérieure à 1640, donc après le retour du peintre en France. En fait, Ronot supposait que Bredius avait acquis le tableau en Italie, ce qui n'est pas exact, et cette erreur explique sans doute cette datation à mon sens erronée.
Le Musée de Langres possède un deuxième tableau de Tassel traitant ce thème. Plus détaillé et sans doute exécuté plus tard, il montre un Moïse tourné vers la droite et accompagné d'un grand prêtre. On notera que l'étude dessinée préparant ce tableau est la seule que l'on connaisse de Tassel.[1]

1 Ronot 1992, voir bibliographie, cat. n° 6 et 6a.

Ronot dates this painting, like the *Three soldiers* (cat. no. 40), to Tassel's period in Italy, between 1635 and 1640. This seems unlikely, however, as the far richer palette, the more fluid brushstrokes and the broadly modelled figures in *Moses strikinq water from the rock* are closer to the work Tassel was producing after his return to France in 1640. Ronot was under the mistaken impression that Bredius had acquired the painting in Italy, which may have influenced his dating.
The museum in Langres has a second painting by Tassel of the same subject. This later and more detailed work shows Moses turned to the right and in the company of a high priest. The only drawn study known by Tassel was made for the Langres painting.[1]

1 Ronot 1992, see Literature, cat. nos. 6 and 6a.

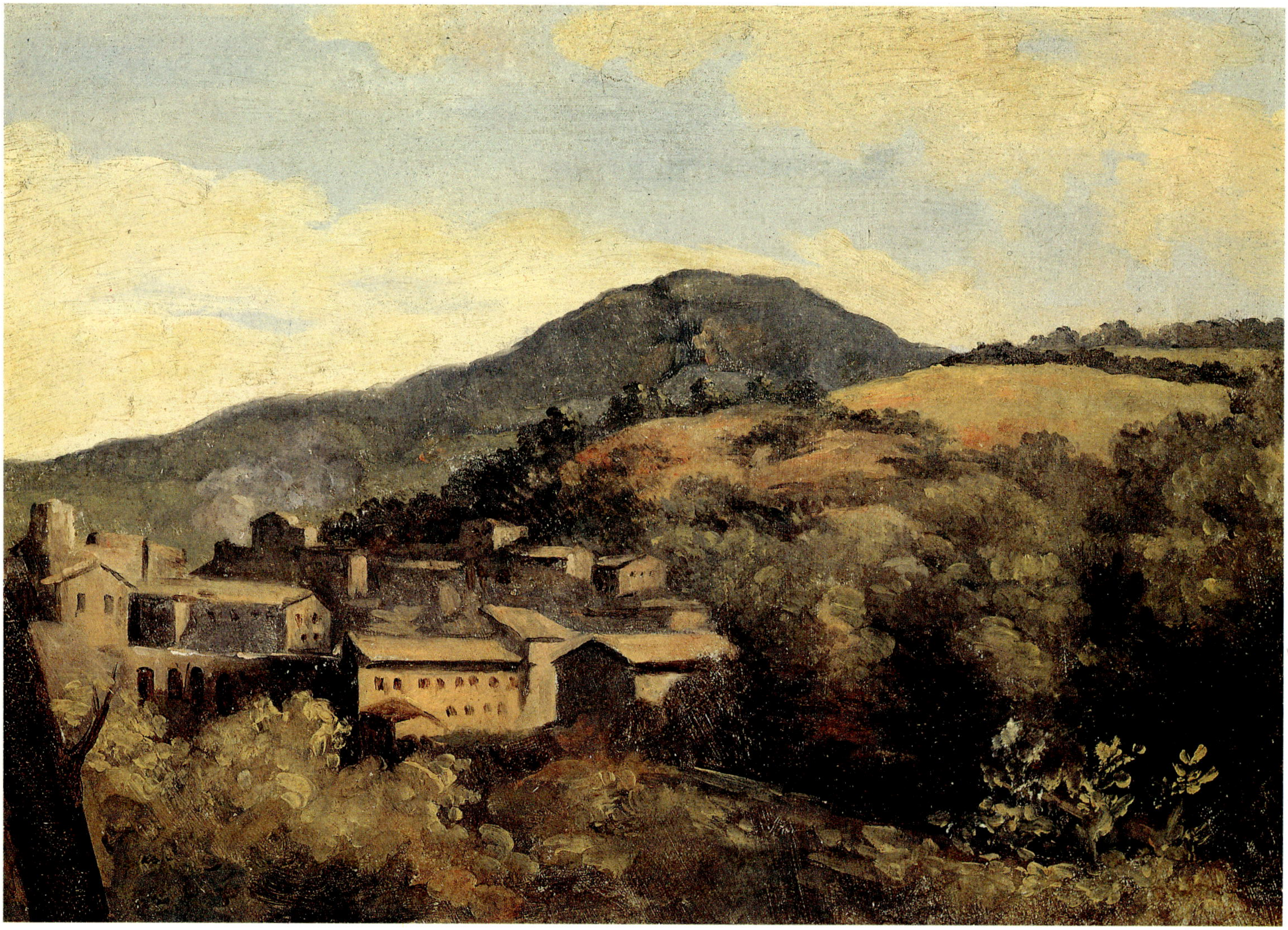

42

Paysage italien
Italian landscape

Pierre-Henri de Valenciennes (Toulouse 1750 - Paris 1819)

Huile sur papier, collé sur toile; 25 x 34 cm.

Oil on paper, pasted on to canvas; 25 x 34 cm

Rotterdam, Museum Boymans-van Beuningen

Provenance: collection particulière, France; Galerie De Bayser, Paris 1973; Galerie Arnoldi-Livie, Munich 1977; collection particulière, Suisse; acquis en 1990 de la Galerie Haboldt par la Fondation Museum Boymans-van Beuningen; n° d'inv. ST 143.

Expositions: *Pierre-Henri de Valenciennes*, Paris (Galerie De Bayser) 1973-74, n° 9 comme *Village dans la campagne romaine*; *Zurück zur Natur*, Brême (Kunsthalle) 1977-78, n° 196.

Provenance: Private collection, France; Galerie De Bayser, Paris 1973; Galerie Arnoldi-Livie, Munich 1977; private collection, Switzerland; acquired by the Boymans-van Beuningen Foundation from the Haboldt Gallery, Paris-New York, in 1990; inv. no. St 143

Exhibitions: *Pierre-Henri de Valenciennes*, Paris (Galerie de Bayser) 1973-74, no. 9, as *Village dans la campagne romaine*; *Zurück zur Natur*, Bremen (Kunsthalle) 1977-78, no. 196.

Pierre-Henri de Valenciennes, un des premiers paysagistes des années 1800, partit en 1777 pour un long séjour en Italie, pays où il avait déjà vécu en 1769. Ce second séjour dura jusqu'en 1784/85, à l'exception d'un court passage à Paris en 1781, où il rencontra Claude-Joseph Vernet (1714-1789) qui l'encouragea probablement à peindre en plein air.[1] Cette supposition se confirme par les multiples esquisses à l'huile que Valenciennes exécuta lorsqu'il fut de retour en Italie. Il en fit encore pendant quelque temps après son retour en France en 1785, mais ensuite nous ne lui connaissons plus d'esquisses à l'huile et il a certainement arrêté de faire ce genre d'études.[2]

Pierre-Henri de Valenciennes, one of the most important landscape painters working around 1800, went to Italy in 1777, after a previous visit in 1769. Apart from a brief trip to Paris in 1781, he was to remain in Italy until 1784/85. While in Paris, he met Claude-Joseph Vernet (1714-1789), who probably inspired him to paint *en plein air*.[1] In any event, he produced numerous oil sketches during this period, but seems to have stopped shortly after his return to France in 1785.[2] The sketches known today, some 150 including the one shown here, must therefore have been made between 1782 and 1785. The architecture and hilly countryside in this example look typically Italian. It could be a view of

Toutes les esquisses de Valenciennes – on en connaît aujourd'hui environ cent cinquante – ont certainement été peintes pendant cette courte période de 1782 à 1785, et l'étude ici présentée ne fait sûrement pas exception à la règle. Le paysage vallonné et l'architecture nous inclinent à penser que cette esquisse a été peinte en Italie. L'artiste a peut-être représenté la Rocca di Papa, non loin de Frascati dans les monts Albains, au sud de Rome ; c'est en tout cas ce qui a été avancé autrefois en se fondant sur le second exemplaire de cette esquisse, au Musée de Liège.[3] L'identification par Geneviève Lacambre du paysage comme Nemi, près de la Rocca di Papa, avec au fond le Monte Cavo, est plus convaincante.[4]

1 P. Rea Radisich, "Eighteenth-Century *Plein Air* Painting and the Sketches of Pierre-Henri de Valenciennes", *The Art Bulletin* 64 (1982), p. 99.
2 G. Lacambre, "Pierre-Henri de Valenciennes en Italie : un journal de voyage inédit", *Bulletin de la Société de l'histoire de l'art français*, 1978 (1980), pp. 141-143 ; P. Galassi, *Corot in Italy*, New Haven-Londres 1991, p. 2.
3 L'exemplaire de Liège fut jadis attribué à Camille Corot, mais Jacques Foucart fut le premier à y reconnaître la main de Valenciennes (lettre du 20-2-1991) ; voir aussi *Musée des Beaux-Arts - Liège ; Catalogue des peintures françaises*, Bruxelles 1950, p. 9, n° 26 avec fig (panneau, 25 x 34 cm et (faussement) signé en bas à droite : Corot).
4 G. Lacambre, *Les paysages de Pierre-Henri de Valenciennes 1750-1819*, Paris (Louvre) 1976, (Dossier du département des peintures n° 11), non paginé.

Rocca di Papa, a village near Frascati in the Alba mountains to the south of Rome, which is the location once identified in a second version of the sketch at the museum in Liège.[3] However, as Geneviève Lacambre suggests, it is more likely to be the countryside around Nemi, near Rocca di Papa, with Monte Cavo in the distance.[4]

1 P. Rea Radisich, "Eighteenth-century *plein-air* painting and the sketch of Pierre Henri de Valenciennes", *The Art Bulletin* 64 (1982), p. 99.
2 G. Lacambre, "Pierre-Henri de Valenciennes en Italie. Un journal de voyage inedit", *Bulletin de la Société de l'histoire de l'art français*, 1978 (1980), pp. 141-43 ; P. Galassi, *Corot in Italy*, New Haven-London 1991, p. 2.
3 The Liège painting, which was formerly attributed to Corot, was first identified as a Valenciennes by Jacques Foucart, as noted in a letter of 20 February 1991 ; see *Musée des Beaux-Arts - Liège. Catalogue des peintures françaises*, Brussels 1950, p. 9, no. 26, ill. (panel, 25 x 34 cm, false signature at lower right : *Corot*).
4 G. Lacambre, *Les paysages de Pierre-Henri de Valenciennes 1750-1819*, Paris (Louvre) 1976, (Dossier du département des Peintures n° 11), unpaginated.

43

Port italien un jour de tempête
An Italian harbour in stormy weather

Claude-Joseph Vernet (Avignon 1714 - Paris 1789)

Toile ; 101 x 138 cm.

La Haye, Mauritshuis

Provenance : Cardinal Valenti Gonzaga, vente Amsterdam, De Leth, 18-5-1763, n° 49 (*f* 1.520,-) ; acquis en 1764 du marchand d'art Pieter Yver pour la collection du stathouder Guillaume V d'Orange (*f* 3.500,-) ; Louvre, Paris, 1795-1815 ; n° d'inv. 292.

Exposition : *Herinneringen aan Italië*, Bois-le-Duc (Noordbrabants Museum) 1984, n° 147, fig.

Bibliographie : Robillard-Peronville et Laurent, *Le Musée Français, Recueil complet des tableaux, statues et bas-reliefs, qui composent la collection nationale*, Paris, III, 1807 ; F. Ingersoll-Smouse, *Joseph Vernet, peintre de marine 1714-1789*, Paris, 1926, n° 199, 200 ; S.W.A. Drossaers, Th. Lunsingh Scheurleer, *Inventarissen van de inboedels in de verblijven van de Oranjes*, La Haye, III, 1976, n° 169 ; C.W. Fock, "De schilderijengalerij van Prins Willem V op het Buitenhof te Den Haag", *Antiek*, 11 (1976-77), pp. 116-117 ; *The Royal Picture Gallery Mauritshuis*, Amsterdam, New York, 1985, p. 458.

Les marines étaient la spécialité de Claude-Joseph Vernet, qui comptait en son temps parmi les peintres les plus fameux et recherchés. A vingt ans il partit à Rome, où il resta une dizaine d'années. Il s'établit ensuite à Paris, où il mourut à un âge fort avancé. Il cherchait probablement son inspiration chez des peintres du XVIIe siècle, un Gaspard Dughet, par exemple, un Claude Lorrain ou un Salvator Rosa.

Cette vue dramatique d'une très haute falaise nous montre à droite un navire qui semble battre pavillon hollandais et qui s'est peut-être échoué. Au premier plan, des marins tirent sur la grève une barque. Derrière le navire, au milieu des flots, un grand phare. A gauche, au fond, une ville. En 1807 ce tableau s'appelait tout simplement *La tempête*, mais le catalogue de la vente de 1763 précise qu'il s'agit du port de Livourne. S'il est vrai que Vernet dessinait beaucoup sur le motif, ses peintures semblent généralement représenter des paysages imaginaires et ne s'inspirer que de loin de sites réels.

L'histoire de ce tableau est prestigieuse. Nous savons que peu de temps après son exécution, il appartenait au cardinal Valenti Gonzaga ; il s'agit sans doute du cardinal Silvio Valenti Gonzaga (1690-1756), le grand collectionneur romain, qui laissa à son neveu, le cardinal Luigi Valenti Gonzaga, la plus grande partie de sa collection. Trois cents tableaux de cette collection furent envoyés à Amsterdam en 1763 pour y être vendus.[1] Le marchand d'art Pieter Yver acheta la toile de Vernet pour la collection du prince Guillaume V, qui la paya fort cher.

Le tableau de Vernet a souvent été reproduit en estampe, et d'abord par Simon Fokke (1712-1784). Il fut ensuite, ainsi que le second tableau du peintre présenté à l'exposition, dessiné par un

Canvas ; 101 x 138 cm

The Hague, Mauritshuis

Provenance : Cardinal Valenti Gonzaga's sale, Amsterdam, De Leth, 18 May 1763, no. 49 (Fl. 1,520) ; purchased from the art dealer Pieter Yver in 1764 for the collection of William V of Orange (Fl. 3,500) ; Louvre, Paris, 1795-1815 ; inv. no. 292.

Exhibition : *Herinneringen aan Italië*, 's-Hertogenbosch, Noordbrabants Museum, 1984, no. 147, ill.

Literature : Robillard-Peronville et Laurent, *Le Musée Français. Recueil complet des tableaux, statues et bas-reliefs qui composent la collection nationale*, Paris, III, 1807 ; F. Ingersoll-Smouse, *Joseph Vernet, peintre de marine 1714-1789*, Paris 1926, nos. 199, 200 ; S.W.A. Drossaers, Th. Lunsingh Scheurleer, *Inventarissen van de inboedels in de verblijven van de Oranges*, The Hague, III, 1976, no. 169 ; C.W. Fock, "De schilderijengalerij van Prins Willem V op het Buitenhof te Den Haag", *Antiek* II (1976-77), pp. 116-17 ; *The Royal Picture Gallery Mauritshuis*, Amsterdam, New York, 1985, p. 458.

Claude-Joseph Vernet, one of the most respected and successful painters of his day, was a specialist in seascapes. He moved to Rome at the age of twenty, making his home there for the next ten years. He then settled in Paris, where he was to remain until his death many years later. His work seems to have been inspired by seventeenth-century masters such as Gaspard Dughet, Claude Lorrain and Salvator Rosa.

Here, Vernet has captured a dramatic view of towering cliffs with a ship that seems to have run aground. The flag on the vessel looks as though it could be Dutch. The group of sailors in the foreground are hauling a rowing boat onto the rocky shore. A tall lighthouse looms out of the sea behind the ship, and a town can be seen in the distance on the left. The sale catalogue of 1763 describes the view as the harbour of Livorno, but by 1807 the painting was simply entitled *"La tempête"* (the storm). Though Vernet made numerous sketches from life, most of his paintings are in fact imaginary scenes which bear only a remote resemblance to recognisable places.

The painting has an impressive provenance. It was soon in the collection of Cardinal Valenti Gonzaga (possibly Silvio Valenti Gonzaga, 1690-1756), who built up a prestigious cabinet in Rome. Most of his pictures subsequently went to his nephew and heir, Cardinal Luigi Valenti Gonzaga. In 1763, some 300 paintings from the collection were sold in Amsterdam,[1] and in the following year Prince William V paid a handsome price for the *Italian harbour* to the art dealer Pieter Yver.

Numerous prints have been made of the painting over the years. The first was by Simon Fokke (1712-1784). The Dordrecht master Aert Schouman (1710-1792) then made drawings (Teylers Museum, Haarlem) after both this piece and *The waterfalls*

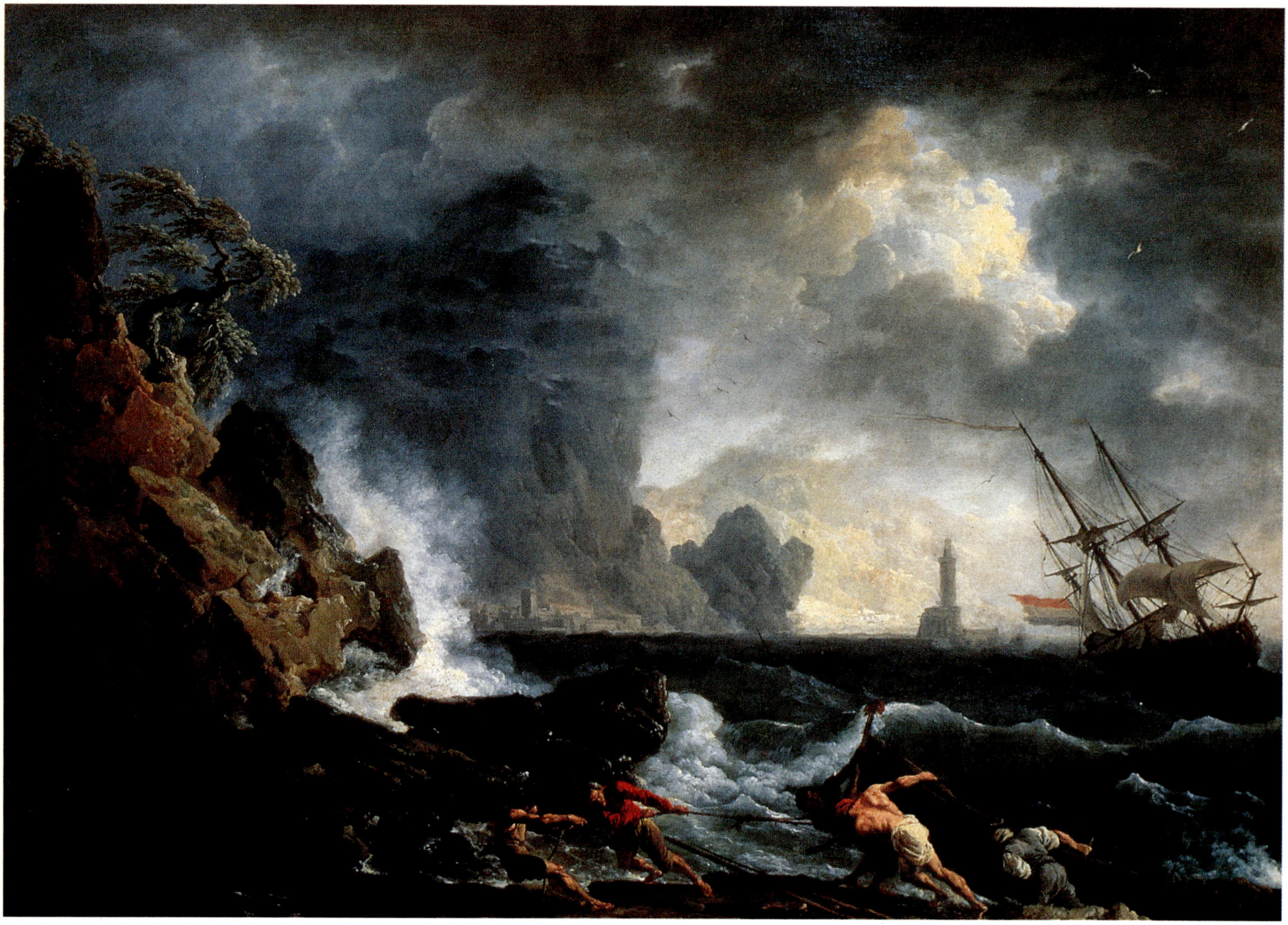

Fig. 1.
Victor Pillement, gravure d'après le tableau de Vernet, 1807.
Victor Pillement, engraving after the painting by Vernet, 1807.

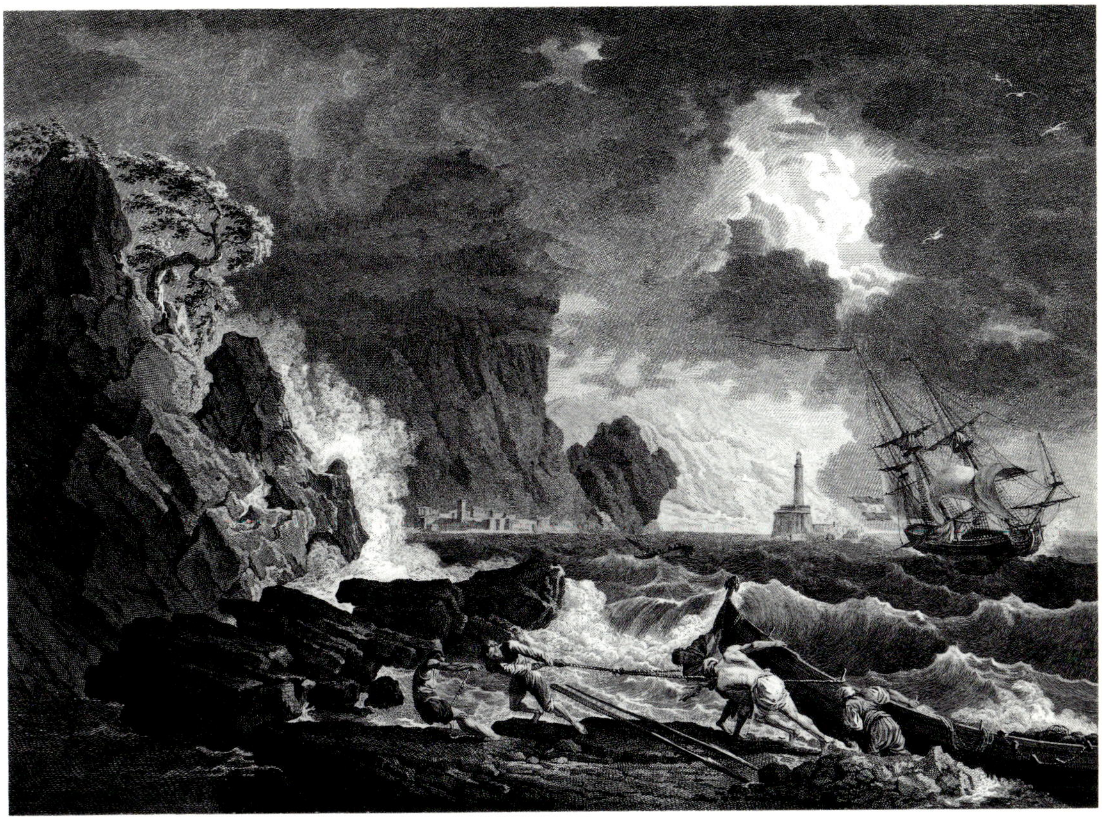

maître de Dordrecht, Aert Schouman (1710-1792); ces dessins se trouvent aujourd'hui au Teylers Museum à Haarlem.[2] Le peintre Hendrik Willem Schweickhardt (1746-1797), de La Haye, semble également avoir copié les deux tableaux en 1786 et 1787.[3]

Les deux tableaux, emportés par les Français en 1795, se retrouvèrent dans la collection nationale au Louvre, où François Jacques Dequevauviller (1783-après 1848) et Victor Pillement (1767-1814) les gravèrent en 1807 d'après des dessins de Pierre-Joseph Wallaert (1753-1810) (fig. 1).

Ingersoll-Smouse mentionne quelques répliques de ce tableau et du suivant, répliques qui datent toutes d'avant 1753. Relevons qu'il n'est pas aisé d'établir une chronologie des peintures de Vernet. La renommée de ce peintre s'explique sans doute par le fait que ses tableaux correspondaient parfaitement au goût français du XVIIIe siècle. Les imitations de la main de Charles François de la Croix, dit Lacroix de Marseille, dont une est datée 1775, montrent bien la popularité à l'époque du tableau de Vernet.[4] Mais aujourd'hui Vernet est un maître un peu oublié.

1 Voir Seymour Slive, "Dutch pictures in the collection of Cardinal Silvio Valenti Gonzaga (1690-1756)", *Simiolus* 17 (1987), p. 172.
2 H.J. Scholten, *Musée Teyler à Haarlem. Catalogue raisonné des dessins*, Haarlem, 1904, p. 382, n° U 22 et 23.
3 Voir E.J. Sluijter, "Hendrik Willem Schweickhardt (1746-1797); een Haagse schilder in de tweede helft van de achttiende eeuw", *Oud Holland* 89 (1975), pp. 195-196.
4 Voir vente Monte-Carlo (Sotheby), 5-3-1984, n° 1071, et vente Paris (Ader Tajan), 26-6-1992, n° 28

near Tivoli (cat. no. 44),[2] while the Hague painter Hendrik Willem Schweickhardt (1746-1797) is thought to have copied the two paintings in 1786 and 1787.[3]

In 1795, *The waterfalls near Tivoli* and the *Italian landscape* were incorporated into the national collection and hung at the Louvre. In 1807, François Jacques Dequevauviller (1783-after 1848) and Victor Pillement (1767-1814) made engravings of the paintings after drawings by Pierre-Joseph Wallaert (1753-1810) (fig. 1).

Ingersoll-Smouse records a number of replicas of the two paintings dating from before 1753, but it is difficult to place the paintings themselves in chronological sequence. Vernet presumably owed his success to the fact that his work appealed so strongly to the tastes of eighteenth-century France. The popularity of this piece, for instance, is evident from the copies made by Charles François de la Croix, called Lacroix de Marseilles, one of which is dated 1775.[4] Today, however, Vernet has fallen into obscurity.

1 See Seymour Slive, "Dutch pictures in the collection of Cardinal Silvio Valenti Gonzaga (1690-1756)", *Simiolus* 17 (1987), p. 172.
2 H.J. Scholten, *Musée Teyler à Haarlem. Catalogue raisonné des dessins*, Haarlem 1904, p. 382, nos. U 22 and 23.
3 See E.J. Sluijter, "Hendrik Willem Schweickhardt (1746-1797); een Haagse schilder in de tweede helft van de achttiende eeuw", *Oud Holland* 89 (1975), pp. 195-96.
4 See Monte Carlo sale, Sotheby's, 5 March 1984, no. 1071 and Paris sale, Ader Tajan, 26 June 1992, no. 28.

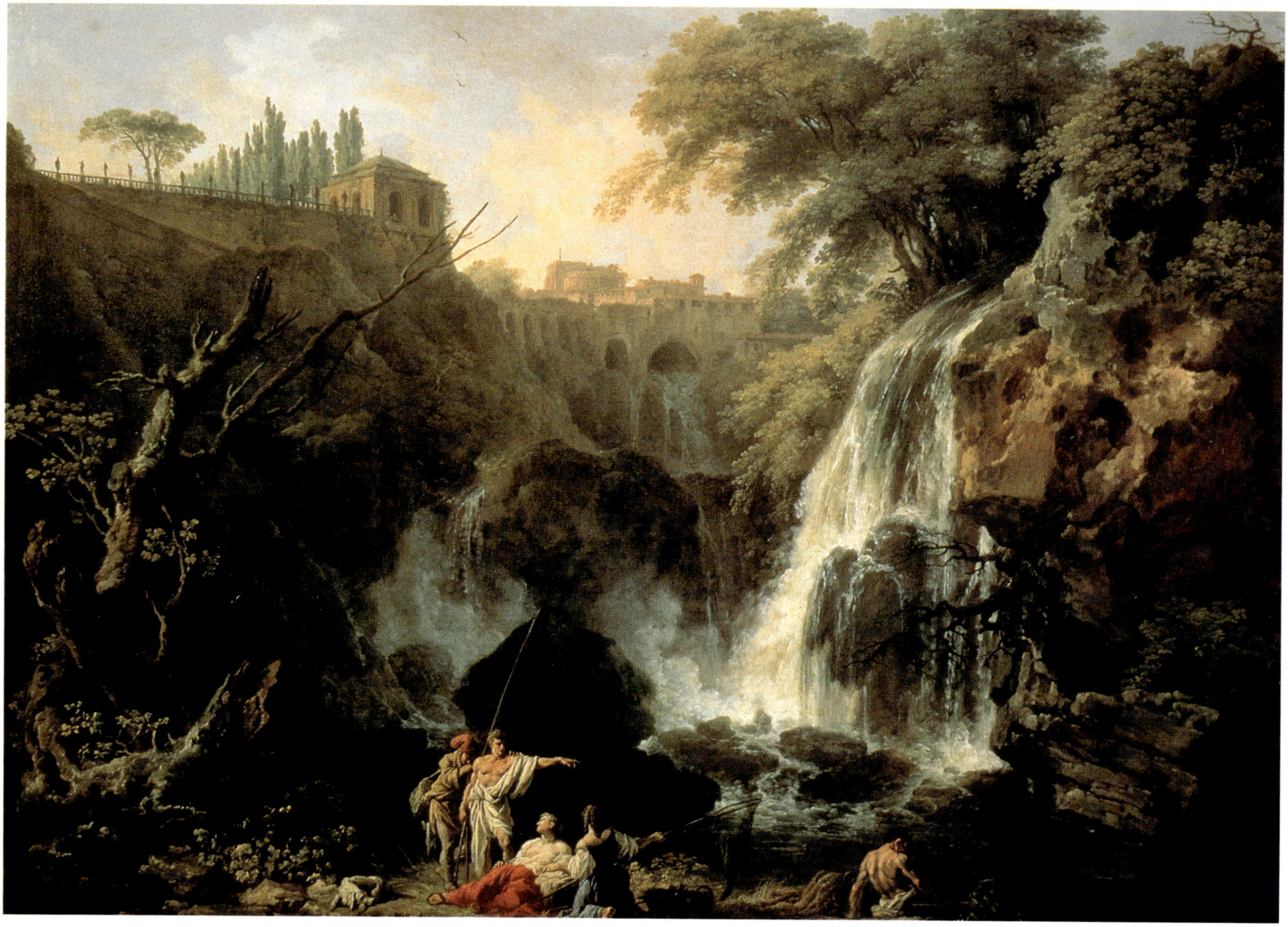

184 185

Les cascades de Tivoli et la villa de Mécène
The waterfalls near Tivoli and the villa of Maecenas

Claude-Joseph Vernet (Avignon 1714 - Paris 1789)

Toile ; 101 x 138 cm.

Canvas ; 101 x 138 cm

La Haye, Mauritshuis

The Hague, Mauritshuis

Provenance : Cardinal Valenti Gonzaga, vente Amsterdam, De Leth, 18-5-1763, n° 50 (*f* 1.520,-) ; acquis en 1764 du marchand d'art Pieter Yver pour la collection du stathouder Guillaume V d'Orange (*f* 3.500,-) ; Louvre, Paris, 1795-1815 ; n° d'inv. 293.

Exposition : *Herinneringen aan Italië*, Bois-le-Duc (Noordbrabants Museum) 1984, n° 147, fig.

Bibliographie : Robillard-Peronville et Laurent, *Le Musée Français, Recueil complet des tableaux, statues et bas-reliefs, qui composent la collection nationale*, Paris, III, 1807 ; F. Ingersoll-Smouse, *Joseph Vernet, peintre de marine 1714-1789*, Paris, 1926, n° 199 et 200 ; P. Conisbee, cat. exp. *Claude-Joseph Vernet, 1714-1789*, Kenwood, The Iveagh Bequest, 1976, au n° 13 ; S.W.A. Drossaers, Th. Lunsingh Scheurleer, *Inventarissen van de inboedels in verblijven van de Oranjes*, La Haye, III, 1976, n° 170 ; C.W. Fock, "De schilderijengalerij van Prins Willem V op het Buitenhof te Den Haag", *Antiek*, 11 (1976-77), pp. 116-117 ; *The Royal Picture Gallery Mauritshuis*, Amsterdam, New York, 1985, p. 458.

Provenance : Cardinal Valenti Gonzaga's sale, Amsterdam, De Leth, 18 May 1763, no. 50 (Fl. 1,520) ; purchased from the art dealer Pieter Yver in 1764 for the collection of William V of Orange (Fl. 3,500) ; Louvre, Paris, 1795-1815 ; inv. no. 293.

Exhibition : *Herinneringen aan Italië*, 's-Hertogenbosch, Noordbrabants Museum, 1984, no. 147, ill.

Literature : Robillard-Peronville et Laurent, *Le Musée Français. Recueil complet des tableaux, statues et bas-reliefs qui composent la collection nationale*, Paris, III, 1807 ; F. Ingersoll-Smouse, *Joseph Vernet, peintre de marine 1714-1789*, Paris 1926, nos. 199 and 200 ; P. Conisbee, exhib. cat. *Claude-Joseph Vernet, 1714-1789*, Kenwood, The Iveagh Bequest, 1976, with no. 13 ; S.W.A. Drossaers, Th. Lunsingh Scheurleer, *Inventarissen van de inboedels in verblijven van de Oranjes*, The Hague, III, 1976, no. 170 ; C.W. Fock, "De schilderijengalerij van Prins Willem V op het Buitenhof te Den Haag", *Antiek* II (1976-77), pp. 116-17 ; *The Royal Picture Gallery Mauritshuis*, Amsterdam, New York, 1985, p. 458.

Le catalogue de la vente de 1763 indiquait que le tableau représentait une vue des environs de Narni. Des auteurs plus récents estimèrent toutefois qu'il s'agissait des cascades de Tivoli et de la villa de Mécène. En fait, il s'agit probablement, comme pour le tableau précédent, d'une représentation imaginaire. Au bas de la chute, au premier plan, quelques bergers d'Arcadie se reposent ou pêchent au bord de l'eau. A l'arrière-plan, derrière des remparts, une cité, sans doute inspirée de Tivoli. Depuis toujours ce tableau est mentionné comme le pendant du précédent, et sans doute en effet a-t-il été peint comme pendant.

D'innombrables estampes reproduisent ce tableau, comme d'ailleurs son pendant. Simon Fokke fut le premier à le graver, sous le titre de *Vue des environs de Narni*. Le reproduisirent ensuite Landon et Desaulx (probablement Charles Paul Landon (1760-1826) et Jean Desaulx (1ère moitié du XIXe siècle)), R. Carey, Devilliers et Dickinson (probablement Regina Carey, active 1ère moitié du XIXe siècle, Antoine Abraham Goujon-Devilliers (1784-1818) et William Dickinson (1746-1823)).[1]

The painting was described in the sale catalogue of 1763 as a view near the town of Narni, and was later thought to be a scene of the waterfalls near Tivoli with Maecenas's villa in the background. In fact, however, it is probably an imaginary scene like the *Italian harbour* (cat. no. 43). We see a group of Arcadian figures in the foreground, either fishing or simply passing the time of day at the waterside. The town in the distance has fortifications and may therefore have been inspired by Tivoli. *The waterfalls near Tivoli* has always been regarded as the pendant of the *Italian harbour*, and it was probably indeed intended as such.

Countless prints have been made after both of these paintings. The first one of *The Waterfalls*, again by Simon Fokke, was entitled *Vue des environs de Narni*. Later engravings were made by Landon and Desaulx, presumably Charles Paul Landon (1760-1826) and Jean Desaulx (first half of the 19th century), and by R. Carey, Devilliers and Dickinson, presumably Regina Carey (active in the first half of the 19th century), Antoine Abraham Goujon-Devilliers (1784-1818) and William Dickinson (1746-1823).[1] Like the *Italian harbour*, it

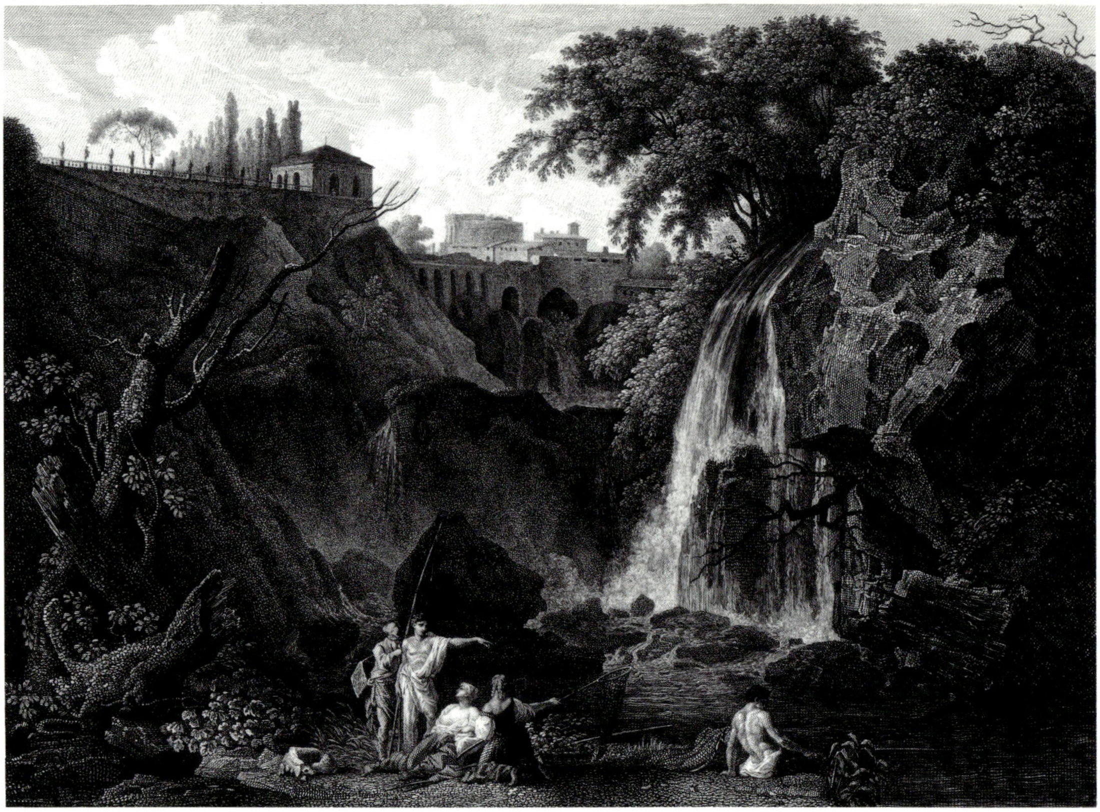

Fig. 1.
Victor Pillement, gravure d'après le tableau de Vernet, 1807.
Victor Pillement, engraving after the painting by Vernet, 1807.

Comme le tableau précédent, celui-ci fut copié par Aert Schouman, dont le dessin se trouve aujourd'hui au Teylers Museum. Dans le catalogue de 1807 de la collection nationale à Paris le tableau fut gravé par Victor Pillement (fig. 1), d'après un dessin de Wallaert.
Conisbee date des années 1740 une peinture fort comparable, représentant également un paysage avec une cascade et appartenant au duc de Buccleuch ; cette datation vaut peut-être aussi pour les deux toiles de La Haye.

1 Ces noms sont mentionnés par Ingersoll-Smouse, n° 199 et 200.

was copied in a drawing by Aert Schouman, now at the Teylers Museum. The 1807 catalogue of the national collection in Paris contains an engraving by Victor Pillement after a drawing by Wallaert (fig. 1). The Duke of Buccleuch has a very similar painting, also of a landscape with waterfalls. Conisbee dates the latter in the 1740s, which could also be when the Mauritshuis paintings were made.

1 Names mentioned by Ingersoll-Smouse, nos. 199 and 200.

45

"Pais mes brebis"
Christ commanding St Peter
"Feed my lambs"

Claude Vignon (Tours 1593 - Paris 1670)

Toile ; 124 x 105 cm.
Signé et daté en bas à droite : Vignon in fecit 1624
Sur le livre : Petre amas me pasce oves meas

Canvas ; 124 x 105 cm
Signed and dated lower right : Vignon in fecit 1624
Inscribed on the book : Petre amas me pasce oves meas

Amsterdam, Rijksmuseum

Provenance : acheté au conseil de fabrique de la paroisse Sint-Willibrordus-buiten-de-veste à Amsterdam, 1961 ; n° d'inv. A 4068.

Bibliographie : *Voorlopige lijst der Nederlandse Monumenten van Geschiedenis en Kunst*, V, *de Gemeente Amsterdam*, La Haye, 1928, n° 83 (comme H. Bloemaert) ; E.R. Meijer, "Een onbekend schilderij van Claude Vignon in Amsterdam", *Nederlands Kunsthistorisch Jaarboek*, 7 (1956), pp. 121-132 ; W. Fischer, "Claude Vignon (1593-1670)", *Nederlands Kunsthistorisch Jaarboek*, 13 (1962), p. 148, fig. 27, et 14 (1963), pp. 137-139, p. 175, n° 2 ; P. Rosenberg, "A Vignon for Minneapolis", *The Minneapolis Institute of Arts Bulletin*, LVII (1968), p. 11.

Provenance : Purchased from the elders of the church of St Willibrord (H Willibrordus buiten de Veste), Amsterdam, 1961 ; inv. no. A 4068.

Literature : *Voorlopige lijst der Nederlandse Monumenten van Geschiedenis en Kunst*, V, *de Gemeente Amsterdam*, The Hague 1928, no. 83 (as H. Bloemaert) ; E.R. Meijer, "Een onbekend schilderij van Claude Vignon in Amsterdam", *Nederlands Kunsthistorisch Jaarboek* 7 (1956), pp. 121-32 ; W. Fischer, "Claude Vignon (1593-1670)", *Nederlands Kunsthistorisch Jaarboek* 13 (1962), p. 148, figs. 27 and 14 (1963), pp. 137-39, p. 175, no. 2 ; P. Rosenberg, "A Vignon for Minneapolis", *The Minneapolis Institute of Arts Bulletin*, LVII (1968), p. 11.

Le livre porte les paroles que Jésus adressa à Pierre : "Simon, fils de Jean, m'aimes-tu?" (Petre amas me) ; Pierre répondit affirmativement ; alors Jésus lui dit : "Pais mes brebis" (Pasce oves meas) (Jean 21 : 15-23).
A gauche, nous voyons le Christ, couronné d'une auréole, le torse nu marqué par la blessure que fit la lance. Ses paroles réhabilitent Pierre. Les deux autres personnages, au fond, sont sans doute à droite l'apôtre Paul et tout à fait à gauche l'apôtre Jean.
Meijer publia ce tableau alors que cette toile se trouvait encore dans l'église Sint-Willibrordus-buiten-de-veste (Saint-Willibrord-hors-les-murs) d'Amsterdam. Il analysa les influences qui marquèrent Vignon, en particulier celle de Rubens. L'analogie est en effet frappante entre la toile de Vignon et un tableau que le maître anversois peignit vers 1616 et qui se trouve aujourd'hui dans la Wallace Collection à Londres. Meijer fit également remarquer que Vignon avait certainement eu des contacts en France. Le peintre écrit en effet à François Langlois : "à Amsterdam saluez aussi pour moi le sieur Rembrandt...". Mais Meijer pensait qu'il ne fallait quand même pas voir dans Vignon un précurseur de Rembrandt.
Fischer souligne également l'influence de Rubens et il estime vraisemblable que le peintre visita les Pays-Bas. Il cite d'ailleurs incidemment une estampe qu'Isac grava d'après le tableau d'Amsterdam, mais il ne précise pas de quel graveur il s'agit. Serait-ce le Français Jaspar Isac (1580/90-1654), ou son fils Claude (v. 1623-1672 ?) ? En tout cas, l'estampe n'a pu être retrouvée.[1]

Inscribed on the book are the words Jesus addressed to Simon Peter : "Simon, son of Jonas, lovest thou me ?" (Petre amas me). And when Peter replied in the affirmative, Jesus spoke the words that restored Peter's honour : "Feed my lambs" (Pasce oves meas) (John 21 : 15-23).
Christ is on the left with a halo around his head ; his torso is only partly covered, revealing the sword wound in his side. The figures in the background are probably the apostles Paul, on the right, and John at far left.
Meijer published the painting when it was still at the church of St Willibrord in Amsterdam. He traces Vignon's sources of inspiration, commenting in particular on the influence that Rubens had on his work. There is indeed a striking resemblance between this canvas and a painting by the Flemish master in the Wallace Collection in London, which dates from around 1616. Meijer also concludes that Vignon must have known artists in the Netherlands. In a letter to François Langlois, for instance, he wrote : "à Amsterdam saluez aussi pour moi le sieur Rembrandt...". Even Meijer, however, did not go so far as to see him as a forerunner of Rembrandt.
Fischer, too, comments on the impact Rubens had on Vignon, whom he thought had probably visited the Netherlands. He mentions a print after the Amsterdam painting, made by a certain Isac, but omits to identify him. It may have been the French engraver Jasper Isac (1580/90-1654) or his son Claude (*c.* 1623-1672 ?), but no such sheet has been found.[1] There evidently used to be a key – the attribute of Peter – beside the open book on the altar, but this seems to have disappeared at some

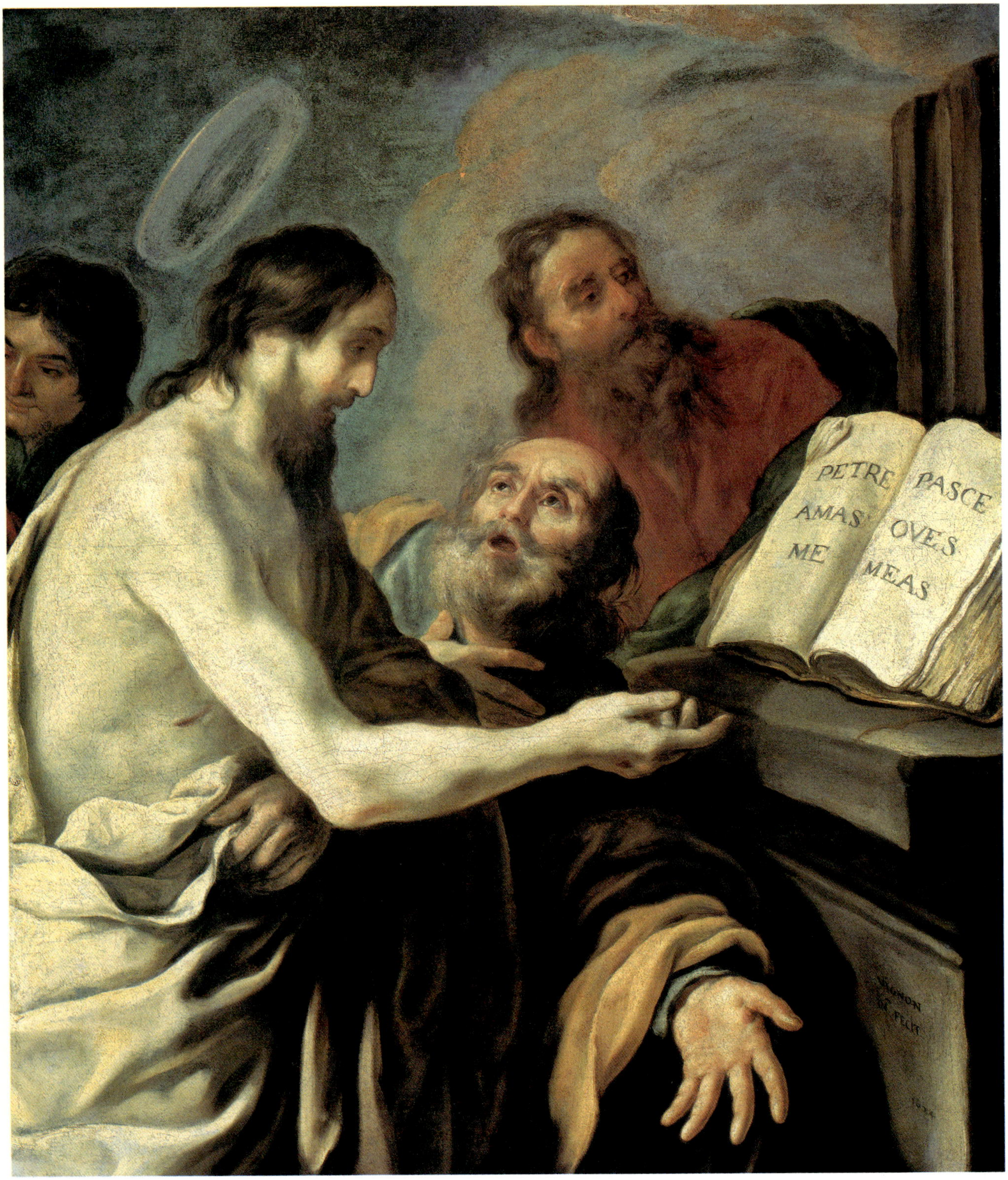
PETRE
AMAS
ME
PASCE
OVES
MEAS

Sur cette estampe il y aurait eu sur l'autel, à côté du missel, une clé, le symbole de Pierre, clé qui aurait ultérieurement disparu du tableau, on ne sait d'ailleurs pas comment. De plus, une petite partie du côté gauche du visage du personnage de gauche aurait été coupée sur le tableau.
Vignon vécut en Italie de 1617/19 environ jusque vers 1623. Il se rendit en Espagne et sans doute aussi aux Pays-Bas. Il fut un artiste très productif et compta probablement parmi les bons peintres français de son temps. Le tableau d'Amsterdam est d'assez bonne qualité, certainement sur le plan du coloris. Nous ignorons malheureusement comment la toile aboutit dans cette église d'Amsterdam. Peut-être – idée séduisante – se trouvait-elle aux Pays-Bas dès le XVIIe siècle.

1 Malgré des recherches à la Bibliothèque Nationale à Paris le 9-4-1992.

stage. Furthermore, the face in the left background, which is supposed to have been quite clear in the engraving, is only partially visible in the painting, suggesting that the canvas may have been cropped.
Vignon was in Italy from about 1617/19 until *c.* 1623, while he is known to have visited Spain and may also have been to the Netherlands. He was extremely prolific and indeed one of the better French painters of his day. The Amsterdam painting is rendered in beautiful colours and the work is of a very reasonable standard. No-one knows how the piece came to be in the church in Amsterdam, but it is tempting to believe that it has been in the Netherlands ever since the seventeenth century.

1 The print could not be traced at the Bibliothèque Nationale in Paris, 9 April 1992.

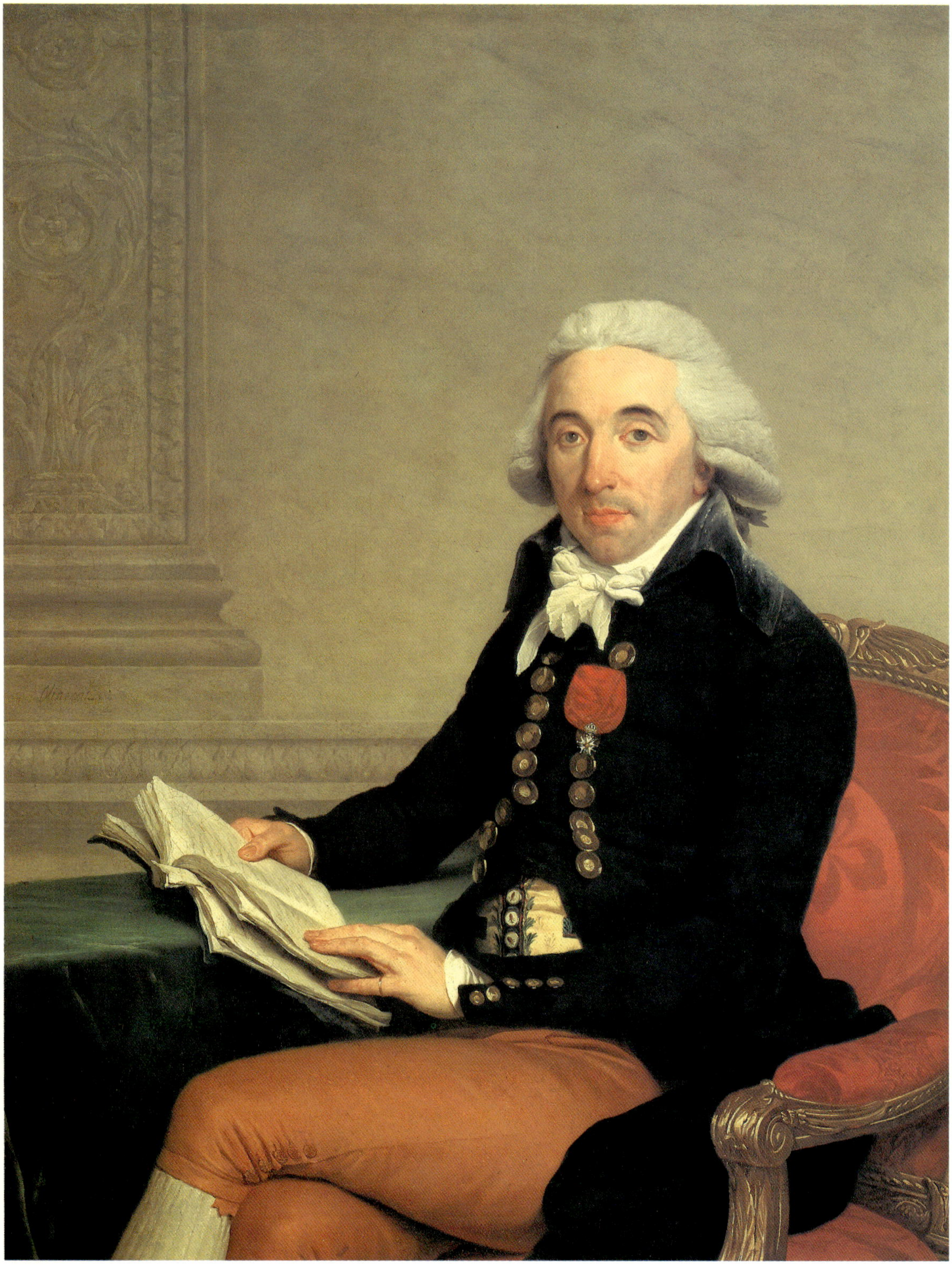

46

Portrait d'un homme, peut-être Monsieur Baillon
Portrait of a gentleman, possibly Monsieur Baillon
Seulement exposé à Rotterdam
Only exhibited in Rotterdam

François-André Vincent (Paris 1746 - Paris 816)

Toile; 117 x 89,5 cm.
Signé à gauche sur la base de la colonne: Vincent

Canvas; 117 x 89.5 cm
Signed on the foot of the column on the left: Vincent

Amsterdam, Rijksmuseum

Provenance: collection Guerrault, Paris; Galerie Kleinberger, Paris; vente F. Kleinberger, New York, American Art Association, 18-11-1932, n° 72, fig. (comme portrait de Monsieur De Baillon) ("acquis des descendants du portraituré"); collection baron Cassels; acquis à la Galerie Clifford Duits, Londres, 1958, n° d'inv. A 3931.

Provenance: Guerrault Collection, Paris; Kleinberger Gallery, Paris; F. Kleinberger sale, New York, American Art Association, 18 November 1932, no. 72, ill. (as Monsieur de Baillon) ("acquired from the sitter's heirs"); Baron Cassels Collection; purchased from the Clifford Duits Gallery, London, 1958, inv. no. A 3931.

Nous savons malheureusement peu de choses de ce superbe portrait néo-classique. Les auteurs indiquent traditionnellement qu'il s'agit du portrait de monsieur Baillon, que l'on n'a jamais pu identifier. L'homme porte la Légion d'honneur, ordre créé par Napoléon en 1802. Le portrait ne saurait donc être antérieur à cette création.
Le Musée des Beaux-Arts de Montréal posséda jusqu'en 1972 deux portraits d'un couple peints par Vincent; celui de l'homme ressemble vraiment trait pour trait à celui d'Amsterdam.[1] Les deux seules différences sont l'absence de la Légion d'honneur et le format du portrait, beaucoup plus petit que celui d'Amsterdam. Ce qu'il importe de relever, c'est l'existence du portrait de l'épouse, qui nous permet de supposer que le portrait d'Amsterdam a peut-être eu un pendant.
Vincent était en son temps un peintre d'histoire illustre, et aussi un portraitiste productif et de très grande qualité, comme le montre bien le tableau d'Amsterdam. Il est tombé aujourd'hui dans un oubli que rien ne justifie.
Vincent épousa en 1800 une de ses élèves, Adélaïde Labille-Guiard, qui peignit son portrait, aujourd'hui au Louvre.[2]

1 Voir *Gazette des Beaux-Arts* 80 (1972), suppl. *La Chronique des Arts*, p. 40, fig. (indiqué comme "disparu"); resp. 12 15/16 x 9 3/4 pouces, n° d'inv. 64.1465, et 12 3/4 x 9 1/2 pouces, n° d'inv. 64166, tous deux legs Lady Davis, 1964.
2 73 x 59 cm, n° d'inv. RF 1575, voir *Catalogue Illustré des Peintures, École française XVIIe et XVIIIe siècles*, I, 1974, p. 174, fig.

Unfortunately, little is known about this beautiful neo-classicist portrait. It has always been thought to represent a Monsieur Baillon but there is no evidence to confirm this. The decoration on his chest is the Légion d'Honneur, which Napoleon first introduced in 1802. The portrait could therefore only have been made after that date.
Up to 1972, the Montreal Museum of Fine Arts had two considerably smaller portraits by Vincent, of a husband and wife. The man is identical to the one in the Amsterdam painting, except that he is not wearing the insignia of the Legion d'Honneur.[1] An interesting fact is that the Montreal painting had a companion portrait of the man's wife, and it is therefore quite feasible that the Amsterdam painting may originally have had one as well.
Vincent was a highly acclaimed history painter in his time as well as an accomplished and prolific portraitist; the Amsterdam painting offers ample evidence of his skill in this genre. Today, however, he no longer enjoys the recognition he deserves. In 1800 he married a pupil of his, Adélaïde Labille-Guiard, whose portrait of Vincent is now at the Louvre.[2]

1 See *Gazette des Beaux-Arts* 80 (1972), suppl. *La Chronique des Arts*, p. 40, ill. (reported as "lost"); 12 15/16 x 9 3/4 *pouces*, inv. no. 64.1465 and 12 3/4 x 9 1/2 *pouces* respectively, inv. no. 64.166, both bequeathed by Lady Davis, 1964.
2 73 x 59 cm, inv. no. RF 1575, see *Catalogue illustré des peintures, école française XVIIe et XVIIIe siècles*, I, 1974, p. 174, ill.

Fig. 1
François-André Vincent, Portrait d'une femme, Le Musée des Beaux-Arts de Montréal.
François-André Vincent, Portrait of a woman, The Montreal Museum of Fine Arts.

Fig. 2
François-André Vincent, Portrait d'un homme, Le Musée des Beaux-Arts de Montréal.
François-André Vincent, Portrait of a man, The Montreal Museum of Fine Arts.

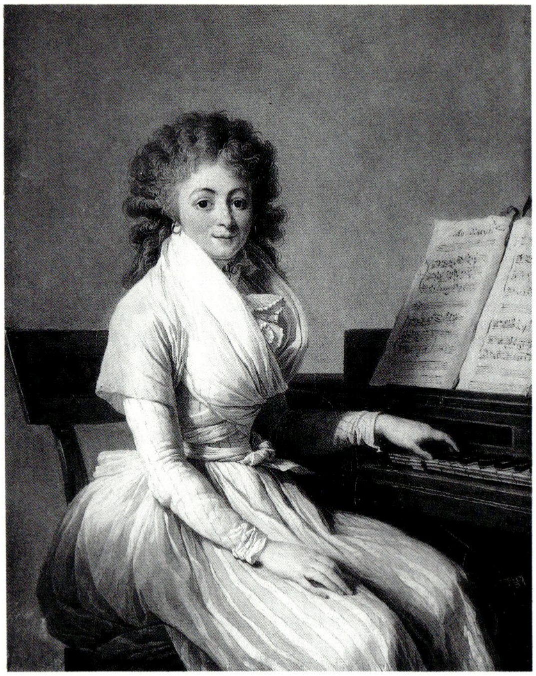

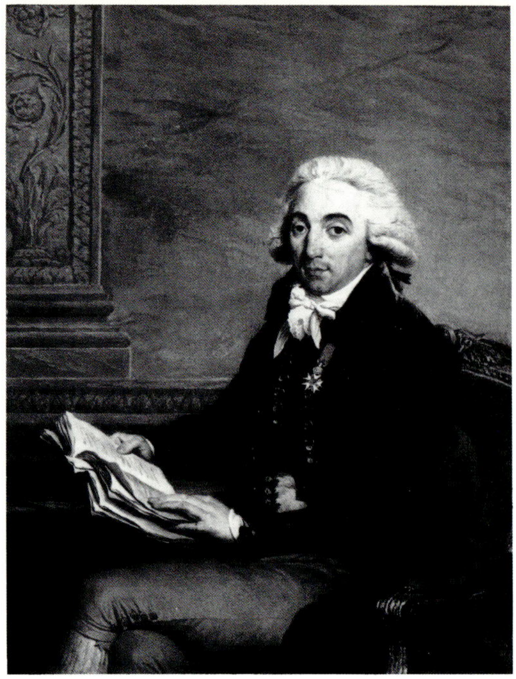

La Madone en adoration devant l'Enfant Jésus
Madonna adoring the Christ child

47

Simon Vouet (Paris 1590 - Paris 1649)

Toile ; 118 x 132 cm.

Canvas ; 118 x 132 cm

Rotterdam, Museum Boymans-van Beuningen

Provenance : collection Dragonetti de Torres, Rome ; Galerie Heim, Londres 1974-82 ; collection particulière, Italie ; Dr A.S. Ciechanowiecki, Londres ; acquis en 1988 à Londres ; n° d'inv. 3171.

Expositions : *Religious and Biblical Themes in French Baroque Painting*, Londres (Heim) 1974, cat. n° 1 ; *From Titian to Tiepolo ; Italian Painting in Dutch Collections*, Rotterdam (Museum Boymans-van Beuningen) 1989-90, cat. n° 58.

Bibliographie : R.E. Spear, "Unknown Pictures by the Caravaggisti", *Storia dell'arte* 14 (1972), pp. 150-151, fig. ; cat. exp. *Valentin et les Caravagesques Français*, Paris (Grand Palais) 1974, p. 255 ; T.P. Lee, "Recently Acquired French Paintings : Reflection on the Past", *Apollo* 1980, p. 214.

Provenance : Dragonetti de Torres Collection, Rome ; Heim Gallery, London 1974-82 ; private collection, Italy ; Dr A.S. Ciechanowiecki, London ; acquired from Ciechanowiecki in 1988 ; inv. no. 3171.

Exhibitions : *Religious and biblical themes in French baroque painting*, London (Heim) 1974, cat. no. 1 ; *From Titian to Tiepolo. Italian paintings in Dutch collections*, Rotterdam (Boymans-van Beuningen Museum) 1989-90, cat. no. 58.

Literature : R.E. Spear, "Unknown pictures by the Caravaggisti", *Storia dell'arte* 14 (1972), pp. 150-51, ill. ; exhib. cat. *Valentin et les Caravagesques Français*, Paris (Grand Palais) 1974, p. 255 ; T.P. Lee, "Recently acquired French paintings. Reflections on the past", *Apollo* 1980, p. 214.

La Madone est agenouillée, les mains jointes, devant l'Enfant Jésus, qui, couché sur de la paille et des linges, bénit sa mère d'un geste de la main gauche. Derrière l'Enfant et près du muret de l'étable envahi par les mauvaises herbes, Joseph se repose, roulé dans une couverture d'un brun roux. A droite, nous entrevoyons un paysage boisé. Cependant, au fil des ans, ce paysage a été légèrement abîmé par divers nettoyages, mais la Madone et l'Enfant sont restés dans un état satisfaisant ; nous distinguons encore autour de la tête du petit Jésus plusieurs *pentimenti*.

Jusqu'en 1972 *La Madone en adoration devant l'Enfant Jésus* était attribué au maître napolitain Paolo Finoglio, mais Richard Spear reconnut en premier la main de Simon Vouet. Selon Spear, ce tableau a dû voir le jour dans la période romaine de Vouet et date des années 1623-1624. Depuis, plus personne n'a contesté cette attribution et la peinture se situe en effet très bien dans l'œuvre de Vouet du début des années 1620, période pendant laquelle, à l'exception d'un court séjour à Gênes, il avait surtout travaillé à Rome. Le maître français y peignit par exemple en 1622 un grand retable

The Madonna is kneeling with her hands clasped before the Christ child, whose left arm is raised towards her in benediction. Joseph, wrapped in a reddish-brown blanket, is leaning against the overgrown stable wall, behind the bed of cloth and straw on which the child has been laid. On the right is a vista of wooded countryside. Though the landscape has been damaged by repeated cleaning over the years, the figures of both the Madonna and child are in reasonable condition, and various *pentimenti* can be seen around the child's head.

The *Madonna adoring the Christ child* was attributed to the Neapolitan master Paolo Finoglio until 1972, when Richard Spear identified it as the work of Simon Vouet. Spear believes that the painting was made during Vouet's stay in Rome, and dates it around 1623-24. The attribution has never been questioned, and the painting indeed seems to correspond to Vouet's œuvre from the early 1620s when, apart from a brief visit to Genoa, he spent most of his time in Rome. One example of his work in Rome is a large altarpiece of *The Circumcision* which he produced in 1622 as

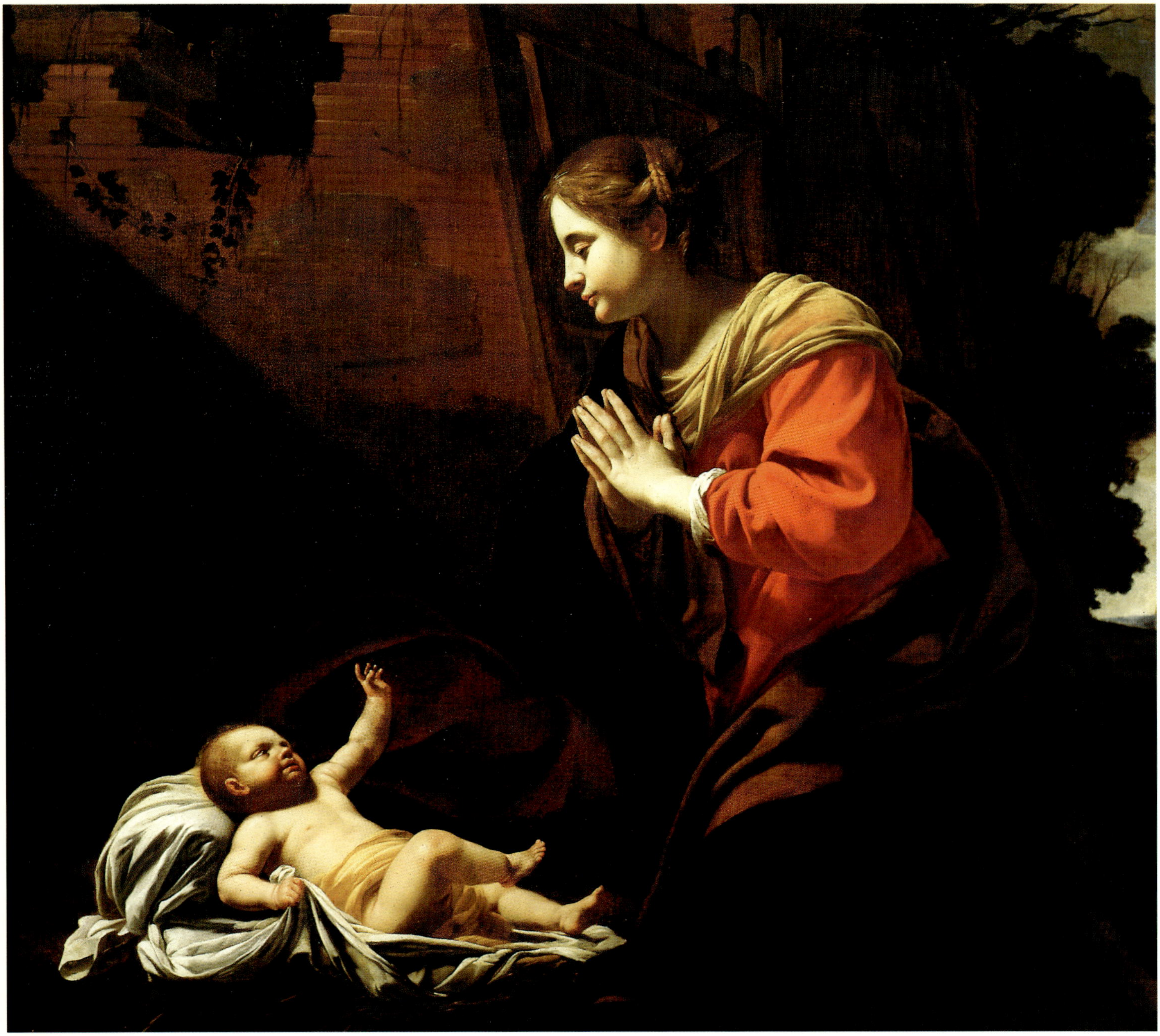

194 195

portant une représentation de *La Circoncision* pour l'église de Sant'Angelo a Segno à Naples, dont le coloris concorde parfaitement avec celui du tableau de Rotterdam.[1] Et nous retrouvons sur ce retable les mêmes types de Madone en profil et d'Enfant Jésus. Nous reconnaissons d'ailleurs ce type de bébé dans une autre œuvre de Vouet, *Saint Bruno reçoit les Règles de son Ordre* dans la Certosa di San Martino, qu'il avait exécutée pour un client napolitain.[2] Comme Dargent et Thuillier datent cette œuvre des alentours de 1626, on peut penser que le peintre gardait dans son atelier un dessin ou une esquisse à l'huile de ce jeune Christ, qu'il pouvait utiliser comme bon lui semblait pour ses diverses compositions.

1 Aujourd'hui au Museo di Capodimonte, à Naples, voir J. Thuillier e.a., *Vouet*, cat. exp. Paris (Grand Palais) 1990-91, cat. n° 14 avec fig.
2 G. Dargent & J. Thuillier, "Simon Vouet en Italie", *Saggi e Memorie di storia dell'arte* 4 (1965), cat. n° A 31, fig. 59.

a decoration for the church of Sant'Angelo a Segno in Naples. The palette is the same as that in the Rotterdam painting.[1] Moreover, the profile view of the Madonna and the portrayal of the infant are similar in both pieces. The figure of Christ also recalls the child in *St Bruno receiving the rules of his Order*, a painting Vouet made for a Neapolitan patron, now at the Certosa di San Martino.[2] Dargent and Thuillier date it around 1626, which suggests that Vouet probably kept a drawing or oil sketch of this young Christ figure in his studio to use in later compositions.

1 Now at the Museo di Capodimonte in Naples, see J. Thuillier *et al*, *Vouet*, exhib. cat. Paris (Grand Palais) 1990-91, cat. no. 14 with ill.
2 G. Dargent & J. Thuillier, "Simon Vouet en Italie", *Saggi e memorie di storia dell'arte* 4 (1965), cat. no. A 31, fig. 59.

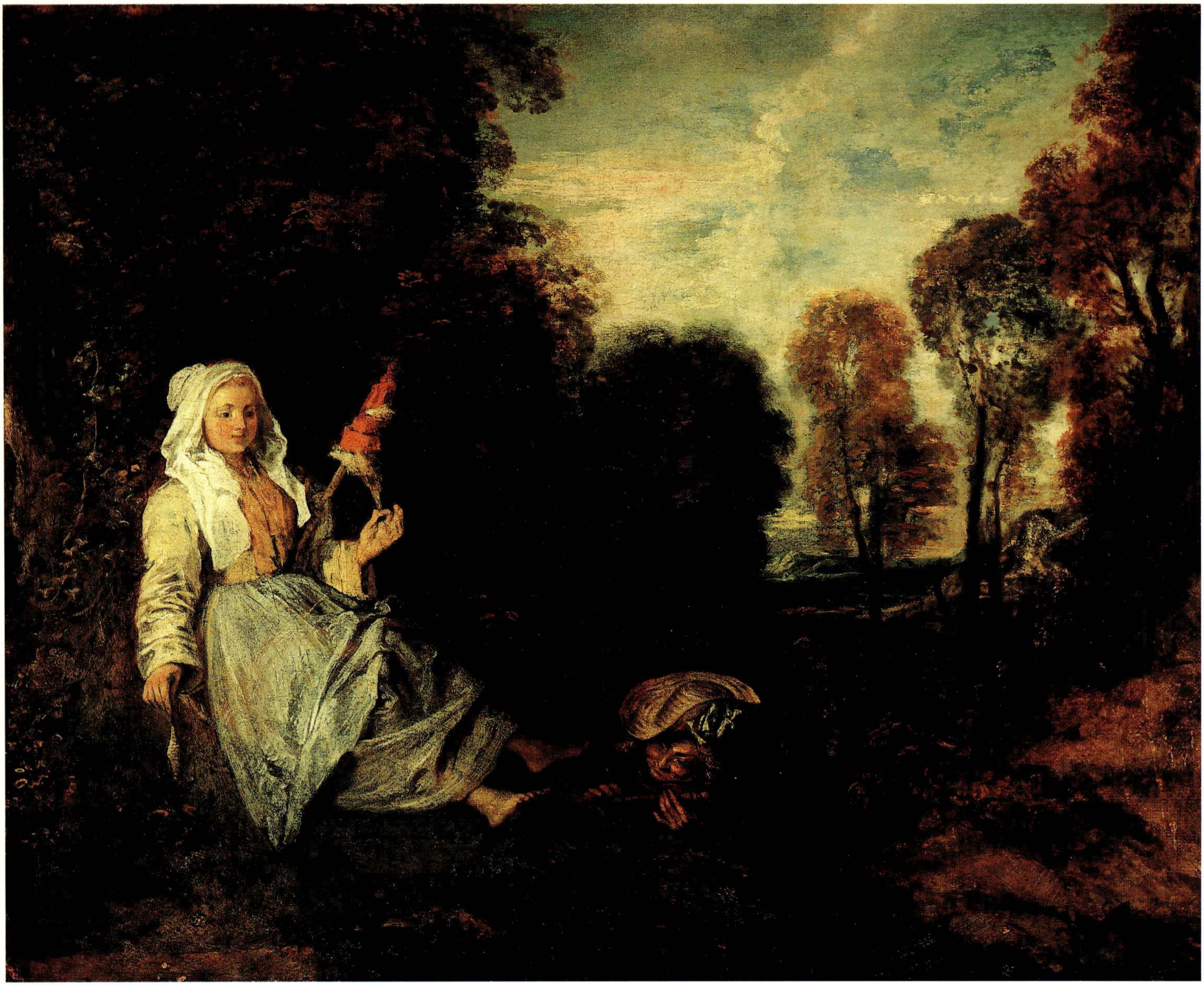

196 197

L'indiscret

Jean-Antoine Watteau
(Valenciennes 1684 - Nogent-sur-Marne 1721)

Toile ; 56 x 68 cm.

Canvas ; 56 x 68 cm

Rotterdam, Museum Boymans-van Beuningen

Provenance : "il reparaît à une Vente Féral après la guerre" (Adhémar, 1950, au n° 165) ; J. Goudstikker, acquis par D.G. van Beuningen en 1937 ; acquis avec la collection D.G. van Beuningen, 1958, n° d'inv. 2588.

Expositions : *Meesterwerken uit vier eeuwen 1400-1800*, Rotterdam (Museum Boymans) 1938, n° 199, fig. 196 ; *Herwonnen Kunstbezit*, La Haye (Mauritshuis) 1946, n° 256 ; *Chefs-d'œuvre de la collection D.G. van Beuningen*, Paris (Petit Palais) 1952, n° 163, fig. 47 ; *Kunstschatten uit Nederlandse Verzamelingen*, Rotterdam (Museum Boymans) 1955, n° 173, fig. 168 ; *France in the Eighteenth Century*, Londres (Royal Academy) 1968, n° 723, fig. 56 ; *Watteau 1684-1721*, Washington (National Gallery of Art), Paris (Grand Palais), Berlin (Charlottenburg) 1984-1985, n° 31, fig. ; *"Chefs-d'œuvre de la peinture de l'Europe occidentale des XVI-XIX siècles de la collection du Museum Boymans-van Beuningen"*, Léningrad (Ermitage) 1986, n° 11, fig.

Bibliographie : H. Adhémar, *Watteau, sa vie, son œuvre*, Paris, 1950, pp. 124, 222, n° 165 ; J. Mathey, *Antoine Watteau, peintures réapparues*, Paris, 1959, pp. 50, 68, 79, n° 133, fig. 133 ; *Catalogus schilderijen tot 1800*, Rotterdam, 1962, p. 152 ; J. Ferré, *Watteau*, Madrid, 1972, III, n° B23, fig. ; D. Posner, "An aspect of Watteau 'peintre de la réalité'", *Études d'art français offertes à Charles Sterling*, Paris, 1975, pp. 279-285, fig. 183 ; O.T. Banks, *Watteau and the North*, New York, Londres, 1977, p. 190, fig. 133 ; D. Posner, *Antoine Watteau*, Ithaca, 1984, pp. 26-27, fig. 15.

Provenance : "il reparaît à une Vente Féral après la guerre" (Adhémar, 1950, in no. 165) ; J. Goudstikker ; acquired by D.G. van Beuningen in 1937 ; acquired with the D.G. van Beuningen collection in 1958, inv. no. 2588.

Exhibitions : *Meesterwerken uit vier eeuwen 1400-1800*, Rotterdam, Boymans Museum, 1938, no. 199, fig. 196 ; *Herwonnen kunstbezit*, The Hague, Mauritshuis, 1946, no. 256 ; *Chefs d'œuvre de la collection D.G. van Beuningen*, Paris, Petit Palais, 1952, no. 163, fig. 47 ; *Kunstschatten uit Nederlandse verzamelingen*, Rotterdam, Boymans Museum, 1955, no. 173, fig. 168 ; *France in the eighteenth century*, London, Royal Academy, 1968, no. 723, fig. 56 ; *Watteau 1684-1721*, Washington, National Gallery of Art, Paris, Grand Palais, Berlin, Charlottenburg, 1984-1985, no. 31, ill. ; "Meesterwerken van West-europese schilderkunst van de XVI-XIX eeuw uit de collectie van het Museum Boymans-van Beuningen", Leningrad, Hermitage, 1986, no. 11, ill.

Literature : H. Adhémar, *Watteau, sa vie son œuvre*, Paris 1950, pp. 124, 222, no. 165 ; J. Mathey, *Antoine Watteau, peintures réapparues*, Paris 1959, pp. 50, 68, 79, no. 133, fig. 133 ; *Catalogus schilderijen tot 1800*, Rotterdam 1962, p. 152 ; J. Ferré, *Watteau*, Madrid 1972, III, no. B23, ill. ; D. Posner, "An aspect of Watteau, peintre de la realité", *Etudes d'art français offertes à Charles Sterling*, Paris 1975, pp. 279-85, fig. 183 ; O.T. Banks, *Watteau and the North*, New York, London, 1977, p. 190, fig. 133 ; D. Posner, *Antoine Watteau*, Ithaca 1984, pp. 26-27, fig. 15.

Le seul tableau de Jean-Antoine Watteau se trouvant dans les collections néerlandaises est une œuvre toute de poésie. Dans un splendide paysage de bois, une fileuse s'est assise, à gauche, sur un monticule, tandis qu'un berger à la flûte regarde sous son jupon. Cette représentation traduit en termes très voilés son message érotique. Le tableau fut gravé par Michel Aubert (vers 1700-1757) pour une série de gravures d'après des tableaux de Watteau commandée par le collectionneur Jean de Jullienne (Paris 1686 - Paris 1766). Mais le *Recueil Jullienne* ne précise pas qui possédait le tableau ; il en indique toutefois les dimensions (haut 1 pied 8 pouces sur 2 pieds de large), qui correspondent parfaitement à celles du tableau de Rotterdam. La gravure appelle ce tableau "L'indiscret", et c'est pourquoi il porte aujourd'hui ce titre.
Il est curieux que nous ne sachions rien des anciens propriétaires de cette œuvre. Elle apparut à la Galerie Goudstikker en 1937.

The Netherlands' only painting by Jean-Antoine Watteau is a highly poetic scene. We see a woman seated at a spinning wheel on the left while a shepherd with a flute peeps beneath her skirts. It is a lyrical piece with extremely subtle erotic overtones.
Commissioned by Jean de Jullienne (Paris 1686-Paris 1766), Michel Aubert (*c.* 1700-1757) made prints of the work for a collection of engravings after paintings by Watteau. Unfortunately, however, this *Receuil Jullienne*, as the collection is known, fails to mention who owned the painting at the time, although it specifies the dimensions (haut 1 pied 8 pouces sur 2 pieds de large), which indeed correspond to those of the painting shown here. The engraving was entitled "L'indiscret", by which name the painting is therefore now also known.
Nothing is known about its earlier owners. The canvas simply emerged at the Goudstikker Gallery in 1937.

Fig. 1.
Rembrandt, Le flûtiste, eau-forte, 1642.
Rembrandt, The flute player, etching, 1642.

Fig. 2.
Jean-Antoine Watteau, Feuille d'étude, New York, The Pierpont Morgan Library.
Jean-Antoine Watteau, Study sheet, New York, The Pierpont Morgan Library.

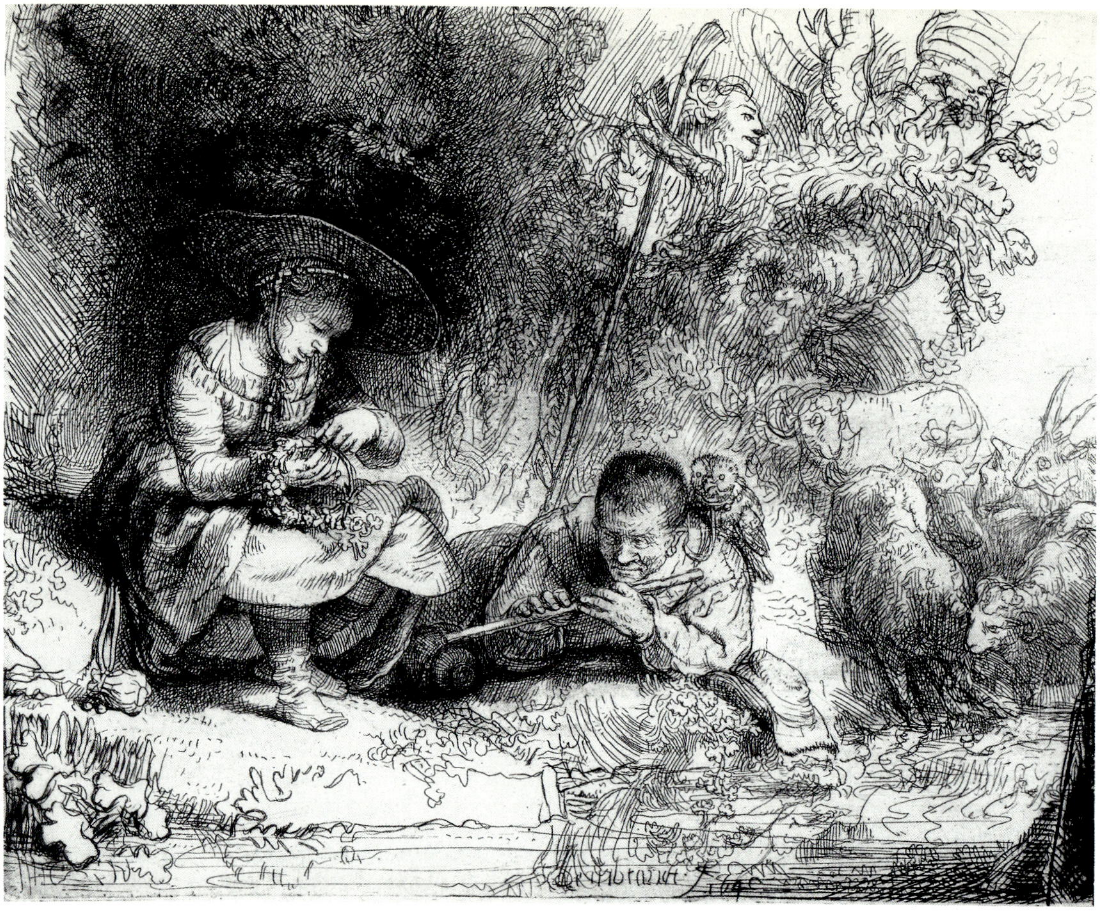

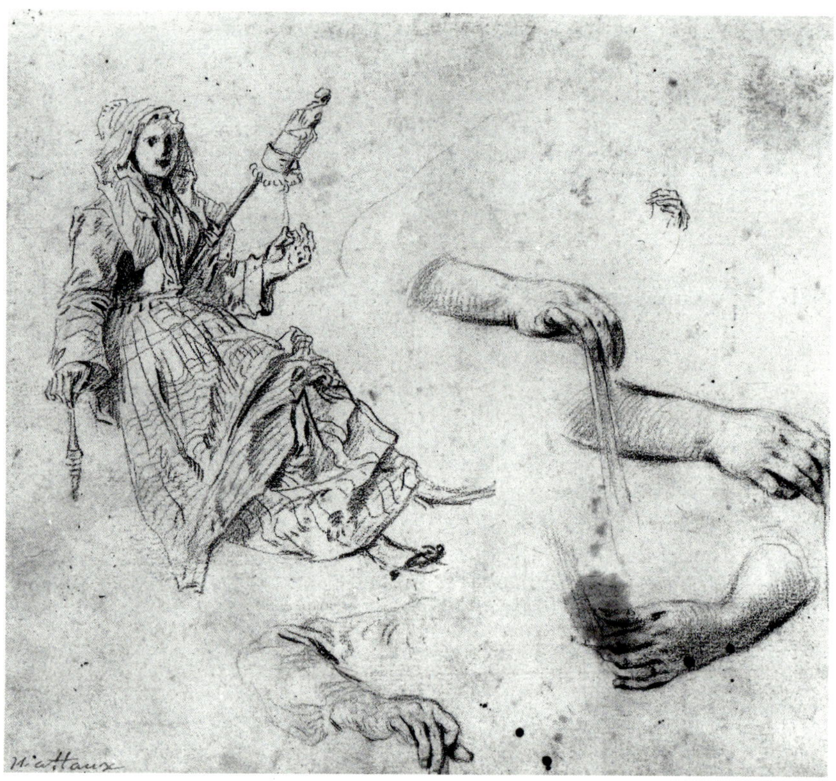

Mathey avait déjà indiqué que Watteau s'était inspiré de l'eau-forte de Rembrandt *Le joueur de flûte*, gravée en 1642[1], où l'érotisme est toutefois beaucoup moins voilé (fig. 1). Posner surtout vit dans le tableau une sensualité très évidente. Watteau a peut-être vu l'eau-forte de Rembrandt chez le grand collectionneur français Pierre Crozat. Mathey fait d'ailleurs remarquer que Watteau s'est souvent inspiré d'exemples de Rembrandt. C'est ainsi que dans un dessin du Museo Cerralbo à Madrid, il copia la tête d'Eleazar Swalmius d'un tableau de Rembrandt au Koninklijk Museum d'Anvers et qu'il dessina une copie de l'eau-forte de Rembrandt de 1631 représentant peut-être le père du peintre.[2] Mais pour la fileuse même, Watteau semble s'être inspiré du tableau de Domenico Fetti (1589?-1623) qui se trouve au Louvre à Paris.[3]

Watteau peignit sa fileuse en utilisant une feuille d'études qui porte diverses figures et est conservée à la Pierpont Morgan Library à New York (fig. 2).[4] La figure du tableau correspond exactement à celle de la feuille, ce qui montre bien à quel point le peintre utilisait ses propres études pour composer ses peintures. Le Musée des Beaux-Arts de Rouen possède une seconde feuille d'étude, représentant six têtes et deux mains de flûtiste qui s'apparentent dans une certaine mesure aux mains du tableau de Rotterdam. S'agit-il vraiment d'une étude préparant spécifiquement ce tableau? Il est difficile de le dire.[5]

***L'indiscret* fut généralement daté de 1716-1717 environ, mais Mathey propose une date antérieure : 1713.[6] Rosenberg suivit la datation proposée par Posner : vers 1715.**

Rosenberg ne se montre pas très positif, dans le catalogue de l'exposition Watteau de 1984-1985, sur l'état du tableau. Une étude approfondie dans l'atelier de restauration du musée a pourtant montré que cet état est meilleur que ne le pense Rosenberg. En tout cas, il a été décidé de ne pas nettoyer le tableau.

1 Hollstein, *Dutch and Flemish Etchings, Engravings and Woodcuts*, XVIII, Amsterdam, 1969, B.188.
2 Voir K.T. Parker, J. Mathey, *Antoine Watteau, catalogue complet de son œuvre dessiné*, Paris, 1957, n° 329 et 330.
3 Toile ; 75 x 68 cm ; n° d'inv. 280.
4 Sanguine ; 156 x 165 mm ; n° d'inv. 1985.61.
5 Voir Pierre Rosenberg, François Bergot, cat. exp. *French Master Drawings from the Rouen Museum*, Washington e.a., 1981-1982, n° 123, pl. 48.
6 J. Mathey, *op. cit.*, 1959, p. 68.

Mathey notes that Watteau based the work on Rembrandt's etching of *The flute player* from 1642,[1] which he may have seen in the cabinet of the distinguished French collector Pierre Crozat. However, the erotic element is far less explicit in the etching (fig. 1). Posner in particular commented on the pronounced sensuality of the painting. According to Mathey, Watteau also based other works on Rembrandt's example. A drawing at the Museo Cerralbo in Madrid, for instance, is a copy of the head of Eleazar Swalmius from Rembrandt's painting at the Koninklijk Museum in Antwerp,[2] while he also made a drawn copy of an etching by Rembrandt from 1631, which is thought to be a portrait of the artist's father. The spinner, however, seems to have been inspired by Domenico Fetti's painting (1589?-1623) at the Louvre in Paris.[3] The figure is also similar to one on a sheet at the Pierpont Morgan Museum in New York (fig. 2),[4] which indicates that the painter made use of his own studies. Furthermore, the Musée des Beaux-Arts in Rouen has a sheet with six studies of heads and two hands playing a flute. The hands bear some resemblance to those in the Rotterdam painting, but it is uncertain whether the sheet was a preliminary study for this work.[5]

L'indiscret is generally thought to have been made in 1716-1717, although Mathey suggests an earlier date, around 1713.[6] Posner proposed a date around 1715, which Rosenberg has endorsed.

In the catalogue of the Watteau exhibition of 1984-85, Rosenberg commented on the poor condition of the canvas. The piece has since been examined in the restoration studio and was found to be in a reasonable state. In any event, it was considered inadvisable to clean the painting at this stage.

1 Hollstein, *Dutch and Flemish etchings, engravings and woodcuts*, XVIII, Amsterdam 1969, B.188.
2 See K.T. Parker, J. Mathey, *Antoine Watteau, catalogue complet de son œuvre dessiné*, Paris 1957, nos. 329 and 330.
3 Canvas, 75 x 68 cm ; inv. no. 280.
4 Red chalk, 156 x 165 mm ; inv. no. 1985.61.
5 See Pierre Rosenberg, François Bergot, exhib. cat. *French master drawings from the Rouen Museum*, Washington etc., 198182, no. 123, pl. 48.
6 J. Mathey, *op. cit.* 1959, p. 68.

Colophon

Organisation de l'exposition/Exhibition organized by:
Guido Jansen & Jeroen Giltaij

Texte/Text:
Pierre Rosenberg, Guido Jansen & Jeroen Giltaij

Traduction/Translation:
Yvette Rosenberg, Anne Hélène & Jean Raoul Mengarduque, Andrew McCormick, Ewoud Mijnlieff

Maquette du catalogue/Catalogue designed by:
8vo, London

Lithographies/Lithographs:
Daiichi Process PTE Ltd.

Impression/Printing:
Snoeck-Ducaju & Zoon, Gent

Editeur/Publisher:
Museum Boymans-van Beuningen, Rotterdam

Production du catalogue/Production assistance catalogue:
J.J. van Cappellen

Distribution:
Benelux: Nilsson & Lamm
U.S.A.: University of Washington Press

Avec le soutien de/with the support of:
Dijon:
Société Docks de Bourgogne Nederland B.V.

Paris:
DAF France
Les Laboratoires Organon
Pechiney Nederland

ISBN 90-6918-098-7

Mécènes permanents du musée Boymans-van Beuningen/Corporate members of the Boymans-van Beuningen Museum

ABN AMRO Bank N.V.
CHEMGAS BV
CALDIC
Internatio-Müller NV
DURA BOUW B.V.
CROON elektrotechniek
Hudig-Langeveldt
Koninklijke Nedlloyd Groep N.V.
Unilever
VIB N.V. Vastgoedbeleggingsmaatschappij
Loyens & Volkmaars
Econosto N.V.
ICI Holland BV
Stad Rotterdam Verzekeringen
Koninklijke Pakhoed N.V.
Bank Mees & Hope
Gimbrère & Dohmen Software B.V.
Hollandsche Beton Maatschapij bv
Credit Lyonnais Bank Nederland N.V.
Moret Ernst & Young
Twijnstra Gudde nv
Nauta Dutilh
Architektenburo Visser en Beerman B.V.
Siemens Nederland N.V.
PTT Telecom District Rotterdam
Bakker Beheer Barendrecht BV
Mobil Oil
Zilveren Kruis Groep
Nationale Nederlanden N.V.